舒化鲁说：管理学十大公理

规范化管理的基础理论图解

舒化鲁◎著

黑龙江教育出版社

图书在版编目（CIP）数据

舒化鲁说：管理学十大公理：规范化管理的基础理论图解 / 舒化鲁著.—哈尔滨：黑龙江教育出版社，2013.12

ISBN 978-7-5316-7262-3

Ⅰ.①舒… Ⅱ.①舒… Ⅲ.①管理学—规范化—图解 Ⅳ.①C93-64

中国版本图书馆CIP数据核字（2013）第289019号

舒化鲁说：管理学十大公理——规范化管理的基础理论图解

Shuhualu Shuo：Guanlixue Shida Gongli——Guifanhua Guanli De Jichu Lilun Tujie

舒化鲁 著

责任编辑 徐永进
封面设计 久品轩
责任校对 程 丽
出版发行 黑龙江教育出版社
（哈尔滨市南岗区花园街158号）
印 刷 北京彩虹伟业印刷有限公司
开 本 787毫米×1092毫米 1/16
印 张 25
字 数 400千
版 次 2014年1月第1版
印 次 2014年1月第1次印刷

书 号 ISBN 978-7-5316-7262-3 **定 价** 68.00元

黑龙江教育出版社网址:www.hljep.com.cn
网络出版支持单位：东北网络台（www.dbw.cn）
如需订购图书，请与我社发行中心联系.联系电话：0451-82529593 82534665
如有印装质量问题，影响阅读请与我公司联系调换。联系电话：0451-82529347
如发现盗版图书，请向我社举报。举报电话：0451-82533087

目 录

绪论 管理学公理体系的研究思路

管理学第一公理：人性本质公理

管理学第二公理：意志行为公理

管理学第三公理：管理介入公理

管理学第四公理：管理成事公理

管理学第五公理：系统思考公理

管理学第六公理：情境构筑公理

管理学第七公理：管理交易公理

管理学第八公理：权力积聚公理

管理学第九公理：组织凝聚公理

管理学第十公理：文化诱导公理

绪 论

管理学公理体系的研究思路

对于管理学公理体系的研究，似乎还是从未有人涉猎过的处女地。可能也正是这一课题无人涉猎，不能不说是管理学成为独立学科的100年之后，其科学性仍然被质疑的一个原因。管理学究竟是科学，还是艺术，过一段时间总会有人提出来讨论一番。这实在是管理学的悲哀，也是管理学者的悲哀。

管理的实施，是从权力的运用开始的，对于手握大权的人，他可能丝毫不在乎管理学是科学，还是艺术，他运用权力能达成他想达成的目的就足矣。但相对于管理学的研究人员而言，不解答这一问题，其所涉足的立足点就无法确立，管理学的研究也就不免范畴不清，界限不明，公说公有理，婆说婆有理。

而要确立管理学的科学地位，其公理体系的确立是其中一个不可或缺的重大研究项目。公理体系揭示的是其学科所涉及领域事物之间的稳定联系。尽管其所揭示的这种稳定联系是以假设的形式归纳形成的，但它一定是能通过证伪进行修正完善的，并且科学本身也正是在这种不断的证伪和修正过程中发展的。没有公理体系揭示其学科所涉及领域事物之间的本质联系，也就没有把握并准确地陈述这种稳定联系。一般而言，这种稳定联系是可以通过建立数学模型表达的，尽管并不是所有的稳定联系一定要用数学模型表达。

本书的重点是探索管理学的公理体系，所以，对于管理学的研究路线的概括则是本章讨论的重点。

一、管理学研究的起点：管理的定义

管理学的研究必须以对管理的定义为起点。管理学成为独立的学科以来，在100多年的时间里，几乎从未有人系统地讨论过管理的定义问题。法约尔在他1916年出版的《工业管理和一般管理》一书中将管理活动分为计划、组织、指挥、协调和控制等五大管理职能，并由此展开了管理职能的研究讨论。对于管理的定义也由此黏附在职能过程的描绘上，即直接把管理定义为："通过计划、组织、指挥及控制工作过程，以实现既定目标。"在法约尔之后，孔茨在深入研究这些管理的职能过程的基础上，把管理的职能过程修改为计划、组织、人事、领导和控制五项，而把协调作为管理的职能本身。孔茨以管理的这些职能过程为主线进行了管理理论的概括，管理过程学派由此进入没有人提出疑议的鼎盛时期。因此，通过对管理的职能过程的描绘来定义管理也就成了不容置疑的经典定义。这也就是说对管理的定义，管理学的主流从来都是通过把管理分解为计划、组织、人事、领导和控制等职能过程进行描述而实现的。计划、组织、人事、领导和控制五项工作是不是管理的职能过程，后面还要讨论到，在此暂且不论，问题是描述性的定义是开放式的，往往很难把其内在的本质揭示出来。所以，严格的科学概念，除了哲学范畴之外，应该说以属加种差定义法进行定义最为严密。因为只有属加种差定义法更能揭示其内在的本质关系。

属加种差定义法的定义项是由被定义概念的邻近属概念和种差组成的。用属加种差方法下定义时，首先是找出被定义项邻近的属概念，即确定定义对象属于哪个类，然后，把被定义项与类中的其他存在物进行比较，找出被定义项与其他存在物都不同的特性，即种差，然后把属概念和种差结合起来就构成了被定义项的定义项。

对于管理这一概念，用属加种差定义法进行定义，笔者认为可表述为：通过他人做好工作的意志行为。

定义项13个字，很简洁，但其内涵很丰富，具体可分为五个层次：

其一，属加种差定义法的属，说明被定义概念所属的概念，是动物所共有的行为。"行为"二字构成管理这一概念邻近的属概念，说明管理的属概念的内容。所谓行为也就是动物所共有的举止活动，是由其肌体完成的肢体和肌肉运动。它说明管理这一概念所表述的邻近的属概念是动物自身肌体完成的四肢和肌肉的运动。管理可以不动手，不动身，但不可能连嘴也不动，动了嘴就是其肌体力完成了肌肉运动。有了这种运动把管理者的意志传递给他人，才有他人为做好工作而努力的可能。

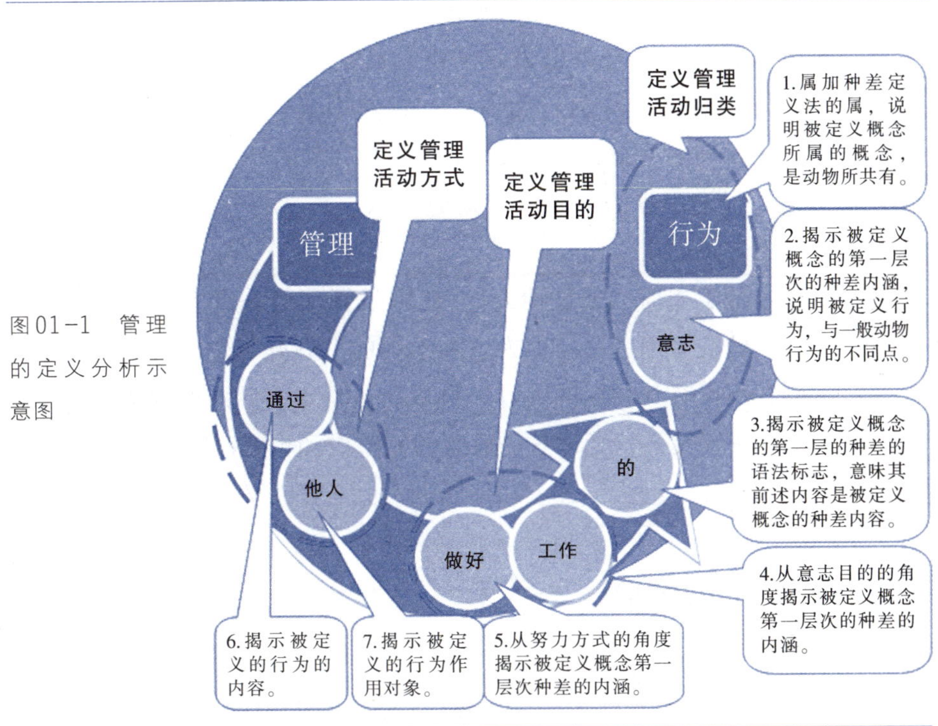

图01-1 管理的定义分析示意图

其二，揭示被定义概念的第一层次的种差内涵，说明被定义行为与一般动物行为的不同点是其中所包含的意志。“意志”二字是对行为的第一个层次的限定，说明的是管理这一行为中包含有管理者所寻求的特定意志目标。它把管理这一概念所包含的行为者的自我意识揭示出来，由此把这一行为与自我意识无关的动物的本能行为和生理反应行为区分开了，说明它不是由动物的本能驱动的行为，而是在自我意识的基础上确定的具有目的性的行为。这也就说明这一概念所定义的行为是人所特有的。因为只有人才会有自我意识，以及由自我意识确定的目的。“意志行为”四字作为一个整体是对管理这一概念所归入的次大类的属概念。

其三，揭示被定义概念的第一层次的种差的语法标志，意味其前述内容是被定义概念的种差内容。“的”是意志行为的定语标志，是属概念和种差的连接符号，它把“通过他人做好工作”作为一个整体对意志行为这一属概念进行了限定，定义的是意志的内容。它说明管理这一概念所包含的意志，不是饥了欲饱，寒了欲暖的肌体不适的消除，而是为节省自我精力投入而让他人代为努力达成其所寻求的目的的努力。

其四，从意志目的的角度揭示被定义概念第一层次的种差的内涵。

“做好工作”直接定义的是管理所寻求的目的本身。它直接是对管理这一特定意志行为的目标方向的定义。

其五，从努力方式的角度揭示被定义概念第一层次种差的内涵。“通过他人”定义的是管理这一概念所限定的活动方式。在此强调的不是由管理者自己努力以做好工作，而是由独立于管理者之外的他人努力以做好工作这一特定行为方式。这其中又包含两个层次的内涵：“他人”二字是对管理这一意志行为的作用对象的界定；“通过”二字是对管理这一行为内容的界定。“通过他人”作为一个整体是对管理这一意志行为的方式的定义。

至于如何“通过他人”，这则是管理这一意志行为的具体内容，面对不同的被管理者——他人，和不同的“做好工作”的目的要求，会有所不同，但也有其共同的内容和要求。这是本书后面要探索讨论的内容。有了这13个字定义，管理这一概念的完整内涵也就清晰了。

二、管理活动的价值——效果

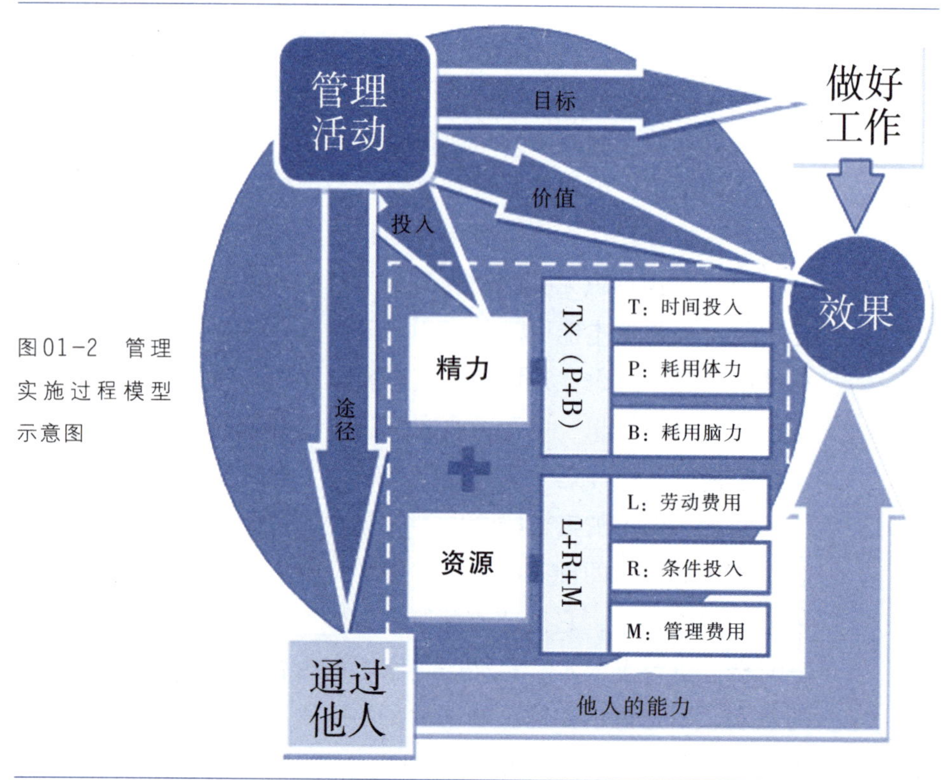

图01-2 管理实施过程模型示意图

管理的目的是通过他人做好工作。通过他人做好工作的过程，就是管理实施的过程，这个过程中的所有投入，可统称为管理活动。管理活动的价值是什么，这是管理学研究必须最先回答的问题，否则，其研究探索难免偏离方向。

管理的目的是做好工作，但不是由管理者自己动手动脑做好工作，而是通过他人——被管理者——的努力做好工作。但通过他人做好工作，管理者并不是不要投入，而仅仅是投入的内容有所改变。不通过他人而由自己动手动脑做好工作，其所投入的直接是管理者自身为做好工作而投入的体力和脑力，再加上做好工作本身所需的外部条件投入，包括劳动手段和劳动对象。通过他人做好工作，管理者的投入却不同，其内容可分为两大类：

(1) 精力投入。

管理者达成通过他人做好工作的目的的精力投入，包括管理者在通过他人做好工作的管理活动中的时间投入、体力投入和脑力投入。很显然，管理者在管理活动中的投入与直接动手动脑做好工作的投入，在内容上是不一样的。直接动手动脑做好工作的投入是由所要做好的工作本身的内容决定，比如织布就是上机盯梭接线，而通过他人做好工作的管理活动投入，则是计划、组织、考核、奖赏等等的投入，比如通过他人完成织布工作，其上机盯梭接线投入是由“他人”——被管理者织工承担的，管理者承担的仅仅是如何让织工做好工作的谋划和实施。

管理者的精力总投入可通过以下公式计算得到：

$$E=T\times(P+B)$$

其中：

E表示管理者精力投入的总量。

T表示管理的时间投入；

P表示管理耗用的体力；

B表示管理耗用的脑力。

(2) 资源投入。

管理者达成通过他人做好工作目的的资源投入，包括三个方面，一是用于调动被管理者积极性以做好工作的劳动投入，比如工资、奖金、福利、保险、期权、津贴等。二是保证他做好工作的条件的投入，即使他人做好工作成为可能的劳动手段和劳动对象。前者包括设备、设施、工具、器械等，后者则是工作努力实现改变的对象，包括织布的纱、运输的货物等。三是管理费用，即保证管理活动得以顺利进行的种种物质条件投入，比如交流沟通的设施和场地投入，管理规则制度制定、颁布、印发、宣贯的办公用品投入等等。其总额直接是三者的累加，公式为：

$$R=L+R+M$$

其中：

R表示管理者必须投入的资源总量。

L表示劳动费用投入；

P表示劳动条件投入；

B表示管理活动投入。

管理活动的精力投入和资源投入，如果不获得大于，至少等于其投入的产出回报，投入也就是浪费。管理活动投入的产出就是通过他人做好工作。怎样才算是做好工作的问题，其内容包括两个方面：一是结果要求，它说明的是要达成什么样的结果。这也就是结果上好，即不仅他人的努力结果与管理者的意志目标一致，工作结果是管理者所希望得到的，而且在完成工作的时间要求上达标或提前。同时在完成工作的投入上也满足管理者的要求，即资源投入不超支或有节省。二是过程要求，它说明的是只能选用或不能选用获得结果的方式方法是什么，这就是方式上好，即工作努力的过程与管理者能认同的方式方法相统一。如果只看结果，不问过程，难免导致他人不择手段甚至违规违法，这可能使完成工作本身失去意义。这也可以说是对被管理者的人格要求，即在为做好工作的努力过程中应该有的人格修养是什么。尽管结果要求的达成可能带有偶然性，即与被管理者工作努力的措施方法和人格修养没有关系。但就必然性分析，如果没有被管理者为做好工作努力的恰当方式方法，也就不可能有做好工作的结果；如果被管理者没有健康的人格和对应的修养，也就不可能有其做好工作的恰当方式方法。后一要求是前一要求的保障，如果做好工作的资源投入不欠缺，被管理者为做好工作努力的方式方法恰当，达成做好工作的目的就不会有悬念。

两项投入之和与两项要求达成情况的比率，就是管理活动的效果，其比值越高，就意味着管理活动的效果越好。有人可能会提出公平、正义也应该是管理活动所寻求的价值。但它们都不可能成为管理活动寻求的终极价值，而仅仅是达成终极价值的中间价值。因为只有公平、正义价值的实现才能保证管理者与被管理者之间关系的和谐，才能最大限度地调动被管理者的积极性。如果公平、正义价值的实现不能达成关系和谐，也就难以最大限度地调动被管理者的积极性，那么也就难以达成两项投入之和与两项要求达成情况之比的高比值。

三、管理学的研究对象

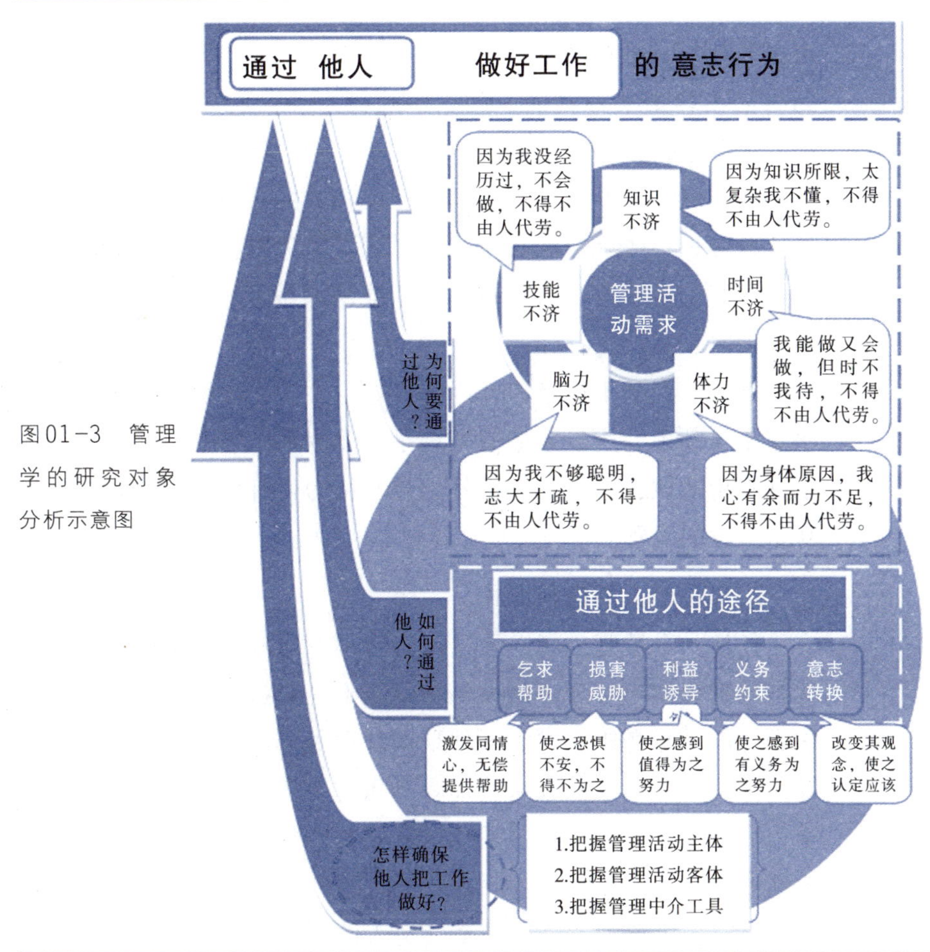

图01-3 管理学的研究对象分析示意图

管理就是通过他人做好工作的意志行为。那么，管理学理所当然地就是研究管理活动规律的科学。其研究对象也就必须包括通过他人做好工作的每一个影响因素。概括起来可归纳为七个方面。

1. 管理活动的原因

研究探索管理活动的原因，也就是回答为何要通过他人做好工作的问题。做好工作是管理者实施管理的目的，为何不由管理者自己动手动脑努力，以达成目的而要通过他人代劳？尽管这一问题不是一个很复杂的问题，却是管理学研究要首先回答的问题。中国文化强调知行合一，身体力行，自己能承担的工作，不能假以他人，让他人代劳。要让他人代劳，必须有让他人代劳的理由。这种理由概括起来主要有七个：一是体力不济。因为管理者自身身体的原因，心有余而力不足，无法自己动手努力达成某一体力要求超越其体能限制的做好工作的目的，不得不由人代劳。二是脑力不济。因为管理者自我认知到自己不够聪明，志大才疏，无法通过自己动脑努力达成某一脑力要求超越自身智力限制的做好工作的目的，不得不由人代劳。三是技能不济。因为管理者自己没经历过，不会做，自我认知到自己不具备某种技能，而做好这一工作又必须以这种技能的运用为前提，因而不得不由人代劳。四是知识不济。因为管理者自我认知到要做好某一工作所需的知识，超越了自己所拥有的范围，并且又不可能在短期获得这些知识，或者无暇获得这些知识，所以不得不由人代劳。五是时间不济。尽管管理者自我认为自己动手或动脑做好这一工作，没有能力上的限制，但时不我待，存在时间上的限制，不得不假他人之手以保证这一工作按时做好。六是不愿承担。因为做好这一工作太脏或太累、太苦，自己不乐意亲自动手，所以希望假人之手承担完成。七是显示地位。这是为了显示其身份地位，把自己能做好、也有精力做好的工作交由他人代劳，以示身份地位的区别。

2. 通过他人的途径方式

任何一个被管理者，无论他对管理者顺从、亲近到何种程度，也都无法把他的肌体与管理者的大脑神经接通，直接由神经向他下达指令，让他像自己的手足身躯一样无条件地服从以做好所希望做好的工作。这就需要探索如何才能让他人顺从管理者的意志要求，并按照管理者所希望的方式努力做好工作的途径。这是一个比较复杂的问题，但其内容可概括为五个方面：

（1）乞求帮助。这就是激发他人的同情心，通过让他人从恻隐之心的仁端出发，无偿地提供帮助，付出努力，把工作做好；

（2）损害威胁。这就是威胁剥夺对方的价值需求满足条件，使之感到恐惧不安，由此逼使对方两害相权取其轻，选择顺从行为，付出努力，把工作做好；

（3）利益诱导。这就是为对方提供其所希望的价值需求满足机会，使之感到值得为之努力，进而付出努力，牺牲休闲时间，投入体力和脑力，把工作做好；

（4）义务约束。这就是通过明确权利义务关系，给予某一权利，使之感到有义务为之努力，进而自我约束，付出努力，把工作做好；

（5）意志转换。这就是使之改变原有的价值观念，把原来认定为不值得努力，不应该为之努力的目标，转换为必须为之努力的目标，进而付出努力，把工作做好。

3. 他人做好工作的条件

任何一个被管理者都是独立于管理者之外的个体，要通过他做好工作，也就必须研究其条件，或者说，必须提供哪些条件才能保证他做好所指派的工作。这直接是研究探索管理活动努力的方向。不知道提供什么条件才能让他人做好工作，管理的实施也就不知往何处努力。并且仅仅知道保证他做好所指派的工作必须提供的条件还不够，还有一个如何为他人做好工作创造条件的问题。这就是管理实施的具体措施方法问题。

这是一个非常较复杂的问题，本书用了八章八个公理进行归纳总结，从总体上概括地讨论回答了这两个问题。管理成事公理是对必须提供哪些条件才能保证他做好所指派的工作的问题的解答，管理介入、系统思考、情境构筑、管理交易、权力集聚、组织凝聚和文化诱导等七个公理都是对如何为他人做好工作创造条件的问题的探索讨论。在这七个公理中，每一个公理都从一个不同的侧面归纳回答了如何为他人做好工作创造条件的问题。

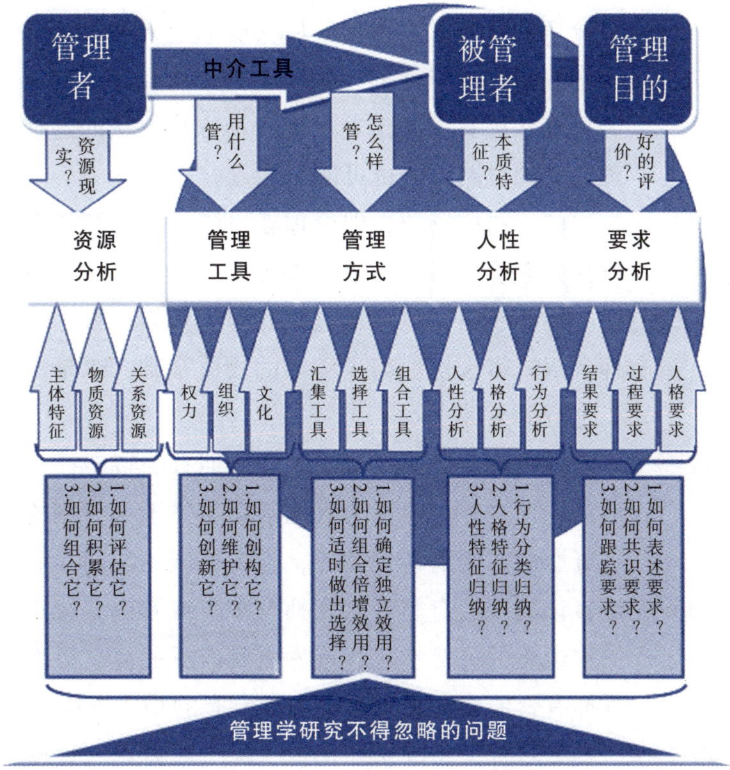

图01-4 管理学必须研究的问题分析示意图

4. 管理活动主体

管理者是管理活动的主体，管理活动是由他发出并承担的。因为某种特定的原因他不得不通过被管理者的努力来达成其所想达成的目的，即做好他希望做好的工作。至于是何种原因，不外乎管理学研究内容中所概括的第一个内容中的一种。

而管理者之所以成其为管理者，并不是仅仅因为需要，而是因为可能。这可能就是他拥有特定的资源，能用以让他人努力做好工作。所以，拥有特定的资源，也就成了管理者之所以成其为管理者的前提。如果他未拥有特定的资源，他也就只能作为被管理者，通过自己的体力脑力的投入努力换取他人的资源，在帮助管理者达成做好工作的目的的同时，也达成自己所寻求的目的。因而管理者所拥有的资源的多少和种类，就决定了他在管理活动过程中的地位。所以对管理者的研究，重点是对管理者的资源拥有状况的研究。这是一个不太复杂的问题，但它对达成通过他人做好工作的目的，却是至关重要的。

管理者的资源也就是在管理活动中投入以影响他人使之做好工作的资源。其内容可分为三类：

（1）主体特质，即管理者的自身状况，这是与管理活动主体同在的不可分割的资源。它包括其所拥有的个人魅力、知识技能、聪明智慧等。这类资源是无法转让的，拥有与否以及拥有多少都得自己努力获得。这类资源拥有状况直接决定着管理活动方式方法的选择，其拥有状况不同，其管理活动的思路方法也可能不同。

（2）物质资源，即管理者自己需要，其他人也会需要，可以与管理者分离并独立于其外存在的稀缺物。这类资源是可转让的，既可通过继承、授与转移获得，也可通过自我努力积累获得。这类资源是给管理者和被管理者双方带来价值需求满足的物质基础，也是通过他人做好工作的过程得以进行的条件。

（3）关系资源，即管理者所拥有的特定社会关系。它也是独立于管理活动主体之外，但又与管理活动主体不可分割的一种资源。它可使具有这一资源的人受到特别关注，包括拥戴、认同、顺从等。这类资源大都是无法转让的，拥有与否以及拥有多少或者由其特定的家庭背景、求学经历和工作经历的沉淀形成，或者由其广泛的社交努力积累形成。这类资源可使其拥有者能调动和支配不归其所有的物质资源。

但对管理者的认知把握，除了对体现为管理者所拥有的资源进行分类分析之外，深入探索，可分为三个方面的内容：一是在量上如何对它的多少和价值大小进行评估？这就是对其所拥有资源多少和价值大小的评价方式方法的探索。二是就其发展积累的方式方法进行探索，目的在于回答如何才能增加积聚这些资源以保证不枯竭的问题。三是探索如何对它们进行组合，目的在于回答如何保证其运用和积累的效果的问题。

5. 管理活动客体

管理活动客体也就是管理活动作用的对象，是被通过做好工作的行为主体，也就是被管理者。被管理者要成其被管理者，也有条件，概括起来有三个：一是推动他努力的意志意愿，二是做好工作的能力素质，三是战胜工作过程中艰难险阻的心理素质。不具备这三个条件，他也就难以作为特定管理活动的对象存在，也就不能成其为被管理者。这三个条件的形成尽管包含有管理者的支持努力，但这仅仅是外因，内因只能是被管理者自身的努力。可任何一个人都不是天生就是被管理者，更不可能天生就是特定管理者的被管理者。他为何成为他人的被管理者，并顺从管理者的意志要求而努力，这首先必须明确其本质原因。而这个本质原因却直接在人的本质特性中。所以，作为被管理者的人，其本质特性是什么，也就成了管理学无法逃避的一个主题。

讨论被管理者的本质特性，也就是进行人性分析，研究探索人的本质特性是什么的问题。因为被管理者也不过是处于特定社会关系之中的个人，被管理者的角色身份不是娘胎里带来的。并且一个人在不同的社会关系中，其角色身份也不是一成不变的，而是不断转换的。同一个人，在一种社会关系中是被管理者，但在另外一种社会关系中却又是管理者。而人的本质特性是什么的问题，却属于地地道道的哲学问题，但管理学必须从通过他人做好工作的角度进行解答。这一问题可从三个方面展开：

(1) 本质分析。管理学必须通过这一分析明确人的本质特性，管理的实施才能明确努力的方向，有的放矢。人和物不一样，不会任人支配；人和牛马也不一样，不会任人宰割。管理的对象是人，管理只能把人当人管，才能达成管理目的。

(2) 人格分析。人的本质特性是一样的，但并不是说人与人之间都一样，其差别也不仅仅在于外在的形态，包括性别、年龄、修养、素质等的不同，而且在于其人格特征上存在差异。这种差异又与其生活存在的特定自然环境和社会环境有关，以及其所特有的基因的作用不同。而人格本身又是具有刚性的，不可能在短时间内改变。所以管理的实施也只有对应其特有的人格才能有效，而不能指望通过改变他人的人格来达成目的。

(3) 行为分析。做好工作是由人的特定行为实现的，因此要让被管理者做好工作，就必须研究探索人的行为和行为选择过程及其规律。否则就无法找到有效地作用于被管理者的行为选择的途径和措施。而不能有效地作用于被管理者的行为选择，通过他人做好工作就成了空话，管理目的也就无法达成。

被管理者的本质特性问题，不仅复杂，而且理论众说纷纭，本书用两章——人性本质公理和意志行为公理进行了探索。

6. 管理中介工具

管理中介工具是通过他人做好工作的“通过”二字的具体方式和内涵。没有中介工具，也就没有通过的问题，就像航海要有船，飞行要有翅膀一样。要通过他人，也就必须有能直达他人意识、意志的中介工具。没有管理中介工具的作用，两个不同的个体之间就只能是不相关联的路人，也就不可能有管理交易关系的形成。尽管它是由管理者选择运用的，但被管理者并不是作为完全被动的存在被动地接受它。如果它不能对被管理者的意志意愿、能力素质和热情耐心的形成起作用，它也就是不关乎管理活动的存在。所以，在此的“通过”是由中介工具连接并双向起作用的一个过程。

管理活动不能空口白牙说瞎话，必须有能影响被管理者行为选择的介质，这个介质就是管理的中介工具。它可以分为三类：一是权力，二是组织，三是文化。除去这三者，管理的实施几乎是不可能的。因为没有这三者，就无以影响被管理者的行为选择。因而如何创构它、如何维护它、如何创新它等三个问题，也就成了管理学必须探索的课题。

至于如何运用管理中介工具，这更是管理学必须探索的内容。三个中介工具，发挥作用的方式以及作用的性质、三者对管理者所拥有的资源的依赖关系也不同。如果不根据被管理者的实际和所希望做好的工作的实际去管理，三者也就难以有效地对被管理者形成影响，管理目的也就难免落空。这就是对管理方式的探索研究。其内容包括如何对管理中介工具进行汇集、选择和组合的问题。进一步分析，如何确定各个管理中介工具独立运用的效能、如何组合不同的管理中介工具以倍增效能、如何根据管理的目的和对象的实际对管理中介工具进行选择等问题，也都是管理学必须探索的主题。这是一个很复杂的问题，所以本书用了三章——权力积聚公理、组织凝聚公理、文化诱导公理——简要地做了讨论探索。同时这也是讨论如何为他人做好工作创造条件的问题。

7. 管理活动目的

管理活动目的是通过他人做好工作，但这一目的仅仅只是管理者的是远远不够的。如果被管理者的行为努力方向与做好工作相对立，做好工作的目的就永远只能是无法达成的妄想。因此，这就必须通过管理中介工具的运用，使被管理者也把做好工作变为他所寻求的目的。这也就是通过对管理者的要求进行分析，明确做好工作的“好”的评价标准之后，或者让被管理者直接在做好工作的努力过程中获得其所寻求的价值需求满足，或者在努力达成好的标准要求之后，对应其努力程度和多少给予其所寻求的价值需求满足。所以对于管理活动目的的研究探索，还得重点回答三个问题：一是如何表述管理者所希望的好的要求，如果被管理者与管理者对做好工作的好理解不一致，就仍然难以达成管理者所希望的好；二是如何在好的要求上达成共识，如果被管理者不认同管理者设定的好的标准，这好的标准也就不免打折扣而最终落空；三是如何对达成好的要求的过程跟踪方式达成共识，如果对达成好的要求进行跟踪的方式不能达成共识，一旦发生分歧就仍然难免影响管理目的的达成。被管理者把对其努力过程的跟踪视之不信任的掣肘，难免造成其抵触性的逆反心理。管理者随意通过跟踪干扰被管理者的工作秩序，就难免降低通过他人做好工作的效率。而这些都仅仅是管理活动的细节，但却直接决定通过他人做好工作的管理目的能否达成。这些问题，在本书的十个管理公理中都有所涉及。

由管理学的研究对象分析，不难发现管理学的三个特点：一是管理学不是艺术，而是一门独立的科学。管理学要研究探索影响通过他人做好工作的六个因素本身是如何演变发展的、相互之间的关系是如何演变发展的，也就必须在找到其稳定联系的基础上，探索确定其规律。二是管理学是一门高度综合的科学，不仅总括人性、社会、组织、文化等诸多形而上学的问题，而且还需要广泛地运用哲学、心理学、经济学、政治学、社会学、法学等多个学科的研究成果。所以，一个管理学者，如果不能同时在哲学、社会学、经济学、政治学、法学等多个学科有所积淀，就不可能在管理学上有大的建树。三是管理学是探索如何让他人高效地做好工作的科学。这就决定了其研究主题必须重点关注管理者与被管理者这一特定的人际关系的性质、发展趋势和调整方法。

四、管理者的分类

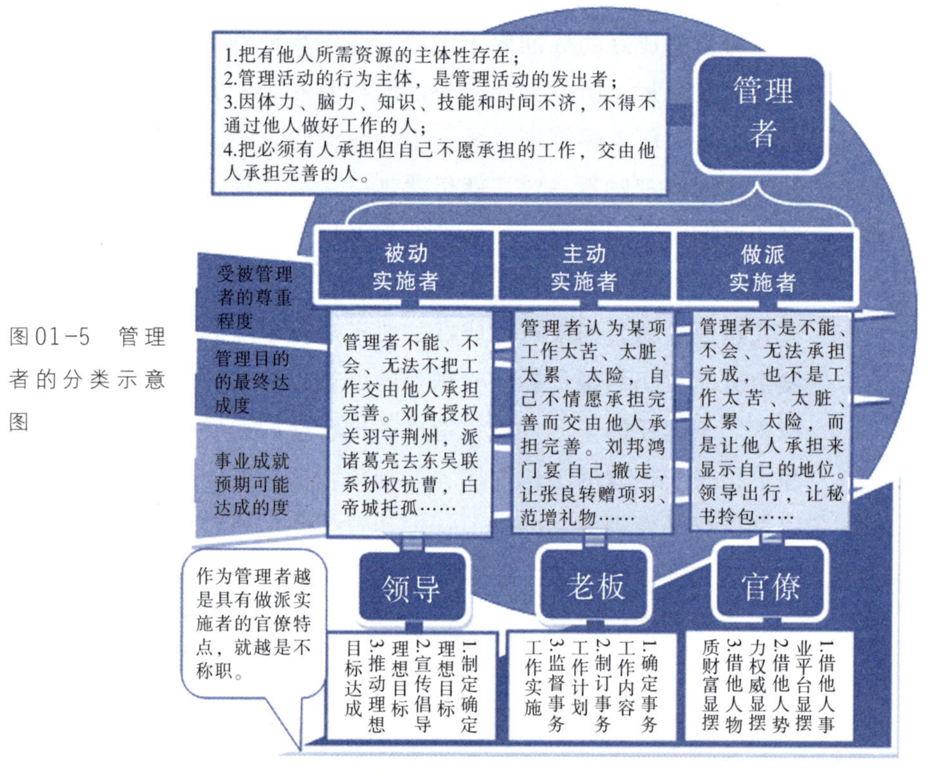

图01-5 管理者的分类示意图

何为管理者，前一节已经做过定义。这里先重点说明一下一个人在什么情况下才能成为管理者。其主要内容可从四个方面概括：

(1) 他是握有他人所需资源的人，即他握有特别权力，只有手握权力的人才能成为管理者。

(2) 他是管理活动的行为主体，是管理活动的发出者，有通过他人努力做好工作的需要。

(3) 因体力、脑力、知识、技能和时间不济等原因，不得不通过他人做好工作的人，即有通过他人做好工作的原因。

(4) 必须有人愿意承担他不愿和不能承担的工作，即有人可能为他所设定的做好工作的目的的达成付出努力，否则管理就没有对象。

第一个条件，是对人成为管理者的前提的限定；第二个条件是对管理者在管理交易关系中的特定地位的限定；第三个条件是对管理者为何成为管理者的原因的表述和定义；第四个条件是对管理者成为管理者的可能性的限定。

管理者成为管理者的条件都一样，但对应管理者之所以成为管理者的原因分析，管理者可以分为三大类。

(1) 客观原因所致，他不能、不会、无法不把工作交由他人承担完成。刘备授权关羽守荆州，派诸葛亮去东吴联系孙权抗曹，白帝城托孤等等就是。这类管理者可以定义为领导，他所寻求的价值目标远远超越了他个人的脑力和体力的限制，不得不借助他人的力量达成自己所设定的目标。这类管理者的管理实施工作主要是确立目标理想，宣传倡导让他人认同其目标理想，进而推动目标理想的实现。他因此会充分授权，通过调动被管理者的积极性和创造性达成管理目的。所以，他不需要盯住他人做好工作的过程细节，而仅仅是把握其努力的方向。

(2) 主观原因所致，是管理者认为某项工作太苦、太脏、太累、太险，自己不情愿承担而交由他人承担。刘邦鸿门宴自己撤走，让张良转赠项羽、范增礼物……这类管理者可以定义为老板，他把他自己所寻求的价值目标凌驾于他人所寻求的价值目标之上，把他人转换为自己的工具服务于其价值目标的达成。这类管理者的管理实施工作主要是确定事务工作内容，制订事务工作计划，监督事务工作的完成。他因此也会授权，强调通过调动被管理者的积极性和创造性达成管理目的。但他得盯住他人做好工作的细节过程，因为二者之间已经存在明确的主从关系，他不会容忍被管理者有太多的思想，要求的就是服从。

(3) 超主观原因所致，管理者不是不能、不会、无法承担完成，也不是工作太苦、太脏、太累、太险，而仅仅是他想通过让他人对其工作的承担以显示其身份地位。高官出行，让秘书拎包……就是典型。这类管理者可以定义为官僚，他们不仅把自己所寻求的价值目标凌驾于他人所寻求的价值目标之上，把他人转换为自己价值目标达成的工具，而且把自己所寻求的事业目标之外的价值目标也凌驾于自己所寻求的事业目标之上。这类管理者在管理实施上的特点就是借他人以装饰自己，显示地位，即显摆。为了显示其权威和地位，他不会授权，不会给被管理者的积极性和创造性发挥的余地。所以，他对他人做好工作的过程细节盯得很紧，唯恐有违自己的意志和想法。

就这三类管理者的管理实施特点分析，又可对应称之为主动实施者、被动实施者和做派实施者。作为主动实施者的领导，是借力于人，所以在这里的管理交易关系是平等合作、互利共赢；作为被动实施者的老板，是以邻为壑，所以在这里的管理交易关系往往是相互利用，甚至对立矛盾；

作为做派实施者的官僚，是仗势于人，所以在这里的管理交易关系是欺骗压迫、损人利己。三类管理者的划分仅仅是一种理论抽象，相对于现实的管理者个人，往往可能是此一时彼一时，是在三种不同的管理者之间转换，时而是主动实施者的领导，时而是被动实施者的老板，时而成为做派实施者的官僚。而就三者所表现的特点分析，在受被管理者的尊重程度、管理目的的最终达成度和事业成就预期可能达成度上，都是依次呈不可逆转的递减趋势，因而其管理效果也对应呈不可逆转的递减趋势。就作为管理者的称职程度——致力于管理目的达成的努力程度分析，则直接是呈递减态势，即越是具有做派实施者的官僚特点，就越是不称职，就越是难以达成管理目的。所以，一个管理者越是具有做派实施者的官僚的特点，其达成管理目的的效果就越差；一个管理者越是具有主动实施者的领导的特点，其达成管理目的的效果就越好。

五、成为被管理者的条件

被管理者与被统治者不是一个概念。被管理者与管理者不仅在人性本质上相同，而且在人格上是平等的，被管理者对于管理者不存在任何形式的人身依附关系。但被统治者则不同，他在人性本质上与统治者相同，但在人格上却不平等，被统治者对于统治者存在有程度不等的人身依附关系。被管理者这一概念表述的内涵是在一种特定人际关系中的一种相对关系。在人类社会中，并没有一成不变的管理者或被管理者。是属于前者，还是属于后者，仅仅是他在通过他人做好工作这一特定关系中所处的主、客体地位决定的。而通过他人做好工作这一关系又不是单一的不变的人际关系，因为其所处社会的复杂和多样，从而使同一个人往往游走在多个通过他人做好工作的关系中，并且还在主体和客体之间转换，使同一个人在不同的场合，成为不同的角色，一会儿是管理者，一会儿又是被管理者。所以讨论被管理者必须在管理实施——通过他人做好工作这一特定关系中进行。

一般而言，任何一个人如果处于通过他人做好工作这一特定关系的客体地位，他也就成了一个被管理者，成了管理者乞求帮助、损害威胁、利益诱导、义务约束、转换意志的对象，成了“通过”的对象，因而不得不面对是否选择承担对方希望做好的工作、如何完成对方希望做好的工作、是否努力保证做好对方希望做好工作的判断选择等问题。无论其答案为

“是”还是“否”，都不能改变他已成为被管理者的角色。其答案为“是”说明他接受了管理者的意志要求，选择顺从管理者的意志做好工作；其答案为“否”，仅仅说明管理者的管理活动失败了，没有让他选择顺从管理者的意志做好工作。但通过他人做好工作的关系，不是臆想，必须是有可能性做支撑的现实关系，否则这一关系就虚化成为毫无意义的臆想，这一关系也就不存在了。比如，兰州一个拉面馆的老板想让现任美国总统奥巴马帮忙把拉面卖到美国国会山去，让前台经理给奥巴马发了多次信函，却一次也没有得到回应，目的没有达成，这就不能说是前台经理管理失误。否则，这就成了笑话。

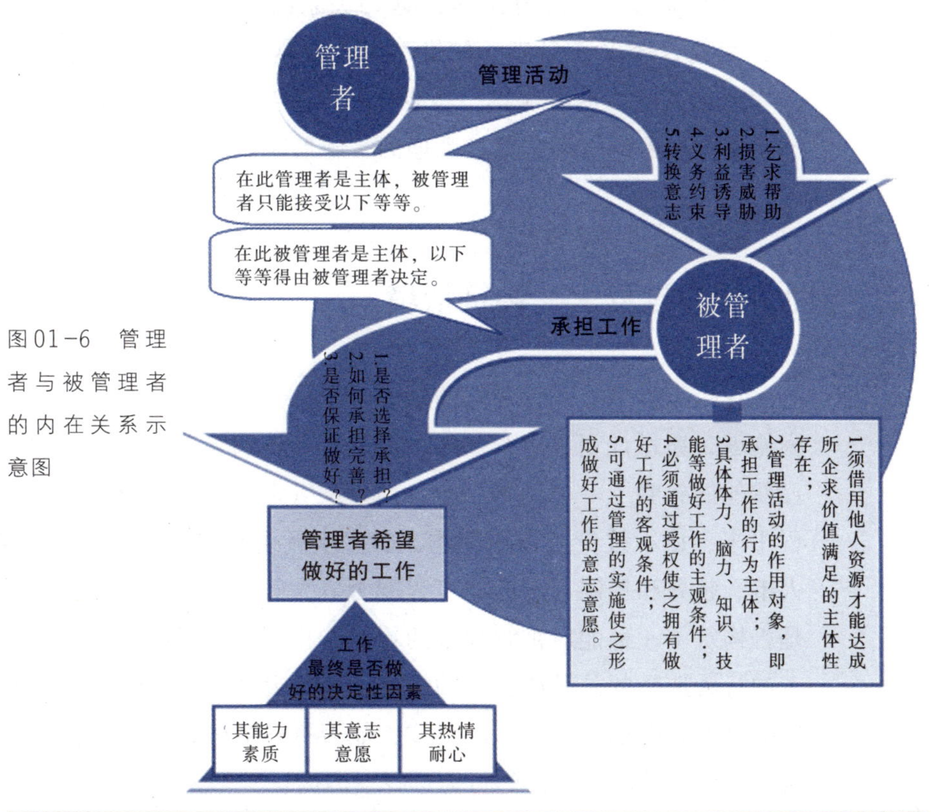

图01-6 管理者与被管理者的内在关系示意图

被管理者之所以成为被管理者，其关键是他在通过他人做好工作的这一关系中也能获得其价值需求满足。因此，它必须满足以下条件：

(1) 须借用他人的资源才能达成所企求的价值需求满足。这是说明他可能进入管理者所设定的通过他人做好工作的这一关系中，并作为客体存在，即成为管理活动的客体和做好工作的主体。

(2) 作为管理活动的作用对象，能成为做好工作的主体。这是说明他在通过他人做好工作的这一关系中的地位是确定的，无法随心所欲地自由转换。

(3) 具有体力、脑力、知识、技能等做好工作的主观条件。这是说明他具备进入通过他人做好工作的这一关系的条件。

(4) 必须通过授权使之拥有做好工作的客观条件。这是说明他进入通过他人做好工作的这一过程的方式。

(5) 通过管理的实施能使之形成做好工作的意志意愿。这是说明他在通过他人做好工作的这一关系中作为客体地位的确定性。

在通过他人做好工作的这一关系中，这特定的个人作为管理实施的客体最终是否做好了工作，其最重要因素是被管理者所拥有的能力素质、意志意愿、热情耐心。是否能使之具备能力素质、意志意愿、热情耐心这三者，也是通过他人做好工作的这一关系的真实性的检验标准。任何一个人，无论曾经多么强势，如果不可能让他具备做好所指派工作的能力素质、意志意愿、热情耐心，这种管理交易关系也就无法建立起来，无论这三者是他原有的，还是通过管理的实施形成的，都不能改变这一点。

六、管理实施的过程——构筑情境

在当今世界上，管理学的主流学派——职能过程学派，都认定管理的实施就是通过计划、组织、人事、领导和控制等五个职能过程实现的。很显然他们忽略了一个基本事实，如果被管理者没有被导入到这五个职能过程中来，也不接受其作用影响，管理实际上也就无法开始。计划、组织、人事、领导和控制五个职能过程能否成为管理实施的过程，也取决于它们是否构筑了一种能对被管理者的行为选择形成影响的情境。作用于被管理者的行为选择的是其所面对的情境，管理者之所作，是什么并不重要，重要的是能否引起被管理者的关注，能否打动被管理者，能否让被管理者有所感触而调整改变自己的行为选择。因为：

(1) 管理者的计划如果不能让被管理者由衷地认同，且与其价值需求的满足结成关联关系，使之形成某种预期，这种计划也就只能是管理者睡梦中的呓语。

(2) 如果组织不能让被管理者从中获得权利，进而使之形成为组织存在和发展做贡献的义务责任感，这组织就只能是马路围观闲人的偶聚，围观事件消失，围观的闲人也会散去。

(3) 如果人事的培训、考核等活动不能与被管理者的价值需求满足建立关联关系，人事就成了与管理实施无关的事，被管理者也就不会接受其培训、考核等。

(4) 如果领导不能让被管理为其所倡导的理想、确立的目标，以及达成理想和目标的战略措施所倾倒，受到感召决心投入进来，努力做贡献，这领导也就只不过是让不信佛的人向佛菩萨下跪。

(5) 如果控制不能让被管理者对应要求进行行为调整，把其努力调整到做好工作所要求的方向来，控制也就只能是对着聋子喊话。

并且计划、组织、人事、领导和控制五者的实施过程也都是通过其所显示给被管理者的特定情境实现的。计划是用未来前景为被管理者构筑行为选择的情境，组织是用权责关系为被管理者构筑行为选择的情境，人事是用约定的利害关系为被管理者构筑行为选择的情境，领导是用理想预期为被管理者构筑行为选择的情境，控制是用即刻的利害关系为被管理者构筑行为选择的情境。但在任何一种情境中，都无非体现的是乞求帮助、损害威胁、利益诱导、义务约束、转换意志五者中的一种关系。而即使如此，也难确保管理实施目标的达成。所以：

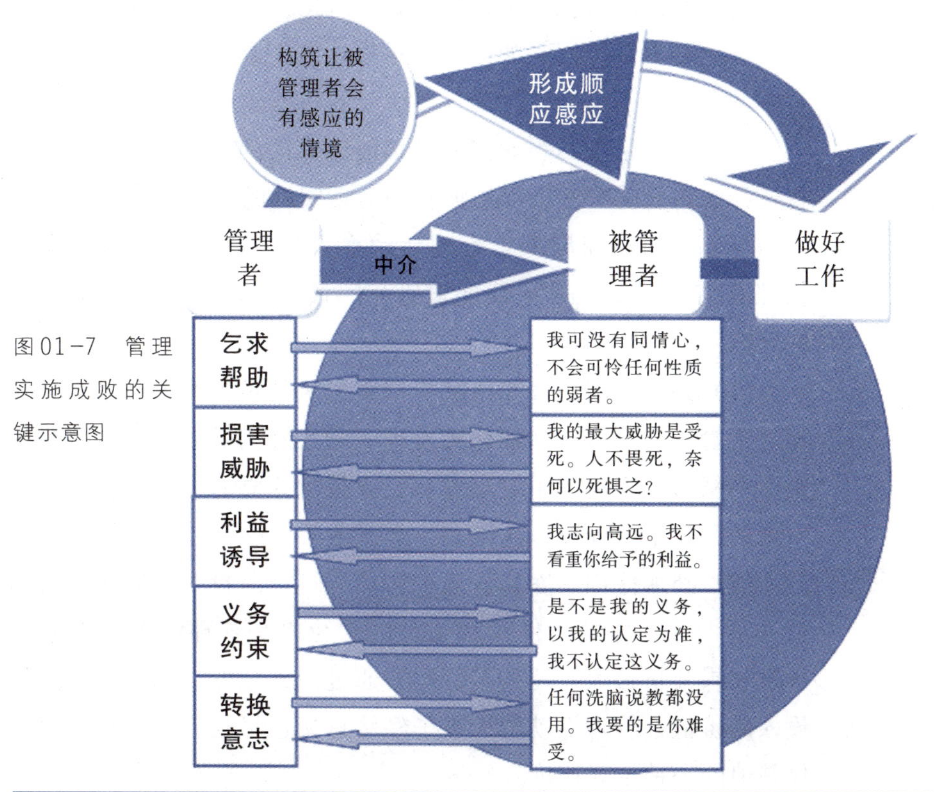

图01-7 管理实施成败的关键示意图

(1) 如果对方没有同情心，不会可怜任何性质的弱者、惨象，那么任何乞求帮助的情境也都不会对他形成影响，使之有所感触。

(2) 如果对方不畏死，奈何以死惧之？那么任何损害威胁的情境也都不会对他形成影响，使之有所感触。

(3) 如果对方志存高远，像巢父、许由、叔齐、伯夷一样，不看重你所给予的物质经济利益，那么由这类利益诱导构成的情境也就难以对他形成影响，使之有所感触。

(4) 如果对方不认同组织所赋予的义务，那么任何义务约束的情境也都不会对他形成影响，使之有所感触。

(5) 如果任何洗脑说教都不能让对方信服，那么任何转换意志的情境也都不会对他形成影响，使之有所感触。

所以，管理实施的实质就是构筑让被管理者有感应的情境，以保证他的行为选择对管理者的要求形成顺应性调整。从这个意义上讲，管理学也就是研究探索如何高效地构筑情境，以保证通过他人做好工作的科学。其核心内容就是研究探索如何构筑情境以影响他人的行为选择，以使之做好工作。在此要回答的问题有三个：

(1) 必须系统回答情境构筑工具有哪些的问题，即明确用于构筑影响他人行为选择的情境的工具是什么，简化管理实施过程。

(2) 必须系统回答如何协调运用这些工具的问题，即探索研究如何组合不同的管理工具，以保证管理活动的整体效果。

(3) 必须系统回答如何使情境能感人的问题，即研究探索管理工具运行选择和组合的方法，以把握管理活动实施的规则。

与此同时，研究探索管理活动投入与管理目的达成之间的联系，以保证其高效，也就成了管理学研究的核心内容，即须仔细分析回答三个问题：

(1) 必须仔细回答如何减少情境构筑的精力投入问题，这是研究探索相对于管理者而言，如何保障管理主动实施的效果问题。如果管理者的管理活动精力投入超越了管理者自己直接承担做好工作的精力投入，从主动实施的管理角度分析，就失去了全部意义。

(2) 必须仔细回答如何减少情境构筑资源投入的问题。情境构筑资源投入与做好工作的条件没有关系，它纯粹是管理活动带来的一种附加投入。如果其量过大，超越了管理者通过他人做好工作所能节省管理者精力投入的价值，管理活动就失去了经济意义，尽管管理者精力投入的价值仅仅是他的一种主观评价。

(3) 必须仔细回答如何让情境构筑总投入最小的问题。这是算总账，探索研究在管理者的精力投入和资源投入之间如何实现优化，以达成管理效果最优的问题。

七、管理学的公理体系

一门学科是否已经发展成为一门成熟的科学，是否归纳确立有其独立的公理体系是一个重要标志。所谓公理体系也就是支撑特定学科的能证伪检验的一组相互关联且系统完整的命题，是人们对该学科所涉及领域事物的相互关系及其变化规律的一种系统认知和总体把握。每一个命题都是对这一领域中一对或一组事物关系及其变化规律的揭示和描绘。很显然，没有归纳确立其独立的公理体系，也就意味着人们对这一领域事物之间的相互关系及其变化规律没有总体认知完整的和把握。D.希尔伯特在《几何基础》一书中为完善欧几里得几何的公理体系，分析提出了公理体系的三个基本要求——相容性、独立性和完备性。他的这一分析相对于所有学科都是成立的。所谓相容性要求，即如果由公理体系中的不同公理能推导出两个互相矛盾的命题，就说明这个公理体系在逻辑上存在漏洞。不同公理之间不相容，这种公理体系就不能成为一种理论。所谓独立性要求，即该公理体系中的每个公理都有其存在必要性，没有一个公理的归纳是多余的。如果将其中任何一条公理删掉，都会影响该公理体系的完整性，使应该有的结论无法由这个公理体系推导出来，就说明该公理是不可或缺的。所谓完备性要求，即该公理体系有足够多的公理，以之为据可推导出有关该学科所涉及领域的所有事物之间相互关系的性质及其变化规律的结论。任何一门学科，其公理体系如果不满足这三个要求，其理论就难以成立，更不可能成为一门严谨的科学。管理学作为一门独立的科学，也必须有其公理体系，并且其公理体系也必须满足D.希尔伯特所分析确定的公理体系的相容性、独立性和完备性三个基本要求。

管理学不是理论科学，属于经验科学，其公理必须由经验归纳得到。并且其所涉及的对象包括世界发展最顶层的意识这一特殊的存在，所以其公理体系会更加复杂，其命题必然更多的是复合命题，即由多个判断构成的复合判断。就其构成的形式和综合层次分析，其体系可包括三大类命题：

(1) 公理。这是高度综合的命题，它揭示和描绘的是管理学研究领域的大类存在之间关系的性质及其变化规律。所谓管理学研究领域的大类存在，也就是管理学研究领域中外延最大的概念所定义的存在。公理命题是一种经验归纳，是对管理活动中重大规律的总结，属于不证自明的判断。

其内容中包含有一组综合性相对较低的命题——定律。每一个定律从不同的侧面揭示公理所界定的大类存在之间关系的性质及其变化规律中的一个方面。这类命题归纳越全面，管理实施的思路方向就越清晰。但是，命题所判断界定的大类存在之间的关系必须是能通过证伪检验的，并且也必须能经得起证伪检验。如果证伪检验否定了命题所判断界定的关系的性质及其规律，这就是管理学的发展进步，创新了管理学理论体系。

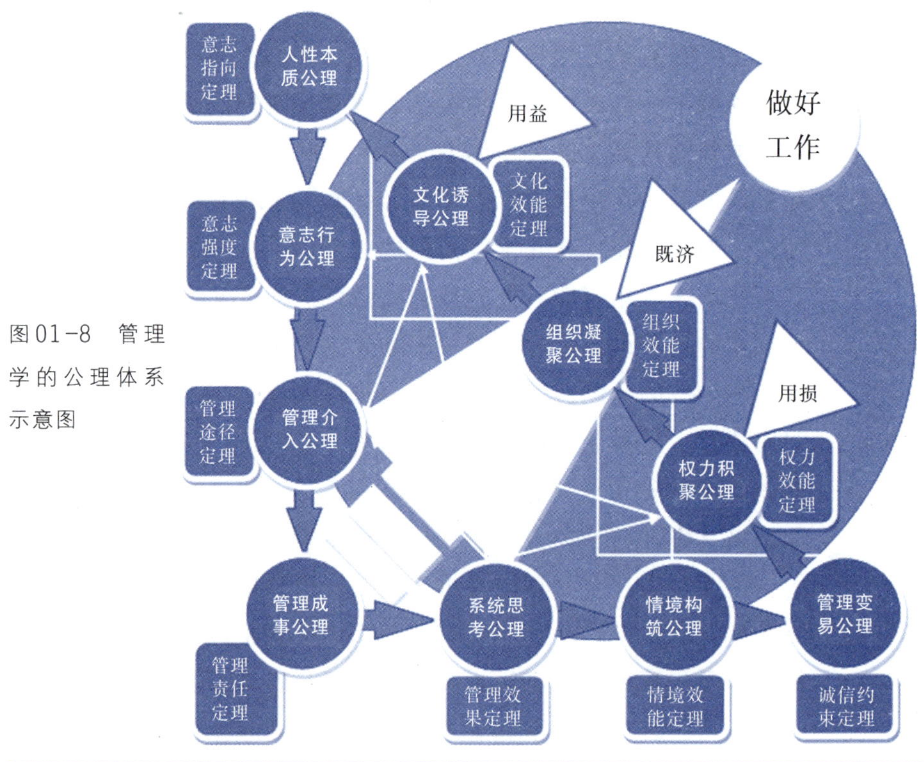

图01-8 管理学的公理体系示意图

(2) 定律。它是揭示公理命题之中的存在之间的联系及其变化规律的命题，这就是说它是构成特定公理的一个内容，是从一个特定的侧面揭示描绘公理所涵盖存在之间关系的性质和规律。它也是一种经验归纳，相比公理的命题，其所揭示描绘的存在之间的关系相对具体。这类命题归纳越全面，管理实施的措施就越清晰。其所判断界定的存在之间的关系也必须是能通过证伪检验的，并且也必须能经得起证伪检验。如果证伪检验否定了命题所判断界定的存在之间的关系，这就是管理学研究的完善，发现并弥补了原有的漏洞。

(3) 定理。它是从公理和定律这两类命题中引申出来的新命题，但其内容也是对管理学研究领域的存在之间关系的性质和规律的揭示和描绘。它与公理和定律不同的是，它不是通过经验归纳抽象得到的，而是由公理和定律这两类命题中引申出来，是能通过已有公理和定律论证其逻辑真实性的命题。但其所判断界定的存在之间的关系也必须通过证伪检验。如果证伪检验否定了其真实性，该修正的就不仅仅是其定理本身，而且要反思由以引申出定理的公理和定律并修改完善，即通过补充假设，完善已有公理和定律。

另外，还有从公理、定律和定理推导出来的命题，这就是推论。它不是独立的命题，其内容也直接是管理学所涉及领域的具体存在之间关系的判断。如果公理、定律和定理命题所判断界定的关系为真，它所界定的事物关系在推导过程中没有漏洞，其所揭示的关系也就一定为真。并且其所由以推导的公理、定律和定理命题某一内容被检验为假时，并不一定导致其推论为假，而仅仅直接由检验为假的命题推导得出的命题才可能为假。推论的多少也不确定，它是根据管理活动的分析判断需要进行的。

根据D.希尔伯特所分析确定的公理体系的相容性、独立性和完备性三个基本要求，管理学的公理体系应该包含十个方面的公理。根据相互之间的联系，这十个方面的公理可分为三组：

第一组包括人性本质和意志行为两个公理，它们是对管理者和被管理者的共有本质特性的概括。

管理学第一公理：人性本质公理。

管理活动包含有管理者和被管理者双方之间相互作用的关系，只有进入这一关系的双方都知己知彼，即对于对方和自我的本质特性都有所认知和把握，才能避免和减少进入这种关系后对于对方的误解，使这种关系得以延续和稳定。就人的本质特性分析，二者之间并没有任何不同，也正是这种同一性，给了双方理解对方的方便。中国文化中诸如“将心比心”、“己所不欲，勿施于人”、“己欲立而利人，己欲达而达人”等推己及人的哲理警句，就揭示了这种关系的内涵。也正是这一原因，人性本质公理，就成了管理学的第一公理。这一公理包含六个定律，每一个定律又具体地揭示了人性本质中一个方面的内涵。而通过他人做好工作，又是以他人为之付出努力与否的行为选择为前提的。所以管理学必须首先明确人的意志指向规律，这就是由这一公理及其定律引申出来的意志指向定理。

管理学第二公理：意志行为公理。

通过他人做好工作，必然包含有他人意志行为的形成和改变，因为做好工作的努力必须是其意志行为本身，不可能不经意的一个趔趄就把工作做好的。所以必须分析归纳人的意志行为形成过程及其演化关系。不把握人的意志行为形成过程及其演化关系，管理活动就仍然没有针对性。所以，它就成了管理学的第二公理。这一公理包含五个定律，每一个定律又具体地揭示了人的意志行为形成过程中的一个具体环节的内容。为做好工作付出的努力有大有小，大的努力就必须有较高强度的意志支撑。所以，管理的实施必须有对应于人的意志强度形成规律的定理。这就是由这一公理及其定律引申出来的意志强度定理。

第二组包括五个公理，其内容是对管理活动的本质和过程的概括和界定。

管理学第三公理：管理介入公理。

管理活动面对的是独立于管理者之外的主体性存在，要通过他的努力做好工作，也就必须改变其意志行为的方向和方式。这就是介入其意志行为的形成过程，分析归纳管理介入其意志行为形成过程的规律。否则管理活动仍然只能作无头苍蝇一样的瞎撞乱碰。所以，管理介入公理是管理学的第三公理。这一公理对应意志行为公理命题所揭示的意志行为形成过程的五个环节，有五个定律，每一个定律又具体地揭示了对人的意志行为形成过程有效地介入的具体规律。管理介入就是对被管理者意志行为形成过程的嵌入，管理者通过这种嵌入，直接影响和改变被管理者的意志行为方向和意志强度。管理者的这种有效嵌入的规律，也就是由这一公理及其定律引申出来的管理途径定理。

管理学第四公理：管理成事公理。

管理活动的目的是通过他人做好工作，究竟如何才能达成这一目的，或者说要达成这一目的需要具备哪些条件，并且不仅仅是必要条件，而且一定要是充要条件。这就是这一公理要归纳概括的内容。它直接是对管理学第一个层次的探索研究的概括。所以，管理成事公理被列为管理学的第四公理。这一公理包含六个定律，每一个定律又具体地揭示了通过他人做好工作的一个条件。在这一公理中解答的是通过他们做好工作的充要条件，管理者是否为被管理者创造了充要条件，这就容易区别管理责任了。所以，这里有由这一公理及其定律引申出来的管理责任定理。

管理学第五公理：系统思考公理。

保证通过他人做好工作的充要条件，并不是抽象的，在不同的情况下，其具体内容会有所不同。如何把握这种不同，以及如何在把握其不同的基础上达成通过他人做好工作这一目的，这就要求通过系统思考来弥补个人感知的局限。如何系统思考，这就是该公理要归纳概括的内容。而要保证通过他人做好工作又无法超越这一点，所以，系统思考公理列为管理学第五公理。这一公理包含六个定律，每一个定律又具体地揭示了系统思考的一个具体的规定性。管理活动所寻求的价值是效果，如何保证效果，这直接与管理活动的系统思考程度相关，所以在此有管理效果定理。

管理学第六公理：情境构筑公理。

管理并不是发号施令，不是大棒指挥，而仅仅是通过构筑能让被管理者有所感触的情境来诱导影响其行为选择。之于这种情境该如何构筑，其中有哪些规律可循，这就是情境构筑公理要做出的解答。相对于主体性存在的他人，没有情境构筑，就不可能有管理的实施。所以，情境构筑公理列为管理学第六公理。这一公理包含六个定律，每一个定律又具体地揭示了情境构筑的一个具体的规定性。管理活动的内容可全部概括为构筑能让他人有所感的情境，这也就是对管理职能的界定。这就是管理职能定理。

管理学第七公理：管理交易公理。

管理者与被管理者都是主体性存在，管理者无法超越交换关系而把其意志体现到被管理者的意志行为中去。这直接是对管理活动本质的概括，管理活动应该有的态度以及实施的思路都在这其中。所以，它被列为管理学第七公理。这一公理包含六个定律，每一个定律又从一个特定的方面揭示了如何达成管理交易关系持续稳定的规律。管理交易公理概括归纳的是管理者与被管理者之间的平等交易关系，如何保证交易平等，这就有了诚信约束定理。

第三组包括三个公理，其内容是对管理工具及其效能规律的概括和界定。

管理学第八公理：权力积聚公理。

作为管理者一定有一个权力的印记，这就是他拥有他人价值需求满足的资源。没有权力，空口白牙说空话，就无法让人调整其行为选择而把工作做好。因此，探索解答如何积聚权力的答案也就被列为管理学第八公理。这一公理包含四个定律，每一个定律又具体地揭示了权力积聚作用的内在关联关系。可权力如何才能在嵌入被管理者的意志行为形成的过程中发挥作用，这也就是探索归纳权力效用实现的规律。所以在此有权力效能定理。

管理学第九公理：组织凝聚公理。

在更多的情况下，管理者都不是一对一地对被管理者的意志行为形成过程进行嵌入调整，而是一对多，并同时一对多，这就必须运用组织这一管理工具，即通过权利和义务的对应对等关系来嵌入被管理者的意志行为形成过程。这就要探索回答如何积聚组织凝聚力的问题，组织凝聚公理就是对这一问题的揭示和概括。因此，它被列为管理学第九公理。这一公理包含六个定律，每一个定律又具体地揭示了组织凝聚作用的内在关联关系。组织的权利义务如何才能在嵌入被管理者的意志行为形成的过程中发挥作用，这也就是探索归纳组织效能实现的规律。所以在此有组织效能定理。

管理学第十公理：文化诱导公理。

要让他人调整改变其行为选择的方向，最关键的是调整改变其意识观念。人作为一个具有自我意识的存在，很难放弃改变行为选择以追随顺从他人，因而文化就成了最有效的管理工具。它会通过耳濡目染和潜移默化的渗透而改变他人的意志行为方向。所以，文化诱导公理被列为管理学的第十公理。这一公理包含九个定律，每一个定律又具体地从一个方面揭示了文化诱导作用的内在关联关系。但文化如何才能在嵌入被管理者的意志行为形成的过程中发挥作用，这也就是探索归纳文化效能实现的规律。所以在此有文化效能定理。

管理学的这十个公理彼此关联，相互映照，作为一个完整的整体，共同揭示管理活动有效实施的规律。意志行为公理是对人性本质公理的展开，而管理介入公理又是直接与意志行为公理契合对接的。管理成事公理在对前三个公理进行综合的基础上确立了通过他人做好工作的条件。系统思考公理则直接契合管理介入公理的要求，对管理实施的三个工具等公理的内涵进行了设定。情境构筑公理不仅综合了前五个公理的关联关系，而且直接与人性本质公理契合。对于主体性存在，除了通过构筑能使之有所感的情境之外，别无管理活动存在。管理交易公理直接与意志行为公理照应，揭示了管理的本质。权力积聚公理、组织凝聚公理、文化诱导公理三者直接与管理介入公理照应，揭示了管理介入的具体途径和方式方法。

八、管理学的研究线路

有了前面的讨论，现在可以总结一下管理学研究的路线。

管理学研究的路线可归纳为12个环节的内容：

(1) 管理学研究的起点，定义研究对象，即对管理这一特定的人类社会活动进行定义。管理学要是不首先定义管理，研究什么必然方向模糊。

(2) 定义研究对象，引出管理学研究的内容，明确管理学研究探索应该向哪个方向努力。现在好多似是而非的内容都挂在管理学名下，从所颁布的《学科分类与代码国家标准》以及我国历年公布的社会科学规划项目指导大纲就可明显发现这一点，有些内容根本与管理学不沾边，却划在管理学的学科之中。

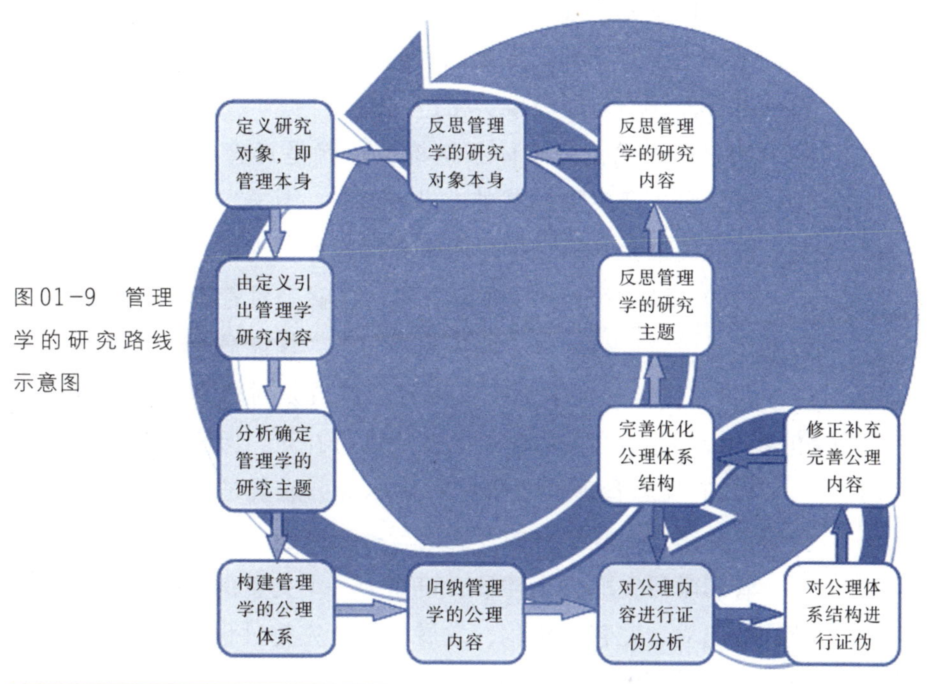

图01-9 管理学的研究路线示意图

(3) 分析确定管理学的研究主题，这是对管理学研究的内容进行结构化分解和细化，其二级学科和三级学科应该从这里引出。管理学的下级学科划分混乱、相互交叉重叠，也都与这一研究的落后相关。

(4) 构建管理学的公理体系。这是管理学原理的研究必须完成的工作，它是构成管理学这个一级学科的基础。可惜现有的管理学原理研究都只是在做重复的工作，把所谓的管理职能过程嚼来嚼去，从法约尔到现在几乎没有什么进展。

(5) 归纳管理学的公理、定律，推导管理学定理的命题内容，这就是对公理体系中的每一个公理、定律和定理的命题内容进行概括分析，保证任何一个命题都为真。管理学的下级学科研究丰富多彩，可公说公有理，婆说婆的理，甚至争论多年也没有结论。其原因就在于没有统一的大家一致认同的公理、定律和定理统一其理。

(6) 对公理、定律和定理的命题进行证伪分析，这就是在已有归纳概括和分析的基础上不断进行检验，即时发现公理、定律和定理的命题失真的内容。如果没有公理、定律和定理的概括，也就没有其证伪检验。而如果没有公理、定律和定理的证伪检验，也就没有其发展。

(7) 对公理体系结构进行证伪，这就是在对命题内容进行证伪的基础上，对公理体系本身的相容性、独立性和完备性不断进行检验分析，即时发现公理体系有违相容性、独立性和完备性的内容，并调整补充完善。

(8) 修正完善公理、定律和定理的命题内容，这就是在对公理体系证伪的基础上，对公理、定律和定理的命题内容中存在的漏洞，即时进行修正完善，保证不与经验事实相违。

(9) 完善优化公理体系结构，这就是对管理学的公理体系的内在结构，在学科本身发展的基础上进行调整、补充，以保证其体系的完整、完善，能准确地为其下级学科的研究探索提供支持。

(10) 反思管理学的研究主题，这就是对管理学的主题，包括下级学科的科目设置进行调整，减少重叠交叉，保证适应管理活动实践的需要。

(11) 反思管理学的研究内容，这就是对管理学的研究内容进行再次审视分析，并结合关联学科的发展进行补充，保证其全面性和完整性。

(12) 反思管理学的研究对象本身，这就是对管理的定义进行再审视分析，并结合关联学科的发展进行补充完善。

管理学研究的12个环节，可作为一个完整的循环，它则直接是管理学范式的建立、完善、优化、发展的一个完整过程。但也可以把其中的第6、第7、第8、第9四个环节作为一个独立的小循环，即把管理学的研究探索局限于管理学公理、定律和定理的命题的证伪、修正和完善上。如果其研究仅仅局限于公理、定律和定理的命题证伪、修正和完善小循环，其成果也就仅仅是在管理学原有范式的范围内发展完善；如果其研究覆盖整个过程的12个环节，其成果就是管理学范式的修正和发展。前者是保证整个学科的原有构架，仅仅在这个构架之内进行研究探索，这可定义为管理学的研究发展。后者则是突破已有的学科构架，对整个学科的范式创新，这可定义为管理学的研究突变。

管理学第一公理

人性本质公理

一、人性本质公理的内涵

人所特有的三大能力——记忆、预期、反思决定了其主体性存在的本质，内容包括充分理性的自我意识、行为选择的自我决定、唯我利己的自我肯定、客体工具的自我中心、自我超越的无限欲望、懒惰节耗的自我异化等六个规定性。前五个规定性体现得越充分，其主体性就越显著，人格就越伟大，其人生价值就实现得越充分。

顾名思义，人性本质公理，也就是对人的本质特性的归纳概括。它是把人从他物中区别开来的特性。人是灵长类动物，灵长类动物区别于其他动物的本质特性，也是人区别于非灵长类动物的本质特性，在此没有必要讨论了，而仅仅讨论人区别于灵长类动物的特性。人属于灵长类动物这个属，却是灵长类动物这个属中的佼佼者，与其他灵长类动物有所不同，所以被称为高级动物。体现这种高级的不同特性就是人性本质。这种高级的内容是什么就是下面需要讨论的。

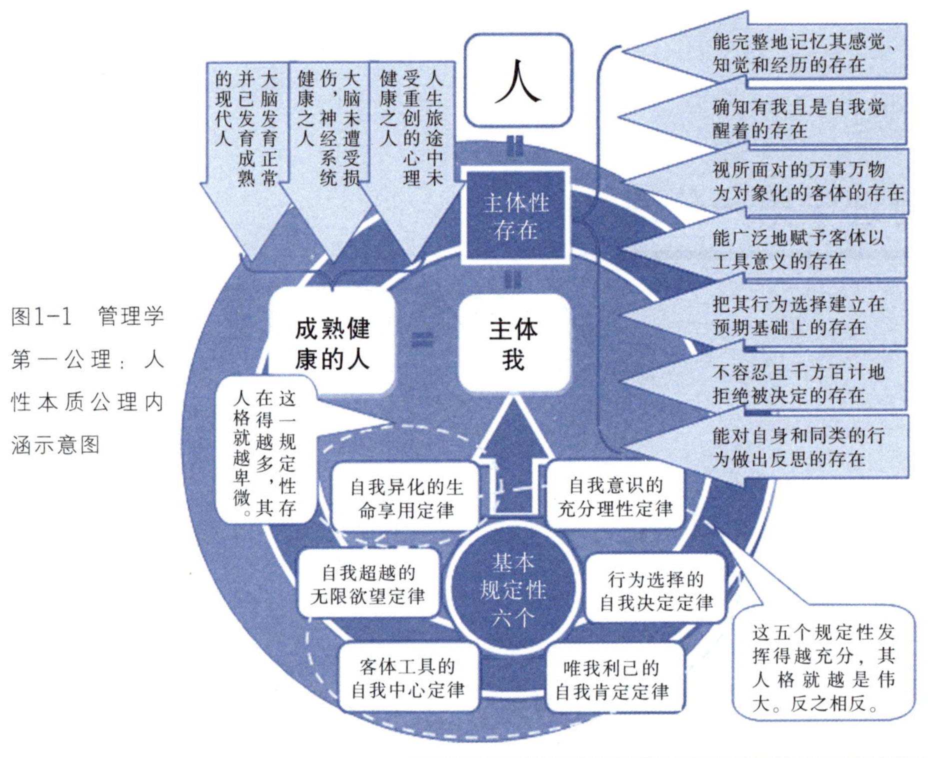

图1-1 管理学第一公理：人性本质公理内涵示意图

1. 定义人性本质样本的三个限制条件

人与人又不一样，所以在对人性本质进行归纳概括之前，必须对所定义的人的样本做一个限定。就单个的个人分析，人与其他灵长类动物可能存在完全相同或者部分一致的特征：其他灵长类动物是四足着地行走，现实中也有因某种原因而不得不四足着地行走的人；其他灵长类动物只有叫声，没有形成表意清晰的语言，现实中也有不会说话的哑巴；其他灵长类动物智商低，最聪明的猩猩也难以超过智力正常的三岁小孩，但现实中也有智力到死也没有达到三岁小孩水平的人存在……所以，这里讨论人性本质就不得不事先加上成熟健康的三个条件限制：一是大脑发育成熟并且正常的现代人。这一限定是把讨论对象限制在智商达到平均水平的现代人的范围内。在此发育未成熟的小孩，以及因遗传或疾病原因而导致智力发育过低的个体和进化为人之前的类人猿都被排斥在定义范围之外。二是大脑未遭受损伤，神经系统健康的人。这一限制是把发育成熟且智力正常，但因遭受外力或疾病重创，导致神经系统损坏而患有精神病的个体排斥在定义范围之外。三是人生旅途中未受重创的心理健康之人。这一限制是把发育成熟且智力正常，并且也没有患精神病，但因某种特别经历致使其心理严重扭曲改变的个体排斥在定义范围之外。

只有这三个条件全都满足的人，才能归纳概括出人区别于其他灵长类动物的本质特征。但在此不能简单地用身心健康四字进行限制，因为1989年联合国世界卫生组织对健康所做的定义把绝大多数人都定义在不健康的范围内。它把健康定义为：不仅是没有疾病，而且包括躯体健康、心理健康、社会适应良好和道德健康，其细则包括10个内容构成的标准：

(1) 充沛的精力，能从容不迫地担负日常生活和繁重的工作而不感到过分紧张和疲劳。

(2) 处世乐观，态度积极，乐于承担责任，事无大小，不挑剔。

(3) 善于休息，睡眠良好。

(4) 应变能力强，适应外界环境中的各种变化。

(5) 能够抵御一般感冒和传染病。

(6) 体重适当，身体匀称，站立时头、肩臂位置协调。

(7) 眼睛明亮，反应敏捷，眼睑不发炎。

(8) 牙齿清洁，无龋齿，不疼痛，牙颜色正常，无出血现象。

(9) 头发有光泽，无头屑。

(10) 肌肉丰满，皮肤有弹性。

一个人如果满足这个标准，也就近乎完人了。对人的本质特性的概括不需要这样严格的限制。

2. 人的本质特性的七个内容

满足了前述三个条件，概括出人的本质特性也就可能了。这种本质特征可简单地概括为：人是主体性存在，对于任何一个单个的个体，都可称之为主体我。其内容具体展开包括以下七个方面：

(1) 能完整记忆其感觉、知觉和经历的存在，即能完整地将其曾经有过的感觉、知觉和经历进行信息化处理，包括归纳、整理、储存和提取，以形成关于自我的种种信息。

(2) 确知有我且是自我觉醒着的存在，即对自我有认知，知道自己是独立于其所面对的任何他人、他物之外的不同存在，能在自我和非我之间明确地划出界线。

(3) 视面对的万事万物为对象化的客体的存在，即任何一个个人不仅是一个独立于他人、他物之外的存在，而且是能把所面对的存在都对象化为认知、反思、品评的客体的存在。

(4) 能广泛地赋予客体以工具意义的存在，即能根据相对于主体我的存在和发展的价值需求满足关系，赋予对象化存在以意义，使之成为主体我的存在和发展的工具，并且其工具意义越强，他就越会看重它、关注它。

(5) 把其行为选择建立在预期基础上的存在，即能认知自我及其对象化存在的非我的发展变化，并近似地，甚至准确地预测其变化，并在预测的基础上形成自己的预期，以对应调整其行为选择。

(6) 不容忍且千方百计地拒绝被决定的存在，即自己的事自己做主决定，不乐意被他人做主决定，如果没有外在限制，主体我不愿意接受他人对他的任何安排，除非这种安排直接是其所求。

(7) 能对自身和同类的行为做出反思的存在，即会对自我和同类的他人，包括古今中外的人的行为进行反思，通过分析、比较、评价、假设，判断自己的行为得失的原因和同类他人的行为得失的原因，以吸取经验教训，重复有所得的经历，避免有所失的行为。

在前述七个具体特征中，或许有些具体特征可分别在不同灵长类动物中找到近似或相同的表现，而仅仅只有程度上的差别的话，那么，全面具备这些特征，就只有满足成熟健康三个条件的人了。就其能力分析，反思和预期，则可能是人与其他灵长类动物区别开来的最本质内容。反思是建立在记忆基础上的。尽管记忆是所有灵长类动物所共有的一种能力特征，但它们都只是在分析、比较、评价、假设的能力大门之外记忆。人的这一能力在其他任何聪明的动物个体中很难发现。这更不用说对自我及同类他人以及相关属类的长久活动结果和所能造成的影响和后果进行反思思考了。而预期又直接是以反思的分析、比较、评价、假设为基础的，是在反思基础上形成的对于主体我自身及被主体我对象化的存在二者之间相互关系演化发展的方向方式的判断设定。

3.人性本质的六个规定性

对于所描绘的这些特征可从理论上概括为六个方面的规定性，即：自我意识的充分理性、行为选择的自我决定、唯我利己的自我肯定、客体工具的自我中心、自我超越的无限欲望、自我异化的生命享用。这六个规定性作为一个整体就构成人性本质公理的完整内涵。

在这六个规定性中，前五个是有关人的主体性的表现方式的界定，所以其规定性体现得越充分，人作为主体性存在，其主体性人格就展现得越充分、越完整，其人生价值就实现得越充分。相反任何一个规定性的缺失，也都是人的本质特性的部分丧失或全部丧失。

(1) 不具有自我意识的充分理性这一规定性的特性，也就是不能分辨自我与非我。浑浑噩噩，真正如庄子所言，是“不知周之梦为蝴蝶与？蝴蝶之梦为周与？”（引自《庄子·内篇·齐物论第二》）这也就是主体性没有觉醒的一般灵长类动物。

(2) 不具有行为选择的自我决定这一规定性的特性，就只能被动地接受他人和环境的安排。如果他没有被决定，就只能像在两堆相同草料间的驴一样不知选择而饿死，这就成了连蠢人也算不上的真正蠢驴。

(3) 不具有唯我利己的自我肯定这一规定性的特性，也就是丧失了自我，不再有对于自我以及自我行为的价值判断辨别能力。这就成了一个不求所终，也不知所终，完全由动物本能支配其行为的灵长类动物。

(4) 不具有客体工具的自我中心这一规定性的特性，其主体性也就不存在了。主体性的一个最显著特征就是具有使物为我所用的能力。不知使物，不能使物，也就难免被物所使，或者物我一体，成为被决定的存在。

(5) 不具有自我超越的无限欲望这一特征，也就是其主体性已经消亡到只知有现在的存在了。这也就是沉醉于现状，安于现状不求改变、不求进取的行尸走肉。

(6) 自我异化的生命享用这一规定性的特征，则是人的主体性本质对于这种主体性本质的否定，即对前五种特性的否定。只不过这种否定仍然体现了前五个规定性本身，至少不违背前五个规定性。因为这一规定性的内容也是由主体我完成的选择。这也就是说，自我异化的生命享用行为本身也是主体我的选择，不是外力强加给他的，只不过是主体我把肌肤之利作为其行为选择的依据，仅仅看重肌肤之利，也只求肌肤之利，把生命活动定格在享受生命的活动上。所以，这一规定性的特征体现得越充分，人作为主体性存在，其主体性就丧失得越多，其人格特征就越是与其他动物靠近。

二、自我意识的充分理性定律

价值观念和情感情绪造成的超自我设限，使人的行为偏离了完全理性的最合目的性，而仅仅寻求自我意识范围内的最合目的性。而自我意识的现境信息和前景信息积累得越充分，超自我设限越少，其行为选择就越是能充分达成最合目的性的理性要求。

自我意识的形成过程与主体性觉醒的过程是同步的。主体性的觉醒也就是动物个体感知到自身的存在的事实，以及能把自我的存在从其所存在于其中的环境的存在分离出来，确知自我与他物不一样，并在此基础上确

立自我与客体之间的相对关系。相对于一般动物而言，进化到这一步应该说是一种质的飞跃，所以这一能力是绝大多数动物所不具备的，即使人，也只有到一周岁左右时，才能辨别出镜相中的我。这一能力在灵长类动物中也只有成年的猩猩、猴子才可能拥有。但这还不能算是主体性的完全觉醒。主体性的完全觉醒，则是自我意识的形成。主体性的完全觉醒与自我意识是同一概念，即认知到主体我之外都是与主体我相对立的客体。

自我意识也就是意识，尽管有多个主体我达成共识基础上的社会意识存在，但它仍然是以一个一个的主体我的意识的存在为前提的。没有单个主体我的自我意识，也就没有社会意识。所以，超越自我意识的意识是不存在的。他人的意识也仅仅是他人的自我意识。而构成意识的直接是关于自我现实存在和发展变化趋势的信息。这种信息的积累就是自我意识的丰富和发展，而信息的积累又是以其记忆能力的形成为前提的。有了关于自我的现实存在和发展变化趋势的信息积累，主体我才能感知到自我与所存在于其中的外部环境联系的边界，才能把自我从非我的环境存在中分辨出来。一般人很难记忆起三岁之前的事件，一个重要原因就是因为一般人在三岁之前其主体我还没有完全觉醒，处于朦胧之中，还不能明确地分辨出自我与非我。

1. 构成自我意识的三类信息

构成自我意识的信息可分为三类：

(1) 现境信息。

所谓现境信息，也就是主体我对于自我现实存在状况的认知把握。其内容有三个：

一是我是谁？回答的是对于主体我的自身状况的问题，包括我多大、是男是女、四肢状况如何、精力状况如何、具有一些什么能力等内容。这一内容主要是对主体我的现实存在状况的确认。而这种确认是对由记忆积累起来的关于自我与非我信息的抽象和归纳。二是我在哪儿？回答的是我处于什么样的环境之中的问题，包括我住在哪儿、我父母是谁、有哪些人爱我、有哪些人恨我、有哪些亲戚朋友、有些什么样的邻居、谁是我的敌人、周围哪些人和物会伤害我、我从周围什么人和物的存在中可获得助益等内容。这些内容更多的是需要主体我通过对自我存在的环境和背景的确认进行判断确定的。不具备分析判断能力的动物，是难以准确回答我在哪儿这一问题的。三是我要什么？回答的是如何对于主体我的价值需求进行设定的问题，包括我的生存需要什么、我应该如何展现自我的存在、我的什么意见必须得到尊重认同等内容。这是对于现实中的我所存在缺失的确认，需要是以缺失为前提的，没有缺失就没有需要。

但在这里还仅仅是主体我对自我现实的一种了知，即如同镜子把被照摄物摄入镜中形成的镜像一样。对于主体我现实存在状况的认知还包括对于自我现实存在状况的判断。没有判断，仅仅有这种了知，人也就还仅仅是和镜子一样的死物。这种判断包括四个方面的内容：一是自我价值需求已经获得满足的内容有哪些？二是自我价值需求还有哪些内容没有满足？三是制约自我价值需求满足的阻碍因素是什么？四是能提升自我价值需求满足的有利因素有哪些？这四个方面的信息是在前述三类信息的基础上思考判断形成的，是围绕自我价值需求的满足与否的关联关系展开的。

所谓价值也就是在确认了我是谁、我在哪儿、我要什么之后，通过对自我的过去和现在的纵向比较以及我他现实状况的横向比较而发现并且必须弥补的缺失。对这种缺失有弥补作用的存在，就是有价值的。但各自所发现的缺失不同，认定必须弥补的内容也不同，所以判定的价值内容也就不同。

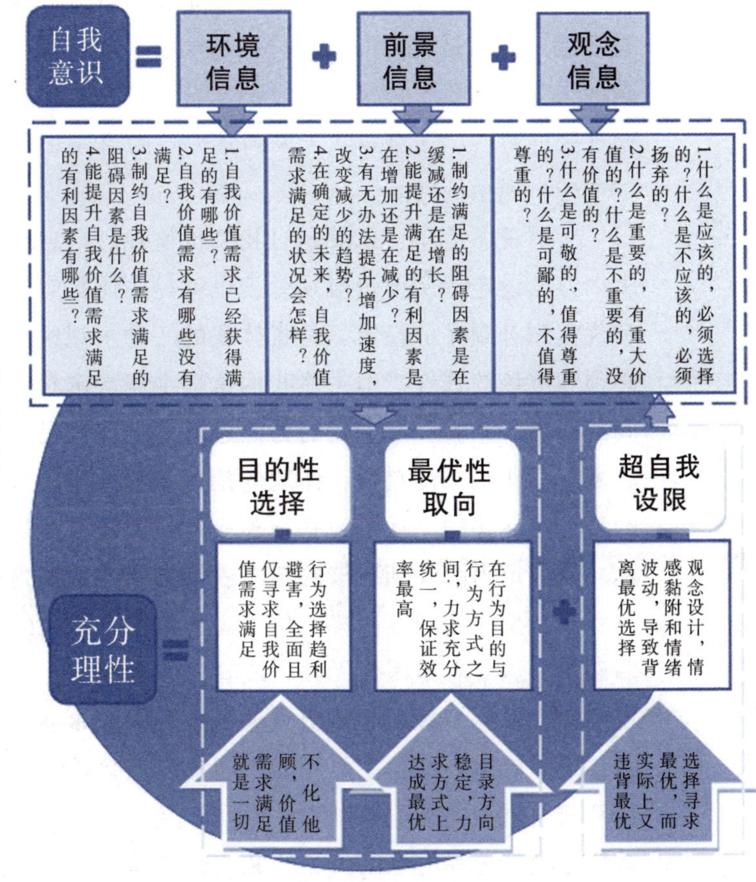

图1-2 自我意识的充分整改定律内涵示意图

(2) 前景信息。

所谓前景信息，也就是对于主体我未来状况的认知和把握。前景信息是基于现境信息对其环境存在物发展变化的预测信息和对于自我未来状况的预测信息。这类信息的积累对于其主体性的觉醒程度要求更高，它既需要对于环境存在物相互之间的关联关系及自我行为选择与行为后果的关联关系的把握，也需要对于环境存在物相互之间的关联关系的演变与自我行为选择与行为后果的关联关系的演变之间的关联关系的把握。否则其预测信息就不可能得到。预测不是臆测，是建立在对事物之间的稳定联系和发展变化的必然趋势的把握基础之上的。对于环境存在物相互之间的关联关系及自我行为选择与行为后果的关联关系的把握，以及对于环境存在物相互之间的关联关系的演变与自我行为选择与行为后果的关联关系的演变之间的关联关系的把握，这也就是对事物之间的稳定联系和发展变化的必然趋势的把握。

具体分析，其内容是回答了四个问题：一是制约自我价值需求满足的阻碍因素是在减缓还是在增长？二是能提升其满足的有利因素是在增加还是在减少？三是有无办法提升增加速度，或者改变减少的趋势？四是在确定的未来，自我价值需求满足的状况会怎样？只有对于这四个问题有了完整准确的解答，才有自我未来前景信息的形成。

(3) 观念信息。

所谓观念信息，也就是自我的价值观念信息，是对于主体我的价值需求内容的设定。所谓价值观念，也就是主体我对于自我所缺失内容的认定和优先弥补顺序的设定，是主体我的一种主观判断。其形式就是所确定的必须和应该的选择。但主体我的这种主观认定和设定，是受制于对事物之间的稳定联系和发展变化的必然趋势的把握状况的。事物之间的稳定联系和发展变化的必然趋势，体现的是一种不可能改变的事实，是不以主体我的意志为转移的，认定为必须和应该是如此，不认定为必须和应该也是如此。但认定为必须和应该的却不一定必然，这就是背离事物之间的稳定联系和发展变化的必然趋势的价值观念是没有意义的，坚持如此就是自我寻墙碰壁。这或者是因为无知，或者是因为狂妄，其结果是设定了不可能实现的意志目标，最后必然遭受惩罚。所以，如果不是基于规律必然基础上的必须和应该，则是主体我的判断失误。必须和应该，但不可能，做出这种判断也就只能是自寻烦恼。但必须和应该，并且可能，也不等于必然。必然是没有选择的判断，必须和应该则是在诸多可能性中做出选择，体现的是自我意识的作用。但必然又会限定可能。地震对人类危害太大，因此必须和应该制止地震的发生。但地壳运动不接受人类的安排，人类制止地震发生的必须和应该也就是毫无意义的废话。所以价值观念不能违背必然规律，但可超越必然规律，即通过寻求新的可能而改变必然性。夏暑冬寒是一种必然，但不一定每一个人都得遭受夏暑冬寒的肆虐，就是这一道理。

这类信息包括三个层次的内容：一是什么是应该的，必须选择的？什么是不应该的，必须扬弃的？二是什么是重要的，有重大价值的？什么是不重要的，没有价值的？三是什么是可敬的，值得尊重的？什么是可鄙的，不值得尊重的？第一个层次的判断是取舍判断，回答的是取什么、舍什么的问题；第二个层次的判断是比较判断，回答的是在都应该选取的情况下，如何进行取舍的问题；第三个层次的判断是伦理判断，回答的是主体我如何选择追随顺从谁的问题进行的判断。

现境信息、前景信息和观念信息三者不是相互独立的，而是相互关联的。没有现境信息的积累，也就没有前景信息的形成。前景信息是以现境信息为基础由规律必然信息演绎而形成的，而规律必然信息又包含在现境信息之中，是对主体我的现实和环境的相互关系的把握。而没有现境信息、前景信息的积累，观念信息也就无以形成。价值观念是在现境信息和前景信息所显示的可能中进行的判断。而没有价值提供判断的依据，也就不知如何进行价值需求的设定，现境信息的四个问题也就无法回答。

2. 人的理性不完全的原因

自我意识直接是理性形成的前提和基础。所谓理性也就是目的性选择与最优性取向的总和。所谓目的性，也就是主体我的价值需求的设定，即达成主体我的缺失的弥补，减少主体我的缺失，体现的是主体我认定为必须和应该的选择。这就是趋利避害。这种目的性选择直接表现为主体我不作他顾，认定自我价值需求的满足就是一切。很显然，如果没有自我意识做基础，也就无所谓目的性。所谓最优性取向，也就是主体我在行为选择过程中，只要有更好的选择，就不会停止选择，也就是说不会满足次优，即在其行为选择的价值需求满足过程中，不会满足于过得去的满意，而是寻求价值需求满足的最大化。也很显然如果没有自我意识，也就没有直接表现为意识活动的比较判断所形成的最优性取向。最优性取向包括两个方面的内涵：一是当面临多个价值需求的满足时，是对最先满足什么价值需求的设定；二是当价值需求满足途径多样化时，是对最有效地达成价值需求满足途径的设定。很显然这种最优性取向是以对自我的现境信息、前景信息和观念信息的综合分析比较为基础的，没有综合分析比较，就无所谓最优。

但主体我的这种理性是不完全的，一般人都永远只能达成充分理性，即既不是完全理性的，也不是完全不理性的，而是处于二者之间的一种状态。任何一个人，只要自我意识清醒，他就不会放弃其目的性选择和最优性取向。这就是说基于自我意识的理性具有普遍性，没有人会没有理由地放弃其目的性选择和最优性取向。但因为观念信息的主观性使之成为一种超自我设限，限制了其最合目的性选择。所谓超自我设限则是主体我不自主地暗设了一些背离达成自我价值需求满足最大化的行为选择限制，进而而致使目的性选择和最优性取向无法达成。其内容有三个：

(1) 观念设定。

观念是主体我对于自我已有经历、经验和知识的概括、归纳而形成的判断事物的准则。但它一经形成就伴有再调整更新的惰性，并反过来对自我状况以及背景事物事实的发展变化进行设定，以至于行郑人买履和削足适履的蠢事。一方面影响对事实的判断，另一方面制约对于新获得信息的认知和与原有信息的融合整理加工。尽管这种惰性的大小会因人而异，但除了圣人之外都难以逃避这种观念设定的惰性影响。

(2) 情感黏附。

情感只有爱、恨两个内容，其内在本质都一样，都是在爱恨事物上形成黏附，使作为价值需求的目的性选择的目的本身被固化而成为一条道走到黑的固执和愚蠢，不知根据自我状况及其背景事物的发展变化而调整作为价值需求的目标本身，致使陷于因爱或恨而不再作最优性取向努力，而对不切实际的，也不再有意义的目标作不计代价的努力，以致与必然性碰撞而受挫导致自我毁灭。

(3) 情绪波动。

情绪总是与主体我对于一定价值需求满足状况的心理反应联系在一起的，是主体我特定价值需求的满足条件在事实上或可能上，发生了与主体我的原有预期相左的各种状态的心理反应。圣人宠辱不惊，但常人却得意忘形、失意落魂，致使其行为背离目的性选择和最优性取向而失去理性。

之所以把这三种情况称作超自我设限，是因为这种种设限，并没有体现主体我的意志，往往造成与其所寻求的价值需求满足最大化目的相矛盾的结果。但它又是自我选择设定的，不过在选择设定时，忘记了自我本身，把自我片面化，限制了自我对其存在的外部世界的感知。在这三种超自我设限的影响下，主体我的行为选择也就不再是完全理性的了，但又未失去理性。因为主体我在当时仍然感觉是在寻求最优而实际上是背离了最优，结果就从完全理性退向了充分理性的不完全理性状态，即既不是不理性，也不是完全理性，而是处于理性和不理性之间的一个中间状态。一个人究竟是处于接近理性一端的状态，还是处于接近不理性一端的状态，相对于不同的主体我，往往可能完全不同。有的人对于事物之间的稳定联系和发展变化的必然趋势等必然规律信息敏感，知其不可为时会迅速调整行为方向；有的人对于事物之间的稳定联系和发展变化的必然趋势等必然规律信息迟钝，不能判断可为与不可为，盲目行动，或者固执己见。前者更接近理性一端，后者更接近不理性一端。并且相对于不同的事件，相对于同一主体我也可能完全不同。有的人能控制住自己的情感情绪，知其可为时，奋勇不息，知其不可为时，立刻终止，不作无谓的努力。有的人其行为被自己的情感情绪左右，知其可为时因情感情绪影响而不为，知其不可为时，而又受其情感情绪驱使而莽撞行事。前者更接近理性的一端，后者更接近不理性的一端。

3. 自我意识的充分理性定律内涵

充分理性不同于西蒙的有限理性，它不是由于信息的不完全性限制而仅仅寻求满意而放弃最优，而是在已有的自我意识状态下寻求的最优，其制约因素是主体我的意识状态，而不是信息的不完全性。所以，充分理性是目的性选择与最优性取向的理性，加上超自我设限导致的与完全理性背离而又不失去理性的一种状态。

在自我意识与充分理性的关联关系中，不是简单地由自我意识的制约导致理性的不完全性而仅仅达成充分理性，构成充分理性的决定因素——超自我设限本身又制约着构成自我意识的观念信息的形成，是它使主体我的观念信息的形成超越于主体我的经历、经验和知识。即超越对于事物之间的稳定联系和发展变化的必然趋势的把握，致使自我意识中的价值观念本身偏离了对主体我的经历、经验和知识的概括、归纳和抽象，而直接由超自我设限固化为主体我的价值观念。

所以，自我意识的现境信息和前景信息积累得越充分，超自我设限越少，其行为选择就越是能充分达成最合目的性的理性要求。反之相反。如果自我意识的现境信息和前景信息积累得越有限，越是受制于超自我设限，其行为就越是难以达成最合目的性的理性要求。这就是自我意识的充分理性定律。

三、痛是自我意识形成的起点

自我意识的起点在何处是必须探讨并做出解答的问题。不能回答这一问题，也就难以准确地把握自我意识的本质。自我意识是主体我对于自我状况和外部环境存在的感知信息的汇总，而感知最深最切的莫过于痛，即主体我的价值需求满足条件被损害，甚至被剥夺，造成的身体肌肤之痛和预期破碎之痛。痛无论作为一种身体感觉还是心理感觉，它都会有对主体我的关注点起到聚焦的作用，让主体我想放弃、想忽略而不可能。因为痛会不断地提醒主体我。痛的发生和存在会让我难受，使主体我的大脑神经不得不对它做出反应，这就是关注。并且痛之愈烈，其关注则愈深、愈紧、愈切。

而正是因为痛的存在，让主体我的大脑不自主地围绕它进行思考探索：哪里痛？为什么会痛？任何一个主体我在找到确定的答案之前是不会放弃思考的。关羽刮骨疗伤，仍能神定自若地下棋，是因为他确知其痛之所在以及痛的原因，所以才可能通过转移注意力来减少疼痛的感觉。痛是一个客观存在，只要哪里痛和为什么会痛的答案没明确之前，谁也不会放弃关注和探索。主体我也正是在这种对于痛的关注和探索的过程中存在的，并由这种关注和探索证实自己的存在。没有这种种痛，就不会感觉到自我的存在。在无痛的情况下，快乐和高兴更是让人忘记自我的存在，这就是得意忘形的状态。笛卡尔论证说“我思故我在”，其实应该向前推进一步，是“我痛故我在”。人之所以思，是痛使然。所以在“我思故我在”之前有一个“我痛故我在”的确证。一个人如果不知痛，就成了死人或死人一样的植物人。痛而不关注其痛处，不探索其痛的原因，这仍然是死人或死人一样的植物人。这也就没有思了，自我的存在与不存在就无法检验，也没有区别。

相对于主体我，其痛不仅限于肌体肌肤，其内心也会痛。总括其痛，可分为三大类：

(1) 我的身体健康遭受损害的疼痛。

这就是肌体肌肤之痛，当主体我的身体健康遭受某种损害，形成的肌体肌肤创伤，与之相连的神经系统会通过传入神经与中枢神经连通报告其痛，并通过大脑进行分析，探知回答哪里痛和为什么会痛的问题。在创伤导致痛之前，主体我并不会关注他的身体健康，他的身体肌肤似乎在他的大脑没有任何地位，可以说在他的意识中是不存在的。痛一旦发生，主体我发现了自己身体健康受损的现实，这才关注和确证自我身体存在的现实，担心自我身体健康的消失，因而才亟亟于是由哪些因素导致的、这些因素在以什么趋势变化的答案的探索。

(2) 我的本事能耐不彰显的心痛。

这是主体我的主体性被压抑，而感觉到社会关系不平等的痛。任何一个主体我有某种能耐，总希望显摆显摆，以获得存在于其中的社会对于他个性特征的认知、认同以确证他的存在，并在这种认知、认同和确证的基础上给予与之能耐大小相对应的地位。我的本事能耐不彰显就是其表现自我存在的机会被剥夺了，被存在于其中的社会忽略了其存在。这种本事能耐不彰显的心痛，让他感觉到了社会关系的不平等现实。他感到心有不甘和不满足，所以必然会探索回答是由哪些因素导致的、这些因素在以什么趋势变化的问题的答案。

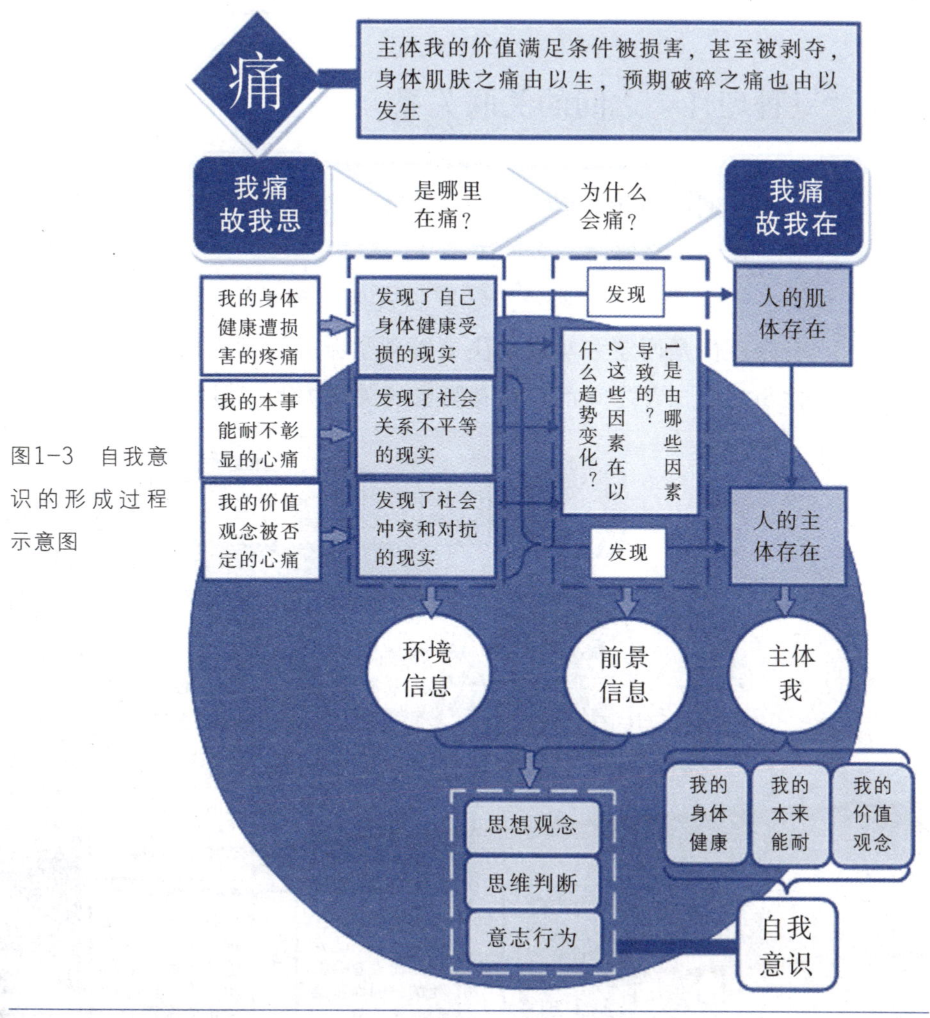

图1-3 自我意识的形成过程示意图

(3) 我的价值观念被否定的心痛。

这是主体我对于应该与否、重要与否和情感选择的价值判断被否决的痛。这让他发现了社会冲突和对抗的现实，感觉到自身价值在其存在于其中的社会的丧失，被社会抛弃、孤立，被社会置于对立面。他这时痛的是脸面的丧失。在此必然会探索回答是由哪些因素导致的、这些因素在以什么趋势变化的问题的答案，以求改变这种现实。

在这三种痛中，第一个痛，让主体我发现了他的肌体存在，第二、第三两个痛，让主体我发现了他的主体存在。对于三种痛的关注和探索就使主体我关于自我的现境信息和前景信息积累起来，使之对于自我的存在和存在的背景变得越来越清晰，他的思想观念、思维方式和意志行为也就逐渐形成。与此同时，由对于其肌体存在和主体存在的确认，就使主体我感知到自我的存在，主体我也就通过关注我的身体健康、我的本事能耐和我的价值观念而形成了主体我的完整意识——自我意识。

四、“三种理性”之间的关联关系

我们的讨论已涉及到完全理性、有限理性和充分理性三个不同的概念，在此有必要对三者的关系作一辩析。

完全理性是古典经济学家和古典管理学家的经济人假设的核心思想，有限理性是西蒙和马奇的决策管理学派的管理人假设的核心思想。充分理性与它们二者之间都存在有紧密的关联关系，但其内涵却明显不同。

图 1-4 “三种理性”之间的关联关系示意图

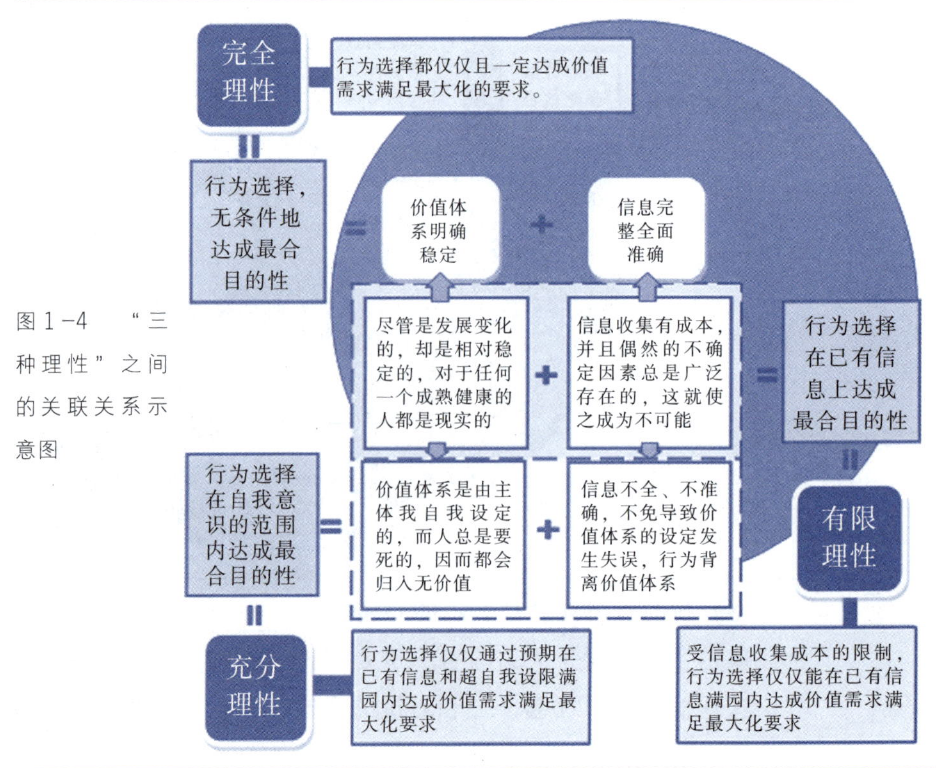

完全理性强调人的行为选择，会无条件地达成最合目的性，其行为选择都仅仅且一定达成价值需求满足最大化的要求。这是否可能，取决于两个条件是否具备：一是价值体系明确稳定。所谓价值体系是主体我对于其所寻求的价值需求项目内容和重要程度的排序，以及其结构关系设定的总和。价值体系明确稳定也就意味着其所寻求的价值需求项目内容和重要程度排序，以及其结构关系，不仅在主体我大脑中清晰明了，而且保持稳定不变。如果不清晰，则是行为方向约束模糊，如果摇摆多变，则是行为方向约束处于不断的变化之中，仍是存在变与不变的不清晰。二是信息完整全面准确。所谓信息完整全面准确，就是主体我在进行行为选择时，有关行为活动的资源投入效果、资源的获得成本、行为与结果之间的影响因素和影响力度的信息，完整而没有漏失，全面而没有偏颇，准确而没有误差。如果有漏失、有偏颇、有误差，也就是约束条件本身不严密，以此为据进行的选择，往往就是不确定的。只有这两个条件都满足，行为选择的约束条件才能确定，而任何最优选择的极值的获得都是以其约束条件的完整为前提的。否则就不可能有价值需求满足的最大化和达成价值需求满足措施途径的最优。

完全理性的这两个条件在现实中是绝对不现实的。任何一个人的价值体系都是在对现境信息和前景信息的不断整理加工过程中形成和调整变化的，他无法对抗新获得的信息的影响。人对于所感知的事物事实，不是简单地记忆储存，还有基于记忆和新信息的预期及反思。新获得的信息不可避免地会让他调整预期，并在新确立的预期的基础上对所寻求的价值需求满足的变化进行对比，做出新的判断，重构其价值体系。主体我所处的环境既不是静止的，也不是处在匀速的机械运动过程之中。所以，主体我自身和周围环境在每一刻都是新的，这种发展变化每时每刻都在进行，只不过变化幅度的大小有异。所以，任何一个人的价值体系都不可能完全明确和绝对稳定。信息完整全面准确的条件更是无法满足。1963年，美国麻省理工学院气象学家Edward Lorenz所揭示的“蝴蝶效应”告诉我们：“一只南美洲亚马逊河流域热带雨林中的蝴蝶，偶尔扇动几下翅膀，两周后有可能导致美国德克萨斯州一场巨大的龙卷风。”那么，任何一个人借助任何技术也难以在两周前找到可能带来一场巨大的龙卷风的蝴蝶。信息的收集既有资源投入，也有时间占用。而世界又是统一的整体，且整体和部分及其相互之间的关系也都是处在不断变化之中，把主体我所处状况的现境信息，以及由以发展变化的前景信息都完整全面准确地收集起来，更是不可能的。而这种现实状况，在收集信息所占用的时间里又发生了改变，信息还没有收集完整全面，就已经成为过时的信息了。所以，完全理性就只能是一种绝对不现实的假设。

但是，尽管价值体系不可能明确稳定，是处于不断发展变化之中的，但它是相对稳定的。河水每时每刻都是新的，但河床并非如此，河水的质量也并非如此，二者的状态和性质都是相对稳定的。这是认知的基础。所以，保证价值体系的相对明确和稳定，即至少在一定时间内保证其明确和稳定不变，对于任何一个成熟健康的人也都是现实的。并且尽管信息收集有成本，偶然的不确定因素总是广泛存在的，不可能获得绝对完整全面准确的信息。但根据帕累托定理，在事物构成中，最重要的只占其中一小部分，约20%，其余80%尽管是多数，却是次要的。由此可知，大体完整全面准确的信息是可能获得的。加上人对风险的承受能力，花费有限的时间和投入就可能收集到所需的基本信息，而将次要的忽略，把风险控制在可承受的范围之内。这就使人的行为选择在已有信息上达成最合目的性成为可能。这也就是西蒙等人的有限理性，即受信息收集成本的限制，行为选择能达成满意的要求，即仅仅能在已有信息的范围内达成价值需求满足最大化的要求。

价值体系是由主体我自我设定的，而人总是要死的，相对于主体我而言，就没有终极价值存在。无论什么价值都会归于无价值，人在死后化成泥土，不会有自我价值的确认和欣赏，生前所积累的价值无论大小都不免归零。如果从完全理性的角度分析，人的出生就是不理性，最终会死，生就成了多此一举。出生后要理性，就只能选择早死，生存并努力创造的价值最终仍然归零，努力也就成为多余。而生与不生，自我不能选择，但死与不死是可选择的。而人没有选择早死，就是自我设定了自我的人生价值。这是超自我设限的第一个内容发生了作用。而任何一个人所处的环境以及自身，只要不是让人处于彻底并且马上绝望的极端情况下，比如面临毁灭性大地震而又无法逃避，都会自主不自主地设定自我的价值体系，并且不是瞬间变化的。而在这个价值体系中，有些内容在其他主体我看来，可能根本就是毫无价值的。这也就决定了没有统一的价值体系以及其达成的最优的完全理性存在。加之超自我设限的另外两个内容——情感黏附、情绪波动，让人在情感和情绪的支配下，仅仅盯住一个或一些价值而忽略另外一些价值，这就加大了行为选择与最合目的性要求的背离。尽管信息不全面、不准确，不免导致价值体系及其达成途径的设定发生失误，从而使其行为选择背离最优。但主体我在已有的价值体系和所收集到的信息基础上的行为选择仍是以最优为目的的，不会仅仅满足于次优或满意的水平。所以，行为选择在自我意识范围内的预期上达成最合目的性，不仅是可能的，而且任何一个成熟健康的人，都会如此。即使受情感情绪左右的人也是如此，只不过是情感情绪让人过分地对心理关注内容进行了聚焦，此时并没有背离意识。这就是充分理性，即行为选择仅仅通过预期，在已有信息和自我意识的范围内达成价值需求满足的最大化要求，保证其最合目的性。

五、行为选择的自我决定定律

主体我的任何行为都是自我选择的结果，并且这种选择直接是由自我意识中的价值观念和思维方式主导的。而自我意识中的现境信息和前景信息对自我状况及其存在于其中的环境状况的把握越完整越准确，主体我的价值观念就越能体现自我存在的实际，其自我决定就越能达成最合目的性要求。

说行为选择，这里包含两重含意，一是这行为不是被决定的。这一方面是说它不是动物的本能行为，动物的本能行为是无法选择有无的；另一方面是说有这种行为与否，以及如何行为，都体现的是主体我的自我意识，否则就不能称之为选择。二是选择必须有依据，这就是主体我的自我意识会参与进来，通过分析比较，选择最有助于其价值需求满足的行为。法国哲学家萨特就特别强调这一点，认定人的行为都是自己的选择，没有人能强加。正如后人所批评的一样，人并不是自由的，往往由不得主体我选择。尽管如此，但有一点却是确定无疑的，人在任何时候也都没有被完全剥夺其选择权，没有把他置于只有一种行为可能的无选择境地。任何恶劣的外部环境，也不过是压缩了他选择的可能范围。伽利略被教会烧死，但他仍不仅仅只有死一条路，放弃真理，顺从无知而又自以为神圣的教会就可全身活命，就是如此。

而行为选择的自我决定则是同一概念。选择就是自我决定，被他人他物决定就是没有选择。行为选择强调的是主体我对于自我的肢体、肌肉运动，包括嘴唇开合运动的说话，眼睛眨动的示意，都是当下自我通过信息整理加工分析而做出的最优选择。但这里不包括由大脑神经驱使之外的四肢和肌肉运行，比如脊椎神经和中枢神经之外的神经反射引起的四肢和肌肉运行。自我决定强调的是主体我对于自我的肢体、肌肉运动等对于价值需求满足目的的达成的意义，即合目的性，体现的是主体我对于自我现境信息和前景信息收集、整理、加工的结果，是他所寻求价值需求满足的实现。也正是人的行为在任何时候都没有被置于唯一的可能之中，而留有他自我决定的余地，所以他就得对他的行为后果负责。因为在行为选择中他的价值观念发挥了作用，不仅在他的行为选择中体现了他所作的价值有无的判断，而且包含有价值大小的判断和爱恨取舍的判断。

自我决定又直接是意志自由的体现。意志自由不是自由地把自己的意志强加给他人，否则，一些人的意志自由必然是以另一些人的意志不自由为前提的。意志自由也不是主体我的价值需求的无限满足，能点石成金的神仙也做不到这一点，因为还有用金钱无法实现的价值需求存在。所谓意志自由也仅仅是主体我在其价值观念的设定和选择上可以不受他人的强制，可自由地选择确定应该与否、重要与否和爱恨与否。你爱吃辣的，我爱吃酸的，青菜萝卜，各有所好，谁也不妨碍谁。如果遇到无法抗拒的阻碍，致使主体我的极好实现受阻，是调整选择次好，还是坚持极好，其选择决定权在主体我，他人无法把其价值观念强加于我。这就是意志自由，也就是自我决定。

无论自我决定，还是意志自由，其前提都是其自我意识。自我意识，尤其是其中的价值观念，是行为选择—自我决定的依据。所以，行为选择的自我决定规定性特征形成的起点是自我意识。

在自我意识中，对于行为选择起决定作用的是其价值观念及与现境信息、前景信息的收集整理相关的思维方式。现境信息仅仅提供了现实状况的说明，前景信息仅仅是根据事物间的稳定联系和发展趋势进行的趋势性预测。这里提供的仅仅是一系列的客观可能性。行为选择是主体我对所面对的客观可能性的应对反应，所以决定选择与否的首要因素是主体我的价值观念。

而价值观念却直接是主体我自我决定的。在价值观念中，应该与否的价值内容完全是由自我设定的，重要与否的价值目标也完全是由自我设定的。这二者无人能从外部强加进入主体我的大脑，成为他的意识的一个构成部分。

整理加工信息的思维方式也直接是主体我自我决定的。对现境状况自我认知的角度和方式是自我决定的，对前景状况预测的角度和方式也是自我决定的。这二者无人能代以决定，主体我是否按照某一特定的角度和方式进行认知和预测，他人仅仅能提供一个外部参考，最终是由主体我综合后做出的决定。

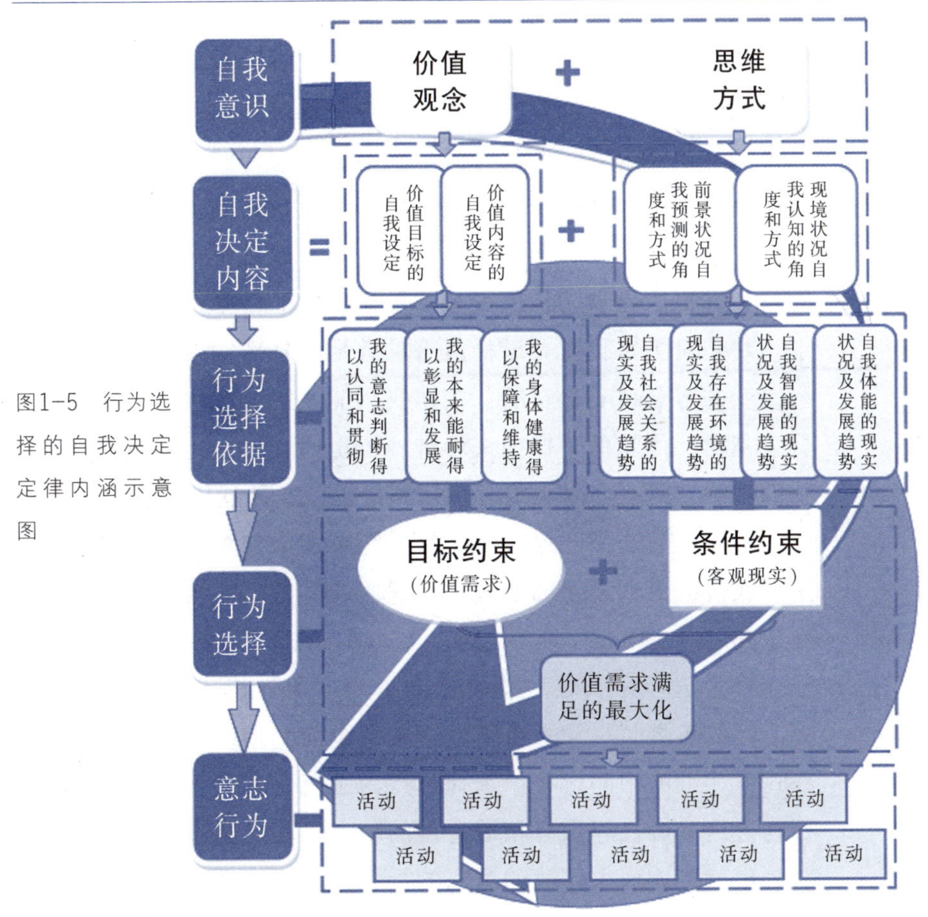

图1-5 行为选择的自我决定定律内涵示意图

对应于自我决定的价值观念，其行为选择的依据有三个：一是我的身体健康得以保障和维持，这是对主体我生命价值的肯定；二是我的本事能耐得以彰显和发展，这是对主体我的社会价值的肯定；三是我的价值判断得以认同和贯彻，这是对主体我的意志价值的肯定。三个内容之中又有很多细项，如果大类与大类之间，细项与细项之间的满足条件发生冲突，只能作其中一个或两个细项的选择时，选择什么，舍弃什么，这就包含有应该与否、重要与否和爱恨情感的取舍，这种取舍也就是主体我意志自由的实现，即价值观念的实现。

对应于自我决定的思维方式，其行为选择的依据有四个：一是自我体能的现实状况及发展趋势，这是自我生命健康状况的实际；二是自我智能的现实状况及发展趋势，这是自我意识发展状况的实际；三是自我存在环境的现实及发展趋势，这是自我所处的外部世界的实际；四是自我社会关系的现实及发展趋势，这是自我社会地位的实际。这四者是通过思维判断，确认的自我现境信息和前景信息。这四者真实与否，直接与思维方式相关。思维方式没有偏颇，其所确认的信息也就失真少。

价值观念和思维方式两类行为选择依据，直接对应构成行为选择的两类约束：一是目标约束。它是对主体我所寻求的价值需求的综合，主体我认定的价值需求有哪些，其满足的顺序是怎样的，在何种情况下要对这种顺序进行调整，其调整的方法是什么，这是构成主体我的价值体系的主体内容。当主体我被置于特定的现实中时，即自我现境信息确定时，它们作为行为选择所寻求的价值需求满足最大化的目标约束而存在。二是条件约束。它是对主体我所寻求价值需求满足的外部约束条件的综合，是作为不可改变的客观现实存在的，主体我只能认定或不认定，不能作选择与否的取舍判断。像鸵鸟一样把头埋进沙子里面，看不见威胁的来临，听不见威胁的呼叫，但不会因为没有感知到危机，这种危机就不再存在。

所谓行为选择，也就是在目标约束和条件约束之间寻求平衡，以达成主体我价值需求满足的最大化。我们说人的理性是充分理性，其原因也就在于此。

行为选择完成之后就是意志行为，即为达成所确立的意志目的而努力。但二者之间尽管从逻辑上存在一个前后相继的关系，但事实上并不存在这种相继的中间过程。选择与行为是统一的，行为就是选择，选择就是行为。这二者之间没有相继过程的统一性就是意志行为的特征。所谓意志行为也就是体现主体我的意志的行为，是通过主体我的自我意识进行选择而形成的行为。

由上述分析可得到行为选择的自我决定定律：自我意识中现境信息和前景信息对自我状况及其存在于其中的环境状况的把握越完整越准确，主体我的价值观念就越能体现自我存在的实际，其自我决定就越能达成最合目的性要求。

六、自我意志与自我意识的关系

行为选择或自我决定体现的就是自我意志，是自我意识的实现。在此自我意志通过行为选择的自我决定直接与自我意识关联起来了。尽管如此，但二者仍不是同一关系，而是一种不完全包含关系，是自我意志大都被包含在自我意识之中，超越于意识的行为的存在是这种包含关系不完全的原因。

所谓自我意志，是主体我对于自我身体健康的维持，以及本事能耐的展现、价值判断的顺承的现状不满足而形成的图谋改变的努力。对自我身体健康维持的现状不满足，是指主体我自我身体健康的维持还有即刻的需求必须满足，比如肚饥待食、身寒待衣、疾病待治，以及本能行为受阻，它们让主体我不得不关注，不得不为之努力。对自我本事能耐展现的现状不满足，是指主体我认为因为社会不公，剥夺了我应该有的机会，比如未被人发现的领导才能、艺术潜能等等，它们不仅会让主体我心存抱怨和不满，而且会使之不断努力寻求改变以获得表现机会。对自我价值判断顺承的现状不满足，是指主体我自认为高人一等的观点、判断得不到众人的认同，为此而感觉到自我与社会之间的分离以及由此带来的不安，进而形成的谋求改变的努力。

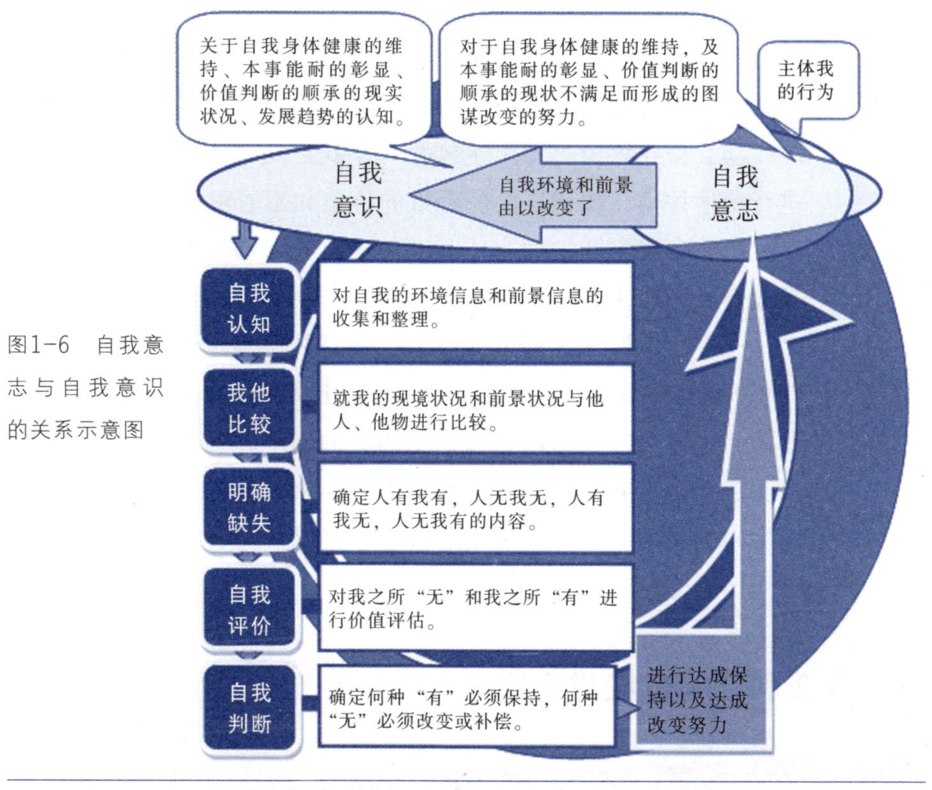

图1-6 自我意志与自我意识的关系示意图

自我意识是主体我对于自我现境信息、前景信息和观念信息的汇集，是主体我对于自我身体健康的维持、本事能耐的展现、价值判断的顺承的现实状况、发展趋势的认知，以及由这种认知而形成的思想观念。

自我意志与自我意识二者之间的不同在于自我意识是信息的存在，而自我意志却是行为的存在，所以又把意志与行为联用，称之为意志行为。但意志行为并不等同于人的行为，因为人的行为中总是有超越自我意识的内容，即其行为不受意识支配，而仅仅由局部的神经反射形成。这类行为甚至连潜在的意识也没有发挥作用而仅仅是动物的本能行为和机体反射行为。这类行为就是非意志行为。意识仅仅是其所想，尽管所想与所行之间往往很难有明确的分界线，但想的总比行的多，行的精力投入要远远大于想的精力投入，但意志行为却一定是其所想。这就是从内容上分析，自我意识所包含的范围要远远大于自我意志的原因。

从自我意识的信息存在到自我意志的行为存在，有一个由知到行的转换过程。自我意识源自于自我认知，它要经过六个环节才能转换形成自我意志。

(1) 自我认知，即主体我对自我的现境信息和前景信息进行收集和整理，明确自我的处境，形成自我发展的预期；

(2) 我他比较，即主体我就我的现境状况和前景状况与他人、他物进行比较，明确横向比较的自我价值需求满足的状况和水平；

(3) 明确缺失，即由主体我对人有我有，人无我无，人有我无，人无我有的内容进行确定，明确自我不如人的差距和超越于人的优势所在；

(4) 自我评价，即由主体我对于我之所“无”和我之所“有”的内容进行价值评估，明确自己所看重的价值和不看重的价值；

(5) 自我判断，即主体我对何种“有”必须维护保持，何种“无”必须改变或补偿的问题进行设定，定义自己的行为努力必须守住的目标方向；

(6) 意志形成，即主体我为达成对其所满意的现状的保持，和达成对其所不满意的状况的改变而努力，在所定义的行为努力上坚持以使目标达成。

而主体我一旦付诸努力，主体我的现境和前景状况也由以改变了，由自我意识到自我意志的演化也就开始了新一轮的循环。自我意识与自我意志之间的关系就是在这种往返循环中实现和发展的。

七、唯我利己的自我肯定定律

任何一个人的行为目的都只是寻求自我肯定，超越于自我肯定的利人行为是不存在的。利人只不过是个人为达成能和善的价值需求满足而产生的一种客观效果。而其预期越是能达成其自我肯定的目的，主体我就越会选择这一行为。

任何一个人的行为目的都只是寻求自我肯定，超越于自我肯定的非利己性行为是不存在的。而利他只不过是他达成他自我肯定目的的同时而产生的一种客观效果，或者直接是圣人的“后其身而身先，外其身而身存”的策略，是以无私而成其私。如果如此定义人的本质特性，似乎太绝对，让人很难接受，尤其是会让那些虚伪的道德君子暴跳如雷，指责这是倡导极端自私自利的观念。无论世人能不能接受，无论是不是有人暴跳如雷地指责，但都不能改变这一普天之下没有例外的现实。并且这一普天之下没有例外的现实是有其内在的完整逻辑的。

人的主体性存在，是由其动物性存在、社会性存在和意识化存在三者共同构成的，或者说人就是这三重存在的综合，超越于其中任何一个方面的存在，也就不再是人，至少不再是健康正常的人。

没有人能否认人是动物这一事实。人是高级动物，但无论高级到什么程度，都不可能超越新陈代谢的生命机能。人的肌体无论多少个部件都转换成人造的仿真的、电子的、机械的，也都无法改变这一事实。如果改变了这一事实，人也就是名副其实的机器人了。

也没有人能否认人是社会性动物这一事实。人是存在于社会之中，其发展直接依存于社会。脱离社会就成了纯粹的动物存在，人不仅难有发展，甚至还会发生退化。未成人的人脱离社会能生存而很难成长为健康成熟的人。这有无数事实，包括猪孩、狼孩所提供的例证佐证。

也没有人能否认人是意识化的存在这一事实。任何一个正常健康的人，都有关于自我存在的现境认知和前景认知，并从这种认知中形成了其特定的价值观念和思维方式。反过来，其行为，除了本能驱动的部分和由遗传基因左右的部分之外，其选择都是建立在这种认知和其价值观念的基础上的。

而动物性存在、社会性存在和意识化存在三者作为一个不可分割的整体直接构成了人的唯我利己的原因。

人作为动物性存在，第一位的是超越自我现实的存在而寻求“有”的价值需求满足，让自己的肌体组织机能不仅此时此刻健康，而且明天、后天……都完好无损。这就是实现生命价值，保证肌体机能延续，寻求健康长寿，获得身体安逸。人可能会装病，但不会有人希望患病。人可能会自杀，但也仅仅是他因为没有可预期的未来了而做出的无奈选择。人作为动物性存在，本身又具有自我意识，他不会满足于今天的舒适安逸，而会超越于今天而思考明天，我的肌体及肌肤的舒适安逸明天、后天……还能维持吗？因为他的意识会不自主地让他对明天和未来进行期盼，他不想很快结束令人神往的生命，而企求生命能长久地延续，即使不可能长寿，多活一天也是多一份满足。

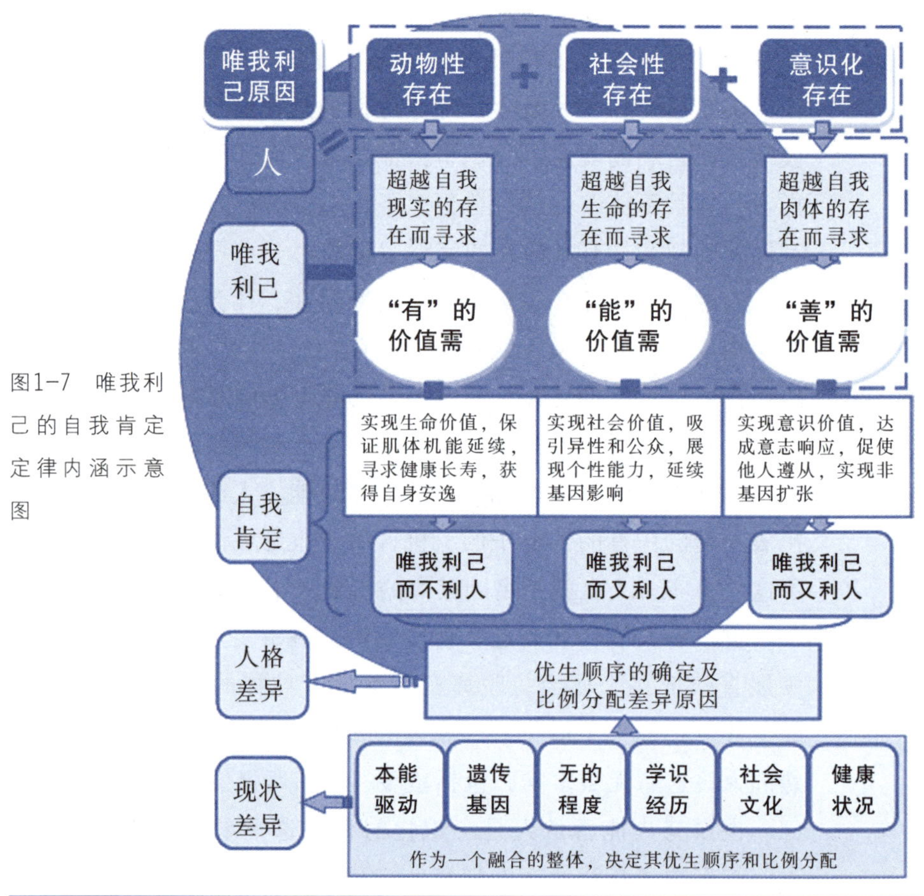

图1-7 唯我利己的自我肯定定律内涵示意图

但人的生命不可能无限延续，而总是要死的，没有人能抗拒这一点。人能超越于自我现实，维持自我现有的生命，但不能保证永远不死。通过寻求“能”的价值需求满足，让人超越时间而活在他人的记忆里，让人超越空间跨越其活动空间而活在他的社会圈子里的人的记忆里，这也就是在社会性存在中延续其存在，用自我社会性存在以超越自我生命的存在。相对于生命有限的人，这也就成了其超越生命的最可行的选择。延续基因是以社会的存在为途径而实现的生物生命传承，其形式是通过展现个性能力，吸引异性和公众。雨林的雄性小鸟放弃待在巢窠里的安逸，不厌其烦地让自己的羽毛光亮，歌声悠扬，就是为了获得雌性小鸟的青睐，取得交配权而让自己的基因传承下去。雄性河马为了获得与雌性河马的交配权，把大嘴张得再不能更大，以便把对手比下去。雄性螳螂甚至会把自己的身体当作雌性螳螂的盛宴奉送给雌性螳螂，让雌性螳螂边交媾边享受其丰盛的美味。它们在此牺牲自我不是利他而是利己，传递其基因就是所有目的之所在。生命不能永恒，传递其能力个性和生物基因，以达成永恒就成了最可行的选择。

能力虚名和生物基因的传递和永恒，相对于拥有自我意识的人，这仍不能使之满足。能力虚名仅仅是留在他人的记忆中，相对于主体我的存在仅仅有改善其存在环境的作用，通过存在时空的扩张可给人带来一种心理需求满足，但并没有达成其主体我的扩张。主体我的四肢没有延长，主体我的意识没有体现到主体我的四肢肌肉运动之外。基因的传递也没有达成其现实生命的永恒，而仅仅能传递和延续其生命体中一个很小的内容。主体我的扩张只能通过意识的扩张实现，把主体我的意识体现到主体我的四肢肌肉运动之外，让他人、他物响应才能实现。所以，人作为意识化存在，必然会超越自我肉体的存在而寻求“善”的价值需求满足。这就是把主体我的意识扩张开来，使其意识实现超时空的延续和存在，通过他人的意志顺从和行为响应确证其主体我的存在。人的生命不能永恒，基因不能延续其意志，只有传递意志的价值判断得到广泛的意志顺从和行为响应，才能把主体我体现到主体我之外的社会他人的顺承中。所以，也就只有超越自我肉体的存在而寻求“善”的价值需求满足，让更多的社会他人遵从其价值判断，才是达成其主体我发展扩张的最可行选择。

就唯我利己的三个内容分析，三者的最终目的都是利己，但在达成利己的同时，却往往会超越其利己的范围而达成利他的目的。

寻求“有”的价值需求满足，获得生命价值，达成健康长寿，肌体安逸的目的，往往是以生命存在条件的获得为前提的。而生命存在条件相对于诸多生命体而言都是稀缺的，排他的，不可共享的。所以，主体我在这一价值的满足上是唯我利己而不利他的。一碗饭你吃了，就没有我的份儿了。在此如果主体我没有“能”的价值需求满足和“善”的价值需求满足的寻求，他就不可能把饭拿出来与他人分享。人的自私在这种情况下是绝对的，主观是为自己，客观也只是为自己。

而寻求“能”的价值需求满足，也就是获得本事能耐的展现，进而得到异性和社会他人的青睐和认同。它往往是以牺牲自我而为异性和社会他人的价值需求提供满足为途径的。跳入水中救即将溺亡的人，就是典型。救人的人是以其自身的会游泳，能浮水、潜水为前提的。完全不会游泳，不能浮水、潜水的人，是不会贸然下水的。但在救的过程中既包含有精力时间的投入，也包含有自身的安危风险。而只有当他判定彰显他会游泳能浮水、潜水的能耐的价值需求满足，大于他精力时间的投入和自身安危风险损失时，他才能跳下水。所以主体我在这一价值的满足上是唯我利己而又利他的。螳螂为达成其基因传承和永恒的目的，把自己的肌体奉献给雌性螳螂是如此，小鸟的妆扮和歌声不仅给雌性小鸟带来了美的享受，也同时给存在于同一空间的他人、他物带来了美的享受。动物为基因的传递和永恒而选择的利他行为，也仅仅是一种本能，并没有意识参与其中。而人不同，他是在意识的主导下实施的，在此，主体我是主观为自己，客观却是为了他人。

而寻求“善”的价值需求满足，也就是使其价值判断得到社会他人的顺承，进而把自我意识拓展为社会他人遵从的指令。而每一个人又都是具有自我意识的主体性存在，让人顺承，必须是对顺承者有益，符合其自我意识范围内的最合目的性要求。而让他人顺承其价值判断，除了用利益引诱和强权威胁之外，就只能通过为对方提供有益的信息来实现。老子没有广收学生，一本《道德经》对后人的影响超过一打皇帝。其原因就在于其所传递信息的有益性。所以寻求善的价值需求满足，主体我也是主观为自己，客观却利了他人。

而“有”“能”“善”三种价值需求毕竟属于不同的价值，并且三者不存在马斯洛的需求层次关系。作为低等动物的螳螂也会放弃生命价值的满足而寻求基因的传递和永恒。这三者在满足上是否存在顺序关系，其顺序关系是怎样的，完全是因人而异的。或者说有的人动物性多一点，有的人社会性多一点，有的人意识化程度高一点。动物性多一点的人可能会把生命健康看得高于一切，社会性多一点的人可能把他人的评价看得高于一切，意识化程度高的人可能把自己认定的价值判断的被顺承和实践看得高于一切。所以在现实中有无耻的懒汉、骗子、叛徒，也有骑自行车飞越长城的冒险家、不向疾病低头而成就大业的霍金等等，更有让人仰慕的伽利略、刘胡兰。

相对于特定的主体我，“有”“能”“善”三种价值需求的优先顺序的确定，并不是其个人道德修养或学识素质问题，而是其遗传基因和存在于其中的社会文化共同作用的结果。或者说造成特定个人“有”“能”“善”三种需求在满足上优先顺序的确定及比例分配差异的原因，一方面是来自于其基因密码，是其基因中的特定行为指令对其行为选择的作用所致；另一方面是其所存在于其中的社会文化在价值观念、思维方式上的耳濡目染造成的超意识指令作用所致。如果说特定个人“有”“能”“善”三种需求在满足上优先顺序的确定及比例分配差异是其人格的本身，这种人格上的差异则直接是基因和文化二者共同作用的结果。即特定个人“有”、“能”、“善”三种需求满足的优先顺序和比例分配的差异，完全是由其健康状况、社会文化、学识经历、无的程度，加上遗传基因、动物本能作为一个融合在一起且不可能分割的整体共同决定的。

所以，就特定个人的行为选择进行预测，放之四海而皆准的真理是，其预期越是能达成其自我肯定的目的，主体我就越会选择这一行为。这就是唯我利己的自我肯定定律。人只能对未来的某种可能进行选择。而当某种可能与其行为关联时，也就确立了他的行为预期。预期的预体现的是他基于其努力所能达成的可能结果的预测判断，预期的期体现的则是其内心的期待和向往，即其行为努力所能达成的结果是其所渴望的。

八、人是利他与利己的统一

利己与利他似乎是一对不可调和的矛盾，要么利己，要么利他。所以，理论界也就由以形成了人本恶和人本善两种截然对立的人性理论，并且这两种理论从两千多年前一直争论到现在也没有达成统一的认识。其实在人性中并不存在这种对立，仅仅是评价者所站的立场不同而已。主体我没有大公无私的时候，每时每刻每事都只是为己的，并且也不会因为不大公无私而卑微。圣人也不会大公无私。老子曰："天地不仁，以万物为刍狗。圣人不仁，以百姓为刍狗。"（《道德经》第五章）刍狗是什么，庄子有解释："结刍为狗，用之祭祀，既毕事则弃而践之。"（《庄子·天运》）天地也好，圣人也好，都仅仅是依自己的规律和喜好行事，不会特别怜悯谁，也不会特别痛恨谁。相对天地，万物是其价值需求满足的工具，相对于圣人，百姓是其价值需求满足的工具。但在自私的行为中，可能为他人带来福利，这就是从得到福利的人的角度评价而成为利他的行为。

所以，利己利他二者的对立，仅仅在人的"有"的价值需求满足努力行为上才是不可调和的。若把"有""能""善"三种需求综合起来，是很容易达成统一的。

中央电视台记录频道《生命》第一集中讲的章鱼的故事就很能说明问题。生活在北太平洋里的巨型章鱼丑陋而残暴，可也具有利他性本能存在。成年雌性章鱼受精后独自找到一片安全的海壁巢穴，把卵黏附到崖壁上之后，静静地守候在一旁，不时地用它的触手去抚摸挂在崖壁上的受精卵，抽动水流，保证通氧，促进受精卵的孵化。为防御猎食者靠近，它一守就是六个月，不觅食，也不进食，片刻也不离开。因为受精卵是众多海洋猎食者的美餐。而六个月后，它的最后一点精力也耗尽了，这时它也走完了它生命的历程。即使如此，它的身躯也是为刚刚孵化来到世上的小章鱼而存在的。小章鱼以它为食的，雌性老章鱼从而为它的子女们提供了一个完美的开端。在此没有华丽堂皇的利他宣言，但这些雌性章鱼的利他是不可否认的，它向它的子女奉献了一切。雌性老章鱼尽管没有什么意识，但其本能却是自私的，即由其自私的基因为达成基因传承以实现永恒的目的，而表现出来的为其子女无偿奉献的至高无上的利他性。

尽管人是进化到顶级阶段的高等动物，其特性并没有走向极端，或者自私自利，或者大公无私，而是像其他动物一样，事实上既唯我利己，又唯我利他。究竟是利他还是利己，其差别仅仅在于当时驱动他行为的动因。为了达成“有”“能”“善”的三种需求的综合满足最大化，他在一些情况下会做出唯我利己的选择，而在另一些情况下却又会做出唯我利他的选择。

很显然，当主体我的“有”的价值需求处于主导地位时，“有”的价值需求满足条件的排他性，迫使他主观上和客观上都只是为自己。所以，主体我此时是从私的目的出发——自我健康长寿和身体安逸——最后达成自我生命价值的满足，就不会无条件地出让这种排他性需求满足条件。

当主体我的“能”的价值需求处于主导地位时，由于“能”的价值需求满足对社会认同的依赖，会使他主观为自己，客观为他人，即为私而行公。所以，主体我此时是从私的目的出发——彰显自己的个性能耐——最后达成了利他为公的效果。老子曰：“埏埴以为器，当其无，有器之用。凿牖以为室，当其无，有室之用。”（《道德经》第十一章）这就是无私的哲理，什么也没有的空，才能最好地达成他自私之用的目的。否则，充盈填满时自私之用的目的也就落空了。

当主体我的“善”的价值需求处于主导地位时，“善”的价值需求满足对社会顺承的依赖，会使他主观为自己，客观为他人，即为公而行私。要让人顺承遵循其特定意识，是以对这特定意识的顺承和遵循中可得到其所希望的利益满足为前提的。所以，主体我此时是从公的目的出发——为社会、国家、组织的发展——最后达成了自己思想意识普及的目的。老子曰：“圣人后其身而身先，外其身而身存。非以其无私邪！故能成其私。”（《道德经》第七章）要使自己的价值判断为社会公众所顺承，只有体现代表社会公众的意志，“天视自我民视，天听自我民听”。（《尚书·泰誓中》）所以，即使以“普天之下，莫非王土，率土之滨，莫非王臣”（《诗经·小雅·北山》第二章）之尊而独霸天下的皇帝，也不得不大公无私。

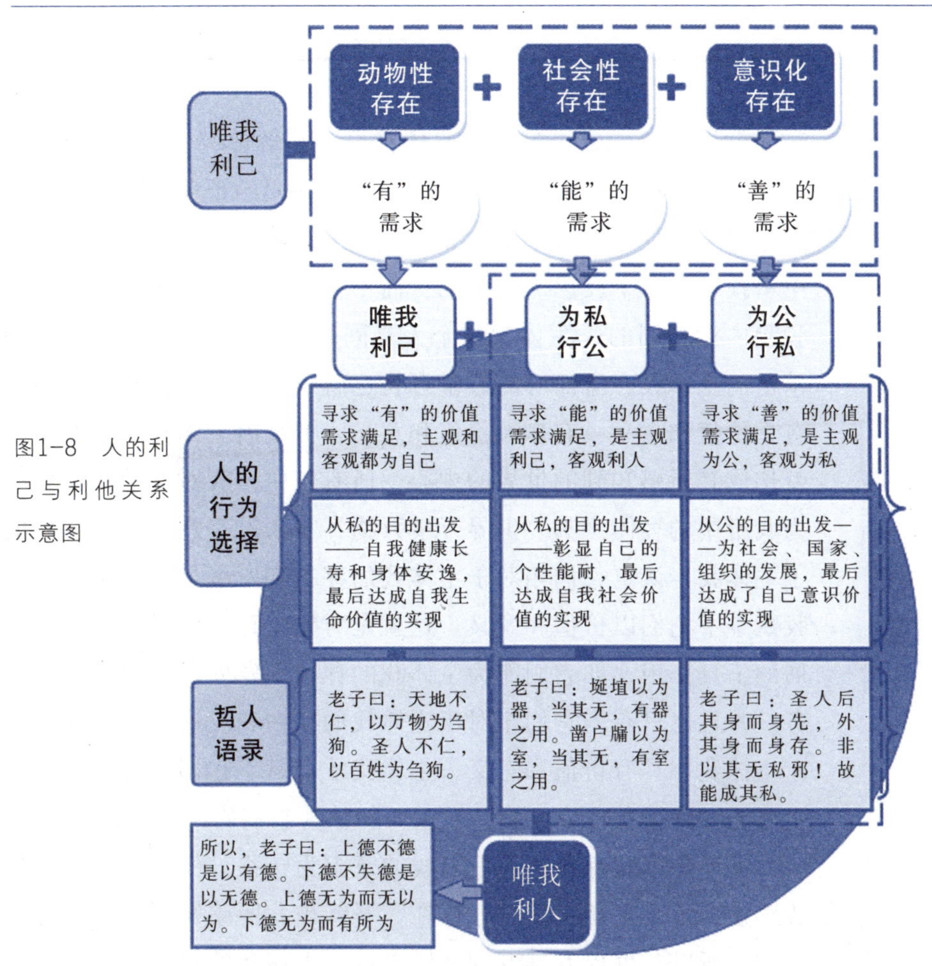

图1-8 人的利己与利他关系示意图

所以，唯我利己与唯我利他是高度统一的，在利己与利他之间划下鸿沟是没有分析人的价值需求内涵。老子曰："上德不德是以有德。下德不失德是以无德。"（《道德经》第三十八章）具有高上德行的人，不求有高上德行的表现而表现出高上的德行；缺少德行的人，为求有高上德行的表现却丧失了德行，直接成为没有德行的人。这就是利己利他的内在关系。唯我利己不一定是无德，大公利他也不一定是有德。

九、客体工具的自我中心定律

万事万物都是被主体我对象化的存在，主体我构成其所感知到的世界的中心，所有与主体我对立的对象化存在，都是为我所用的客体工具。因此，被主体我对象化的存在越广泛，以主体我为中心的世界就越广大，就有越多的客体为我所用，主体我的主体性就实现得越充分。

根据前面的分析可知，主体首先不是群体的存在，而是个体的存在。尽管一定群体也可能形成共同的记忆、共同的预期、共同的反思。但共同的记忆、共同的预期、共同的反思是以群体中的每一个个体的单个记忆、单个预期和单个反思为基础的，而不是相反的情况。所以，主体性和主体我是内涵相同的，主体我与个人是同一概念。主体是相对于客体而言的，单个的主体我，所面对的万事万物也就成了被主体我对象化的存在。它们有无价值和意义，有多大价值和意义，都是由主体我赋予的。在此主体我就构成其所感知到的世界的中心，所有与主体我对立的对象化存在，都是为我所用的客体工具。世界万事万物，本来没有意义，没有价值，因为有了主体我，认定它们相对于主体我的存在和发展具有一定作用，才由主体我赋予了它们以价值和意义。这就是对象化存在相对于主体我的存在和发展的工具作用，即它们能为主体我的存在和发展目的的达成提供支持和服务。并且也只有当它们相对于主体我的存在和发展具有工具作用时，相对于主体我才具有价值和意义，主体我才会赋予它们以价值和意义。中医先生可能视路边杂草为宝物，而世人却认为它们碍眼，不得不努力铲除。

世界是客观存在的，不以我的意志为转移。但相对于主体我，只有被我感知到了，它相对于我才存在，不能被我所感知到的，相对于我就是不存在。所以，世界万事万物之所以成为主体我的对象化存在——客体，是它们能为主体我所面对、想象、判别、选择、利用、修整。能面对，是它们进入了主体我的感知范围，让主体我无法否认其存在，必须面对；能想象，是它们进入了主体我的感知范围之后，转化为对应信息存储于主体我的大脑中，在未忘记之前，它们总是会不请自入地闯入主体我的思绪中；能判别，是它们作为主体我想象的对象化存在，能通过主体我的思绪分析鉴别其价值和意义；能选择，是它们作为对象化存在，可由主体我随意地进行取舍，包括是珍惜还是废弃、是保留还是消除、是靠近还是疏远等等，并且它们还只能被动地接受主体我的这种选择；能利用，是它们相对于主体我的存在和发展能很现实地起作用，或者是借用它实现主体我的存在和发展，或者是消除它以免阻碍主体我的存在和发展；能修整，是主体我通过自己的行为活动能改变它们的存在形态和存在方式。

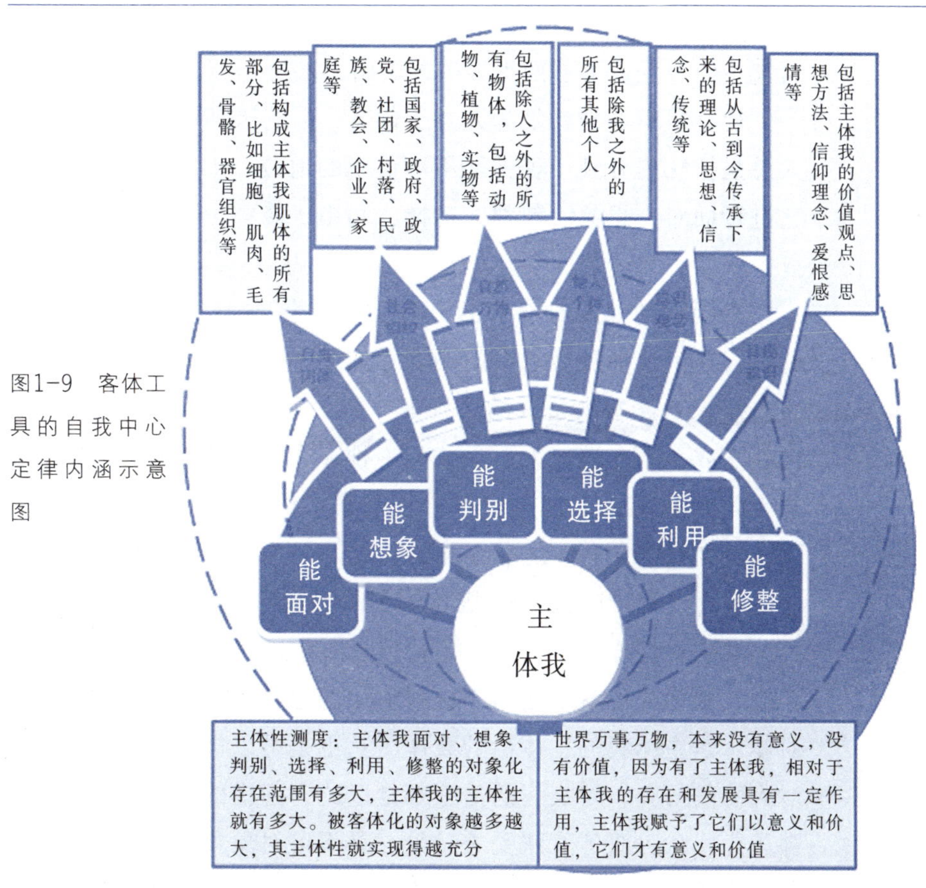

图1-9 客体工具的自我中心定律内涵示意图

被主体我对象化的存在，一般可分为六大类：一是自然万物。它包括除人之外的所有能被主体我感知到的存在物，包括动物、植物、实物，乃至外星球、宇宙等。二是他人个体。它包括除主体我之外的所有其他个人。三是社会组织。它包括国家、政府、政党、社团、村落、民族、教会、企业、家庭等。四是意识观念。它包括从古到今传承下来的理论、思想、信念、传统等。五是自身肉体。它包括构成主体我肌体的所有部分，比如细胞、肌肉、毛发、骨骼、器官组织等。六是自我意识。它包括主体我的价值观点、思想方法、信仰理念、爱恨感情等。

被主体我对象化的存在的范围和程度，还可借以对特定主体我的主体性进行测度：主体我面对、想象、判别、选择、利用、修整的对象化存在范围有多大，主体我的主体性就有多大。被对象化的存在越多越大，主体我的主体性就实现得越充分。这其中的道理是不言而喻的。

在六类客体中，一般人都能把自然万物和他人个体对象化，并对之进行思考、判断，甚至批评否定、改造改变。但对于其余四类客体，往往却有一些主体我并没有把它对象化，而是当作不可改变的神圣，甚至是与自我同在的存在认知对待的。因而这些不能把这四类客体对象化的主体我也就把主体我变成了这四类客体的附庸，甚至是奴隶。

社会组织本身就是为人类所创造，并为人所服务的，但利用它服务的人总是把它提升到一种神圣不可侵犯的地位，不允许存在于其中的成员对它进行面对、想象、判别、选择、利用、修整，进而把这类人变成他们的奴隶。

在漫长的奴隶社会和封建社会，掌握国家权力的君主、天子就是如此。存在于这种社会之中的相当一部分主体我也就不再作把它对象化的努力。意识观念本来是人的思维的产物，可它一旦被社会统治集团所认定，也就变成了不允许他人对象化的一种存在，视任何对之对象化的行为和思想都是大逆不道。比如君权神授观念、等级尊卑观念、中世纪的地心观念，再如我国1949年之后在相当长的期间内被坚持的阶级斗争观念、计划经济观念、无产阶级专政观念等等。

谁想对这些观念进行对象化反思、批评，就会带来严重的后果。久而久之，很多人也就视之为不可对象化的存在了。自身肉体是构成主体我的肌体，是主体我的主体性的载体，它也是可以被对象化的存在，现代医学对人体的研究，对疾病的治疗都是以此为前提的。但在蒙昧时代，它也被神圣化，认为肌体发肤受之父母，是不可对象化处理的。自我意识本来是主体我关于自我现境信息、前景信息的汇集，以及在这种汇集基础上形成的价值观念的总和。可有人不知它们是可以对象化处理的，所以不知改变而因循守旧、顽固不化、自我封闭，就是如此。

由上述分析，不难得出客体工具的自我中心定律：被主体我对象化的存在越广泛，以主体我为中心的世界就越广大，就有越多的客体为我所用，主体我的主体性就实现得越充分。在这一定律中，四个层次的内涵是一种同一关系：被主体我对象化的存在广泛，也就是以主体我为中心的世界的扩大，也就有众多的客体为主体我所用，也就是主体我的主体性的充分实现。

反之相反，被主体我对象化的存在范围狭小，也就是以主体我为中心的世界狭小，也就只有较少的客体为主体我所用，也就是主体我的主体性受限。

十、任何性质的组织都是主体我的工具

社会组织，包括国家、教会、政党、企业、机构、家庭等，都是主体我的对象化存在，是主体我借以达成其价值需求满足目的的工具，从而在被主体我创造出来或选择加入以使之为主体我的存在和发展服务的同时，主体我为获得所需的服务而又承担为所创造和加入的社会组织的存在和发展做贡献的义务。这本来是一个不容置疑的现实，可是因为握有社会组织操控大权的人，总是对其成员否认社会组织本身可以被对象化的本质，力图使由他所操控的社会组织中的每一个成员都相信其神圣性，以便于他对其成员的统治和操控。也正是这一原因，国家、教会、政党、企业、机构等社会组织也就成了操控其大权的人奴役其成员的工具，却不让其成员作为谋求其价值需求满足的工具。所以，他们对其成员强调的只有贡献，再贡献，根本不提为成员主体我的价值需求满足提供服务。谎言毕竟是谎言，只要稍稍从对象化的角度思考一下，就能明了其真理所在。

其一，人作为社会性存在，需要归属一定组织，并通过组织实现其价值，同时也只有在特定组织中才能实现其价值。但所依存的组织，并不是与生俱来的胎记，是可变换的，是可选择的，是可改造的。国家、教会、政党、企业、机构、家庭，无一是自然形成物，都是相关的人为了达成特定的目的而创造出来的。国家、教会、政党、企业、机构、家庭中的等级秩序，远不是像蜜蜂社会和蚂蚁社会一样，有天生的蜂王、蜂后，蚁王、蚁后。

其二，相对于主体我，任何性质的社会组织都是可以选择的，尽管国籍的转换是最困难的，任何个人无法随心所欲地加入或脱离某个特定的国籍，但也不是完全不可转换的。而是否加入特定的教会、政党、企业、机构、家庭，除了由父母主导的家庭之外，纯粹是主体我个人的选择，尽管要受到周围社会文化和成员个人的影响，但任何个人自己都有最终决定权。

其三，任何性质和形式的社会组织，在存在形式、活动方式、性质特点、组成人员、纲领宗旨、空间地域等无一是绝对不变的，反而都是处在变化之中，处在被改变、转换之中。最难改变的是国家疆域，可也是处于变化之中，其他性质的社会组织的变迁就更为频繁了。

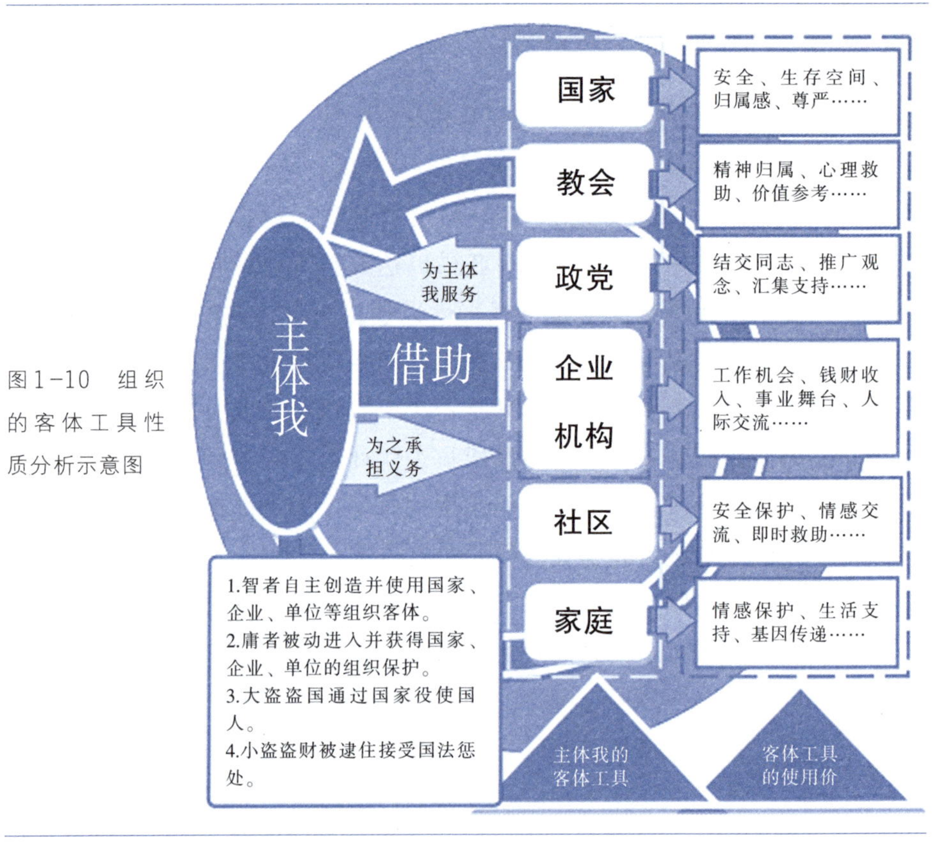

图1-10 组织的客体工具性质分析示意图

之所以如此，是组成这特定社会组织的成员在变化，在相应社会组织中处于支配地位的成员的思想观念也在变化。其成员希望从中获得的价值需求满足的内容和数量也在变化。就每一个特定性质的社会组织做一分析，这一特点会更为明显。相对于一定国家的国民，为什么需要国家，需要体现为国家政权强制的暴力，是因为只有体现为国家政权强制的暴力的存在，国民才能获得安全、生存空间、归属感、尊严等价值需求满足，是国家能提供这些价值需求满足，国民才会维护其存在，并用自己的贡献和努力，包括纳税、服役等以保证其存在和发展。相对于一定教会的教徒，为什么需要这个教会，并且愿意接受其教义约束，捐赠会费，按要求参与其活动，是因为只有教徒成员履行了这种种义务，才能获得精神归属、心理救助、价值参考等价值需求满足，是教会能提供这些价值需求的满足，教徒才会维护其存在，并用自己的贡献和努力实现其存在和发展。相对于一定政党的党员，为什么需要这个党，并且愿意接受其党章、纲领、政策的约束，按时交纳党费，按要求参与其活动，是因为只有党员履行了这种种义务，才能获得结交同志、推广观念、汇集支持等价值需求满足，是政党能提供这些价值需求满足，党员才会维护其存在，并用自己的贡献和努力实现其存在和发展。相对于一定企业或机构组织的成员，为什么需要这个组织，并且愿意接受其规章制度和上司指令的约束，按要求承担所赋予的职责，完成所指派的工作，是因为只有成员履行了这种种义务，才能获得工作机会、钱财收入、事业舞台、人际交流等价值需求满足，是企业、机构组织能提供这些价值需求满足，其成员才加入其中，并用自己的贡献和努力实现其存在和发展。相对于一定社区的业主，为什么需要社区这个组织，并且愿意接受其公约的约束，按要求参与其活动，是因为只有业主履行了这种种义务，才能获得安全保护、情感交流、即时救助等价值需求满足，是社区能提供这些价值需求满足，业主才会用自己的贡献和努力实现其存在和发展。相对于一定家庭的成员，为什么需要这个家，并且愿意承担作为特定家庭成员的义务，是因为只有成员履行了这种种义务，才能获得情感保护、生活支持、基因传承等价值需求满足，是家庭能提供这些价值需求满足，成员才会用自己的贡献和努力实现其存在和发展。

所以，同样为主体性存在的人，为什么有的高高在上，荣华富贵俱全，有的猥猥琐琐，低声下气，连说话也不敢大声，是因为他们对于特定社会组织对象化程度的高低不同。所以，智者、贤者自主创造并使用国家、教会、政党、企业、机构、家庭等组织客体为其主体性的发展服务，庸者、愚者被动地进入并获得国家、教会、政党、企业、机构、家庭等组织的保护，成为客体，受人驱使。这就是大盗盗国通过国家役使国人，小盗盗财被逮住接受国法惩处的道理。智者、贤者与庸者、愚者之间并没有先天的分界线，王侯将相宁有种乎？没有。汉高祖刘邦起自鄙乡，明太祖朱元璋出身于乞丐。晋惠帝司马衷君临天下，可是在无才、无貌、无德的皇后贾南风面前大声不敢出，听任她祸乱朝纲。其所有原因都在于此。

十一、自我超越的无限欲望定律

主体我存在的过程，就是对自身不断认知的过程，以及与这种认知相伴的与他人、他物比较而努力实现自我超越的过程。这种比较对象是无限的，由比较而形成的他有我无状态也是无限的，为弥补其无的欲望也就是无限的。而人越是深化对自身及其相关联的人和物的认知和比较，就越是感到不满足，因而就越是努力满足，就越能实现自我超越。

人很难满足于现状，总会有他感到不满、遗憾的地方存在。在其他人看来，他是要风得风，要雨得雨，风光万分，可他仍有万分的不满足。是要风得风，可风不够柔；要雨得雨，可雨不够细。人心是很难满足的。相对于任何一个人，自我超越和无限欲望都是源自于主体我的自我意识，是主体我的记忆、预期的反思把他自己置于了永远不安的冲动之中。

主体我不仅有对于自身现境状况和前景状况的认知，而且还会对与主体我相关联的人和物进行好奇的感知和比较。李嘉诚的富有、普京的魅力、周润发的潇洒、冯巩的幽默……无不令与之相比的主体我感到不如的自卑。而只要这种自卑还没有把人压垮，他就会被激励而努力以寻求改变。并且这种比较是无处不在的，不仅与他人比，也与他物比。猴子有灵巧有力的四肢，长于攀援，行走悬崖如履平地。因而主体我面对猴子的攀援之能会自叹不如，希望能像猴子一样。蝙蝠有雷达一样的双耳，任何黑暗都难以阻挡它的行动，长于夜行，星夜入谷升山不需要灯。因而主体我面对蝙蝠的夜行之能会自叹不如，希望能像蝙蝠一样。大象有强壮无比的四肢，尽管裸出身躯，狮虎猛兽也奈它不得，无论草原行走，还是雨林穿行，都永远从容。因而主体我面对大象的强壮之威会自叹不如，希望能像大象一样。还有乌龟的健康长寿、雄狮的身壮力威、鱼鳖的水行无阻、鹰鹫的高空飞翔……无不令直接面对的主体我自叹不如。主体我总会从周围世界中感知到的万事万物中发现令主体我向往的能耐和本事。

所以，人存在活动的区域有多广，其所感知的空间就有多大，所面对的客体就有多众，这种比较就有多宽，其比较之后的不满足就会有多广。尽管主体我的价值观念会调节、淡化这种比较所造成的不满足，但这也仅仅是把这种不满足聚焦到特定的比较之上，并不能消除这种因比较而导致的不满足。人所特有的记忆、预期、反思能力会随时随地地把主体我投向这种无际的比较之中。所以，客体无尽，比较无穷，他有我无的比较也无边，不满足的追求也无限。

不仅无限欲望源自于我他的比较，自我超越也是源自于这种比较。无限欲望是主体我在我、他比较中不断发现的相对于他人他物的不如和不足所激起的希望改变的意志。主体我的我他比较只有三种答案：一是他人他物不如我，因而自满自傲；二是我不如他人他物，因而自卑自惭；三是主体我与他人他物不分高下，因而自得自足。

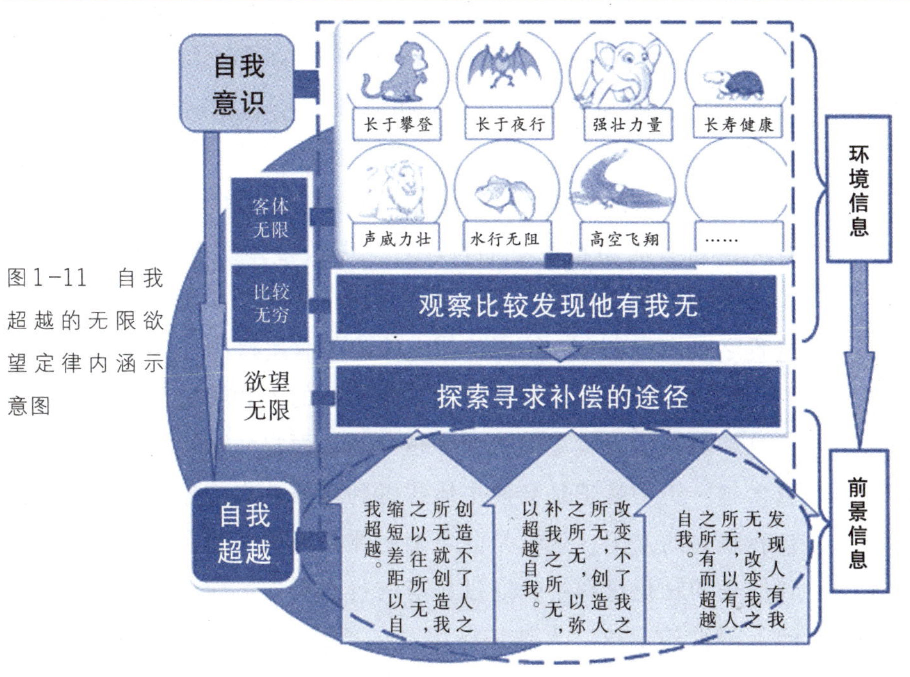

图1-11 自我超越的无限欲望定律内涵示意图

所谓自我超越，也就是主体我自己与自己比较而确认的现在的自我对往昔的自我的超越。主体我自己与自己比较，也只有三种答案：一是有所发展而使现在的自我超越了往昔的自我，这就是自我超越，体现的是主体我的发展和进步；二是有所退步而使现在的自我落后于往昔的自我，这就是自我的衰微和堕落，体现的是其主体性的消亡和萎缩；三是没有发展也没有退步，主体我仅仅维持了与往昔的自我相同的状况，这就是其主体性发展的停顿。

自我超越与无限欲望二者又是紧密关联的，自我超越的力量来自于无限欲望进行比较的自卑自惭。感知到不如他人他物的主体我会不断寻求达成不如不足的补偿，主体我越是寻求这种补偿，就越是会不断达成自我超越，使自我日新月异。确知他人他物不如我而自满自傲的主体我会止步于自我的现状，这则是主体我迷惘和失去方向。确知主体我与他人他物不分高下而自得自足的主体我会自甘在发展上停顿，并由在发展上停顿而最终走向衰亡。

但自我超越与无限欲望二者所基于的自我意识的构成内容是不一样的。引向无限欲望的是主体我与他人他物的比较，在此所比较的主要是自我意识中的现境信息，是主体我所感知到的我他现实的比较。稳步向上的自我超越是基于自我意识中的前景信息，是现实中的主体我与记忆中的主体我，以及现实中的主体我与可预期的主体我的比较。但自我超越则是一个不间断努力的过程，不仅仅是对现状感知的不如之差，而且是对行为努力过程感知的不如之差激发他的努力。这种努力的驱动力又直接是前景信息为主体我提供的达成不如不足补偿的途径和可能。没有达成不如不足补偿的途径和可能，主体我也就没有信心作对应的努力，他也就会放弃努力。

这种超越的方式有三个：一是发现人有我无，直接改变我之所无，以有人之所有而超越原有的自我；二是改变不了我之所无，就创造人之所无，以弥补我之所无，以超越原有的自我；三是创造不了人之所无，就创造我之以往所无，以缩短与他人的差距而超越原有的自我。

所以，越是深化对自身及其相关联的人和物的认知和比较，自我现境信息和前景信息就集聚得越多越广泛；而自我现境信息和前景信息集聚得越多越广泛，就越是会使主体我感到自我缺失的差距；而主体我越是感到自我缺失的差距，就越是会集聚主体我现境信息和前景信息，并在从现境到前景的转化过程中，通过自身的行为努力达成改变。由此就有自我超越的无限欲望定律：人越是深化对自身及其相关联的人和物的认知和比较，就越是会使主体我感到不满足，而越是不满足，就越是努力满足，就越是超越原有的自我。在现实中，自我超越的自我发展也就是这样实现的。

十二、无限欲望之源分析

欲望、需求、需要和价值四个概念的内涵几乎相同，都是主体我的一种取舍意志的表现，体现的是主体我对于特定存在的一种向往和追求。但各自所强调的重点有所不同。欲望突出的是主体我的意愿，表现的是一种想望的心理状态。需求突出的是特定存在与主体我的存在和发展的关系，舍之则主体我的存在和发展就会受到影响的事实。需要突出的是主体我为达成其存在和发展而对于特定存在的取舍关系，舍之其主体我的存在和发展可能受到影响的情境。价值突出的是主体我对于特定存在的肯定性评价，更多地依赖于自我意识的判断。所以，只要没有作特别界定，四者就是可以互换的等一概念，如果叠加就是两种内涵的相加和强调。

由前文可知，欲望之所以无限，是因为可供主体我面对、想象、差别、选择、利用、修整的可对象化世界无限，主体我进行我他比较的对象范围无限，因而自己可能感知到的缺失和不满足也就无限。除了丧失了感知世界万物能力，无法进一步拓展对象化存在的人之外，是不可能停止在某一点上的。所以，道德学家认为欲为万恶之源，但倡导的“节欲”“寡欲”很难见效，“清心寡欲”成为一种少有的美德，其原因也就在于此。所以，老子曰：“不见可欲，使民心不乱。是以圣人之治，虚其心，实其腹，弱其志，强其骨。”（《道德经》第三章）这就是一种愚民而使民的有效措施，所以历代封建王朝的统治者都是沿这条思路实施统治的，甚至不仅在中国的改革开放之前尚且如此，甚至现在我国的有些党政领导人和朝鲜当政者还是如此，视民众知识信息的拓展为洪水猛兽，禁闭以使远隔。所以新闻自由、结社自由、居住自由等民权在好多政权下都被无理地剥夺了。因为新闻自由、结社自由、居住自由等会拓展主体我的对象化世界，让民众感知的缺失和不满足增加。事实也是如此，如果能限制住主体我对于外部世界的感知，也就控制了其对象化世界的范围，也就限制了其比较的范围，其感知的缺失和不满足也就会变得有限了。

主体我的无限欲望尽管无限，但其内容都可归入有、能、善三大类。如果细分则会发现，仅仅只有其中的少数可能完全满足，而更多的却是只有比较级，没有最高级的完全满足。

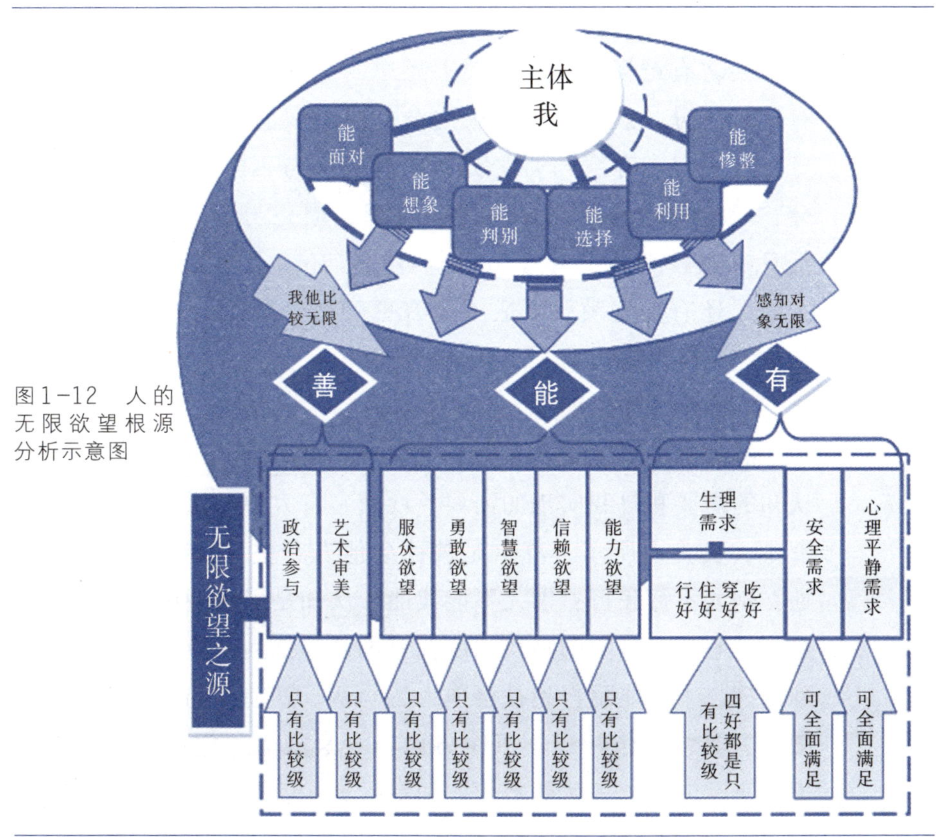

图1-12 人的无限欲望根源分析示意图

1.有的价值需求

有的价值需求涵盖了马斯洛需求理论中的生理的需要和安全的需要，

另外还有心理平静的需要。但只有安全和心理平静这两个需要是可以完全满足的。所谓安全的需要，就是相对于主体我存在有外在力量的威胁危及其肌体的存在和健康及所拥有的财物的完整性和完好性。这种威胁和危机只有“有”和“无”两种状态，所以是能够完全满足的，无也就是安全的需要的完全满足。所谓心理平静的需要，是不存在会导致主体我心理不平的他人故意伤害及伤害后的补偿不足情况。所以只要不存在他人的故意伤害，或者被伤害获得了足够补偿，主体我也就必然有心理不平存在。如果存在他人的故意伤害，或者被伤害后没有获得足够补偿，这相对于主体性高度觉醒的人而言，其损害一点也不比刀子捅出血来轻，它会让人发疯、发狂，不顾一切地寻求报复，甚至会选择与对方同归于尽的无奈策略。但他人的故意伤害是否存在，或者被伤害后是否获得了足够补偿，只有是与否两种状态，因而是可以完全满足的。

所谓生理的需要是人作为动物的存在而具有的本能，包括吃、穿、住、行等。它相对于一般动物也是完全可以满足的，但相对于主体性已经觉醒的人而言，就不再是可以完全满足的了。因为主体我的主体性觉醒，使之有记忆、能预期、会反思，这就使他形成比较的意识，吃不仅有饱饿之分，还有可口与否之分；穿不仅有冷暖之分，还有漂亮与否之分；住不仅有存身与否之分，还有宽敞与否之分；行不仅有方便与否之分，还有舒适与否之分。可口与否、漂亮与否、宽敞与否、舒适与否，都只有比较级，没有最高级。可口了还有更可口，漂亮了还有更漂亮，宽敞了还有更宽敞，舒适了还有更舒适。所以，人的这些生理需求也是无法完全满足的。

2.能的价值需求。

能的价值需求涵盖了马斯洛需求理论中的社交的需要、尊重的需要、认知的需要和自我实现的需要。社交是有人愿与之交，其前提是拥有社交资本，会为人所求。尊重是被社会他人看重，其前提是自己拥有过人之处，别人不行我行，别人不能我能。认知是以决疑解难为目的的，认知对象是无限的，有限的是自己所拥有的认知能力。自我实现是主体我潜能得到发挥，本事能耐得到社会他人的承认。其前提仍然是自己有所能。如果细分，其内容包括以下五个方面：一是能力。它包括工作能力、处事能力、交际能力、表达能力等。拥有了这些能力，主体我就能左右逢源，事事顺心。它们都只有比较级，没有最高级，能力没有最大，只有相比更大。二是信赖。它表现为社会他人对主体我的行为的理解和认同，能获得他人的真诚合作，以成就事业。它只有比较级，没有最高级，没有最大的信赖，只有相比更大的信赖。三是智慧。它表现为能明辨是非、透彻事理，不为假象所惑；并且既好奇又能自释其奇；同时又聪明过人，巧计妙方连珠，不为他人所难。它只有比较级，没有最高级，没有最聪明，只有相比更聪明。四是勇敢。它表现为具有充分的自尊和威武不屈，敢于直面人生，面对困难和大敌，临危不惧，视死如归，大有“天降大任于斯人，舍我其谁耶”的壮志和气概。它只有比较级，没有最高级，没有最勇敢，只有相比更勇敢。五是服众。所谓服众也就是社会他人对主体我的遵从、依从、服从。它表现为或是德高望重，社会他人尊敬爱戴，愿追随其后，效力马前；或是智勇双全，社会他人视之为希望和未来的象征，愿意服服帖帖，听从号令；或是权大势重，社会他人战战兢兢，除了唯命是从，别无选择。它只有比较级，没有最高级，没有最服众，只有相比更服众。

3.善的价值需求。

善的价值需求包括马斯洛需求理论中的审美的需要，但内容远比审美的需要丰富。审美是主体我对于对象化存在及其相互关系的评价、认定，是主体我的记忆、预期、反思能力的一种实现，体现的是他对于对象化存在及其相互关系的概括的合理性被认同。他对于对象化存在及其相互关系的概括的合理性，是其价值观念的具体化，是从他的特定价值观念出发做出的判断。所以审美需要的满足也就是他的价值观念被社会他人认同。其具体内容可分解为艺术审美和政治参与两个不同的方面。

所谓艺术审美，也就是主体我对于其对象化存在及其相互关系的形式、性质的评价和认定，是他所作的好与坏、真与假、善与恶、应该与否、重要与否、爱恨选择的确认。作为一种需求，体现的是其价值判断是否得到众人的认同和顺承。它也只有比较级，没有最高级。其价值观念只有更广泛、更加被认同和顺承，没有最广泛的认同和顺承。

所谓政治参与，也就是主体我把他的价值判断付诸实践的机会，即直接运用他的价值判断对社会的存在进行改良和改造的实践。这就是中国理学家所说的知行合一，但这里的行不是主体我的个人行为而是社会整体的行为，是他对于社会认知的思想观念被社会认同、顺承后全面付诸实践。在此不仅是以他之所是为是，而且是社会活动实践以他之所是为准，以他之所是设计社会、改造社会。而对于抗拒设计和改造者进行批判鞭挞，让社会全面顺从其价值判断。它也只有比较级，没有最高级。其价值判断只有更广泛地被顺从和实践，没有最广泛地被顺从和实践。

十三、自我发展与社会发展的关系

在《圣经》失乐园的故事中，欲望被描绘成万恶之源，是欲望的引诱让人犯了永世难赎的原罪。但对欲望进行诅咒的远不只有《圣经》。《礼记·乐记》有曰：“夫物之感人无穷，而人之好恶无节，则是物至而人化物也：人化物也者，灭天理而穷人欲者也。”认为若不节制人欲而使人物化，便是灭绝天理。后世儒学大师朱熹强调，天理人欲不容并立，“人之一心，天理存，则人欲亡；人欲胜，则天理灭”（《朱子语类》卷十三），进而提出了“存天理，灭人欲”的修身准则。古印度的耆那教、西方的昔尼克派、斯多葛派，走得更远，甚至主张忍受痛苦、断绝情欲、人欲，获得精神的或后世的快乐。他们的一个共同特征就是把人生的苦难与其欲望紧密相连，似乎人的所有苦难都来自于一刻也难去的欲望本身，幸福快乐只能从无欲和寡欲中寻。这是对人的心理本质的错误判断。无欲没有不满的痛苦，也没有获得满足的幸福快乐。人所寻求的幸福，不是荣华富贵本身，而是来自欲望满足的预期。当他感知获得的新信息与其原有的信息融合，形成自我价值需求满足提升的预期时，就会由衷地感到幸福快乐。这里让他感到幸福快乐的不是结果，而是其所企求的目标将要达成的心理预期。人生所感到的悲哀，也不是当下肌肤的疼痛，而是来自于自我价值毁灭的心理预期。即当形成自我价值需求满足降低的心理预期时，就形成一种无助的悲哀。这里让他感到悲哀不幸的也不是结果，而是他预期的其所寻求的价值需求满足希望的破灭。红军战士在长征路上所遇到的艰难险阻和困苦磨难是无以复加的，但好多战士仍有一种幸福感相伴，这种幸福感就完全是来自于最后成功的预期。只要理想达成的希望没有破灭，其预期使之感到达成的路越来越近，幸福也就在其中了。所以，对于欲望大可不必视为洪水猛兽，更没有必要诅咒讨伐。相反，它是社会进步的源泉，应该歌颂它。如果我们明了了自我发展、自我完善与社会发展的关系，所有人都会得到这一结论。

所谓自我发展，也就是主体我的主体性得以提升，具体地说就是其能和善的价值需求得到不断满足。前面做过分析，能和善的价值需求没有绝对的满足，只有相比较的更加满足，其不断满足就是一个又一个的能和善的价值需求满足得以实现。尽管有的价值需求中吃、穿、住、行也只有比较级，没有最高级，但这四者无论达到什么样的高度，也都仅仅是肌肤感官的一种感觉的改变，其自身并没有任何改变，其所达成的自我保存仍然没有丝毫的增加。吃一顿鱼翅就少得病，穿一套真丝就能长寿，是不可能的事。而能和善的价值需求的满足则不同。莫言1981年能把钢笔字变成铅字，在一个地方小杂志上发表《春夜雨霏霏》时，还只是让人多看几眼，后又发表了《枯河》《秋水》《民间音乐》等作品，就让人刮目相看了。发表了中篇小说《透明的红萝卜》后才引起了文坛的注意。发表了中篇小说《红高粱》，才引起世人的普遍关注，获第四届全国中篇小说奖，据以改编电影《红高粱》获第38届柏林电影节金熊奖。随着创作的作品的不断出版和积累，他也走出了国门。长篇小说《丰乳肥臀》夺得“大家文学奖随”，长篇小说《蛙》获得第八届茅盾文学奖。他总共创作了13部长篇小说，近30部中篇小说，近90篇短篇小说，还有三卷散文集一部，并最终摘得世界最高奖——诺贝尔文学奖。他每创作一部作品，尤其是出版一个新的代表作，就是他自我发展的一种实现。

自我发展首先是自我超越，让其本事能耐在已有基础上实现新发展和新提升。这也就是能的价值需求不断满足。这就像莫言的文学生涯一样，创作的作品越来越多，影响越来越大，其本事能耐得到越来越广泛的社会认同。但这仅仅是常人的价值存在，或者说是常人重点寻求的存在方式。常人看重社会他人对他的评价和态度，所以是用社会他人的希望来设计自我的发展，是沿着社会他人的希望实现发展。

自我发展的重点是自我实现，即不断获得其善的价值需求的满足。但这里所说的自我实现，与马斯洛的自我实现是不同的，马斯洛的自我实现是自我的能耐和个性的彰显。这里所说的自我实现是主体我的价值判断被广泛地认同、顺从、实践，强调的是主体我的意识演化为众人的意识，众人以他的意识为意识。这是圣人的寻求，是圣人重点寻求的存在方式。他们不看重社会他人对他的评价，“上德不德，是以有德”，而是强调维护自己的完整性，不随波逐流。这就是莫言的自我实现。他长于讲故事，所有的作品几乎都是以故事勾人心弦而取胜的。可讲故事在文学批评家眼里就是不会写小说。但他的坚持终于得到同行的认同，现在不再有人批评说讲故事不是写小说了，甚至越来越多的人模仿他讲故事的小说写作方式。

所谓自我完善，则是有、能、善三类价值需求的平衡满足。尽管有的价值需求的满足，达成自我保护仅仅是庸人重点寻求的存在方式，但圣人也得先生存再有其价值判断的形成和被认同、顺从、实践。所以对人生欲望持否定态度的孔子也承认：“食色，性也。”

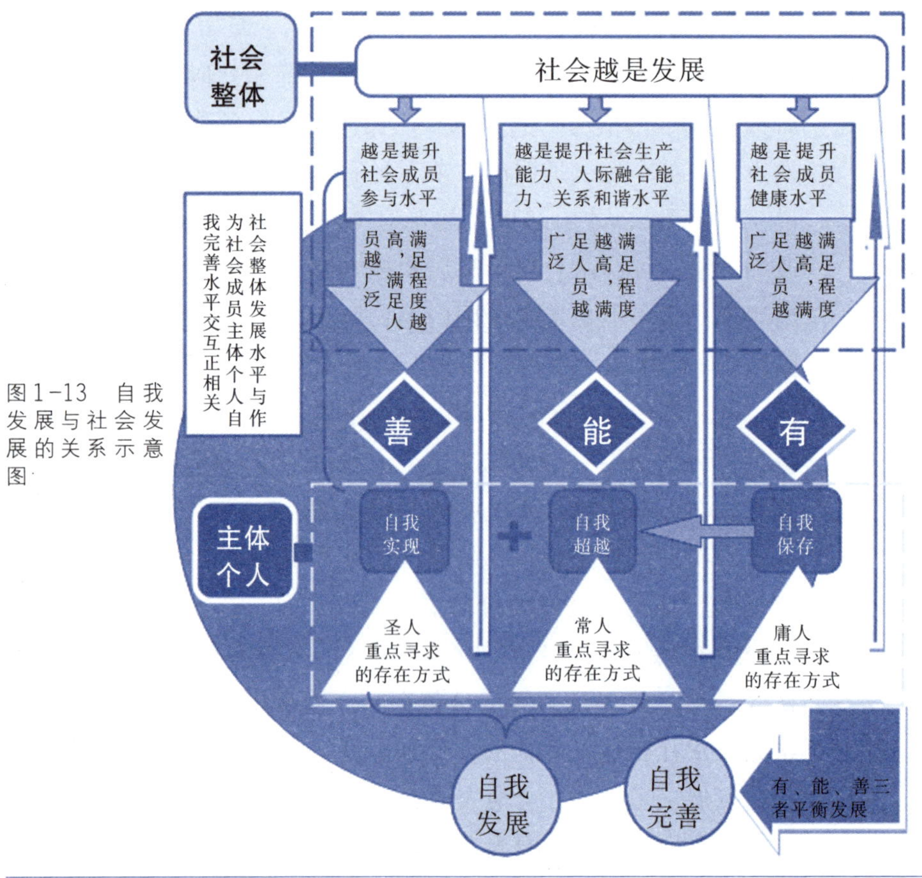

图1-13 自我发展与社会发展的关系示意图

而社会整体发展，与作为社会成员的个人自我完善却是紧密正相关的，二者互为因果。社会成员的有的价值需求的满足——自我保护的实现、能的价值需求的满足——自我超越的实现、善的价值需求的满足——自我意识的实现越广泛，也直接是社会发展的实现。反过来，社会发展的实现又直接体现为其成员个人的自我完善的实现。社会越发展，也就越能提升社会成员的健康水平，社会成员的有的价值需求满足水平就越高，并且满足的人员也越广泛；社会越是发展，也就越是提升社会生产能力和关系和谐水平，社会的不公平就越少，社会成员的能的价值需求满足水平就越高，并且满足的人员也越广泛；社会越是发展，也就越是提升社会成员的民主参与水平，社会的对立就越少，社会成员的自我意识就实现得越充分，并且实现的人员也越广泛。而社会成员个人自我的发展却是以欲望的丰富发展为前提的，不想发展，何来发展可言。所以，如果明了这一点，对于欲望的所有诅咒也就成为多余的了。

十四、自我异化的生命享用定律

动物的懒惰安逸节耗与生育本能，伴随着人类社会发展和人的生理进化，与节耗无关的懒惰安逸和与生育无关的感官刺激被赋予价值，使主体我的生命活动异化为生命享用活动。而自我异化的生命享用活动占用精力越多，主体我的主体性就越萎缩，人性人格就丧失得越多。

主体性是与能动性联系在一起的。能动性既是主体性的体现，也是主体性本身实现的过程。但人性中往往又包含有惰性，即不思积极进取，而贪图舒适安逸，不求改变发展，而贪图感官满足，以肌肤之利为目标。这似乎是一对矛盾。但这种矛盾却统一在主体性之中，因为当人已形成自我意识之后，这种懒惰的贪图舒适安逸及感官满足的肌肤之利，也是主体我的一种选择，只不过这种选择背离了主体性发展的目标，而直接是对主体性的否定。并且这种否定，还不是退化到动物本能阶段，动物本能行为是由物竞天择的竞争优选决定的，其行为符合没有目的的最合目的性。因为在动物这个层次，没有自我意识，所以，不存在目的性问题。而已经形成自我意识的人，其贪图舒适安逸和感官满足的懒惰行为却远离了最合目的性。

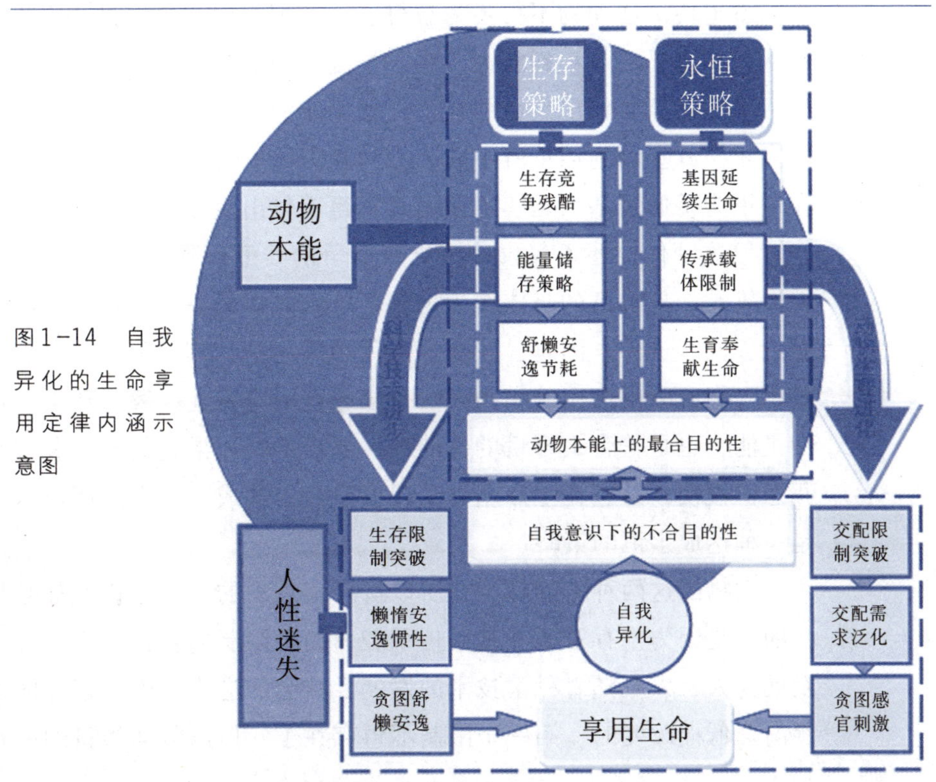

图1-14 自我异化的生命享用定律内涵示意图

在动物世界里，生存资源匮乏，食物资源不仅稀缺，而且还面对多种动物相争的局面，不仅获得艰难，而且其储存也不容易。食物资源，大都为鲜货，这是无法长期保存的，即使是干货也面临霉变不能再食用的困难。所以，为达成食物资源的获得困难与动物机能的维持需要二者之间的平衡，它本能地选择减少机体运动节省体能消耗的舒适安逸行为。因为不舒适不安逸，就包含有肌体能量的损耗。所以，能静卧休息就静卧休息，能不动就不动，目的是减少肌体运动，以节省体内能量的消耗，把进入体内的食物以脂肪的形式储存起来，以保证维持生命和种属活动必需的能量不致浪费。这也就是动物的懒惰节耗本能。而正是这一本能成了具有这一本能的动物的物种竞争优势，所以它是没有目的的最合目的性的选择。这种动物本能，如果动物有自我意识的话，也就是一种生存策略。

而动物作为一种生命，又要受到基因驱使，并成为基因的奴隶，让生命体本身仅仅成为基因传承的工具。生命中有基因，生命又本能地通过基因传承超越于生命。基因作为生命体的一个构成部分，可突破生命的限制而通过代际相传把生命延续下去。但在灵长类动物生命中，这种基因的代际相传，是通过异性交配的生育活动实现。而这种异性交配的生育活动又要受到异性的生理限制。一方面雌性动物有明确的生理周期，若非生育时间的发情期是无法交配的。加之雌性动物数量的有限性和生育期的有限性，就迫使雄性动物不得不为获得这种交配权而竞争。另一方面，一个生命从无到有，从弱小到壮大，有一个漫长的成长过程。在这一过程中，其父母往往甚至要付出生命的代价。如果新的生命不能成长到具有生育能力的成年，其基因的传承就中断了，其基因传承目的就仍然无法达成。生命在这里为了通过基因延续生命而又不得不付出生命的代价以养育和保护后代。但这种代价还不仅仅是交配权竞争的残酷所致，而且包括交配过程，就像雄螳螂把自己的身体作为美餐奉献给雌螳螂一样，让生命的消亡与交配过程同步进行。同时，在养育后代的过程中，其父母也需要加倍冒险去觅食，把有限生命中的相当大的一部分精力花费在照顾后代上。但这种生命机能，也是符合最合目的性的理性要求的，如果它们有自我意识，用自我意识说明，是它让生命超越了现实生命，达成了永恒。所以这又可以说是一种达成永恒的策略。

动物的这两种本能行为之所以从自我意识的角度分析也都是最合目的性的，是因为生存资源和基因传承载体两种限制的存在。当灵长类动物已发展为人，以及随着科学技术的发展，社会的进步，生存资源的匮乏程度逐渐降低而改变时，第一个限制不再存在了，但以节耗为目的的贪图舒适安逸的本能行为，动物本能的基因密码指令，演变成意识行为，舒适安逸本身成了具有自我意识的人的目的。而舒适安逸的结果却是其体能和智能的退化和下降，以延续生命为目的的舒适安逸行为，演化为生命享用的生命消耗。这就是第一个层次的生命享用。这里享用的是构成生命的时间和生命机体的安逸。相对于第二个限制的突破，则是第二个层次的生命享用。女人不再像雌性动物那样有严格的生育发情期，以基因传承为目的的交配行为演化为单纯的感官满足，声色犬马。而在这种声色犬马的感官满足的过程中，动物本能基础上的生命活动，演化为与生命机能的基因传承没有关系而仅仅消耗生命精力的活动。这一层次的生命享用，直接是享用生命机体本身。两个层次的生命享用直接是自我异化的完成，生命活动异化为生命消耗活动。

而构成生命的时间是一个常量，表现为生命活动能量的精力也是一个常量。用于基于动物本能的舒适安逸和感官满足的投入多了，用于“类生活”——通过劳动创造而达成能和善的价值需求满足的投入必然减少。并且贪图舒适安逸和感官满足的惰性行为，还不等于有的价值需求满足，有的价值需求的满足是健康长寿目的的达成，而贪图舒适安逸和感官满足的惰性行为，不仅无助于健康长寿，而且消耗生命健康。更为重要的是这种生命消耗本身，不是让人实现超越于生命的发展，达成自我超越和自我实现，而是自我异化，使之以主体性为出发点的生命享用直接否定人的主体性本身，导致其人格丧失，越来越远离人所应该有的修养和品行。所以，由此可以得到自我异化的生命享用定律：自我异化的生命享用活动占用精力越多，主体我的主体性就越萎缩，人性人格就丧失得越多。

十五、能动性与惰性的统一关系

由上述分析发现，能动性和惰性都是主体我的行为选择，可二者又是一对矛盾。所谓能动性是指人的行为活动具有自我加压、努力以挣脱现实条件的约束，服务于主体性扩张目的的达成的性质。与之相反，惰性尽管也是由主体我完成的一种行为选择，但其行为活动本身却是由动物本能或生命机能激发并满足的动物本能需要，其结果是削弱人的主体性，让人从主体性存在回复到由其动物性的基因密码指令驱动的存在。但人无论进化发展到何种阶段，其动物性存在这一特性是无法改变的，其动物性存在的特性就决定了他的行为选择必然带有动物本能的痕迹。这二者之间的矛盾在人的主体性存在这一特性上已经达成统一，即任何一个主体我都是动物性存在、社会性存在、意识化存在的统一体，三者之间相互作用，统一于人的主体性之中。尽管三者不可分割，但在不同的人类个体身上却往往显示出巨大的差别。

这种统一是如何实现的？下面略作分析。

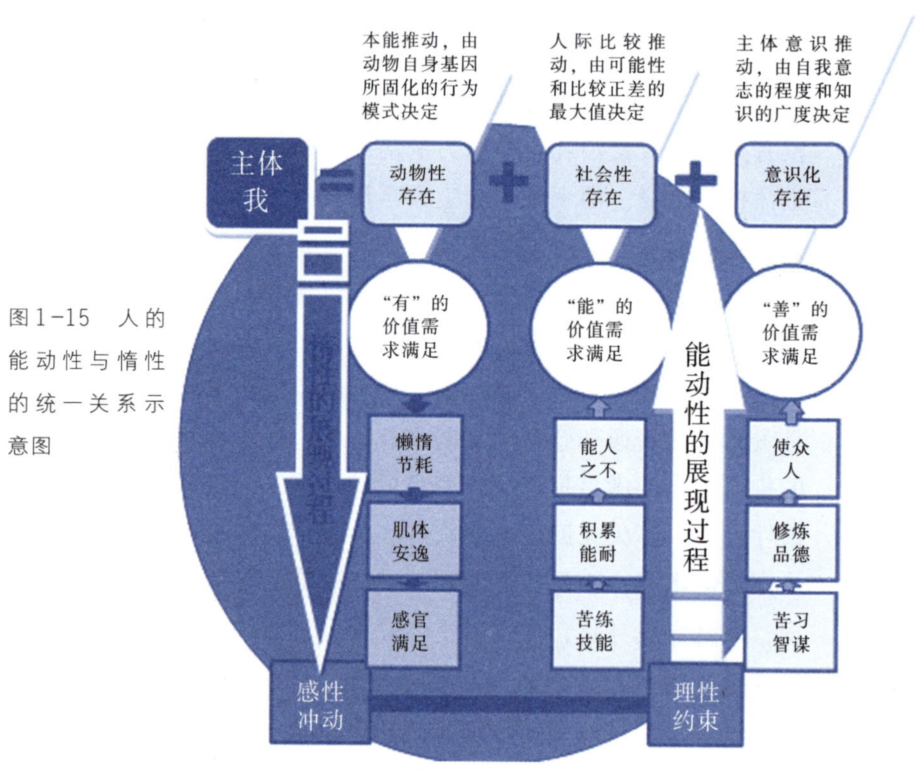

图1-15 人的能动性与惰性的统一关系示意图

人无论进化到何种程度，其主体性中的动物性都不可或缺，它是主体我存在的基础和前提，超越于动物性的人只能是观念的存在或机器的存在。是人就得有新陈代谢以维持其生命，生命的丧失，其社会性和意识化的特性也就无以附焉。无论人是否拥有了超越于动物性存在的生命的意识和意志，都不能改变这一点。佛教空掉色、声、香、味、触、法，但只能空掉相——不住相——但无法不吃不喝。佛祖释迦牟尼也要化缘求食以饱肚。但这并不是说人的动物性存在的特性就成了人的惰性的依据，是不可改变的本性，而仅仅是说人的动物性存在特性中包含有惰性的因素。要改变由动物自身基因密码指令所固化的行为模式，抑制动物本能的冲动，只有当主体我的社会性存在和意识化存在的特性所激发的力量充分强大时才有可能。这就使人的行为选择冲动同时受制于两种力：一种是基于动物本能的感性冲动，一种是基于人的社会性存在和意识化存在特性的理性约束。前者把主体我的行为选择导向与主体性发展相对立的异化，后者把主体我的行为选择约束在最大限度地实现和发展其主体性上。两种力作用方向相反。也正是这两种作用力的此消彼长，使不同的人具有不同的行为模式，不同的人格特征，甚至使同一个人在不同时间里也会表现出行为选择上的巨大差别。

就基于动物本能的感性冲动力分析，它所寻求的就是有的价值需求的满足，所以其生命价值的实现就是它的目标。实现这一目标的策略有两个：一是实现现实生命的延续，即或者尽力积聚生存资源以免遭因所需生存资源匮乏造成的生存危机，或者减少机体运动以节省消耗，在生存资源匮乏的情况下，减少能量浪费以延续生命。而获得生存资源是要消耗肌体能量的，并且在生存资源的外部储存存在困难的情况下，肌体安逸的能量节省方式就会成为最有效的策略。二是超越现实生命，达成生命载体的基因的传承永恒，即通过感官满足的形式实现的交配传承基因。但这是以现实生命的消耗为代价的。这不是动物本能地感知到现实的有限性后采取的策略，而是生命机能本身。这两个策略在动物本能的层面也都符合最合目的性这一理性原则。生命首先是动物的特性，所以动物的懒惰节耗在没有其意识意志参与的情况下，也会成为其行为选择的主导力量。而这种懒惰节耗的基因密码指令，无时不在起作用，这就是肌体安逸。感官满足是与基因传承相关联的，但它不仅消耗能量，而且是毁灭性地消耗能量。基于动物本能的基因密码指令，就把其行为选择推向了不合目的性的非理性。

就基于人的社会性存在和意识化存在特性的理性约束力分析，它所寻求的就是能和善的两大价值需求的满足，所以其社会价值和意志价值二者都显得重要。马克思所说的“类生活”也就是通过劳动创造实现这两种价值需求的满足。所以主体我为避免被社会淹没——在社会中没有人发现其存在，没有人认同其存在，没有人从社会性存在的角度看顾其存在，他也就是不存在——他必须约束自我，放弃肌体安逸而苦练技能，以能人之所不能，积累能耐，以成人之所不能成。但这还只是解决了在社会中没有人发现其存在的问题，实现了其个性，让人了知了其与众不同。但要让人认同其存在，他还得约束自我，放弃他人所不认同的感官满足，而为社会他人之所需带来满足，包括社会他人肌体安逸的实现。这时他的能的价值需求满足才真正使之感觉到作为社会性存在的乐趣和愉悦。在这里，理性约束力的来源直接是人际比较，即由比较而明确的我不如人的差距，加上差距改变的可能性共同推动形成的行为选择。由比较而明确的我不如人的差距让人形成必须努力改变的心理压力，是它为人寻求改变提供了动力，这种心理压力越大，人就越是难以安于现状和停滞于现状。但仅有这种心理压力还不足以推动主体我付出努力，在此还需要改变差距的可能性为人提供为达成改变而努力的信心。差距仅仅提供改变的心理需要，但需要是无限的，何种需要会转化为主体我的努力，则是由主体我努力的预期决定的。只有当努力达成改变的可能性充分大时，主体我才会认定努力的意义，否则任何形式的努力投入也都是浪费。如果主体我认定没有改变的可能性，由比较而明确的我不如人的差距让人形成必须努力改变的心理压力也就会随着时间的推移而消失，即通过心理调整自我进行心理平衡，逐渐接受差距的事实，适应差距的存在，放弃改变差距的期望。

理性约束的另一条作用途径是主体我为超越自我肉体而让主体我的意识延伸到独立于主体我之外的其他主体我——社会他人的肌体上，让社会他人按照主体我的价值判断行事，体现主体我的意志。要达成这一目的，他必须约束自我，放弃肌体安逸而苦习心智，体悟能凝聚他人的智慧并能服众以获得广泛认同的思想观念。同时还要放弃感官满足，修炼品德，以德服人，以让社会他人甘愿遵从主体我的价值判断和意志选择，做主体我延长的四肢并发挥作用。在这里，理性约束的来源直接是由主体我的意识推动的，由自我意志的强度和知识的广度决定主体我的行为选择。

感性冲动和理性约束相对于主体我的最合目的性而言，是一往一来的两个心理过程构成的循环。一往是由最合目的性到异化而不再是最合目的性。感官满足上升为生命目的，这就无合目的性可言了。感官满足会消耗肌体能量，甚至加速死亡。一来是由苦练技能，积累能耐，以能人之所不能，实现其能的价值需求的满足，扩大其存在的社会性广度，使之在更为广阔的社会之中实现存在。同时苦习智谋以修炼品德，让众人遵从，实现其善的价值需求的满足，扩大其存在的意识化广度，使其观念被更为广阔的社会认同、遵从和实践。这就又回到了最合目的性上来了。但与最初的最合目的性的内涵有了很大的不同，总目的仍然是自我肯定，但肯定的内容不同，尤其是相对于其所存在于其中的社会成员他人而言，就完全不同，是利他利社会的善举的完成，因为能和善的价值需求的满足是唯我而利他的过程的完成。当这一来的过程完成时，他也不再需要自己关注其所具有的价值需求的满足了，众多的社会成员会以其发自衷心的爱来帮他完成其最初的合目的性——生命价值的满足，维护其动物性存在——延续其生命。这就像著名物理学家钱学森、国学大师季羡林不需要为自己晚年的衣食住行操劳一样，人民和国家会精心地照顾他们。

十六、意志指向定理

任何一个人，只要成熟健康，他的任何一个行为，其意志目标都只是指向最大限度地保证自我肯定目的的达成和主体性受损风险的避免。

意志是心理学研究的范畴，但意志指向，却是管理学必须研究探索解答的问题。要回答如何通过他人做好工作的问题，首先得回答人的意志指向的形成有什么规律的问题。不把握人的意志指向的形成规律，也就不可能有效地调整他人的意志指向而保证与做好工作的目的相一致。而只有让被管理者的意志指向与做好工作的目的一致起来了，才能使之把精力投入到做好工作的努力过程中来。所谓意志指向，也就是人的行为努力所指向的目标方向。所谓意志指向定理，也就是对人的行为努力所指向的目标方向的形成规律的概括。其内容可概括为：任何一个人，只要成熟健康，他的任何一个行为，其意志目标都只是指向最大限度地保证自我肯定目的的达成和主体性受损风险的避免。定理中“任何一个人，只要成熟健康”的限定，是强调没有人能例外，例外的就是身心不健康的人和发育不成熟的人。满足了这一条件也就满足了人性本质公理所设定的前提。根据人性本质公理的分析，人所特有的记忆、预期、反思三大能力，决定了他的主体性存在本质。而主体性觉醒也就是自我的觉醒，自我的觉醒也就决定了人的行为努力方向只是指向自我肯定目的的达成和主体性受损风险的避免，即趋利避害。并且因为人能预期、会反思，所以其意志指向不仅仅是趋利避害，而且是最大限度地趋利避害。能预期为对未来的行为选择提供了多种可能，每一个行为选择对应于一个行为结果预期。每一个行为结果预期就是一个利害的可能，或者是自我肯定的实现，即利；或者是主体性受损，即害。而利害又有大小的差别。会反思不仅使人在诸多行为结果利害的预期上进行比较成为可能，而且还一定让主体我不会满足于趋利避害的次大，有最大的趋利避害就一定会寻求最大限度的趋利避害。

这一定理的要点有三个：

(1) 人的意志目标都是最大限度地保证自我肯定目的的达成和主体性受损风险的避免。所谓最大限度地保证自我肯定目的的达成和主体性受损风险的避免，也就是最大限度地趋利避害。根据唯我利己的自我肯定定律：其预期越是能达成其自我肯定的目的，主体我就越会选择这一行为。而人的意志目标又直接是以其行为预期为依据设定的，意志目标不过是对主体我所预期的一种可能的选择。没有行为预期也就没有意志目标的设定，主体我不能在可能之外选择。根据自我意识的充分理性定律的分析，价值观念和情感情绪造成的超自我设限，使人的行为偏离了完全理性的最合目的性，而仅仅寻求自我意识范围内的最合目的性。但是，在自我意识范围内仍是寻求最合目的性。“自我意识范围内的最合目的性”是优化约定，是对所寻求地自我肯定目的的达成和主体性受损风险的避免，在量上的限制，是最充分的达成和最有效地避免。自我肯定目的和主体性受损风险都是自我意识范围内的，超越了自我意识，自我就不存在了，也就无所谓肯定和否定。所以，这一要点成立。

(2) 在人的意志行为中，没有超越于趋利避害的行为选择，即任何行为选择都是遵循趋利避害这一约束而进行的。所谓趋利，就是寻求自我肯定，达成有、能、善三类价值需求的满足。所谓避害，就是避免主体性受损风险的发生，保证有、能、善三类价值需求的满足条件不受侵害和剥夺。根据唯我利己的自我肯定定律的分析，任何一个人的行为目的都只是寻求自我肯定，超越于自我肯定的利他行为是不存在的。利他只不过是个人为达成能和善的价值需求满足而产生的一种客观效果。而远利就害，则是自我否定的自我伤害、自我毁灭，这与自我肯定矛盾。根据客体工具的自我中心定律的分析，万事万物都是被主体我对象化的存在，主体我构成其所感知到的世界的中心，所有与主体我对立的对象化存在，都是为我所用的客体工具。因此，利用被主体我对象化的万事万物以保证自我肯定目的的达成和主体性受损风险的避免，就是主体我行为活动的全部内容。主体我存在的过程也就是保证自我肯定目的的达成和主体性受损风险的避免的努力过程。所以，这一要点成立。

(3) 为保证定理的严密性，这里还必须加上一个条件性约定，即成熟健康。根据人性本质公理的分析，只有满足大脑发育成熟并且正常、大脑未遭受损、伤神经系统健康、人生旅途中未受重创的心理健康等成熟健康的三个条件，才能满足人区别于其他灵长类动物的本质特征：具有记忆、预期、反思三大能力，确知有我并拒绝被决定的，不仅视所有独立于我之外与我相对的存在为对象化存在，而且视之为仅仅为我所用的客体工具的主体性存在。所以，为保证定理的严密性，必须加上这一要点作为其条件性约定。患有抑郁症的人会自杀，疯子会把他的百元大钞撒向路人，无知幼童甚至会把农药当奶喝。而健康成熟的人则不会有这类行为。所以，这一要点成立。

管理学第二公理

意志行为公理

一、意志行为公理的内涵

意志行为是由我行我所是、我是我所需、我需我所知、我知我所急、我急我努力五个环节构成的一个完整循环。在这个循环过程中，任何形式的逆向反复，都是反思、发现、纠正错误的过程。而逆向反复的过程越少，其意志行为越稳定，其行为效率就越高，其主体性就展现得越充分。

意志行为，不等于主体我的行为活动，意志行为是由主体我的意识支配的行为，超越于自我意识的行为活动，就不是意志行为，而是动物本能的反射冲动行为。人作为动物性存在，其动物痕迹是不可能完全抹掉的，无意识的反射冲动行为总会存在，尽管所占比重不大。这里仅仅讨论意志行为。但自我意识也不等于意志行为，无论圣人如何称道知行合一，但知作为主体我的意识，往往不一定能转化为行为。但意志行为却一定是由自我意识选择的行为。这是上章已经讨论过的。人作为主体性存在，具有记忆、预期、反思三大能力，也正是人具有这三种能力使其意志行为形成过程变得复杂和细腻，其内容可概括为五个环节构成的循环：

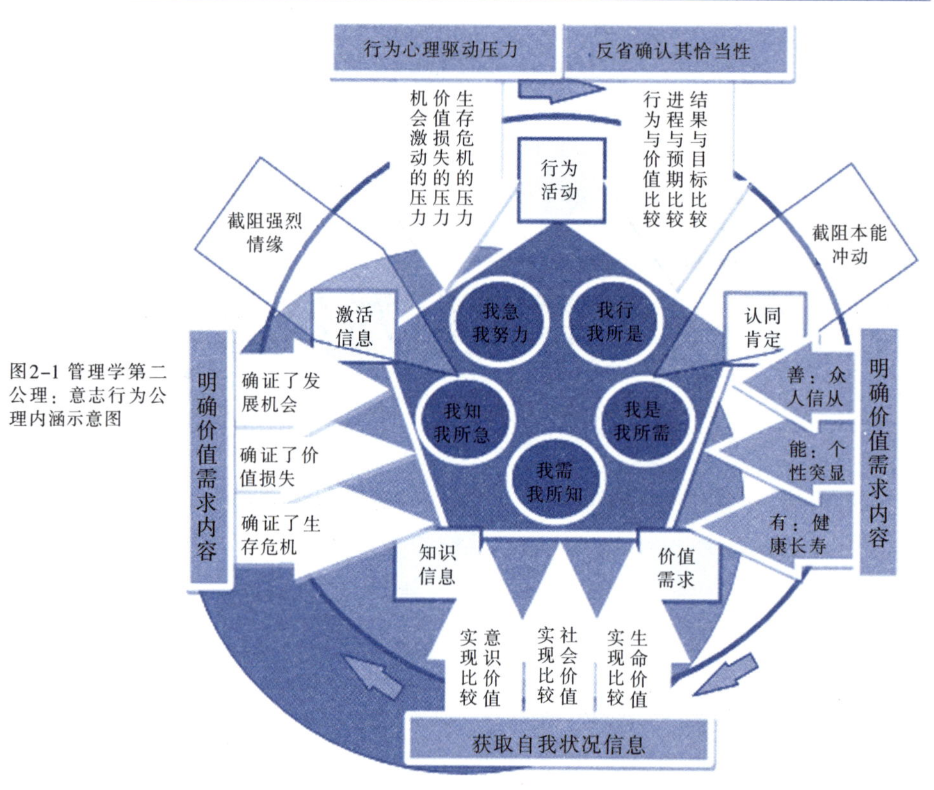

图2-1 管理学第二公理：意志行为公理内涵示意图

(1) 我行我所是。

这是主体我反思确认其行为选择恰当性的过程。任何一个成熟健康人，在其一定行为活动之后，都会反思其行为活动的恰当性。并且只有当他对其行为活动的恰当性进行了确认，认定了其行为的应该与否和必须与否，才会决定是否继续其行为。意志行为作为经过主体我权衡分析后选择的行为，是主体我认定应该选择且必须选择的行为。其本质是由主体我通过现境信息、前景信息、观念信息的综合分析做出的判断。其方向和方式不仅不能与其价值观念相违背，而且还必须是当下在大脑所及的信息范围内，认定的最应该、最合目的性的选择。在这里主体我会不自主地完成三个比较分析：一是把行为方向与价值需求比较，目的是反思确定其行为活动的必要性，以判定其行为活动是否有继续的意义。如果认定没有继续的意义，也就会中止其原有的行为。二是把预期结果与行为目标比较，目的是反思确定其行为活动的有效性，以判定是否还有坚持的信心。如果认定失去了坚持的信心，也就会中止其原有的行为。三是把行为进程与结果预期比较，目的是反思确定其行为活动的适当性，以判定是否有必要调整改进其行为方式。如果认定有必要调整改进其行为方式，也就会中止其原有的行为方式，而在保持意志指向不变的情况下选择新的行为方式。

（2）我是我所需。

这一环节是主体我反思明确价值需求内容的过程。任何一个成熟健康的人，能在反思过程中确认其行为活动的恰当性并坚持继续的，不仅一定是主体我认定应该而必须的行为，而且也一定是能为之带来价值需求满足的行为。如果不能为之带来价值需求满足，所认定的行为活动根据也就丧失了。主体我认定应该必须的标准是什么，不是圣人言，也不是先知语，而是他主体性实现和发展的需要。能充分实现和发展其主体性的行为活动，就是应该选择且必须选择的行为活动，与实现和发展其主体性存在冲突矛盾的行为活动就是必须避免和中止的行为活动。在这里主体我会把已有行为活动所能实现的生命价值——健康长寿、社会价值——个性彰显、意识价值——众人信从三者与主体我的现实状况进行分析判断，目的是分析确定已有行为活动所寻求的价值需求与现有的实际是否吻合，以判断已有行为活动的恰当性。

（3）我需我所知。

这是主体我获取其主体性实现状况的信息的过程，目的在于对主体我所寻求的价值需求满足的合理性进行确认。主体我所寻求的价值需求满足一定是其所认知了解的内容，是在其自我意识中清晰而完整的价值需求信息。主体我认定是否是实现和发展其主体性所需的行为活动，其依据不是睡梦中的遐想，而是他大脑中所存储的现境信息、前景信息、观念信息。任何一个人所需的内容都不可能突破大脑中所存储信息的限制。这就像对世界上并不存在的鬼进行描述一样，只不过是一些大脑里已有的令人恐怖的形象的拼凑。在这里主体我会通过把周围世界中的他人他物的特性和状态与自己生命价值、社会价值和意识价值的实现状况进行比较，并在比较的过程中丰富生命价值、社会价值和意识价值的内容，拓展生命价值、社会价值和意识价值实现的范围，进而反思确定其已有行为活动目标选择的合理性。

（4）我知我所急。

这是主体我探索明确价值需求内容的过程。主体我的价值需求是由其所知决定的，而其所知又仅仅是在主体我的大脑中所存储的信息。这些信息又仅仅是与主体我的主体性实现和发展紧密关联的事件、事实信息或判断的存储和沉淀。这种与主体我的主体性实现和发展紧密关联的事件、事实，相对于主体我就体现为一种必须立刻应对的紧急状态。它们或者有可能有损于主体我的价值需求满足，或者有可能有助于实现主体我的价值需求满足。有助于其价值需求满足的信息，他会关注，因为不把握住就失去了机会；有损于其价值需求的满足的信息，他也会关注，因为不事先预防，可能的风险就会变成现实的损失和灾难。在这里，主体我必须通过对与主体我关联而又不确定的关系进行确证，探索其可能的发展机会和价值损失的内涵是什么，以及这种发展机会和价值损失相对于主体我的存在和发展究竟意味着什么，其目的是把模糊的隐约不确定的可能转化为确定的明确的行为预期。

(5) 我急我努力。

这是主体我行为反应的心理驱动压力释放的过程。当主体我感到急，即有损于其价值需求满足的事件将降临，他必须通过逃避应对；有助于其价值需求的满足的事件将降临，他必须通过预备应对，以抓住机会。前者是避害，后者是趋利。害之将近，主体我会急；利之将失，主体我也会急。相对于危害将至的急，是主体我通过对应其所急进行反应，以使危害将至的心理压力得以释放，或者消除危机，或者努力无功而认命；相对于机会将失的急，是主体我通过对应其所急进行反应，以使机会将失的心理压力得以释放，或者抓住了机会，或者努力无功而认命。

在人的意志行为形成过程中，这五个环节是一个紧密相连、前后相继、往返循环的完整过程。它们直接是人的记忆、预期和反思能力的具体实现。在这一循环中，我行我所是，是对已有行为选择做出认定。如果对已有行为选择没有做出认定，这也就是截阻人的动物性本质中非意识化的冲动，把人的行为选择重新导入主体性实现的轨道上来。我是我所需，是对主体我的价值需求内容进行确认，这也就是对其行为的合目的性进行判断，截阻人的意识中有违于合目的性的内容；我需我所知，是对主体我对其价值判断的依据——知识信息进行确认，这也就是对其价值判断过程中是否存在断裂点进行分析，截阻人的价值判断过程中思维跳跃所导致的断裂造成的失误；我知我所急，是主体我通过把大脑里所有信息全部激活，并补充关联事物发展变化的信息以截阻不必要的情绪冲动，进而保证行为选择的合理性；我急我努力，是主体我通过对机遇流逝和风险降临的紧迫性判断，启动行为活动以应对，把所思所想付诸行动。

主体我的意志行为形成的整个循环过程，在示意图上是顺时针方向递进循环的。如果发生逆向反复，即逆时针方向循环，在递进到下一个环节后反思发现前一环节上存在有不合目的性的漏洞，不得不返回到前一环节上来，这也就是意志行为错误的发生。而这种错误的意志行为仍然要花费主体我的时间和精力，包括外部资源的投入浪费。因为失误之后必须有对应的行为活动以对失误进行纠偏。这既是精力、资源投入的浪费，也是时间机会的丧失。所以，逆向反复的过程越少，其意志行为就越稳定，其行为效率就越高，其主体性就展现得越充分。

二、意志行为的形成过程与信息之间的关系

意志行为是受自我意识控制的行为，否则就成了自我意识之外的非意志行为。而自我意识的所有内容又都是存储于主体我大脑里的信息，或者说构成自我意识的都是信息，意识是以信息的形式存在的。由这一关系也就可以界定意志行为与大脑信息的关系了。

意志行为形成过程的五个环节，也都是围绕着信息的获取、确认和运用进行的。大脑中的三类信息，上章名之为现境信息、前景信息和观念信息，在此要把第三类信息——观念信息易名为规律信息。上章强调的是其判断，本章强调的是其必然性。超越必然性的必须和应该不是自我决定，而是自我不决定，失误碰壁就是其主体性的受损，也就没有了所设定的必须和应该。而且在意志行为形成过程的不同环节上，调入主体我意识内存的现境信息、前景信息和规律信息的内容和多少也会有所不同。如果大脑是一台计算机，意识就是其硬盘中存储的数据。人的意识活动和计算机工作一样，硬盘里的数据并不是都时时处在运行过程中，而仅仅只有调入内存进行操作的数据才处于运行过程中。人的意识所包含的信息也只有当它被激活调入主体我意识内存，受到关注而处于被思考过程之中时，才能对人的行为选择起作用。

（1）当主体我处于行为活动过程之中时，即处于我急我努力向我行我所是的过渡阶段，主体我的意识主要是由现境信息主导的，其意识聚焦点是对现实的反应，所以是固着于现境信息的阶段。此时调入主体我意识内存的信息减少，因为行为关注点聚焦于行为活动及其目标的达成上，大量信息被主体我自主屏蔽掉。在这一阶段，主体我注意力高度集中，所以仅仅关注如何行动，以及行为的结果是否能按预期得到的问题。

（2）当主体我进入行为活动的反思阶段时，即处于我行我所是向我是我所需的过渡阶段，主体我的意识就主要是前景信息主导，其意识聚焦点是对预期的检验确认，所以是固着于前景信息的阶段。此时调入主体我意识内存的信息，主要是有关行为活动的可能结果信息，即前景信息，目的在于达成对已有行为的认同和肯定。这时调入主体我意识内存的信息量会大幅度增加，主体我要回答行为活动的结果为什么与原来的预期不一致，

以及主体我的行为活动是否与其价值观念相违背、为何相违背的问题。

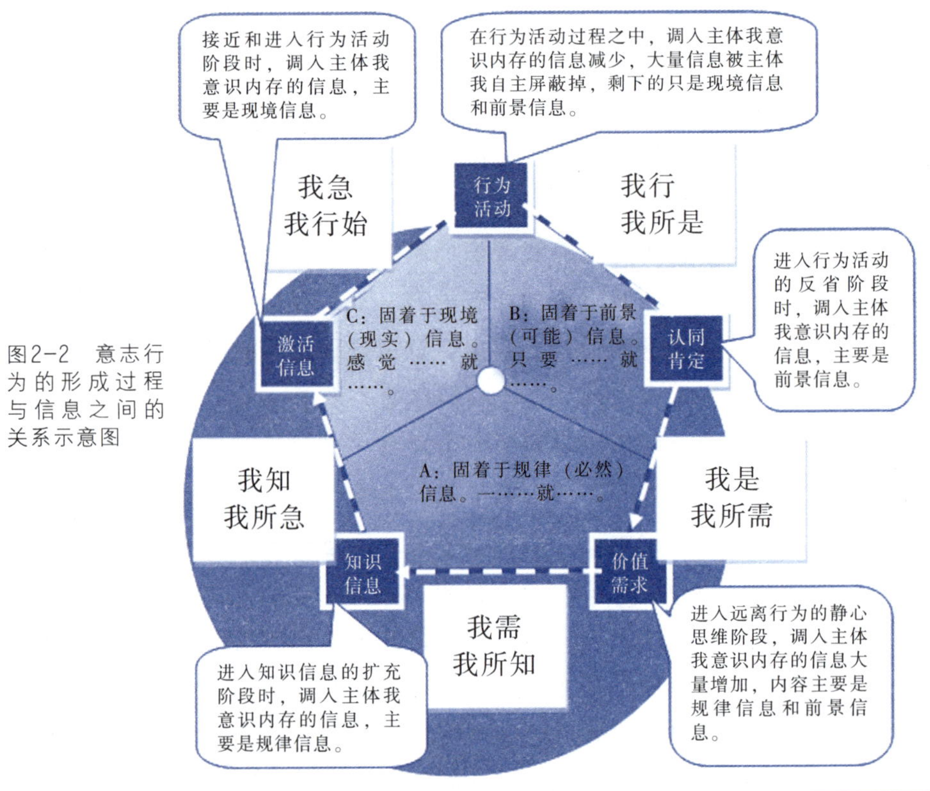

图2-2 意志行为的形成过程与信息之间的关系示意图

(3) 当主体我进入远离行为的静心思维阶段时，即处于我是我所需向我需我所知的过渡阶段，主体我的意识就主要是规律信息主导，其意识聚焦点是对主体我存在于其中的世界事物、事件之间的关联关系的检验和确认，所以是固着于规律信息的阶段。此时调入主体我意识内存的信息进一步增加，因为要论证其行为的合理性，把关注面拓宽了，是在排除情感情绪干扰的情况下从更全面、更广阔的视角静心地分析判断主体我真实的价值需求。此时不再受情感情绪的驱动，而仅仅从自我的实际出发，分析回答主体我究竟要什么及为什么要，什么对我最重要及为什么重要，什么是必须避免的及为什么要避免，什么是必须获得的及为什么要获得等问题。

(4) 当主体我进入信息的扩充阶段时，即处于我需我所知向我知我所急的过渡阶段，调入主体我意识内存的信息，主要是有关事物发展规律的信息，即必然性信息及主体我的价值观念信息，以及有关主体我的现实状况的现境信息。此时调入主体我意识内存的信息量因为刻意收集扩充而进入最大状态，主体我大脑里所存储的信息会最大限度地调入，发现缺少的关联信息还会通过寻求来补充，目的是回答我原来认定的世界发展变化规律是否有误差，其所判断的稳定联系是否持续存在，其价值观念设定的稳定联系是否与现实相违，甚至存在冲突等问题。

(5) 当主体我接近和进入行为活动阶段时，即处于我知我所急向我急我努力的过渡阶段，调入主体我意识内存的信息，主要是有关现实情境的信息，即现境信息，是现境信息与主体我大脑中的原有信息共鸣激活行为指令信息以行动。这时置入主体我的意识内存的信息量会逐渐减少，活跃于主体我大脑内存中的信息主要是如何应对与行为作用对象相关联的外部世界的发展变化，以对怎样才能尽快达成预期效果的问题做出判断。

三、意志行为的人格差异

因为意志行为与大脑中不同信息的作用存在着稳定的联系，所以对意志行为的形成过程才能做出分析。人的意志行为形成过程的五个环节也就是由此分解形成的。但不同的人在其意志行为形成过程中往往因为偏重的信息有所不同，而使不同的人在行为选择方式上形成了不同的模式。这不同的模式也就直接体现为不同的人格特征。

假设在三类不同的信息之间有一条分隔线，尽管这一分隔线在现实中并不存在，仅仅是一种抽象，就可以通过建模分析确定不同类型的人格特征。如果用一个模型分析，把三类不同信息的分隔线的连接点，沿着所对应的意志行为形成过程的五个环节点移动，每移动到一个意志行为形成过程递进点，也就可以显示出三类信息在意志行为形成过程中的作用力度大小的差异，这也就可以揭示出不同的人格特征。以这种方式，通常可把人格分为六种：

(1) 理性的圣人人格——唯道是循的老子人格。

具有这种人格的人行为选择特别理性，规律信息在他的大脑中占据绝对地位，一切按规律行事。他的价值需求是清晰的，行为与行为目标之间的关系是紧密而直接的，其行为选择主要，甚至完全只是由其大脑里所存储的规律信息支配的。所以，他不会屈从于现实，也不会由顺应现实的预期进行行为选择。具有这种人格的人，思维严密，处事冷静，内心冰冷，没有激情，没有情感。能打动他的仅仅是事物发展的规律，他思考的是最大限度地达成其终极价值的满足。这种人的人格老子最为典型。老子发现朝纲不在，正义无存，战争频仍，百姓流离，人心诡诈，在作过一番改变的努力而无果后，遵道法自然，为融入自然而归隐。老子《道德经》中的道就是规律，老子也认定道不可违，所以“天地不仁，以万物为刍狗，圣人不仁，以百姓为刍狗”。具有这种人格的行为表现就像老子一样，处事冷静，宠辱不惊，不会刻意讨好谁，也不会刻意回避什么，一切按规律行事，心中只有不可改变的必然规律。

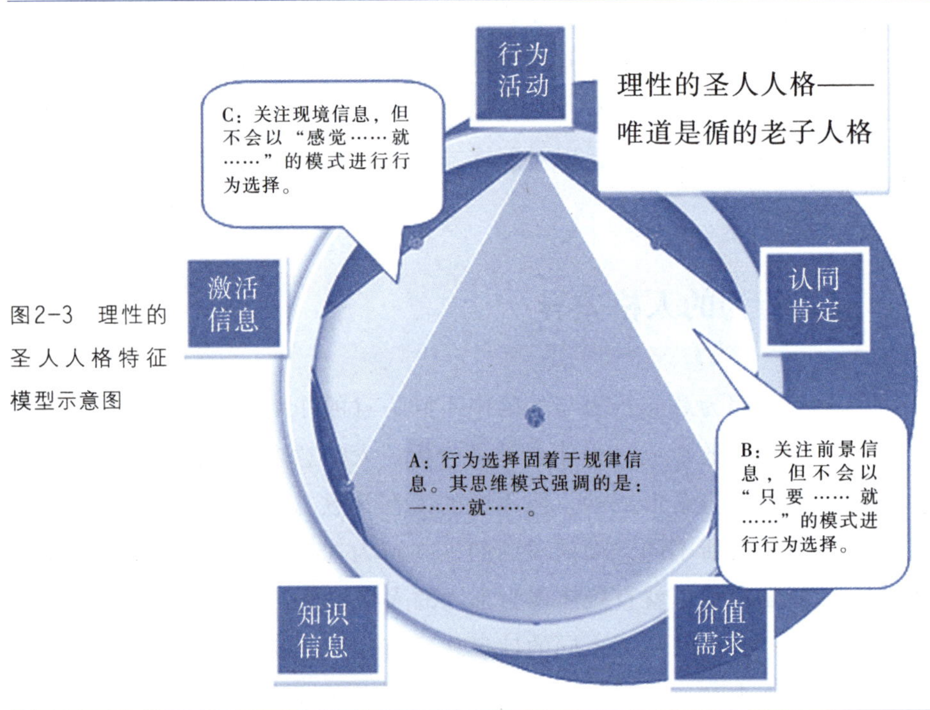

图2-3　理性的圣人人格特征模型示意图

（2）执着的圣人人格——力尽人事的孔子人格。

具有这种人格的人，前景信息已被挤出大脑，他关注的仅仅是应该和努力的过程本身，所以，他们往往把“谋事在人，成事在天”作为座右铭，不会为行为的受挫而丧气。至于结果如何，他会认为与自己不相关。这种人格的人孔子最为典型。当孔子奔走在各个诸侯国的时候，他疲惫却心无旁骛，不管他人如何讽刺，不管所受到的挫折多么严酷，都丝毫不能改变他仁义礼乐救治天下的决心。他认定现实的问题就是礼崩乐坏，仁义不再，其救助的途径也就是克己复礼，恢复西周，至少是恢复东周的等级秩序。他总是精神抖擞，把失败的昨天甩在脑后，而“孔席不暖”。《论语·宪问》明确地记载了他“尽人事而听天命”的人格。“子路宿于石门。晨门曰：‘奚自？’子路曰：‘自孔氏。’曰：‘是知其不可而为之者与？’”作为司晨看守城门的人，也都知道他“是知其不可而为之者”。很显然，作为预期的前景信息在他的行为选择中没有任何地位。他所关注和思考的仅仅是基于事物规律和现实对比而做出的价值判断——应该——而行动，行动的结果是什么，他不关注。

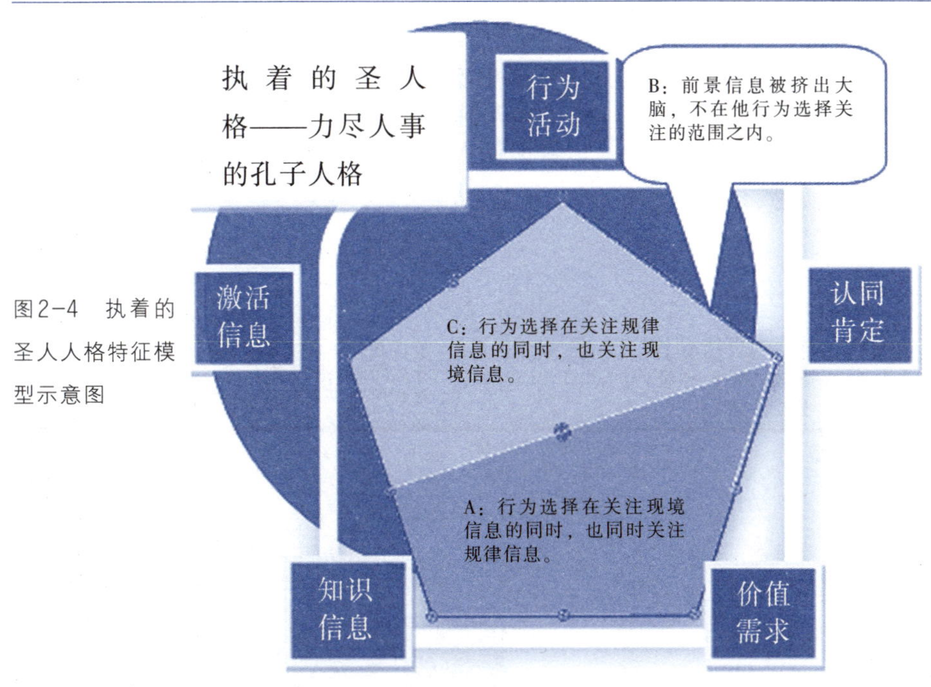

图2-4 执着的圣人人格特征模型示意图

(3) 感觉型妄想人格——浪漫的堂吉诃德人格。

具有这种人格的人想象丰富，甚至丰富得脱离了实际。在他的大脑里规律信息很少，所以他不是从事物之间的必然规律进行判断，而是用想象模糊了现实信息和前景信息的界限，用想象重构了现实，其行为选择总是以感觉和意想为依据，违背常理，让人感到可笑和滑稽。堂吉诃德可作为这一人格的典型。堂吉诃德是西班牙最负盛名的作家塞万提斯笔下的一个典型人物。他是一个瘦削的、面带愁容的穷乡绅，由于读骑士文学入了迷，模仿书中人物，没有强壮的马，用一匹瘦弱的老马代替，另外找了一柄生锈的长矛，戴着破了洞的头盔，去做游侠。他雇了附近的农民做侍从，又把邻村的一个挤奶姑娘想象为他的女恩主。他把乡村客店当作城堡，把店老板当作寨主，硬要店老板封他为骑士。店老板乐得捉弄他一番，拿记马料账的本子当《圣经》，用堂吉诃德的刀背在他肩膀上着实打了两下，然后叫一个补鞋匠的女儿替他挂刀。“受封骑士”的堂吉诃德走出客店，把旋转的风车当巨人，冲上去和它大战一场，弄得遍体鳞伤。他把羊群当作军队，冲上去厮杀，被牧童用石子打肿了脸，打落了牙。

他把一群罪犯当作受迫害的绅士，杀散了押役，解救了他们，要他们到村子里找女恩主去道谢，结果反被这群罪犯打成重伤。

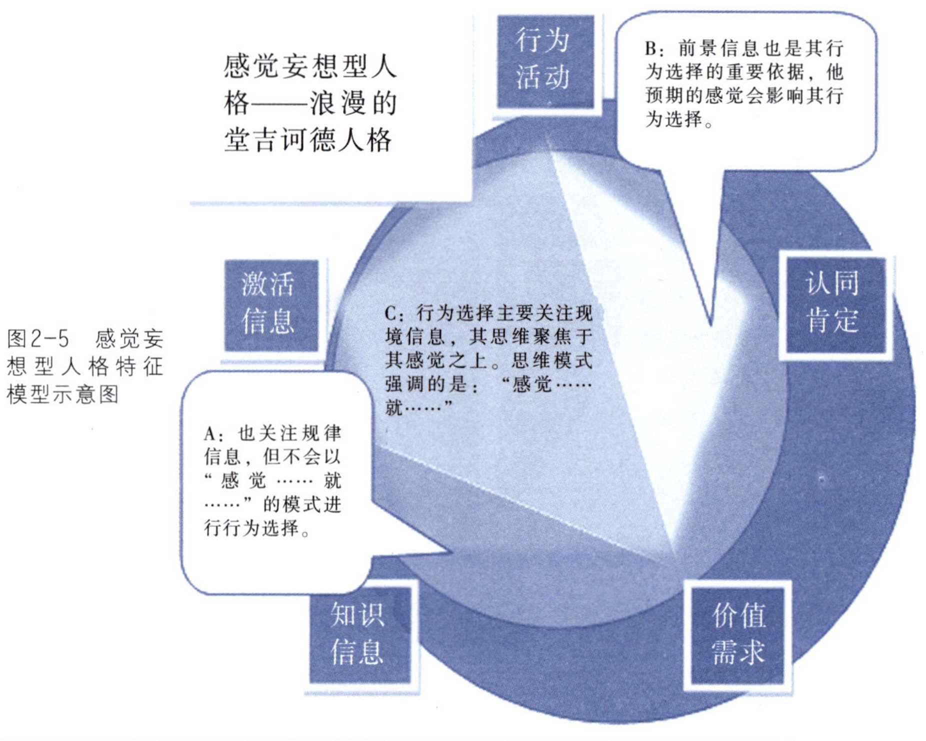

图2-5 感觉妄想型人格特征模型示意图

(4) 自负狂妄的庸人人格——刚愎自用的项羽人格。

把西楚霸王项羽说成庸人，很多人都难以接受这一判断。但他以被操纵得如同手指中蹦出的音符一样的几十万虎狼之军，败给那"地痞流氓"刘邦，就显示了其庸人的本质。他之所以能成为众人心目中的英雄，是他的庸人人格的普遍性所致。他恃才傲物，自以为是，听不进任何他人的建

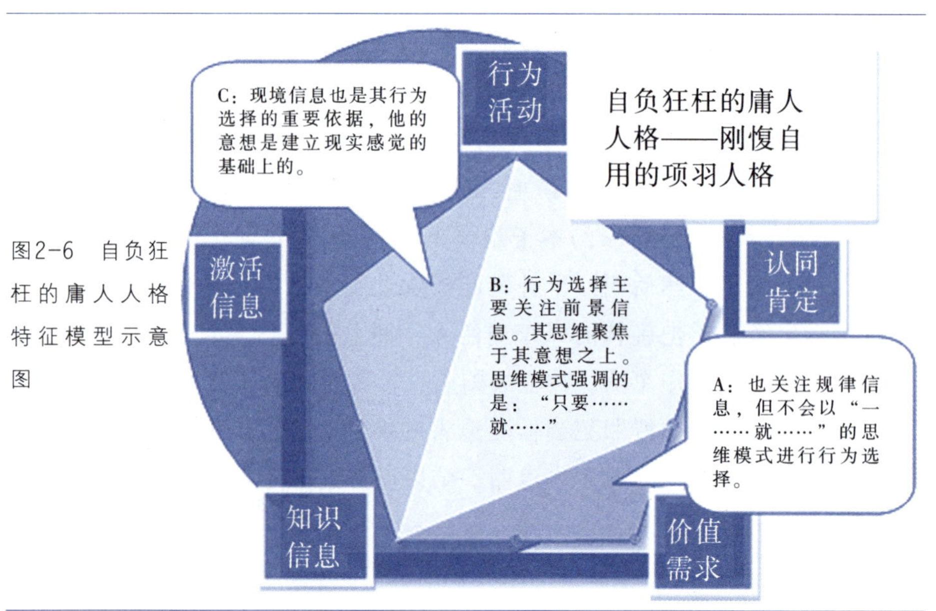

图2-6 自负狂枉的庸人人格特征模型示意图

议，唯我是尊，唯我独是，违背最基本的治国平天下的规律，一切依臆断行事，把大有作为的，并被事实证明大有作为的一大批人才挤出了楚营，孤立了自己，强大了对手，结果留下了“虞兮虞兮奈若何”的哀叹，也留给历史无限的遗憾。具有这种人格的人，其行为选择看重所预期的结果。但其预期脱离了对现实状况和事物发展规律的把握，预期也就堕落为十足的臆断。

(5) 理想主义的智者人格——唯理是遵的苏格拉底人格。

苏格拉底是著名的古希腊思想家、哲学家，教育家。他一生过着艰苦的生活。无论严寒酷暑，他都穿着一件普通的单衣，经常不穿鞋，对吃饭也不讲究。但他似乎没有注意到这些，只是专心致志地做学问。据记载苏格拉底最后被雅典法庭以引进新的神和腐蚀雅典青年思想的罪名判处死刑。身为雅典的公民，尽管他曾获得逃出雅典的机会，但苏格拉底仍选择饮下毒堇汁而死，因为他认为逃亡只会进一步破坏雅典法律的权威，这与他的价值观念相违背。在苏格拉底即将被处死的那天晚上，他衣衫褴褛，散发赤足，而面容却镇定自若。他的最后遗言是：“克力托，我欠了阿斯克勒庇俄斯一只鸡，记得替我还上这笔债。”具有这种人格的人，谨言慎行，不辞劳苦，以所设定的终极价值目标的达成作为约束进行决策，自我确认的观念不会轻言放弃。

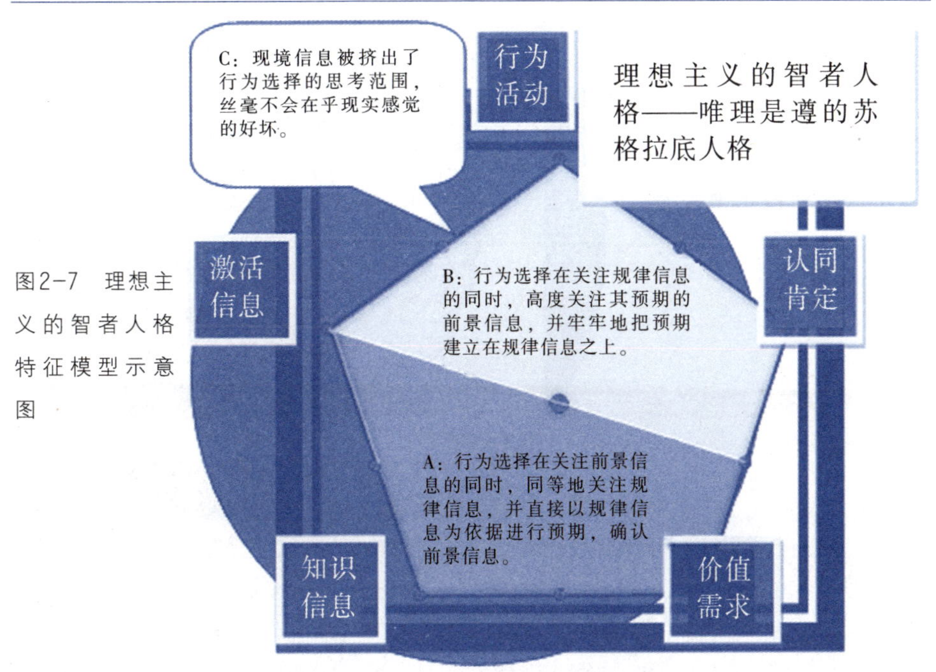

图2-7 理想主义的智者人格特征模型示意图

（6）均衡中庸的常人人格——现实的骆驼祥子人格。

骆驼祥子是老舍笔下的一个典型人物。他曾经是一个要强的人力车夫，但并没有因为他的要强而多得到什么。为了买得属于他自己的车，他从生活中节省每一分钱。他放下面子与下等车夫抢客，甚至连一口好茶也不舍得喝。但不久他连人带车被大兵抢走，他逃回时也没有脱离能占便宜时绝不会让便宜流失的庸人本性，顺手牵走大兵留下的骆驼。他并不喜欢虎妞，但受情欲和财产的引诱，他还是设法与她结了婚。尽管虎妞不耐看，但她是车厂老板刘四爷的女儿。他学会了所有市井恶习，并和巡警找别扭，学会了保护自己，但成了一个不求上进的车夫。他给人拉包月，受了点气，就很快离开了。虎妞难产死去，为了办好丧事，他卖掉了属于自己的车。邻居二强子的女儿小福子表示愿意跟他一起过日子。他从内心喜欢小福子，但又苦于无力养活他们全家，只好狠心违背许下的承诺离开了她。具有这种人格的人，既理性，但又跟着感觉走，既循着预期努力，但在受挫后又会气馁改变主意。

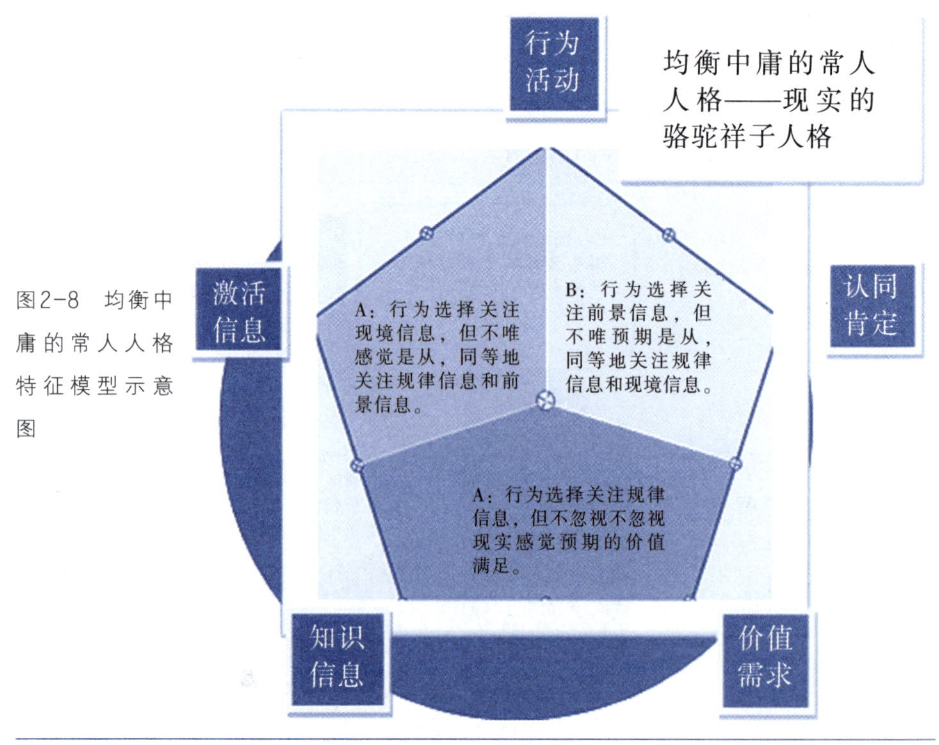

图2-8 均衡中庸的常人人格特征模型示意图

四、意志行为的我行我所是定律

在其行为已经发生之后，主体我总会反思其合理性，并通过反思再决定是否延续。当且仅当反思确认了其合理性的行为才会延续。而反思对其原有行为合理性的否认越少，其意志行为达成人生目标的效率就越高。

我行我所是的是，就是主体我在对大脑里的信息进行综合整理分析的基础上做出的判断，确定其原有行为的是与非。其内容主要有三个方面：一是我认为是应该的，必须的，不为之付出努力，我会为之悔恨不已，甚至终身遗憾。这也就是主体我大脑里的规律信息的显化。其内容既包括他对于事物之间的稳定联系的把握，也包括他所坚持的信念和价值观念。二是我认定这是必须马上付诸行动的事，否则就是自我的堕落，我会羞愧不已。这是主体我对于行为活动优先性的认定。其内容不是价值有无的判断，而是行为价值大小的比较判断，以及由此决定的行为活动在时间上的优先顺序判断。三是我认定这就是我的所爱，我的所恨，不为之付出努力，我内心就会感到不安。这是主体我的情感的展示，其内容既包括因爱而努力以成之的行为选择的合理性，也包括因恨而努力以毁之的行为选择的合理性。

而且这里的是，是主体我通过分析比较已认定的，除此之外，再没有更周全的选择可供选择。如果不作如此选择，就是自己的愚蠢。

但我行我所是在意志行为的反思过程，并不是每时每刻都在进行，一般而言是在五种情况下发生。一是行为过程之中的反思。其前提是行为活动并不匆忙或激烈，主体我在行为活动过程中还有反思的时间余地。二是行为间断期间的反思。这往往是其行为活动在一个相对完整的行为活动阶段结束时的短暂间歇期间发生的。三是行为遇阻之时的反思。这往往是其行为活动进展不顺利或受阻被迫停止时发生的。主体我对行为活动进程和结果都有相对明确的预期，如果进程和结果与预期相左，本身就说明其行为选择存在漏洞，所以此时不得不进行反思。四是受到批评之时的反思。当其行为活动可能对社会他人造成一定影响时，其行为活动受到品评质疑也就不可避免。一旦其行为受到批评，主体我也就被迫反思其行为选择的合理性和正当性。五是新有机会来临之时的反思。这往往是其在行为活动进行的过程中，因为新信息的获得，使之感到有了重新进行行为选择的必要时发生的。不进行这一反思，往往会丧失更好的机会。

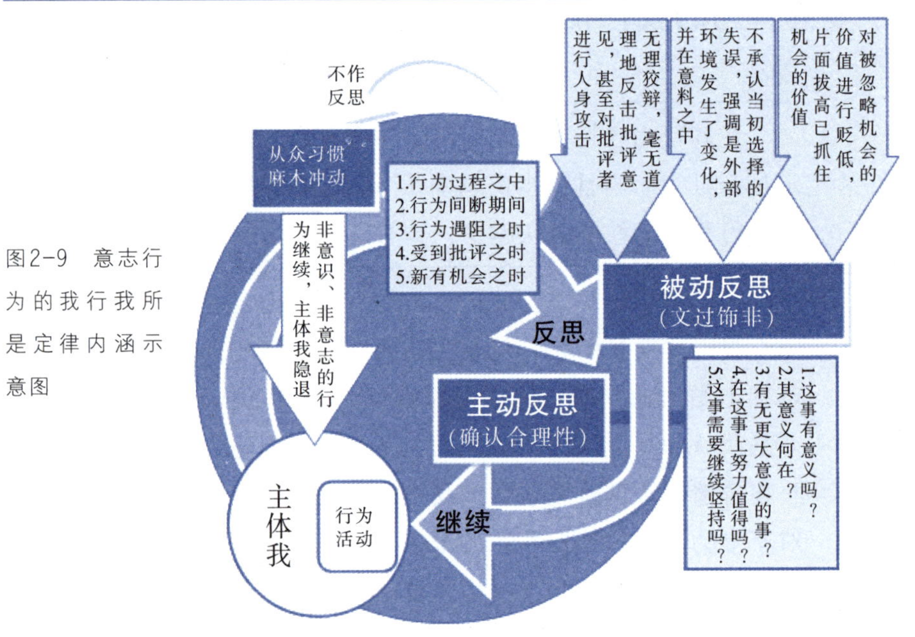

图2-9 意志行为的我行我所是定律内涵示意图

相对于任何一个人，并不是其行为活动处于这五者之中任何一种情况下就会自然而然地进行反思。有时主体我可能是完全不作反思，而仅仅受制于从众心理，随大流而放弃反思；或者受制于其已有的习惯，使其行为活动跟着习惯走，不作反思；或者已神经麻木，主体我不再有判断，也不愿由自我做出判断，成了仅仅受人驱使的工具；或者是被自己过于激烈的情感情绪冲动控制而放弃了反思。无论属于哪种情况，如果主体我不对其行为反思，也就是主体我的隐退，使自己的行为选择陷入非意识的行为，这种行为也就不再是意志行为。

而反思又分为两种情况，一是主动反思，一是被动反思。主动反思是主体我的主体性的显示，它往往是自觉地回答五个问题：这事有意义吗？其意义何在？有无更大意义的事？在这事上努力值得吗？这事需要继续坚持吗？被动反思往往是在其行为受到批评，或者受挫，或者与预期不相符时，进行的自我辩护性反思。因此这种反思具有明显的文过饰非的特征。这种被动反思主要包括以下三种情况：无理狡辩，毫无道理地反击批评意见，甚至对批评者进行人身攻击；不承认当初选择的失误，强调是外部环境发生了变化，并在意料之中；对被忽略机会的价值进行贬低，片面拔高原有努力目标的价值。

无论是主动反思，还是被动反思，反思的结果都会归结到主动反思的第五个问题上来，即：“这事需要继续坚持吗？”肯定的回答就是已有行为活动的继续，否定的回答则是已有行为活动的中止。

尽管有“人孰无过？过而能改，善莫大焉”（《左传·宣公二年》）之说，但当行为活动因为其合理性被否定和怀疑而中止，却难免造成人生精力投入的浪费。所以，由此可以得到意志行为的我行我所是定律：反思对其原有行为合理性否认越少，其意志行为达成人生目标的效率就越高。走错了路退回来不仅需要时间，还要支付体力，甚至在很多情况下，一错就无以弥补其损失。

五、人性第一弱点：文过饰非

美国的成人教育之父戴尔·卡耐基曾系统地探讨过人性弱点，并著有《人性的弱点》一书。这书风靡全球，数十年不衰。但他仅仅从表象进行了分析，并没有深入到人的心理本质深处。应该说人性的弱点第一个是文过饰非。这一弱点是与意志行为的我行我所是这一意志行为的形成环节相伴随的。人之所以有文过饰非的弱点，是因为人是主体性存在。是主体性存在就难免会自主和不自主地拒绝和抵制被对象化。而主体我在一定行为活动之后，又总会有四种情况使之被置于对象化的地位，成为被动反思的对象：

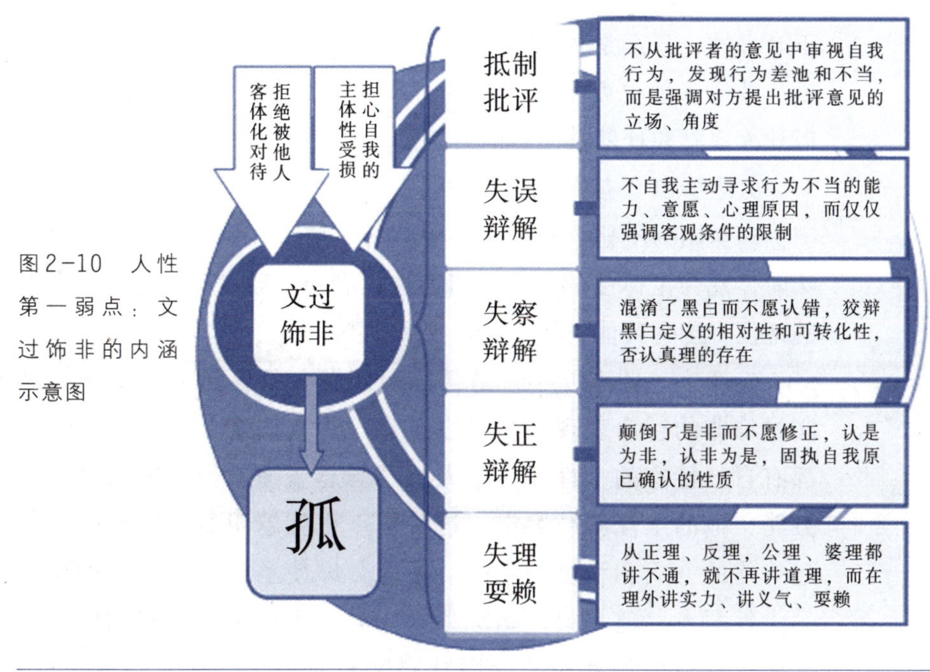

图2-10 人性第一弱点：文过饰非的内涵示意图

首先，面对批评。这就是主体我成了批评者的对象化存在，是批评的对象。因而，他也就不免会出于自我保护，反对被对象化而选择抵制批评的行为。此时，无论批评者的批评是否恰当，他都会进行辩护。即使批评完全中肯，他也不会接受。他不会从批评者的意见中审视自我的行为，发现自己行为活动的不当，而是强调对方提出批评意见的立场、角度。这就成了批评合理情况下的文过饰非的典型行为。

其次，面对失误。这就是对于自己的一定行为活动，主体我自己也发现有不当，但也不是从自我的意志行为形成过程中的失误进行反思，而是从客观条件上为自己辩护。其反思不是从自我主观原因上寻找行为不当的能力、意愿、心理原因，而是仅仅强调客观条件的限制，使之无法在此之前做出恰当合理的行为选择。

再次，面对失察。这就是主体我的判断和意见与事实相违，在事实面前不得不进行反思思考。但在这种情况下，他也不会从主观上找原因，反而会强词夺理式地辩解。其策略一般是颠倒黑白，狡辩黑白定义的相对性和可转化性，甚至否认真理的存在。

又次，面对失正。这就是主体我的判断和意见有所偏袒，发生明显的不公。在此种情况下，他宁可颠倒是非，也不愿修改自己的判断和意见，认是为非，认非为是，固执自我原已确认的观点，不愿修正和改变。

复次，面对失理。这就是主体我的行为活动或判断、意见存在明显的不合理性，甚至是荒唐的错误，使之从正理、反理，公理、婆理都无法讲通。此时，他也就不再讲道理，而是撒娇、耍赖，甚至讲实力、讲义气，以让人容忍和迁就其无理的言行。

人之所以会有文过饰非的弱点，一是因为主体我担心自我的主体性受损，二是因为不愿意被他人对象化为客体存在。相对于主体我，前者就意味着体现为主体性的自由和权力被人剥夺，后者直接是被对象化置于客体的地位，接受其他主体我的审视和批判。

人性这一弱点并不是道德品行问题。不仅任何一个个人都可能有过文过饰非的行为表现，而且也正是因为人的这一特征，才使具体的个人都有自己特有的个性。一个人的意志越坚强，行为越执着，价值观念越分明，他的个性就越突出，这一弱点也就越明显。所不同的仅仅是其文过饰非的方式和程度的不同。所以，即使圣人孔子也不例外，也具有这一人性弱点。他与弟子陷陈蔡之间时，拒绝子路从陷困的自身原因反思和子贡的自我调整对策，而赞同颜渊的自我陶醉式的精神胜利法反思，就是典型的一例。

而文过饰非的结果却是自我封闭，失去社会应该有的认同，在主体我与社会之间筑起一堵无形的壁垒，使自我被孤立起来。因为文过饰非的本质就是欺骗，就是耍赖，就是逞强。无理的辩解只能是欺骗，无法辩解时就只能是耍赖，如果手中握有权力则是以强凌弱的压制。而欺骗的谎言无论多么华丽圆满都会被揭穿而遭唾弃，无理取闹的耍赖更会被众人视为不耻，至于压制则直接是剥夺对方的主体性，激起对方的反抗，造成双方之间的相互对立。这三者即使不直接导致他与其他主体我之间的冲突和对立，也会疏远与其他主体我之间的联系，其最终结果都是其主体性的缩减和降低。主体性的存在和实现是本质完全不同的两个状态，主体性的存在是前提，但它仅仅是在主体我的意识中把所面对的万事万物置于认知、审视、判断的客体地位，主体性的实现，则意味着被主体我的意识对象化为客体的存在都直接成为其达成价值需求满足的工具和手段。而唾弃、不耻和对抗则是由自我意识对于客体进行对象化向工具手段转化的失败，甚至成为主体我达成价值需求满足的障碍。

六、意志行为的我是我所需定律

能被确认和肯定其必要性和优先性的，就一定是当时被认定为最有助于主体我有、能、善三大价值需求满足的行为。而主体我的价值需求越系统、越稳定、越明确，其反思否认的反复就越少，就越有助于充分实现其主体性。

我行我所是并没有完成其行为选择的反思。我所是的并不是主体我睡梦中偶得的奇想或异念，而是对其所寻求的价值需求的内容和数量的评估界定。这也就是说被主体我所肯定的行为活动，一定是能为主体我带来价值需求满足的行为活动，并且所带来的价值需求满足还必须是在同一付出下，获得价值需求满足最大最多的行为活动，即满足在自我意识范围内的最合目的性要求。主体我之所以寻求某一特定价值需求满足，是因为主体我缺少或没有这种价值，是主体我因缺失而形成的一种获得的心理渴望。上章讨论过，人所寻求满足的价值需求就是有、能、善三类。在此也就是对我所是的有、能、善三类价值需求满足的内容和数量做出评估界定。但作为通过行动活动努力以满足的价值需求，却必须分为当下必须满足的价值需求和真实的价值需求，才能确定行为活动的意义和满足的优先顺序。

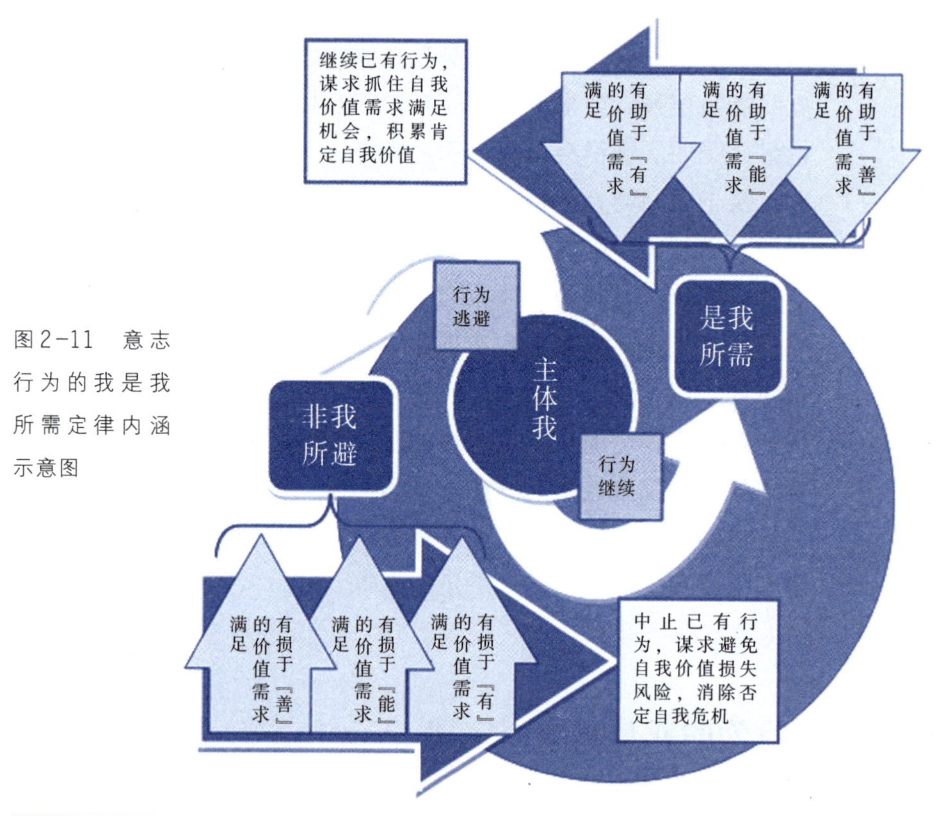

图2-11　意志行为的我是我所需定律内涵示意图

所谓当下必须满足的价值需求，是必须即刻付诸努力以满足的价值需求，在时间上是急切的。其内容有三个：它虽然是肌肤痛痒之利，也不关乎其生命价值的得失，但不立刻满足主体我则会感到难受，有如度时如年的煎熬；它虽然是仅遭人闲言碎语，也不关乎其自我社会价值的重大得失，但不立刻满足主体我则会感到难堪，让人蒙羞；它虽然是一个观点的被回绝，也不关乎其意识价值的得失，但不立刻满足主体我则会感到心理无法平静和愤慨。所谓真实需求，则是关乎主体我的根本利益的实现，是直接与主体我的存在和发展相关联的价值需求。其内容有三个：虽现时连肌肤痛痒的损害也没有，但关乎其生命价值的得失，若不满足则是健康有虞，寿命有损；虽现时不会有人能小觑我，但关乎其社会价值的得失，若不满足则其个性将不在，甚至被混同于人而成为一个抽象的数字构成；虽现时不会有人抵制我，但关乎其意识价值的得失，若不满足则会让人误解，使其内心终生难安。

我是我所需也就是对这两类需求进行反思以确认其协调性，进而决定现有行为活动的继续或中止。所以，不仅主体我的价值需求是我所是的核心内容，而且还要在时序上做出安排。当下需求如果仅仅是时间上的紧急就不一定在满足上具有优先性，真实需求如果仅仅是意义上的重要也不一定在满足行为上具有优先性。从现有行为活动的延续与否上判断，继续的前提是在意义上重要的同时，在时间上也紧急，即这一行为活动所达成的价值需求满足既重要又紧急，才具有充分的优先性。意义上重要的需求满足行为或许在八年十年之后开始都不会耽误，把紧急的需求满足放到前面满足也完全应该。时间上紧急的价值需求满足行为或许仅仅是一个蚊子叮咬的不适，忍一忍也就过去了，把意义重要的需求满足放到前面也完全应该。所以，意义重要，且时间急切的需求给予优先满足就是理所当然的。但问题是二者难以处处统一，保证每一个行为选择都满足意义重要，且时间急切的条件。所以，要保证主体我的主体性，也就必须对自己的价值需求事先进行清理，并对其满足也自主地进行规划，这才能体现其主体性。

由上述分析也就可以得到意志行为的我是我所需定律：主体我的价值需求越系统、越稳定、越明确，其反思否认的就越少，就越有助于充分实现其主体性。所谓价值需求系统，也就是对主体我有、能、善三类价值需求内容的细项都有所关注，没有漏失。所谓稳定，也就是不做随大流丧失自我的从众跟风奴隶，有自己独特的意志。所谓明确，也就是其细项定义清楚，有明确的满足与否的界限。因为只有通过事先清理，使其价值需求系统、稳定而明确，主体我在满足上事先进行规划才有可能。没有主体我的事先规划，主体我也就成了被决定的客体，主体我也就无主体性可言。而且也只有主体我的价值需求系统、稳定、明确，我是我所需的反思才会简单而避免反复导致的精力投入浪费。但人们往往受制于思维惯性，忽视价值需求的事先清理，其结果往往难免是其所不需，导致错误的行为选择。而行为选择之后反思发现失误而追悔，结果或者是将错就错，放弃主体我应该有的有、能、善价值需求满足的最大化，或者是更改原有的失误而蒙受精力投入的浪费损失。这二者都是其主体性实现和发展的损失。

七、人性第二弱点：惯性思维

人在对其行为活动进行反思时，往往会中止在我行我所是的环节上，用是我曾经所是和非我曾经所非代替我是我所需的反思。这就是人性的第二个弱点：惯性思维。之所以如此，是人性本质中自我异化的懒惰节耗的特性在起作用。为了节省精力投入，主体我往往不作我是我所需的反思，停留在我一直是如此思考的和我一直是如此行动的习惯上，任由原有的行为活动惯性主导其行为活动。其表现有两个：一是因惰性作用而无视与原有思维判断相对立的信息，非我曾经所非，对事实上包含的有助于主体我有、能、善价值需求满足的重大机会信息，视而不见，听而不闻，直接导致主体我价值需求满足重大机会的流失和错过。二是因愚蠢而忽略与原有思维判断相对立的信息，是我曾经所是，对事实上包含的有损于主体我有、能、善价值需求满足的重大风险信息，视而不见，听而不闻，直接导致主体我价值需求满足的重大损失。

人性的这一弱点的通常表现就是经验主义，用经验取代我是我所需的反思，放弃我是我所需的反思。忽略了原有经验所依存的实际，犯了刻舟求剑的愚蠢错误。世界上没有两片完全相同的树叶，怎么可能会有完全相同的行为活动选择的条件约束和环境实际呢？

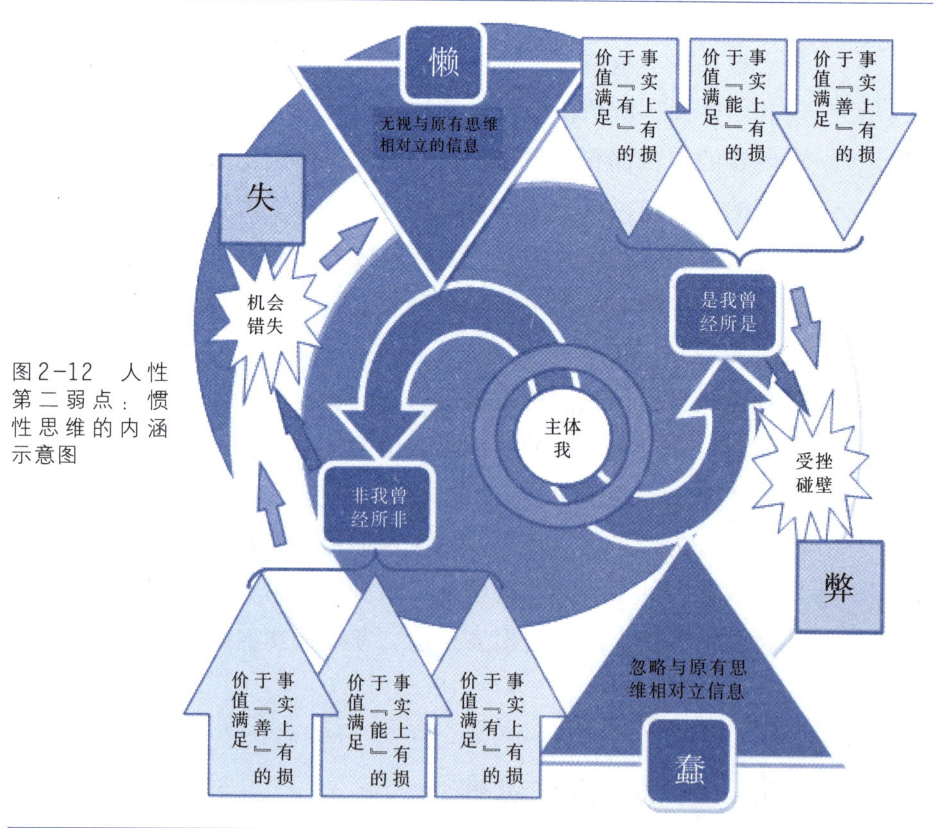

图2-12 人性第二弱点：惯性思维的内涵示意图

人性的这一弱点也不是人的品质修养低的问题，而是每一个人都普遍存在的一个弱点，其形成具有其生理基础。当人的行为持续一段时间，或者是在其经历中曾经有类似的行为活动，其大脑就难免发生抑制，降低多巴胺和内啡肽等神经介质物的分泌，致使其减少后，无法实现大脑神经系统细胞之间的信息传递。在此种情况下人的主体性隐去，陷于昏沉麻木状态，对于周围环境变化的实际感知迟钝了，所见所闻都仅仅是不自主地经过大脑过滤过的信息。甚至伟人也会犯经验主义的错误，原因就在于此。伟人也是人，是人就难免受其生理基础所限。

八、意志行为的我需我所知定律

人之所求，不能超越其所知。但所知不具体不明确，仅仅是混沌一片，也就无法构成其价值需求。所以，主体我所知范围越广，其所寻求的价值需求也就越多，其所知内容越系统，为达成由以形成的价值需求满足的努力的动力也就越大。

在主体我的意志行为形成过程中，我是我所需的需是从哪里来的？思考回答这一问题也就是我需我所知这一定律的内容。人之所求，不能超越其所知。主体我的所有价值需求，无论是当下的，还是真实的，都是主体大脑里所存储信息的一部分，没有人能超越这一点。而且成为其价值需求的内容，还只能是已整合为具体明确且形象完整的内容。所知不具体不明确，仅仅是混沌一片，也就无法构成其价值需求。

相对个人，其知都可分为三个层次：

第一个层次的知，是主体我没有感知到的大千世界。它比主体我感知到的对象化存在不知要大多少倍，但它们在被主体我感知之前，是独立于我的意识之外。它们在被主体我感知到之前，是与主体我没有任何关系的存在，在主体我的意识中也就是不存在，主体我也不会视之为存在，也无法把握其存在。如果把握了其存在，它们也就进入了主体我的意识之中，即上升为第二个层次的存在了。但主体我往往会对这个没有感知到的世界进行想象，这种想象也就构成了对于这一层次的存在的知识。

第二个层次的知，是主体我大脑里存储信息所对应的世界，这就是主体我所知的世界。其范围包括主体我的知识、经验、感觉所及的范围，也就是被主体我对象化的客体存在。知也就是以信息的形式存在于大脑中的有关主体我及与主体我相关联的世界存在的知识。但它并不是包括主体我在内的所有世界存在的信息，而仅仅是其中的一个很小的部分。只有进入主体我大脑的存在信息，才能构成主体我的意识的内容。所以，主体我的意识属于大千世界，是大千世界被主体我感知后，进入我大脑成为其所存储信息的一个部分，是被主体我对象化的存在在主体我大脑里以信息的形式存在的世界。

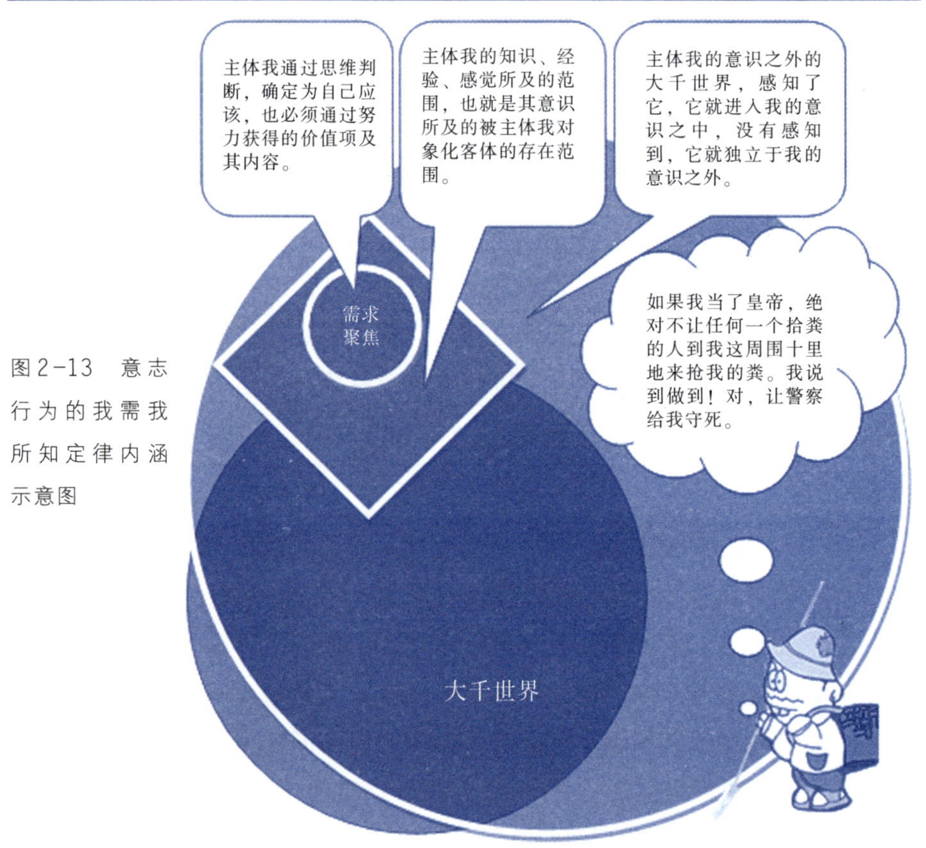

图2-13 意志行为的我需我所知定律内涵示意图

第三个层次的知，是主体我的价值需求，是主体我通过思维判断进行整理加工，形成的关于主体我与独立于主体我之外的对象化存在，以及相互依存关系的信息。它们在主体我大脑里清晰而具体，不是满足其好奇心所了知到的支离破碎的信息，而是能对主体我有、能、善三类价值需求的满足产生实实在在的影响，并被主体我选择确定要通过努力以达成满足的具体需求内容。

知的对象在主体我的感知范围之外，相对于主体我就是无，就是不存在；在主体我的意识之中，但没有整理整合成完整形象的内容，就是想不清楚，看不明白的混沌存在和关系，也就是大脑里的一些不系统、不连续的信息片段和信息碎片。尽管整合成完整形象的知识也是由一系列信息片段和信息碎片构成的，但它们已由与主体我的特定关联关系而串联成了一个整体。表现为当下需求和真实需求的时间紧急与意义重要的矛盾的协调也只有在这时才可能实现。而主体我大脑中整合成完整形象的信息与没有整理整合的混沌信息之间也存在关联关系。没有整理整合的混沌信息，是整合成完整形象的信息的材料和环境，也可以说是整合成完整形象的信息的基础和营养液。整合成完整形象的信息因为有它们的存在才能不断丰富和发展。或者说没有整理整合的混沌信息越丰富，整合成完整形象的信息就可能越多。而整合成完整形象的信息越多，其所寻求的价值需求也就越丰富。品尝过兔肉的鲜嫩和香味的人，一定会有吃兔肉的需求，但仅仅见过兔跑的人就不一定想吃兔肉。而价值需求越丰富，就越是不会满足于现状，就越会付出更多的努力以达成其更多的价值需求满足。主体我努力的动力能长久维持，就是因为待满足的需求广泛存在。如果所有需求都满足了，其努力的动力也就会因为不再有亟待满足的需求而消退和消失。这就是老子所言“不尚贤，使民不争。不贵难得之货，使民不为盗。不见可欲，使民心不乱”（《道德经》第三章）的原因所在。

主体我作为一个动物性存在，见到可欲，形成可通过努力达成满足的预期，这预期又直接使其大脑兴奋起来，增加多巴胺和内啡肽的分泌，在大脑神经系统的各细胞体之间建立联系，提升需求满足努力的强度。这是价值需求作用于人的行为选择的生理过程。但是，主体我往往受制于从众无居的弱点制约，总是跟着社会他人已经获得满足的价值需求走，放弃对自己的真实价值需求满足的寻求努力，所以无以把自我的价值活出来，而是活出他人已活过的价值。因而在主体我与他人的比较中而失掉了自我，不仅使自己活得太累，而且还往往在不如人的自卑中遭受压抑带来的心理疾病，比如抑郁症。而从众无居却又是人所共有的一种具有普遍性的弱点。

由上述分析可得到意志行为的我需我所知定律：主体我所知范围越广，其所寻求的价值需求也就越多，其所知内容越系统，为达成由以形成的价值需求满足的努力的动力也就越大。反之相反，主体我的大脑里所存储的知识信息越少，其所寻求的价值需求内容也就越单调、越贫乏，其努力满足的动力也就越小。

九、人性第三弱点：从众无居

世界上庸人多，圣贤少。而之所以如此，是因为人所共有的弱点——从众无居——使然。所谓从众无居也就是主体我跟着感觉走，把周围他人已获得的价值需求满足确立为自己努力寻求的目标，忘记或者没有守住自己应该寻求也可通过努力能达成的价值需求满足。一个人如果意志指向摇摆不定，人云亦云，人行亦行，把自己活成与社会他人一样的主体我，也就失去了自身应该和可能成为的主体我，把自己变成了仅仅在数字上的一个符号性存在。这就是普普通通的没有个性特征的芸芸众生——庸人。这种从众无居弱点是人性中普遍存在的一种心理现象，其普遍性表现有两个：一是任何一个个人都存在这一人性弱点。人作为一种社会性存在，总会把周围社会他人的现实状况当作背景参考对比，不是着力于创造人无我有以展现自身的主体我，而是努力于人有我无的改变，以达成人有我有的平衡为满足。二是在模糊不连贯的信息收集获取上从众无居，毫无目的地围观他人的争吵，甚至顺从他人的目光指向毫无意义的探索。整理整合以形成完整形象的信息，确立努力满足的价值需求项，更会被从众心理拖着走。在分析判断一个事件或问题时，往往总会观望他人的态度和观点。其结果就是主体我的真实需求总有一块没有达成满足，并且没有满足的价值需求，不是不能满足，而是因为追随众人已经满足的价值需求而没有在这一价值需求的满足上付出努力。

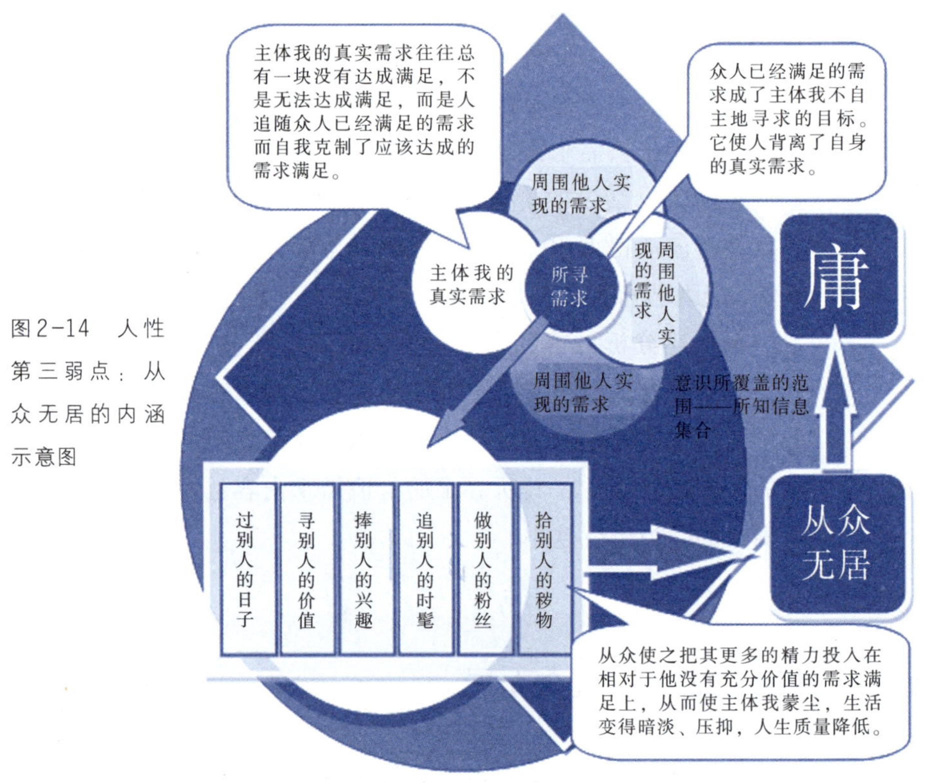

图2-14 人性第三弱点：从众无居的内涵示意图

这种从众无居本身就是人的主体性的一种失落。但人作为社会性存在，又不免时时刻刻关注他人的行为。他人是构成主体我的存在世界的一个部分，不能忽视，也无法忽视。正是这种不能忽视和无法忽视，使主体我不可避免地会把社会他人已经实现的有、能、善价值满足状况与自己的对应满足状况进行比较，从而使主体我背离自己应该而又可能实现的有、能、善价值需求满足而努力满足社会他人已经实现的有、能、善价值需求满足。在此，主体我在主体性沉睡过程中，做了从众心理的奴隶。

其典型表现有六种：

(1) 拾别人的牙秽。社会他人已经拥有，相对于他可能没有多少价值，这就像生气的女人借购物发泄而购买永远也派上用场的商品一样。而即使相对于他人具有使用价值的东西，相对于特定的主体我却不一定也有使用价值。所以，一味地寻求人有我有的努力，也就成了拾取别人牙秽的行为。

(2) 做别人的粉丝。把自己置身于他人的粉丝地位，这直接是放弃自己的主体性。把他人当作偶像追捧，他人的行为习惯信息就会被有意无意地强化和放大，这类信息所对应的行为习惯就成了人们不加选择地接受的行为习惯。当这种行为习惯信息接受多了以后，人们就会不自主地拜倒在其脚下，崇拜他、追随他、模仿他。

(3) 追别人的时髦。社会他人，尤其是一些有一定社会影响的公众人物，其所爱好的也就成了一时的时髦。这种时髦就会像瘟疫一样传播，致使一些人放弃对于自己实际的判断而作赶时髦的努力，不再反思审视这种时髦对于达成主体我长久而稳定的有、能、善价值需求满足的意义，而邯郸学步，东施效颦。一个中学生为了得到一部苹果手机而卖掉自己一个肾的荒唐事就是由此形成的。

(4) 捧别人的兴趣。别人的兴趣是别人的志趣的体现，而一旦某个公众人物，展现出某种兴趣后就总有一帮人去捧，把自己变为别人兴趣的陪衬存在，不探索别人为何有这兴趣，不评估这兴趣对于自己的意义。捧别人兴趣的人满脑子只有兴趣本身，在信息收集上仅仅关注兴趣本身的内容，而忽视了别人之所以会有这一兴趣的信息获取。爱人之所爱，而又不知为何而爱的荒唐事也就发生了。

(5) 寻别人的价值。主体我存在于社会之中，但组成这个社会的他人却也因此成了他高度关注的对象，不仅其所好他会关注，其所寻求的价值需求本身他也会关注。别人的价值需求是别人根据自己的实际取舍形成的其特有的有、能、善价值定位。久而久之，他就不再根据自己的实际进行取舍，确定自己的有、能、善价值需求内容，而是放弃自己的取舍选择，把别人寻求的价值当作自己寻求的价值寻求。主体我没有了，剩下的就只能是芸芸众生，庸人一帮。

(6) 过别人的日子。任何一个人都有其喜怒哀乐，他人的喜怒哀乐是他人所寻求的价值需求满足现境、前景状况的情绪展现。可人们往往总是以别人的喜怒哀乐作为自己的喜怒哀乐。结果他不再过自己的日子，而是过别人的日子，为别人的喜而喜，为别人的怒而怒，为别人的哀而哀，为别人的乐而乐。他的主体性没有了，他也就消失在庸人的大海里。

从众无居的六个表现作为一个整体，一环扣一环，最终使人把其更多的精力投入在相对于他没有多大价值的需求满足上，从而使主体我蒙尘，生活变得暗淡、压抑，人生质量降低。

就智商分析，圣人和庸人没有区别，并且智商高的人不一定成为圣人。孔子成为圣人是因为他“一以贯之”维护其主体性，老子成为圣人是因为其超越于众人的冷峻思考。造成圣人和庸人的差别的一个重要原因就在于从众与否，是否事事处处都有自己的独立思考。庸人陷于从众心理之中而不能自拔，圣人超越于从众心理而独立思考。

十、意志行为的我知我所急定律

主体我所面临的不确定性中隐含的可能危机，总会造成心理压力，使之除了求知得到确知外别无缓解办法。所以，主体我预测的不确定性越是可能危及主体我的存在和发展，其求也越急，就越会投入更多精力以消除这种不确定性。

知本身是主体我的行为选择的结果。所谓知也就是由主体我的求知行为而获得信息，以及使所获得信息在其大脑里汇集和沉淀的过程。为什么知，知什么也都是主体我的选择。主体我之所以有求知以达成知的行为选择，是因为主体我所面临的不确定性可能伴随有主体我存在和发展的危机，这种危机给主体我造成的一种心理压力，甚至好奇本能也会给主体我带来一种心理躁动，使主体我内心难以平静，不得不通过求知以寻求确定性而缓解主体我的心理压力。这就是由急——心理压力——而成知。我知我所急的定律也就是由此而来的。

造成求知行为的心理压力——急，主要有四种：

(1) 不确定的生存威胁。人存在于凶险无处不在的世界，周围世界的任何变异也都可能是主体我生命威胁的来临。变异何在？变异将何所变？变异程度如何？这等等都是不确定的生存威胁。主体我出于求生的本能也不得不对这些变异保持高度的警觉。准确全面回答了这三个不确定的问题，他才知道如何应对以摆脱威胁，才会有安全感。

(2) 不确定的发展危机。人人都期望自己人生旅途一帆风顺，没有风暴的袭击，没有黑浪的拍打，没有虎豹的怒视，没有天堑的阻隔……可人生旅途处处陷阱，步步维艰，总有没有意想到的灾星紧逼。影响主体我人生发展的陷阱何在？呈何种趋势发展？危机程度如何？这等等都是不确定的发展危机内容，准确全面回答了这三个不确定的问题，他才知道人生的路该如何走，主体我才能确立其明确预期。

(3) 现状改变的不确定。世界不是静止不变，它将向何处变？会有多大的变化？其变与我的生存和发展的关联关系如何？这等等也会让主体我不敢掉以轻心，不能酣睡长久。如果不能准确全面地回答这三个不确定的问题，他也就仍然不知人生之路在何方，无法自己设计未来，把握发展的未来。

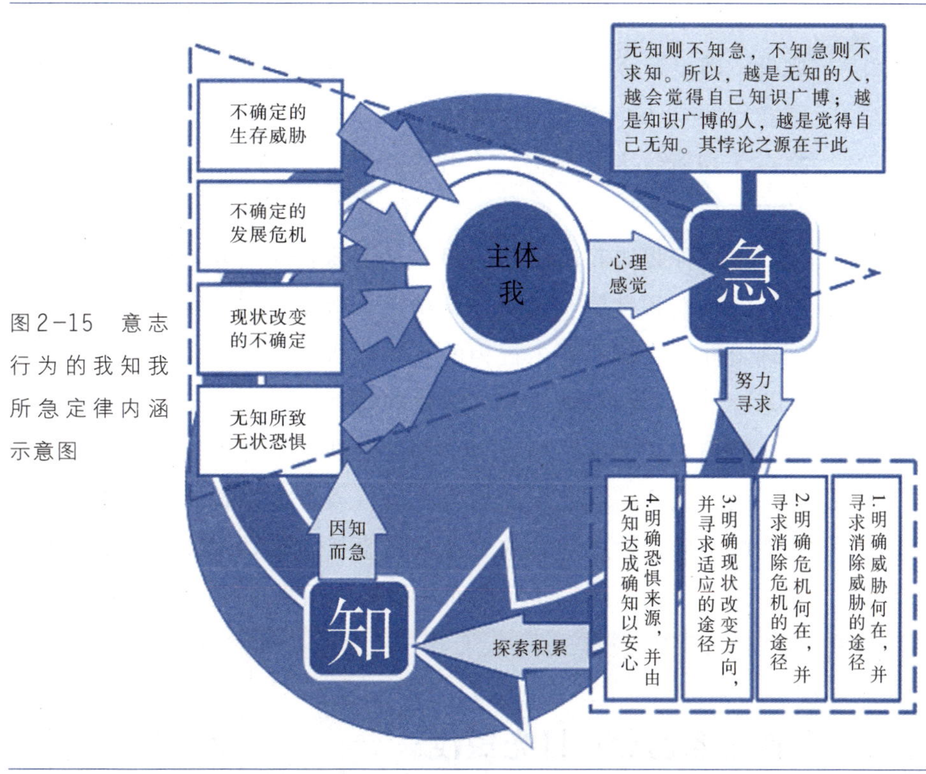

图2-15 意志行为的我知我所急定律内涵示意图

(4) 无知所致无状恐惧。主体我对于自身存在于其中的世界有多少无知，就有多少恐惧。无知就是漫漫的黑夜，黑夜本身并不是危机，但黑夜中隐藏有危机，是黑夜把危机、威胁掩盖在黑暗中，来否无从知晓，多大无从知晓，因而让人无措手足。所以只有知，用不间断的闪电把黑暗划破，获得隐藏在黑暗中的危机和威胁信息，才能自我坦定。

这四重不确定性造成的心理压力，把人引入求知以消除不确定性的努力上，这就是明确威胁何在，并寻求消除威胁的途径；这就是明确现状改变方向，并寻求适应的途径；这就是明确恐惧来源，并由无知达成确知以安心。

求知努力获得了知，但又会因知而急。因为由知而会得知自己尚有更多的不知，这不知中也包含有不确定的危机。所以知会引导人探索更多的不确定性，知也就因此而积累起来了。所以，无知则不知急，不知急则不求知。因而越是无知的人，越会觉得自己知识广博；越是知识广博的人，越是觉得自己无知。其悖论的原因就在于此。

而当主体我的意志行为进入到我需我所知这一环节时，已有的知就已经不足以解答我是我所需和我需我所知的反思疑惑，所述四种心理压力都可能袭来。不确定的生存威胁，会让主体我不敢满足于现在行为的方向和方式，必须求知以消除生存威胁不确定造成的心理压力；不确定的发展危机，会让主体我不敢满足于现在行为的方向和方式，必须求知以消除发展危机不确定造成的心理压力；现状改变的不确定，会让主体我不敢满足于现在行为的方向和方式，必须求知以消除现状改变不确定造成的心理压力；无知所致无状恐惧，会让主体我不敢满足于现在行为的方向和方式，必须求知以消除无知所致无状恐惧造成的心理压力。

在这种我知我所急的过程中，主体我预测的不确定性越是可能危及主体我的存在和发展，其求也就越急，就越会使之投入更多精力以消除这种不确定性。这就是意志行为的我知我所急定律。而预测本身也是建立在知的基础上的，没有关于事物变化的规律信息和关于自我的现境信息、前景信息的积累，也就不可能有预测。在缺少这三类信息情况下的预测也就不是预测，或者是睡梦中的胡言乱语，或者是心智错乱的胡思妄想。如果所预测的不确定性所包含的可能危机直接威胁到主体我的存在和发展，他也就别无选择，只能尽其所能而获得确知后采取应对措施以自保。

十一、人性第四弱点：目光短浅

主体我的我知行为，之所以由我所急主导，是因为人普遍存在目光短视的弱点。所谓目光短浅，也就是过分看重现时短期的价值需求满足，而忽略对主体我的存在和发展有重大作用的价值需求满足。前面作过分析，价值需求总会存在当下的与真实的矛盾。当下的需求不满足，会有即刻的不适让主体我面对，而真实的需求不满足，往往不会有即刻的不适折磨主体我的身心。更重要的是只要存在不确定性，就会使人目光短浅。

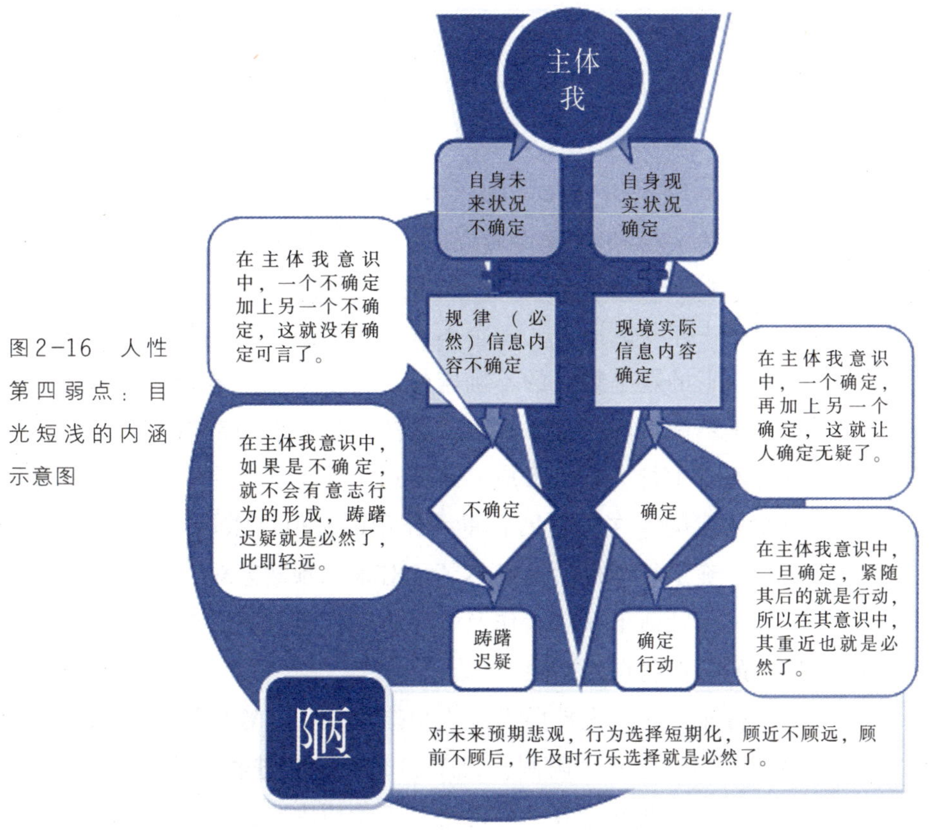

图2-16 人性第四弱点：目光短浅的内涵示意图

主体我的行为选择必须有依据，而自身现实状况是确定的，年龄、身体、智能、地位、外貌等有关自我的信息主体我无一不确定，它是与自我同在并同时发展变化的，因此任何一个方面的改变他也都确定无疑。而主体我所处现境信息内容也是确定的，只要是心智健康正常的人都知道自己在哪儿，周围社会和世界中哪些人或事有助于主体我何种价值需求满足的实现，哪些人或事会阻碍主体我何种价值需求满足的实现，我只有作怎样的应对才能趋利避害，保障自我价值需求满足的最大化。在主体我的意识中，一个确定性，再加上另一个确定性，这就让人的行为选择方向和方式确定无疑了。这也就是现实行为选择的确定。在主体我的意识中，一旦其行为选择确定下来，紧随其后的就是行动，所以其行为表现，也就必然重近——看重现时短期的价值需求满足。

但真实的价值需求得作持续而长期的努力，才能满足。这往往就有两个不确定性要面对：

(1) 自身身体未来状况的不确定性。人有旦夕祸福，即使风华正茂的年轻人也难保不会发生七病八灾。即使医疗能保障健康，但谁能逃避从天而降的灾难。况且吃五谷生百病，一生到老百病全无，也是少之又少的事。

(2) 规律信息内容的不确定性。人们读书学习，掌握了一大堆事物发展的必然规律，可正如不可知论者所言，谁也难以保证第二天早上还能醒来，并且醒来后发现太阳照常升起。到目前为止，能提前5分钟准确预测地震的发生就是奇迹，而诸如地震之类的灾难，包括司机开车突然失控，大风吹落高楼花盆等等，仅仅有力学规律的掌握，仍难以避免灾难的光顾。

在主体我意识中，一个不确定加上另一个不确定，这就没有确定可言了，剩下的就是绝对的不确定性。在主体我的意识中，如果有关事物联系信息是不确定的，主体我也就无法对应采取防范措施，这也就是目标指向确定的意志行为难以形成，踌躇迟疑就是必然了，这也就是轻远——忽略对主体我的存在和发展有重大作用的价值需求满足了。轻远，踌躇迟疑，重近，确定行动也就是必然了。对未来预测悲观，行为选择短期化，顾近不顾远，顾前不顾后，作及时行乐选择也就是必然了。因此谁也难逃目光短浅的人性弱点的囿限。

目光短浅的人性弱点圣人也难以避免。曾国藩是儒家正统传人，而他囿于忠的价值观念限制，兄弟和部下的劝进和黄袍他都刻意躲避过去了。他没有登上九五之尊，可他绝对不希望中华民族残败在晚清的腐化堕落之中。如果他顺湘军之意，位临九五，用一个朝气蓬勃的曾家王朝取代日薄西山的清王朝，这或许是更大的义。中华民族的发展史也会因此而改写，世界历史也会因他而改写。从儒家圣人的角度评价，这更是前效汤武，后强民族的大德、大功。曾国藩当时对劝进和黄袍的躲避也显然是目光短浅之举了。他之所以没有顺应劝进而黄袍加身，是他感到未来的不确定性太多太多，他不敢冒险舍弃能臣、忠臣的诸多现实所得。

十二、意志行为的我急我努力定律

冷静让人思考理性，激情才会付诸行动。当主体我感到危机即将发生，心里焦急烦躁，无法再冷静时，就只能立即行动以应对。而越能让他人焦急烦躁，就越有助于使之即刻付诸行动。

我知我所急，是由不确定造成的心理压力而促使寻知求知行为。而我急我努力则是对我知我所急的泛化和推进。是因所知的危机迫近造成的更急形成的更大心理压力使之不得不马上付诸行动。这也是急的心理压力升级发展的一个过程。但此时的急已不同于我知我所急的急。我知我所急的急仅仅是主体我心存疑虑而担忧，此时的急则是主体我的价值需求满足将蒙受损失的急，是基于我知我所急的基础之上的，并且是由它的结果推进形成的。我知我所急明确了主体我价值需求满足的现实，这现实中包含有主体我价值需求满足将蒙受损失的确定信息。这种主体我价值需求满足将蒙受损失的确定信息包括两个方面，一方面是其价值需求满足的重大机会不抓住将错过的损失，另一方面是其原有的价值需求满足条件将因故改变或被剥夺、侵蚀。面对这两种情况，主体我都必须对应采取行动。所以，我急我必须立刻付出努力，开始行动，以缓解其所急，以抓住机会避免损失。

冷静让人思考，激情才会迫使人立刻行动。当主体我感到危机即将发生，心里焦急烦躁，无法再冷静时，就只能立即行动以应对。从生理角度分析，焦急烦躁伴随着血压上升，呼吸加快，心率加速，血糖增高，去甲肾上腺素分泌增加，让人怦然心动，无法自主，只图行动。

推动主体我付出努力，开始行动的急因主要有七个：

(1) 生命健康其将消失。这就是主体我的生命和健康受到威胁，如果不行动，这威胁就会马上成为现实，让生命和健康不再。所以，主体我必须立即行动，以确保生命健康的延续。

(2) 发展机会其将消失。这就是主体我按照原有预期应该在未来一定时间内获得的价值需求满足将不再可能。只有立即行动，采取补救措施，以保证原有的价值需求满足不丧失和少丧失。

(3) 发展依靠其将消失。这就是主体我价值需求满足的外部支持力量载体发生危机，或将消失。如果不行动，这外部支持力量载体的削弱和消失，则直接是主体我的价值需求满足的减少和丧失。所以，主体我必须立即行动，以维护外部支持力量载体的持续存在和发展。

(4) 情感依托其将消失。这就是作为主体我的精神支柱的事业和人因某种变故而变得岌岌可危。如果不行动，这威胁就会马上成为现实，毁我之所爱，成我之所恨。所以，主体我必须立即行动，以确保作为主体我的精神支柱的事业和人的安全和发展。

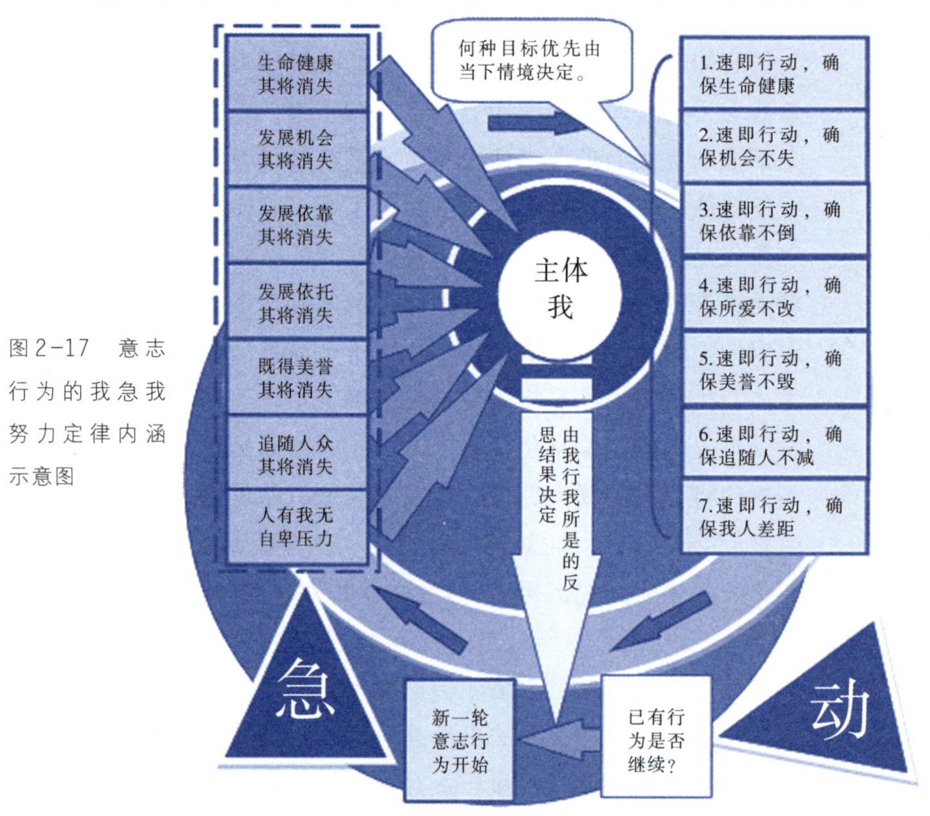

图2-17 意志行为的我急我努力定律内涵示意图

(5) 既得美誉其将消失。这就是主体我已经获得的自我价值中的美誉部分将受到损害，甚至消失。所以，主体我必须立即行动，以保证主体我的这一价值需求满足不遭毁损。

(6) 追随人众其将消失。这就是主体我已实现的意识价值——获得的众人认同和追随——面临危机，因为误解或者观念的偏颇让人不再认同和追随。所以，主体我必须立即行动，消除误解，纠正偏颇，以保证主体我的这一价值需求满足不被贬损。

(7) 人有我无自卑压力。这就是主体我发现与周围人相比存在有我不如人的短处而自卑形成的急于改变的焦急烦躁心理。但只要认定有可能缩减人有我无的差距，他就会立即行动，或者变人有我无为人有我有，或者创造人无我有以弥补人有我无，以恢复主体我的心理平静。

由上述分析可得到意志行为的我急我努力定律：越是能让他人形成焦急烦躁之感，就越是有助于使之立即付诸行动。但在面对众多的急的情况下，他人会赋予何种急的缓解以优先性？这得由当下的情境决定，哪个急更切，他则会优先缓解它。之于已开始的行为是否继续的问题，则由我行我所是的反思结果决定。新一轮的意志行为就由此重新开始了。

十三、人性第五弱点：意志多变

因为我急我努力，所以就有了人性的第五个弱点，意志多变。所谓意志多变，也就是主体我的行为选择在多个方向之间摇摆，不仅其价值需求满足的总量难以实现最大化，而且还会因为多变导致的某些意志目标的永久放弃而蒙受原有努力的资源和精力投入损失。意志多变，作为人性的弱点，也具有普遍性。

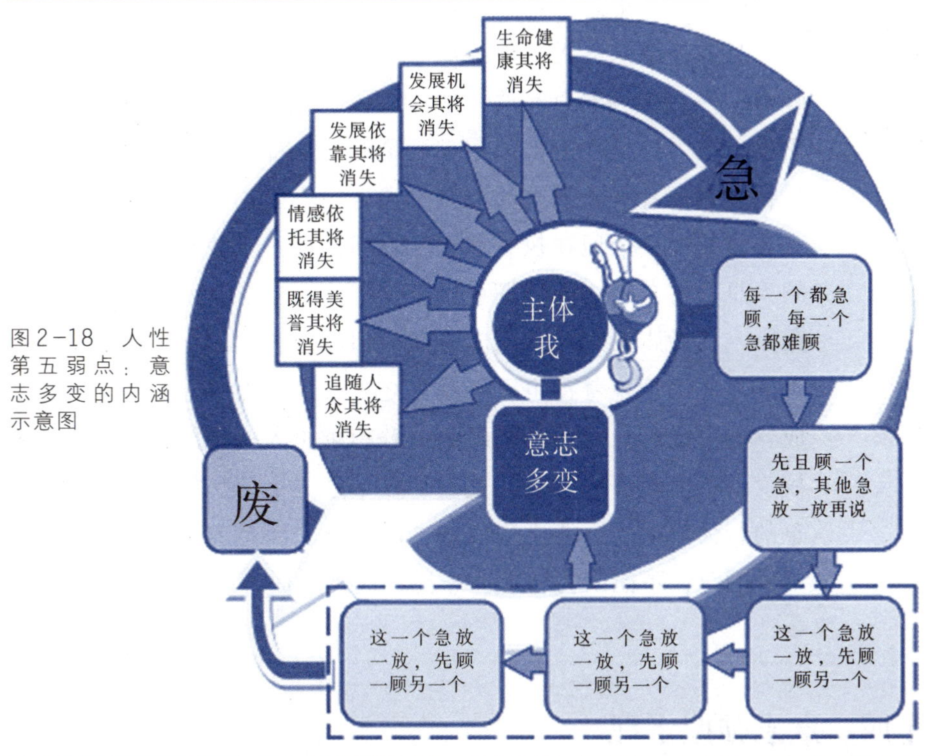

图2-18 人性第五弱点：意志多变的内涵示意图

其作用从正向的方面分析，它可让人避免一条道走到黑的固执造成的碰壁损害。所以，如果明知不可为而强为之，使自己四处碰壁，不仅是个人的挫折和损失，也消耗浪费了社会资源，因为个人的碰壁造成的资源浪费也直接是社会总财富的扣除。可以说这就是一种愚蠢。一方面对价值需求满足的可能性进行权衡，并在权衡后再进行意志设定，这于主体我个人，于社会都是利好。知时务者为俊杰，其道理就在于此。另一方面对价值需求满足的数量进行核算，以求最大化，并在核算后重新进行意志设定。这对于主体我个人的存在和发展无疑是有积极作用的，尽管它相对于社会并不意味着有总福利的增加，但却不会有损失的发生。

其作用从负向的方面分析，它则是人的意志薄弱的体现，不能守住一个目标不断努力以保证最后达成，而是稍遇挫折就偃旗息鼓，改变意志努力方向。这往往于社会无益，改变意志之前的努力所投入消耗的资源成了完全的浪费，是对社会总财富的扣除。相对于个人也是一种人生精力和拥有资源的浪费。人生精力和拥有资源都是一个常量，任何无效的消耗都是损失，因而是直接减少和降低个人一生的价值需求满足。

尽管如此，它却有其难以回避的心理原因。一个人在同一时刻往往可能要面临多个必须应对的急，生命健康其将消失、发展机会其将消失、发展依靠其将消失、情感依托其将消失、既得美誉其将消失、追随人众其将消失……每一个急都得顾，往往可能是每一个急都难顾。主体我往往是选择先且顾一个急，把其他急放一放再说的策略。这一个急放一放，先顾一顾另一个；这一个急又放一放，先顾一顾另一个……往往可能因为这一放而废，把为达成一定价值需求满足的努力都中止在没有达成之前，造成人生精力和拥有资源投入的浪费。寓言中小猫钓鱼的故事，就是这种意志多变典型的描绘。但在执着和权变之间往往很难找到恰当的平衡点，所以有的人总是在二者之间摇摆。也正是因为这一点，不想成为庸人的人也成了庸人，甘做庸人的人反而应时而动超越于庸人之上成了英雄和伟人。庸人可能是失之于执着，也可能是失之于权变。而英雄和伟人既可能因执着而成，也可能因权变而成。但要提升超越庸人的可能性，那就是执着而不失权变，权变而不失执着。关键是在于这一个急又放一放，先顾一顾另一个急的行为选择，不能由现实的冲动主导，而是要由理性把握，尤其是被放一放的急，不能因为暂缓而忘记，被永远放弃。

十四、意志强度定理

人在某一行为活动上的持续努力程度，与其预期这一行为活动所能带来的价值需求满足的多少成正比，与他对这一价值需求满足评价的高低成正比。

要达成管理目的，通过他人做好工作，其关键是承担工作的他人能相对较长时间地把意志努力的方向稳定在所需要的努力上，排除干扰、克服困难、坚持不懈。这也就是如何让工作主体做好工作的意志强度足够大的问题。所谓意志强度，它是对一个人在特定行为方向上排除干扰、克服困难、持续努力的耐心、决心、信心的概括。如果一个人在特定行为方向上坚持不懈，不畏艰难险阻，有一种不达目标誓死不休的气概，这就是意志强度高，反之相反。意志强度定理也就是对人的这种排除干扰、克服困难、持续努力的耐心、决心、信心的形成和持续的规律的概括，其内容可表述为：人在某一行为活动上的持续努力程度，与其预期这一行为活动所能带来的价值需求满足的多少成正比，与他对这一价值需求满足评价的高低成正比。这里的行为活动也就是意志行为，是人为达成某种目标而努力的过程，它既包括脑力、体力的投入，也包括与脑力、体力的运用相配套的外部资源的投入。这里的预期是他对某一行为活动结果的确定性判断，并且是与其行为关联的带有他主观期盼的判断。它不是希望，希望仅仅是一种主观愿望，并不代表他会为之付出努力。所谓持续努力也就是脑力、体力及与之相配套的外部资源的不断反复投入。根据意志行为公理，在意志行为形成的我行我所是、我是我所需、我需我所知、我知我所急、我急我努力五个环节构成的完整循环过程中，任何形式的逆向反复，都是反思发现纠正错误的过程。因而逆向反复的过程越少，就是其意志行为越稳定，这也就意味着其行为效率越高，其主体性就展现得越充分。而要保证意志行为形成的五个环节都顺序持续稳定进行，没有逆向反复，就要求他在这一行为活动上的预期所能带来的价值需求满足稳定，一直处在最大状态，并且他对这一行为活动所带来的价值需求满足的评价也稳定地保持在最高点上。否则，当他发现有更大的、其心理评价也更高的价值需求满足等待他努力去实现而改变其行为方向和方式时，这也就意味着原有行为方向和方式所实现的价值需求满足不是最大，或者是对这一价值需求满足的心理评价不是最高。无论这种反复是因为反思发现结果预期有偏差，还是对其行为所能达成的价值需求满足内容的评价有了更新调整，其所给行为主体带来的损失都是一样的。

这一定理的要点有三个：

(1) 人在某一行为活动上的持续努力程度，与其预期这一行为活动可能带来的价值需求满足的多少成正比。所谓在某一行为活动上的持续努力，也就是其原有行为方向和方式所实现的价值需求满足已是最大，或其心理评价已是最高，并且保持稳定状态。这就是说，如果主体我预期这特定行为活动的结果给他带来的价值需求满足越大、越多，他在这一行为活动上的脑力、体力及与之相配套的外部资源投入不仅会越大，而且越是会持续反复投入。根据自我意识的充分理性定律的分析，尽管价值观念和情感情绪造成的超自我设限，会使人的行为偏离完全理性的最合目的性，但不会脱离自我意识范围内的最合目的性。所以，一个人预期在某一行为活动上的努力可能带来的价值需求满足越多，就越是会在这一行为活动上持续努力。所以，一个人在某一行为活动上的持续努力程度高，也就是他预期这一行为活动所能带来的价值需求满足多。根据意志行为的我行我所是定律的分析，在其行为已经发生之后，主体我总会反思其合理性，并通过反思再决定是否延续。当且仅当反思确认了其合理性的行为才会延续。预期这一行为活动可能带来的价值需求满足越多，也就是其合理性越充分。所以，这一要点成立。

(2) 人在某一行为活动上的持续努力程度，与他对这一价值需求满足评价的高低成正比。这就是说，他越是看重这一行为活动带来的特定价值需求满足，他在这一行为活动上的脑力、体力及与之相配套的外部资源投入不仅会越大，而且会持续反复投入。根据意志行为的我急我努力定律分析，当包括生命健康、发展机会、发展依靠、情感依托、既得美誉、追随人众等让主体我感到可能失去，或者我人比较存在有可改变和弥补的人有我无时，都会在心里形成焦急烦躁之感，由急而形成的心理紧张，以迫使主体我立即行动以应对。而所有这些急越烈，就越会使人对其做出高评价。根据意志行为的我是我所需定律，主体我的价值需求越系统、越稳定、越明确，其反思否认的反复就越少，就越是有助于充分实现其主体性。只有当其价值需求系统、稳定、全面、明确，对一定价值需求满足的评价才能稳定而不摇摆，这才能形成评价高低比较的基础。而在某一行为活动上越是持续努力，也就是其反思否认发生反复的情况越少，这也就是对其所能达成的价值需求满足的评价越稳定、越高。所以，这一要点成立。

(3) 人在某一行为活动上的持续努力程度，与其预期这一行为活动可能带来的价值需求满足的多少及与他对这一价值需求满足评价的高低的乘积大小成正比。这就是说前两个内涵并不是独立的，而是相互依存的。只有当一者不为零，而另一者又充分大时，才会让主体我投入充分多的脑力、体力及与之相配套的外部资源，并持续反复投入。根据意志行为的我是我所需定律分析，能被确认和肯定其必要性和优先性的，就一定是当时被认定为最有助于主体我有、能、善三大价值需求满足的行为。而持续努力也就是持续稳定地被认定为最有助于主体我有、能、善三大价值需求满足的行为。这也就是其预期可能带来的价值需求满足的多少，与他对这一价值需求满足评价的高低之积最大的行为，并且是多次反思确认为其积最大的行为。所以，这一要点成立。

管理学第三公理

管理介入公理

一、管理介入公理的内涵

任何行为都无法强加于人，管理的实施只能对应其意志行为的形成过程，通过设计其所急、拓展其所知、予夺其所需、演化其所是、责人其所履等五个环节介入其意志行为的形成过程，才能达成管理目的。二者扣合得越紧密，管理实施的效果就越好。

管理者不是神，无论他怎么霸道，也无法直接支配被管理者的四肢和大脑。管理的实施也就只能针对被管理者的意志行为形成过程进行介入，通过介入改变被管理者的行为选择过程，使之按照管理者要求，调整其行为选择的方向和方式，以把工作做好。或者说，管理的实施只能通过设计其所急、拓展其所知、予夺其所需、演化其所是、责人其所履等五个环节对应介入被管理者意志行为形成过程的我急我努力、我知我所急、我需我所知、我是我所需、我行我所是五个环节，才能影响调整其行为选择的方向和方式，以达成管理目的。

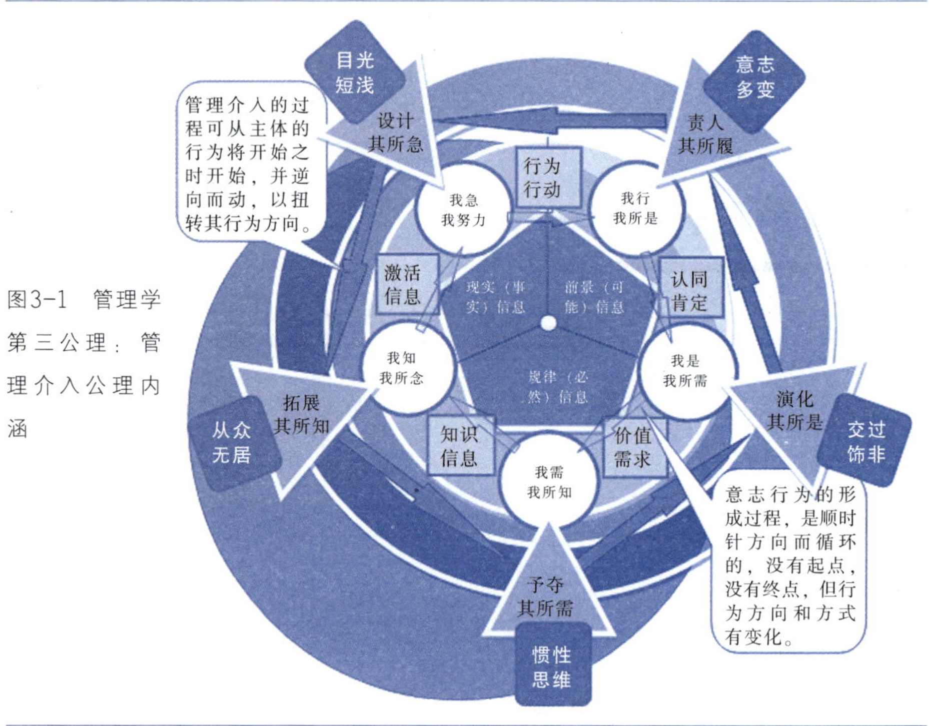

图3-1 管理学第三公理：管理介入公理内涵

(1) 设计其所急。管理介入的这一环节，是针对主体我的意志行为形成过程中我急我努力这一环节实施的。其要点是在被管理者的行为开始之前，通过丰富、增加其现境事实信息，激发其原来所没有的强烈感受。目的是让被管理者改变他所急的内容和程度，强化做好工作的心理压力，进而使之调整和改变其行为选择。这一环节的管理介入主要是利用目光短浅这一人性弱点，对被管理者所最急的价值需求满足进行设计，并彰显出

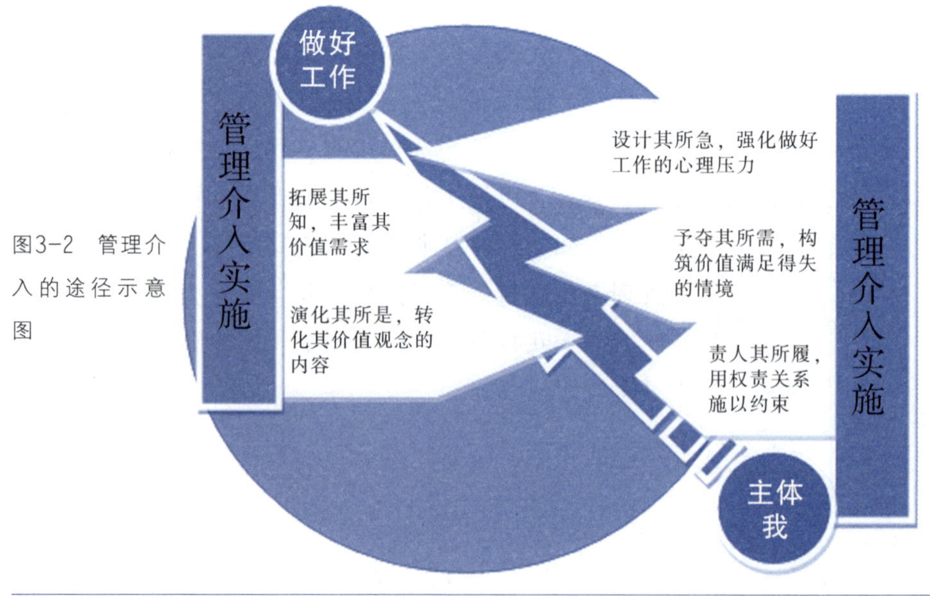

图3-2 管理介入的途径示意图

来，诱使他改变已有的行为选择方向和方式，与管理者所要求的行为方向和方式一致起来。这一环节的管理介入机理是引导被管理者进行心理压力聚焦。通过心理压力聚焦，使之不作管理者所希望的行为方向和方式之外的选择。

(2) 拓展其所知。管理介入的这一环节，是针对主体我的意志行为形成过程中我知我所急这一环节实施的。其要点是在被管理者采取行动之前，在知识信息的获取过程中，通过丰富、增加其现境事实信息和规律必然信息，积累其原来所没有的感受。目的是丰富其价值需求，把原来可能没有关注，或者关注不够而管理者又拥有其满足资源的价值需求，引导纳入其所努力满足的价值需求中来，为管理者的意志目标的达成服务。这一环节的管理介入主要是利用从众无居这一人性弱点，让被管理者发现人之所有，我之所无的价值内容，诱使他把所面对的人有我无的欠缺，转化为必须满足的心理压力，同时积累与管理者所要求的行为方向和方式相一致的知识信息。这一环节的管理介入机理是引导被管理者新的心理压力形成，通过新的心理压力的形成，使之沿着管理者所希望选择的行为方向和方式努力。

(3) 予夺其所需。管理介入的这一环节，是针对主体我的意志行为形成过程中我需我所知这一环节实施的。其要点是在被管理者大脑整合形成完整形象的信息指令之前，在价值需求体系完成之时，通过丰富、增加其规律必然信息，在其大脑里确立行为与结果之间的关联关系，构筑价值需求满足得失的情境。目的是改变他原来所寻求的价值需求满足努力方向和方式，使之在保证其原已实现的价值需求满足的前提下，获取原来所没有实现的价值需求满足；或者是在有限地减少其原已实现的价值需求满足的前提下，获取远比所减少的价值需求满足多得多的新的价值需求满足，把其行为选择的方向调整到管理者所要求的方向和方式上来。这一环节的管理介入主要是针对惯性思维这一人性弱点，把被管理者从惯性思维中解放出来，重新思考定义其所寻求的价值需求满足内容。这一环节的管理介入机理是引导被管理者对原有心理压力原因进行梳理，通过对原有心理压力原因的梳理，使之充分关注管理者所要求的行为方向和方式与他的价值需求满足之间的关联关系。

(4) 演化其所是。管理介入的这一环节，是针对主体我的意志行为形成过程中我知我所需这一环节实施的。其要点是在被管理者价值需求体系完成之前，反思认同已有行为的方向和方式的同时，通过丰富、增加其规律必然信息和前景可能信息，重构行为与结果之间的关联关系。目的是转化其价值观念的内容，改变他原有价值观念的内涵，使之重构其个人的价值观念体系，放弃原来其所珍惜的价值而珍惜原来忽略的价值。这一环节的管理介入主要是针对文过饰非这一人性弱点，让被管理者不再为原有的思想观点辩解，而为原来不重视的思想观点辩解。这一环节的管理介入机理是引导被管理者对原有心理压力原因进行重构，通过对原有心理压力原因的重构，使之形成与管理者心理压力原因结构相同的结构，成为管理者所寻求事业目标的追随者和响应者，与管理者结成事业伙伴。

(5) 责人其所履。管理介入的这一环节，是针对主体我的意志行为形成过程中我行我所是这一环节实施的。其要点是在被管理者反思认同已有行为活动的方向和方式之前，在其行为活动进行之中，通过丰富增加其前景可能信息，对行为与结果之间的关联关系重新认知。目的是用权责关系施以约束，使之在认同权利和职责的基础上，用责任要求约束自己的行为方向和方式。这一环节的管理介入主要是针对意志多变这一人性弱点，让被管理者在权责上达成平衡和制约，要享有组织所赋予的权利，就必须履行组织所赋予的职责，进而通过外部监督——责，把被管理者的意志努力固化在职责履行上。这一环节的管理介入机理是引导被管理者对其心理压力进行平衡，通过对心理压力的平衡，使之在行为活动反思时，守住所确定的努力方向。

通过以上分析，可得到不言而喻的结论：管理介入的五个环节与被管理者意志行为形成的五个环节扣合得越紧密，管理实施的效果就越好。

二、管理介入的设计其所急定律

如果不能设计构筑一个能立刻使被管理者形成强大心理压力和情绪冲动的情境，也就无以立即改变其行为选择。所以，所设计的情境越是让被管理者感到其所看重的机会可能会稍纵即逝，所痛心的损失可能瞬间降临，就越是会使之立刻行动，为抓住机会和避免损失而选择按照管理者要求的行为方向和方式努力。

管理的实施不是向被管理者下达指令，任何形式的指令都只能入耳入眼，无法绕过被管理者的大脑神经系统直接转化为被管理者的行为。被管理者作为独立于管理者之外的主体性存在，要通过管理的实施使他做好工

作，只能设计构筑特定情境，让被管理者在自我意识中确立其价值需求满足与管理者的行为活动要求之间的关联关系后调整其行为选择。如果下达的指令不能与他形成某种特定的利益关系，指令只能做什么、不能不做什么，就只能是噪音一片的废话。而对被管理者的行为选择施加影响的最直接方式，是设计构筑一种能使被管理者立刻形成强大心理压力和情绪冲动的情境，激发出他的某种激情后按照管理者希望的行为方向和方式进行行为选择。这也就是设计其所急。在任何时候，如果管理的实施不得不在被管理者的不当行为已经发生，并导致一定后果之后进行秋后算账，包括批评、惩罚等，都是管理实施的失败。所以，管理的实施必须把百分之九十九的精力投放在避免导致不当结果的行为调整改变上。这也就是在被管理者的某一不当行为活动开始之前就使之有所调整和改变，选择管理者希望的行为方向和方式。

设计其所急，也就是为改变被管理者的行为选择方向和方式而有针对性地设计构筑让人必须有所调整改变的情境，比如能为被管理者的发展提供一个机会，或者使之避免某种价值需求满足损失。目的直接是让被管理者在原有的急中新增一急，至少是提升他原有的某种急的急切程度，使之聚焦于这一急上。其途径就是对应人之所急的七个内容，提升其所急的强度：

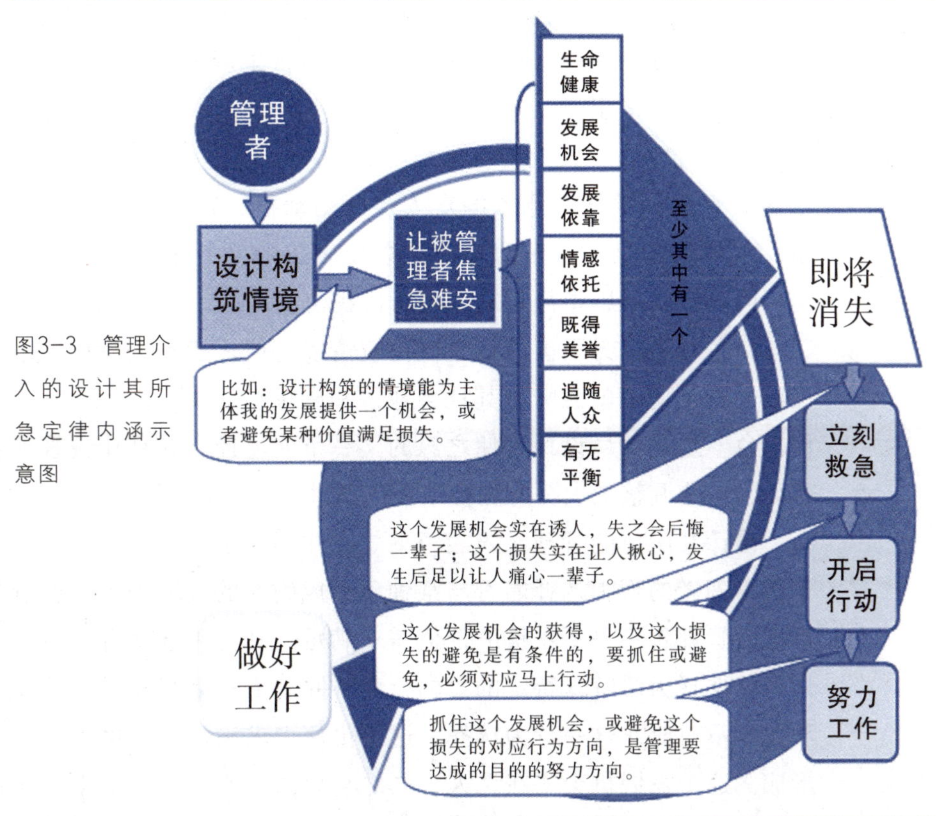

图3-3 管理介入的设计其所急定律内涵示意图

(1) 对应生命健康其将失以构筑情境，使之感到健康受到威胁，甚至生命无以为继。而生命健康的消失也就是作为主体“我”的载体的消失。面对此情此境，他如何不急？但这一途径在现代社会的管理运用是受限的，因为这可能意味着人身伤害威胁，属于非法行为。

(2) 对应发展机会其将失以构筑情境，使之感到有一个大提升、大发展的机会。可是时不我待，机会正在快速消失，离我而去。面对此情此境，他如何不急？这是情境设计以使之急的主要途径，它是给人以美好预期，让人自主努力去实现。

(3) 对应发展依靠其将失以构筑情境，使之感到其存在和发展所依靠的重大资源可能消失，主体我面临被抛弃于无依无靠、孤立无援的危险境地。面对此情此境，他如何不急？但这一途径在现代社会的管理运用也是受限的，因为这可能意味着绑架勒索，属于非法行为。

(4) 对应情感依托其将失以构筑情境，使之感到其所投入的全部精力所维护的爱、恨对象在兴衰上发生违愿变化，欲使之兴的所爱却将衰，欲使之衰的所恨却将兴。面对此情此境，他如何不急？这一途径在现代社会的管理运用也是受限的，因为这可能意味着架构非法的连带关系。

(5) 对应既得美誉其将失以构筑情境，使之感到被误解或行为失当而使体现其人生价值的他人认同和赞誉将成为过去，甚至身败名裂。面对此情此境，他如何不急？这一途径如果不涉嫌诽谤，在现代管理中是可以不受限制地选择运用的。

(6) 对应追随人众其将失以构筑情境，使之感到原来唯他马首是瞻，信从其观念，遵从其意志的众人，开始动摇，甚至背弃他。面对此情此境，他如何不急？这是情境设计以使之急的又一重要途径，它是让人反思，明确自己的思想行为的失当而自我校正。

(7) 对应有无平衡其将失以构筑情境，使之感到人我比较中的人有我无在加剧，这也就意味着其社会地位和影响在下滑。面对此情此境，他如何不急？这是情境设计以使之急的又一重要途径，它是让被管理者明确差距后，自我调整加大努力程度以缓解这种下滑变化。

设计其所急的管理介入能否见效，并不在于能否突显某一个急，而在于被管理者的行为选择能否与某种急形成确定的关联关系。这也就是说只有把被管理者不得不看重的价值需求满足与其行为选择直接对应起来，使之只能选择为缓解这特定的急的行为，并马上付诸行动。尤其要使之完全明白，不对应作这一行为选择，这一价值需求满足就不再了。这就是让他形成“这个发展机会实在诱人，失之会后悔一辈子；这个损失实在让人揪心，发生足以让人痛心一辈子”的感受，迫使他立刻采取急救措施，以避免机会的流失和损失的发生。

而设计构筑让被管理者因急而立即行动的情境，并不是要特别为他构造一番天地，如果是这样，管理实施的成本就太大了，甚至大得远远超越了让被管理做好工作本身。设计构筑让被管理者因急而立即行动的情境，也就是丰富、增加其现境事实信息，并且是能给他带来冲击性感受的现境事实信息，让他强烈地感受到相对于他的人生，所面临的选择至关重要，并且还不能缓选择缓行动。机会是稍纵即逝，损失却瞬间降临。这也就是让他感到其机会和损失大得无法回避，时间紧迫得不容任何犹豫。三人三告曾母，曾参杀人，曾母选择投杼逾墙而走的行为，也仅仅是在不长的时间里三次重复传递的曾参杀人消息。但是，如果他不明白，这个发展机会的获得，以及这个损失的避免是有条件的，要抓住或避免，必须对应马上行动。那么管理介入所设计构筑的情境仍然是没有取得应该有的效果。设计其所急的目的是让被管理者按照管理者要求的行为方向和方式选择其行为。这就是保证让他能用自己的行为努力抓住某个发展机会，或避免某个损失的降临。

目光短浅这一人性弱点的普遍存在，是设计其所急能达成目的的关键。设计构筑让人调整改变其行为选择的情境，仅仅让被管理者看得真切明确还不够，只有当他认定在其行为选择与机会的抓取、损失的避免之间的联系是确定无疑的，其外的行为选择则与机会的抓取、损失的避免之间的联系似乎不确定，至少没有所设计构筑情境表现得那么确定时，才能产生作用。因为设计构筑的情境使他从内心感觉到他行为选择与其所寻求的价值需求满足之间的关联关系确定无疑时，由于心理预期的作用，他大脑里的去甲肾上腺素、多巴胺等神经递质就会升得越来越高，血压也上升，心率也加快，劲也铆足了，他就只能像启动的列车一般向前奔驰了。

由此有管理介入的设计其所急定律：所设计的情境越是让被管理者感到其所看重的机会可能会稍纵即逝，所痛心的损失可能瞬间降临，就越是会使之立刻行动，为抓住机会和避免损失而选择按照管理者要求的行为方向和方式努力。这也就是说，这一情境的设计构筑不仅必须给被管理者造成强大的心理压力和情绪冲击，使之形成强烈的焦急烦躁感，不马上付诸行动就寝食难安，而且还必须让被管理者确切地感觉到如果不按照管理者要求的行为方向和方式努力，就完全于事无补。在这里，其关键是在所设计构筑的情境与其行为选择之间确立紧密而直接的关联关系。

三、设计其所急实施的关键点

人的心理压力聚焦，是有条件的。这条件是：被管理者最看重的价值需求满足的机会来临，或者其将丧失。动人之最爱才会激发其保全的最大激情和最大努力。

人之所以在特定情况下最看重某一价值，其原因有两个：

（1）这一价值正好是其最缺，相比其他价值需求的满足都已达到一定的高度，而唯独它没有达成满足，或者满足的程度极低。这可用木桶理论解释，要增加水桶的盛水量，加长短板是最有效的途径。尽管人生的价值需求满足长板会给人带来快乐惬意，但人生价值需求满足的短板也会让人耿耿于怀，怅然不安。这也可用边际效用理论说明，增加已充分获得满足的价值需求满足，其边际效用会很低，而增加欠缺最多的价值需求的满足，其边际效用则会最高。

（2）这一价值正好扼住其人生存废兴衰的关键点，不获得应该有的满足，人生本身的价值就可能出现危机。至憎莫大于死，至爱莫大于生。面对生死的选择就具有这一作用，但不同的人，这种价值的内涵却是不一样的。

就上述两个原因分析，第二个原因可能不存在，相对于一般人而言，可能至爱就是生，至憎就是死，生死就成了人生存废兴衰的关键。但用生死威胁人却是非法行为。第一原因相对比较复杂，短板是相比较而存在的，而比较是相对的，且比较的内容也可能多种多样。但所处人生阶段的处境不同，人生存废的关键点内容也会不同。下面就其主要内容加以分析。

（1）身强力壮而学识贫乏时，其人生存废兴衰的关键就会集中于学习的智能发展上。学习以达成智能发展的机会的得失，可能就是其最看重的价值。

（2）钱财有余而信从者寡时，其人生存废兴衰的关键就会集中于品行美誉的发展积累上。成就其品德美誉的机会的得失，可能就是其最看重的价值。

（3）美名远播而时运舛厄时，其人生存废兴衰的关键就会集中于平稳而安定的生活上。获得和维持平稳而安定生活的机会的得失，可能就是其最看重的价值。

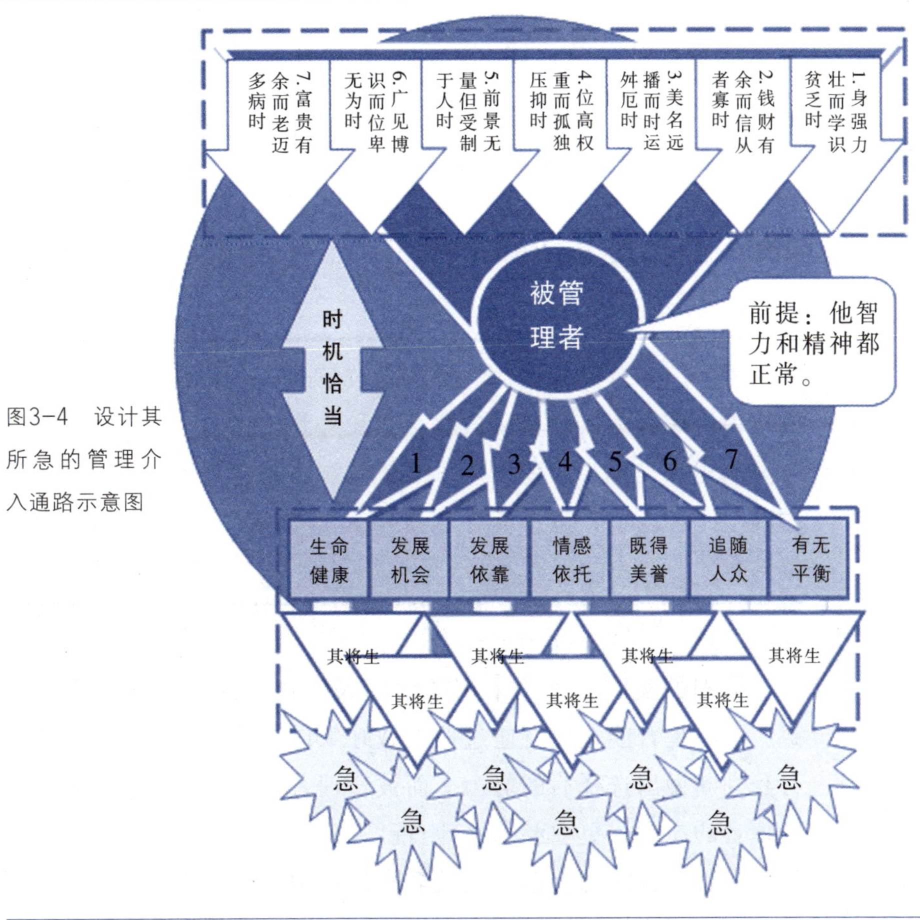

图3-4 设计其所急的管理介入通路示意图

(4) 位高权重而孤独压抑时，其人生存废兴衰的关键就会集中于被人理解和认同、拥护上。获得和积累众人的理解和认同、拥护机会的得失，可能就是其最看重的价值。

(5) 前景无量但受制于人时，其人生存废兴衰的关键就会集中于摆脱依附而独立发展上。获得和积累摆脱依附而达成独立发展机会的得失，可能就是其最看重的价值。

(6) 广见博识而位卑无为时，其人生存废兴衰的关键就会集中于被身居高位的人赏识和重用上。接近和获得高位的人赏识和重用机会的得失，可能就是其最看重的价值。

(7) 富贵有余而老迈多病时，其人生存废兴衰的关键就会集中于健康长寿上。获得提升健康水平保障长寿的机会的得失，可能就是其最看重的价值。

无论这种比较多么广泛，但其核心内容仍集中于生命健康其将失、发展机会其将失、发展依靠其将失、情感依托其将失、既得美誉其将失、追随人众其将失、有无平衡其将失等七个方面的危机上，所以要保证设计其所急的管理介入所设计构筑的情境时机恰当，境时对应，就必须把握了这七个方面的价值内涵。否则，其设计其所急的管理介入就难免失误、失败。

四、管理介入的拓展其所知定律

人之所以自满，是他的我他比较范围狭小，没有人有我无的差距造成的自卑心理压力。拓宽了自我认知和人我比较的范围，人有我无的差距就会显露出来，让人欲安不能。而越是能让被管理者扩展眼界，加大人我比较的范围和内容，越是使之感到人能我亦能，就越是会使之加大寻求改变的努力。

管理的实施，无论采用柔情的人性化方式，还是采用粗暴的强制方式，最终是否能达成“通过他人做好工作”的目的，还得取决于被管理者自我判断做出选择后的努力。而被管理者自我进行判断的依据，不完全是管理者的态度，更主要的是他自己大脑里所积累的有关他价值需求满足的信息，管理者的态度仅仅是其众多信息中的一个方面。所以，对被管理者的行为选择施加影响的次直接方式是拓展被管理者的人生价值内容、价值需求满足途径、已经达成满足的人众等知识。即通过扩大其人我比较的范围，使之感到其自我人生价值现实的不满足，不全面努力，达成改变，就是不如人和丢人，使之不得不努力以尽快而充分地达成其满足。尤其是当他感觉到他人所能他也能，而仅仅是因为自己没有把这种能变为现实时，更会强化他人生价值实现不如人的羞愧和不甘心理。因此，没有其人生价值内容、价值需求满足途径、已经达成满足的人众等信息的拓展、更新和积累，他也就难有进取的心理压力，满足于现状，安于现状，沿着原有信息做出的判断形成的行为模式进行行为选择也就不可避免。

拓展其所知也就是选择让被管理者关注而又能打动他的知识进行拓展，使之形成其人生价值实现不如人的羞愧和不甘心理。其内容主要包括三个方面：

(1) 拓展价值内容知识。这就是把与被管理者实际相适应的，有关人生的有、能、善三大价值需求的内容细项具体化，使之明了其人生价值中应该有的内容细项，从而引导他把其满足设立为自己的人生目标。要保证所拓展的这一类知识能打动被管理者，也就需要让他感受到：原来我还有这么多人生价值需求没有满足，这些价值不满足，真是枉为一世人。

(2) 拓展途径方法知识。无论在何种价值上确立人生目标，也无论这种价值目标多高或者多低，如果没有对应达成的措施，这种目标也就没有任何意义。天堂美好得无以复加，但没有通向天堂的天梯，天堂的美好就失去了所有意义。拓展途径方法知识也就是告知通向天堂的天梯在何处，或者如何打造这种天梯。要保证所拓展的这一类知识能打动被管理者，也就需要让他感受到：达成这些价值需求细项满足的途径方法是我能之所及，放弃满足真是自己的愚蠢。

(3) 拓展比较对象知识。人是社会性存在，从未有人体验确认其美好状况的天堂是不会有人向往的，没有人体验过的价值需求满足是不会吸引人的。因此，如果能提供特定价值需求满足的体验，让人自己进行有无的比较，是最能打动人的。如果不能提供体验，要保证所拓展的这一类知识能打动被管理者，也就必须让他感受到，原来有众多的人已经获得了这一价值需求的满足，我并不次于他们谁，他们已经满足，我也必须满足。如果安于现状，就是承认自己低人一等。

拓展其所知的管理介入能达成管理目的的前提是，所引导他寻求的价值需求，其满足条件的资源是管理者所掌控的，否则所拓展的知识不过是向对方讲述了一个个故事，与管理的实施毫无关系，这一工作也就失去了意义。

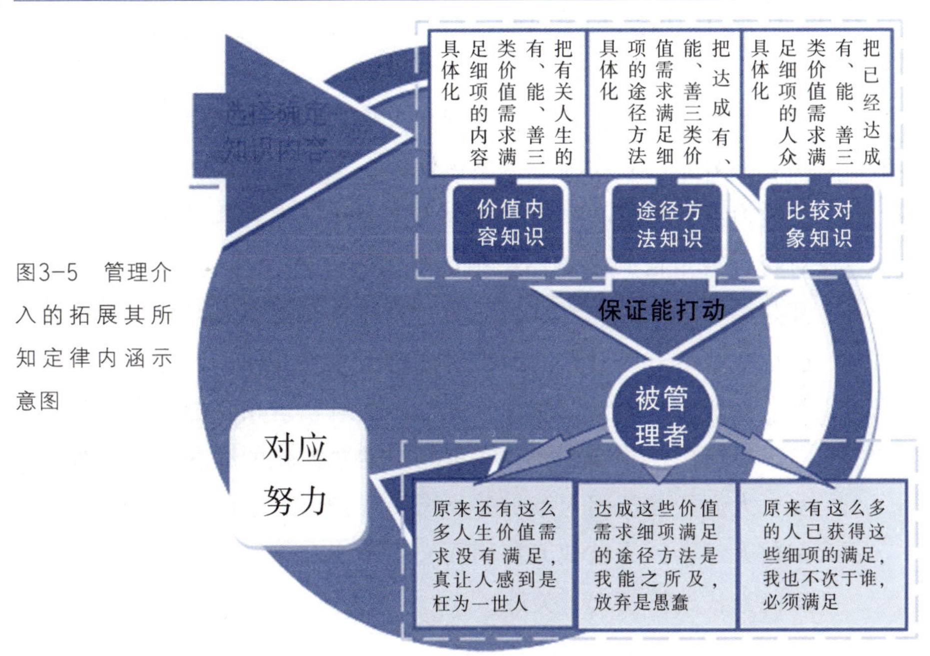

图3-5 管理介入的拓展其所知定律内涵示意图

拓展其所知这一管理介入之所以能起管理的作用，是因为从众无居这一人性弱点的广泛存在。只有被管理者从众，把社会他人的价值需求努力方向当作自己的努力方向，对与他人相比存在的差距感到羞愧自卑，这里所拓展的知识才能对他的行为选择带来影响。只有被管理者从众无居，不是落落寡欢的人，也不是固执己见的人，才能对应调整自己的价值需求方向和目标。

在这里促使被管理者按照管理者希望的行为方向和方式进行行为选择的心理压力形成是通过价值内容知识的拓展，使之对所提供的价值需求满足产生兴趣，形成欲望，以启动他未满足的心理压力。通过途径方法知识的拓展，使之看到希望，确立信心，形成达成满足的预期，自然而然地在其大脑里提升多巴胺，使之为其将要达成的价值需求满足兴奋。通过比较对象知识拓展，加大他的未满足心理压力，使之选择沿着管理者所希望选择的行为方向和方式努力，以消除心理压力，获得满足。管理的实施过程，也就是通过拓展其所知，在打破被管理者的心理平衡，使之在心理上形成一定程度的不安后，又引导他努力消除不安的过程。所以，越是能让被管理者扩展眼界，加大人我比较的范围和内涵，越是使之感到人能我亦能，就越是会使之加大寻求改变的努力。这就是管理介入的拓展其所知定律。

五、拓展其所知的实施措施

要保证拓展其所知的管理介入能起到管理作用，其关键点是把握知识拓展的方式。人作为一个主体性存在，不仅难以做到不耻下问，而且对被人教诲、教育也心存反感。因为这会让他感到自己被人当作对象化的客体对待，否定他的主体性，把他降为了客体。其实，任何两个主体我之间，都是互为客体的。当自己面对对方时，在把对方对象化为客体的同时，自己也在被对方面对，因而被对方对象化为客体。因为只要面对的是发育成熟、身心健康的人，而不是死物，面对就是相互的。在任何一个主体我面前，任何由他感知到的存在都是被他对象化的存在。但这种不可改变的事实，人们往往却因为维护并不需要维护的自尊而不愿接受。在现实中，大多数人都会因为被他人利用而心生不满和怨怼，就是典型。所以拓展其所知的方式选择就成了关键。

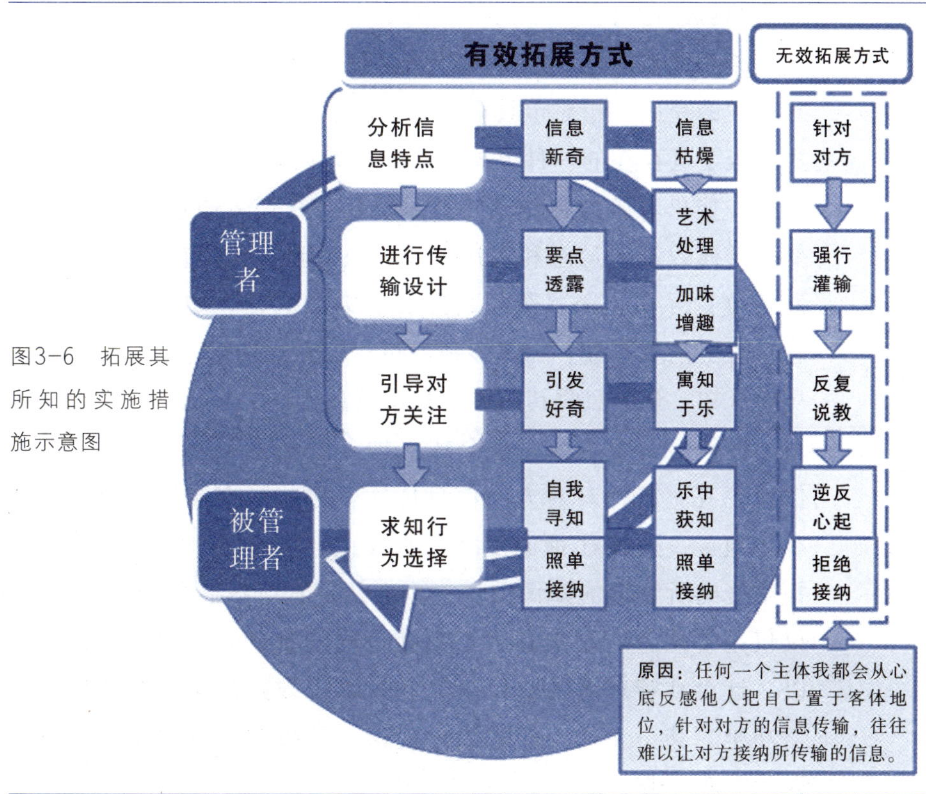

图3-6 拓展其所知的实施措施示意图

拓展其所知的有效方式可分为三个步骤：

首先，对拟向被管理者拓展灌输的知识进行分析，确定其知识本身的特性。知识就是信息，但不同的信息却具有不同的特性。这特性至少可分为两种：一是新奇的，即信息本身具有趣味性，就像一则幽默段子，一个笑话，一段故事，任何一个稍有所闲的人都愿意听闻。二是枯燥的，即信息就像无理数小数点之后的数字一样，相对于被传输者，接受这种信息就是折磨和痛苦。

其次，对所要传输的知识信息进行传输设计。这主要是根据知识信息本身的特性进行处理。如果信息新奇，仅仅向对方透露一些要点也就够了。这就像讲故事为听众造成一个悬念，把听众的关注力牢牢地锁定在故事的下文中。如果是枯燥的信息，这就得着力于艺术加工，使枯燥无聊的信息艺术化，通过艺术化使之形成趣味，增添趣味，至少不能让接受人感到是一种折磨和痛苦。

再次，引导被管理者关注信息内容。相对于内容新奇的信息，这就是引发被管理者的好奇心而直接传输知识信息。因为信息本身具有让受众好奇的新奇点，原原本本地告知也就可以达成拓展其所知的目的。如果信息枯燥，则必须通过艺术的感染作用，让被传输者寓知于乐中，轻松快乐地获得知识信息内容。

相对于被管理者而言，对应这三个步骤的知识拓展，则是求知行为选择过程的完成。相对于具有其有、能、善三类价值需求的人而言，求知本身就成了其存在的一种方式，只是求知内容能否与管理者的要求相适应的问题。如果对应内容新奇的知识信息，管理者通过信息新奇特点的确定、要点透露以制造悬念和直接传输引发好奇，他也就会不自主地进行配合，通过自我寻知，全单照收其拓展的知识信息。如果是内容枯燥的知识信息，有了艺术处理、加味增趣的过程，并寓知于乐中，被管理者也就会在乐中获知，全单照收其拓展的知识信息。

但任何一个主体我都会在心理上反感他人把自己对象化置于客体地位，尤其直接针对对方的信息传输，也就是直接把被管理者对象化置于客体地位，这往往难免使之在心理上产生反感。如果这样，对方即使不拒绝接纳所灌输的知识信息，也会认定其所拓展的知识，与他没有关系，仅仅是管理者的多事和出于其私自成就事业的需要，把他当工具用。所以，针对被管理者的强行灌输和反复说教式的拓展其所知的努力可能事倍功半，甚至无功。而如果出现这一结果，也就是拓展其所知的管理介入的彻底失败。

六、管理介入的予夺其所需定律

在把握被管理者最看重的价值需求满足基础上，亮出对应给予和褫夺的行为要求，使之形成服从与否的得失预期，是对被管理者的行为选择施加影响的最直接方式。而予夺的价值需求满足条件越是为被管理者所看重，而对应的行为要求越是在被管理者力所能及的范围内，就越是有助于达成管理目的。

拓展其所知是间接影响被管理者的行为选择。予夺其所需，则是直接针对其所希望获得满足的价值需求，对应管理者要求的行为选择方向和方式，设定给予其满足和剥夺其满足的条件约定，把对方看重的价值需求满足变成对方行为选择的依据。所以，它是对被管理者的行为选择施加影响的又一个直接方式。其关键环节有三个：

(1) 对被管理者最看重的价值进行分析，使予夺其所需的予能使之动心，让被管理者不能忽视，也无法忽视得到这一价值需求满足的可能机会；夺能使之痛心，让被管理者不能忽视，也无法忽视失去的这一价值需求满足的可能损失。

(2) 分析确定其满足条件，即对应亮出被管理者力所能及的要求，确定给予和剥夺的个人行为方向和方式标准，使之形成对应于响应与否的得失预期。对于被管理者的行为要求，超越了他力所能及的范围，也就无法使之形成对应预期。

(3) 在沟通确认其预期的基础上，促使被管理者对应预期付出努力，以保证其得，避免其失。与对方沟通确认其预期及其预期的确定性很关键。任何形式和程度的奖惩，如果不能使被管理者形成对应确定无疑的预期，就不会有任何管理作用。

前述三项工作都做到位了，被管理者除了按照管理者的要求调整其意志行为选择的方向和方式，就别无选择。在这里，管理者与被管理者之间达成的是一个交易约定，管理者用其所掌控的资源为被管理者创造价值需求满足的条件，交换被管理者的行为努力。一方面有条件地给予被管理者所看重的价值需求的满足条件，使之为抓住价值需求满足机会而接受管理

图3-7 管理介入的予夺其所需定律内涵示意图

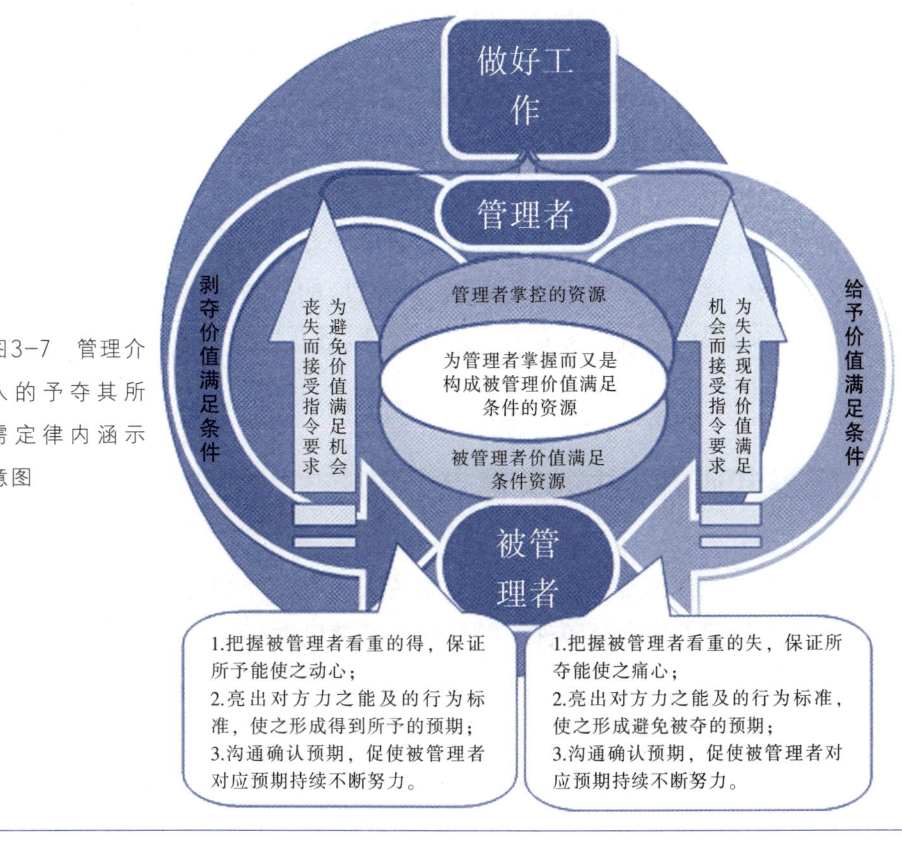

者的指令要求；另一方面又通过约定明确地开出剥夺被管理者所看重的价值需求满足条件的标准，使之为避免价值需求满足机会的丧失而接受管理者的指令要求。双方围绕思考的核心内容主要是为管理者掌控而又是构成被管理者价值需求满足条件的资源，予夺的对象就是这种资源。

从信息的角度分析，这就是通过丰富、增加被管理者行为选择的规律必然信息，使之在其大脑里把行为选择与价值需求满足条件资源的获得与否之间建立确定的关联关系。一旦这种关联关系在被管理者大脑中建立起来，也就改变了他原来行为努力的方向和方式，使之为保证其原有所得价值需求满足，获取原来所无的价值需求满足，把行为选择的方向调整到管理者所要求的方向和方式上来，就成了没有悬念的选择。

惯性思维这一人性弱点在管理实施过程中，就不是起积极作用的一个因素，相反是一个阻碍因素。惯性思维会让人固守原有的行为选择方向和方式，抗拒改变。予夺其所需，就直接是把被管理者惯性思维继续与否的选择置于一定利益关系之上，使之明了不改变相对于他价值需求满足损失的可能后果。这也就是把对方从惯性思维中解放出来，重新思考定义其所寻求的价值需求满足内容。

也正是因为予夺其所需，把被管理者原有的心理平衡打破了，迫使对方重新进行心理压力原因的梳理，一方面对应其行为选择给予其价值需求满足条件，使之形成美好的预期，促使其大脑分泌更多的多巴胺和内啡肽，以从心理上形成积极的情绪。另一方面对应其事先确定的标准，剥夺其价值需求满足条件，使之形成新的心理压力，以调整自己的行为选择。

由以上分析可得到管理介入的予夺其所需定律：予夺的价值需求满足条件越是为被管理者所看重，而对应的行为要求越是在被管理者力所能及的范围内，就越是有助于达成管理目的。

七、予夺其所需实施的关键点

予夺其所需达成管理效果的关键是予夺的对象是被管理者高度看重的价值需求的满足条件，并且没有可替代物，至少其替代性很低。

就被管理者看重的程度而言，不对应管理者所要求的行为方向和方式选择，其被剥夺的价值需求满足条件损失，如果相对较小，被管理者就不会对应做出反应；如果相对较大，被管理者就难以忽略而不得不对应做出反应。其给予的价值需求满足实现机会，如果相对较小，被管理者就不会对应做出反应；如果相对较大，被管理者就难以忽略而不得不对应做出反应。

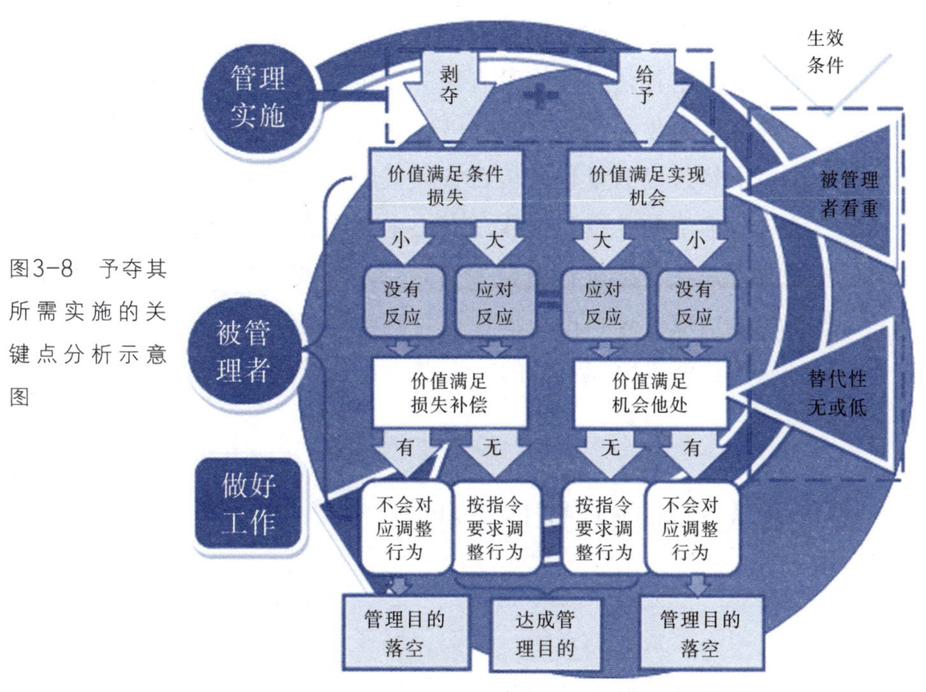

图3-8 予夺其所需实施的关键点分析示意图

这里大小的标准在于改变调整其原有行为方向和方式的损失大小，其值包括四个方面的内容：一是改变调整需增加的精力投入，二是改变调整后造成的原有收益的丧失，三是与原有行为方向方式相伴随的间接损失，四是其行为改变调整带来的主体性转换心理压力，即由于改变而自我否定造成的心理压力。后者虽然难以准确量化，但相对于特定的个人，它也是实实在在的一种损失。比如，自我否定会造成相当长时间的心理不适，包括失眠、烦躁、易怒等。被剥夺的价值需求满足条件损失如果与这四者之和相比较小，被管理者也就不会做出改变调整。给予的价值需求满足实现机会如果与这四者之和相比较小，被管理者同样也不会做出改变调整。但如果把予夺二者统一起来，不对应做出改变调整，就剥夺其价值需求满足条件，对应做出了改变调整，同时还给予一定价值需求满足。如果这二者之和明显大于他改变调整的四项损失之和，他也就会对应做出改变调整。

但有一种情况会使之做出意想之外的选择，这就是他因为有替代性的价值补偿而拒绝做改变调整的选择。这可分为两种情况：一是相对于剥夺的价值需求满足条件损失，如果有人为其价值需求满足损失提供补偿，使之没有损失发生，或者其损失小于予夺其所需的剥夺给他带来的损失，他也就不会改变调整自己的行为选择，而仍然我行我素，拒绝与管理者配合。如果没有外在补偿，他为自身利益最大化计，就只能改变调整自己的行为选择。二是相对于给予的价值需求满足实现机会，如果被管理者在改变调整自己的行为选择之外存在第三种选择，并且其所带来的价值需求满足虽然没有不做改变调整的大，但其他处存在的价值需求满足机会也能为他提供一定补偿，使之没有损失发生，或者其损失小于予夺其所需的给予给他带来的收益，那么他就仍然不会改变调整自己的行为选择。

虽然这里的量化分析在管理实施的过程中不可能把它们输入计算机依项进行准确的计算，但管理者心中必须有这对应数量之间的关联关系思考框架，并在实施过程中至少适时在心里做一粗略的概算。管理的实施所寻求的是达成管理目的，即让被管理者做好工作，如果不在心中对应进行这种概算，就难免让自己的管理努力投入成为没有意义的浪费。

八、管理介入的演化其所是定律

用不容置疑的理论、事实，以及喜闻乐见的艺术形式，潜移默化地转化被管理者原有的价值观念和思维方式，在改变其心理模式的同时，调整其行事习惯，是对被管理者的行为选择施加影响的最持久方式。而越是让人感觉不到对他主体性的侵蚀和剥夺，就越是能达成演化其所是的目的。

对于作为主体性存在的被管理者，强制性地把他对象化，难免使之产生逆反心理而遭受抵制。所以，演化其所是，通过没有让人感觉到的强制，用不容置疑的理论、事实，以及喜闻乐见的艺术形式，潜移默化地转化被管理者原有的价值观念和思维方式，在改变其心理模式的同时，调整行事习惯，以使之按照管理者的要求行事。这就是最有效的管理。老子的“太上，不知有之”也就是这种状态的管理。人们常常指责他人品质败坏、人格低下，是没有分析构成品质和人格的内容。人并没有所谓的贵贱之分，更没有先天的良莠之别。如印度电影《流浪者》所描绘的一样，法官的儿子可能成为强盗，强盗的儿子也可能成为法官。所谓品质或人格，其实就是其遗传基因和背景文化铸成的心理模式。在这种心理模式铸造中起主要作用的是背景文化，但不能否定遗传基因的作用。遗传基因中包含有一种心理密码，超越于自我意识的作用，比如有的人就是喜怒无常遇事冲动不能自制，有的人就是冷静理性，从不会有激烈的情绪表现。后天的背景文化对这种由遗传基因决定的性格特征也有改造的作用，即放大或缩小其表现上的差距，但无法完全改变。而心理模式的构成却直接是价值观念、思维方式和性格特征三个方面的融合。价值观念，是它为主体我提供了事物判断的标准原则；思维方式，是它为主体我提供了思维判断的立场角度；性格特征，是它决定着主体我的行为反应的方式，或急或缓，或冷静或冲动。价值观念、思维方式来自于背景文化，遗传基因决定着性格特征。演化其所是的管理介入是通过强化背景文化的作用，调整改变被管理者的价值观念和思维方式。其所是的是，其内容都是由这二者决定的，性格特征只影响其当下的行为反应方式，并不改变其所是的内容。

演化其所是的实施途径和方法主要有四个：

(1) 强化文化感染。人是社会性存在，因而同时也是文化性的存在，文化的耳濡目染，就会起到重新塑造其所是的价值评价体系的作用，改变其原有价值评价体系。这就是通过组织文化的建设和管理，直接塑造组织共同的价值观念、共同的思维方式、共同的行事习惯，通过行为判断标准的统一，思考问题的立场方法的统一，超越当下意识的习惯行为的统一，以达成协调其行为选择方向和方式的目的。

(2) 提供经历感受。更多的人都持有耳听是虚，眼见为实的信念，所以让对方自己用经验经历进行检验，更有助于他改变其所是。这就是为被管理者提供检验已有价值判断的经验经历机会，检验和证实与他所认定的价值判断相对立的事实的存在，使之自我修正价值判断，进而调整其所是的内容。

(3) 引导理论学习。人也是意识化存在，他会讲理，也服理。所以通过引导理论学习，使之丰富其理的内容，在明理的基础上让对方认理、讲理，并依理行事，使之用理约束其行为选择。

(4) 沟通教诲引导。这就是站在对方的立场上，为了对方自身的利益，与之进行平等的对话，在对话过程中寓教诲于交流讨论中，从而改变其价值判断，并调整其所是的内容。

上述演化其所是的实施途径和方法是否能达成预期的效果，有六个条件约束。这也就是说，如果不满足这六个条件，演化其所是的目的就可能落空。

(1) 内容喜闻乐见。这就是无论通过组织文化的建设实施，还是通过经验经历感受、理论学习、教诲引导，都必须保证在内容上让对方不排斥、不反感、不拒绝。否则，即使不导致排斥、反感、拒绝，如果互不关注，也不可能达成演化其所是的目的。

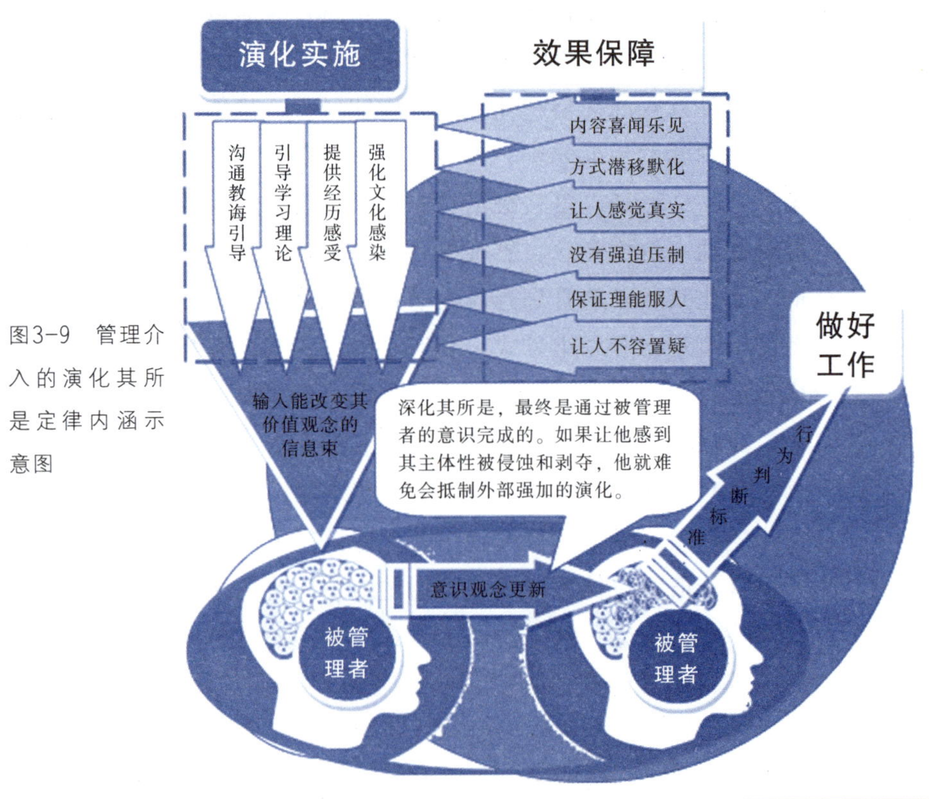

图3-9 管理介入的演化其所是定律内涵示意图

（2）方式潜移默化。这就是在演化的方式方法上强调不能急功近利，追求立竿见影的效果。人的价值判断的转化是一个漫长的过程，也只有和风细雨，春雨润物细无声，才能取得效果。

（3）让人感觉真实。这就是所行所言，必须让对方感到真实无欺。最好用身边都能耳闻目睹的事件、人物为题材，避免牵强附会，把对方认定为子虚乌有的传闻当事实例证。任何让人感到不实的话和事，都会让人感到是在欺骗他。这只会坚定他原有的价值判断，而不是改变。

（4）没有强迫压制。有理不用声高，事实不怕细看。所以在演化其所是的过程中，如果有任何形式的强迫压制，往往都只会事与愿违，让对方更加坚定原有的价值判断，维护其所是，并为其所是辩护辩解。所以在承认对方的价值判断具有一定合理性的基础上，提出让对方认定为更为合理的建议，才能达成演化其所是的目的。

（5）保证理能服人。只要不是无赖，讲理、服理就是其不可或缺的人格构成内容。所以，理能服人就是通过理征服对方，让对方自己从理中得出应该有的价值判断，从而达到演化其所是的目的。

（6）让人不容置疑。这既是相对于理做出的限制，也是相对于事做出的限制。只有让人不容易置疑的理和事，才能使对方从内心达成价值判断的调整改变。相反，如果对方存有置疑，哪怕是任何一点，也都会使之不自主地坚持自己原有的价值判断，导致演化其所是的努力失败。

演化其所是，是在人的意志行为形成过程的反思阶段发挥作用的，所以其演化的过程也就是向对方补充传输规律必然信息和前景可能信息，重构其价值观念体系的过程。在这一过程，文过饰非这一人性弱点会成为演化其所是努力的直接障碍。谁都不愿被人洗脑改造，所以，他会对他原有的每一个价值判断进行辩护。为了解除对方的防御心理，站在对方的立场进行思考，然后推理得出结论，才能达成演化其所是的目的。因为这一过程是对他的心理压力原因进行重构，而心理是他的心理，不从对方的立场角度出发思考问题，就难免是隔靴搔痒。

只要没有让人不得不屈服的压力存在，人都会是其所是，肯定自己认定为应该肯定的，非其所非，否定自己认定为应该否定的。而其所是和其所非又是其大脑里原有信息能提供支持的，即使其大脑里原有信息不能提供支持，他的文过饰非的人性弱点作用也会在其大脑里编出理来，并自圆其说，以让主体我感到理顺心安。因而其获得的信息越是让人感到没有明显而直接的冲突，就越是能与原有信息形成共鸣而接纳。人所接触到的新信息没有让人感到有明显而直接冲突的内容，才能形成一种彼此相互印证的关联关系，这也就是共鸣，也就是他自我感到安慰的一种主体性维护。反之，如果其所接触的新信息有让人感到与大脑已有信息，包括价值观念存在明显而直接冲突的内容，他就会心理紧张，感到主体性的被侵蚀和剥夺，进而千方百计地搜集与之相反的信息，以维护对原有信息的确认。即使完全无法维护对原有信息的确认，他也只是若有所失地勉强接纳新信息所体现的事实，甚至还可能因此患上抑郁症。在此强调的是，演化其所是，只有在保障对方感觉到其主体性没有被侵蚀和剥夺的情况下，才能达成目的。因此有管理介入的演化其所是定律：演化其所是的努力越是让人感觉不到对他人主体性的侵蚀和剥夺，就越是能达成演化其所是的目的。

九、演化其所是实施的关键点

演化其所是的关键是构建强势组织文化。尽管演化其所是的途径有四个，但都可以包含在组织文化的建设和管理之中实施。文化不是言、行、思脱节的游戏，而是体现为共同价值观念、共同思维方式、共同行事习惯的统一行为规则体系，一进入具有强势文化的组织之中，就可直接感受到这种文化的言、行、思统一的美和力量。因此，只有强化组织文化的建设和管理，才能确保达成文化感染的演化其所是作用。

文化可概括为五种性质的存在，即信息的存在、观念的存在、理论的存在、习惯的存在和艺术的存在。五者从不同的方面直接作用于演化其所是的管理介入过程。

首先，文化作为信息的存在，它会作用于被管理者的好奇心，迫使主体我自主或不自主地收集文化信息，直至最后接纳其信息中所包含的行为指令要求，并把这些信息整合到他大脑的信息集合中来。这些信息开始时可能仅仅是混沌的一片，然后会逐渐梳理整合成为形象清晰完整的价值判断和行为选择约束。

其次，文化作为观念的存在，它会作用于被管理者的差别心，迫使其反省为什么其他大多数人的观念会与自己的不同，进而通过从众心理的作用，让他在其他众多成员价值判断及其现实案例的感染和不断反复的强化过程中，不知不觉地转换自己的价值观念，使自己的价值观念与这一社会组织的共同价值观念一致起来。

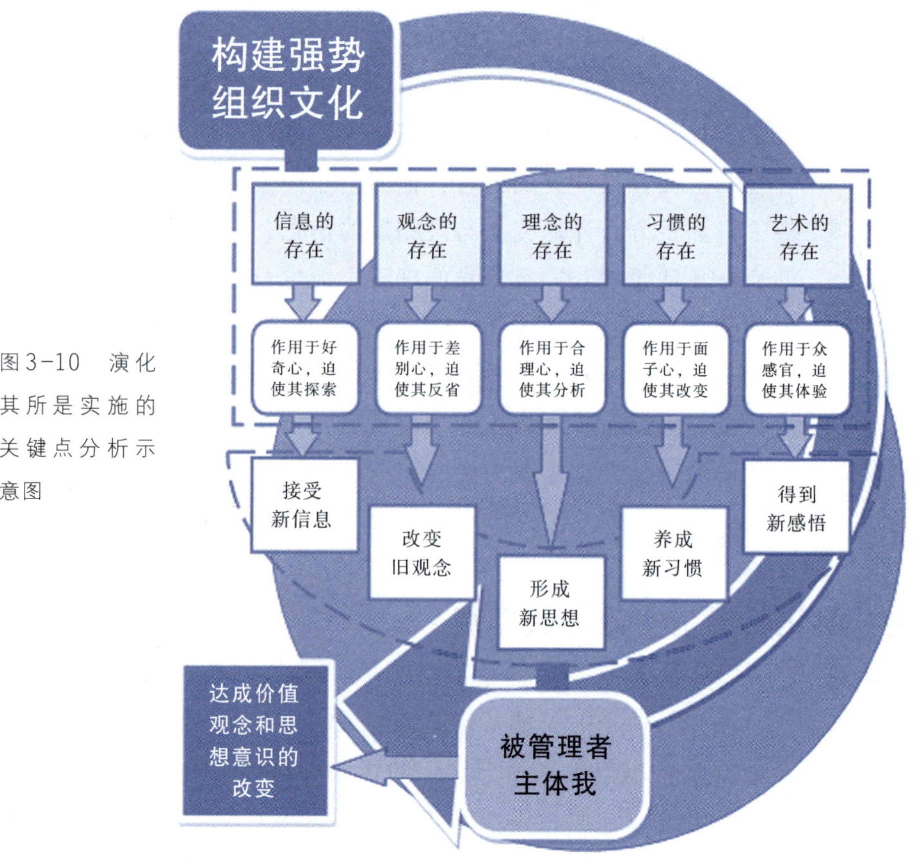

图3-10 演化其所是实施的关键点分析示意图

再次，文化作为理论的存在，它会作用于被管理者的合理心，迫使他分析其合理性，进而以其不容置疑的规律必然信息的形式，在他脑海中扎根，形成自己新思想的内容，从而形成与组织成员所共有的思维方式相同的思维方式。

又次，文化作为习惯的存在，它会作用于被管理者的面子心，使之在从众心理的作用下，反思自己已有习惯的意义，使自己为避免被当作异类孤立出去而迫使自己改变习惯，养成与其他大多数成员的习惯一致的新的习惯。

最后，文化作为艺术的存在，它会作用于被管理者的所有感官，使之在体验艺术所带来的审美快感的同时，形成新的感悟，最后把其所传达的信息中所包含的指令要求内化为自己的行为准则。

通过构建强势组织文化的方式演化其所是的最大意义在于，对被管理者的主体性没有让人感觉到的侵蚀和剥夺，把选择权全面而完整地交给被管理者，使被管理者认定所有的结果都是自己的选择，管理者仅仅提供了一个让他有机会自主做出选择的情境。强势组织文化让其成员接受了新信息，改变了旧观念，形成了新思想，养成了新习惯，获得了新感悟，这也就是演化其所是的目的的达成。

十、管理介入的责人其所履定律

享有组织提供的发展舞台和归属保障服务的权利，与承担为组织的存在和发展做贡献的义务的关联关系，既构成组织外部约束，也构成个人内在约束。在任何一个社会组织中，其成员所承担的义务与其从中获得的权利越是对等，就越是会强化组织整体的外部约束和成员个人的自我约束，就越是能保证管理目的的达成。

人作为一个社会性存在，是无法独立于社会之外存在和发展的，社会是其存在和发展的舞台环境。所以，在人的这一价值需求中，就包含着归属的内容。所谓归属就是与特定社会组织结成相对长久而稳定的联系，以便从这个社会组织中获得生存的安全保障和发展的舞台支持。个人要持续存在于一定社会组织中，获得持久的保护，并从中获得发展机会，是以他对这个社会组织的存在和发展承担对应的义务为前提的，否则，这个社会组织也无法长久持续存在。在此社会组织与其成员之间就结成了一种权利义务关系：获得社会组织提供的存在保护和发展机会，是其成员的权利。与这权利相对应的是，他必须为这个社会组织的存在和发展对应做出贡献，这就是他的义务。倒过来，为其成员个人提供存在保护和发展机会是社会组织的义务，责成其成员为组织整体的存在和发展贡献其所能，则是它的权利。一定个人只要选择留存于这个组织之中，作为其成员享有了权利，也就必须承担义务。只想享有权利，不想承担义务，这就是失责。对于失责行为，这个组织整体及其成员个人也都有权对之问责。责人其所履，也就是根据权利和义务的对等关系，责成其成员履行作为一个成员的职责。

在此，责的基础是组织整体与成员个人都认同各自的权利和义务，并且依照组织成员大多数共同确立的规则承担义务，履行职责，以及对成员个人的履责情况进行跟踪和问责。而且组织整体还必须保证权责相等，同时问责的实施也不能超越组织大多数成员共同确立的规则。义务与权利相等，个人与组织关系中正，组织成员相互之间的关系和谐，组织与成员之间才能结成不离不弃的稳定联系。否则，任何形式的不相等，都可能摧毁这个组织本身。

如果组织整体强迫其成员承担大于其所享有权利的义务，成员个人则会与组织整体之间形成离心离德倾向，并最终逃离这个组织而另谋依托。而成员流失本身就是组织的削弱。如果组织成员对组织所承担的义务小于他从组织存在和发展过程中获得的权利，也就是组织成员个人侵害组织整体利益，其结果同样是组织的削弱。这或者是因为一部分成员对另一部分成员的剥削，这也就难免使组织从内部发生分化而导致组织整体的分裂和解体，或者是所有成员都同样侵占组织整体的利益，组织整体存在和发展的基础也就被挖空了，其最终结果也只能是因为组织整体存在所需资源的匮乏而陷入困境走向消亡。

责人其所履的责还不仅仅是由组织整体或成员施加的跟踪监督和问责惩处，而且包括成员个人的内心自责，即因为对应所享有的权利没有承担义务感到内疚惭愧而形成的心理不安压力。组织整体与成员个人之间的权利义务关系确定，相对于成员个人而言，则是其前景可能信息的丰富和确定。这就使之不得不把履行其义务纳入其所是的内容进行反思判断。因此，为了稳定其所获得的权利，他也就会强化自我约束，以承担至少与其所享有权利基本相等的义务。所以，在任何一个社会组织中，其成员所承担的义务与其从中获得的权利越是对等，就越是会强化组织整体的外部约束和成员个人的自我约束，就越是能保证管理目的的达成。这就是管理介入的责人其所履定律。

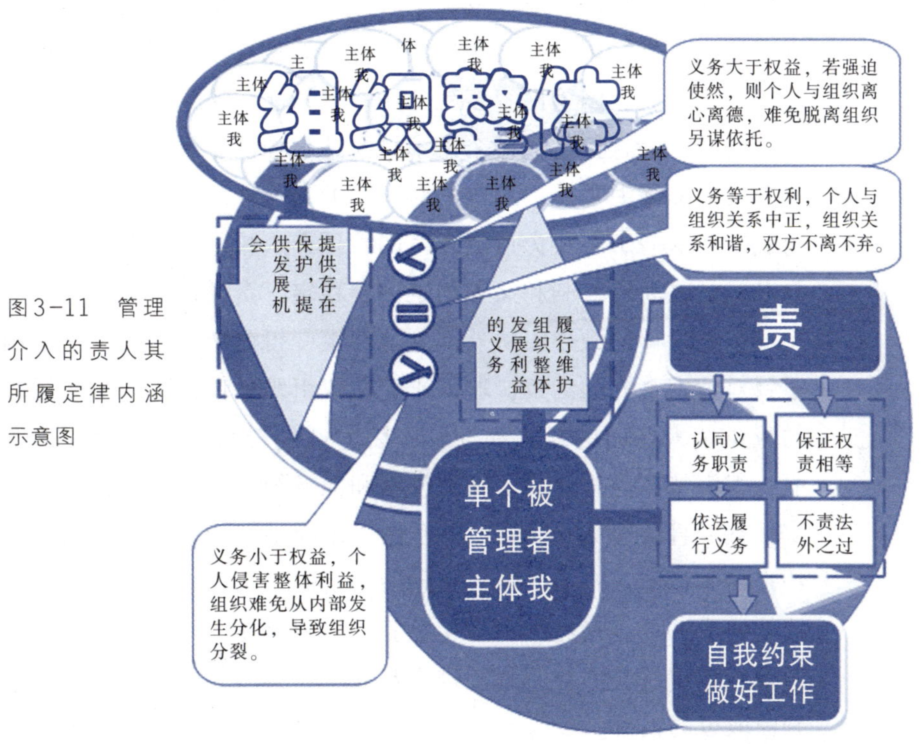

图3-11 管理介入的责人其所履定律内涵示意图

这一管理介入方式在管理实施过程中，具有其极为重要的作用。因为意志多变这一人性弱点的存在，如果没有让被管理者在权责上达成平衡和制约，也就很难保证被管理者的意志努力长久地固化在管理者要求的行为选择方向和方式上。通过这一管理介入，使被管理者达成了心理压力的平衡，他也就会减少见异思迁的跳槽念头，增加对已归属组织的忠诚度。这是组织能在管理过程中发挥工具作用的基础。

十一、责人其所履实施的关键点

保证责人其所履的管理介入效果的关键是组织整体与其成员之间的权利和义务约定明确、稳定，约定过程对等。

组织整体与其成员之间的权利和义务约定明确，是一般要求，不明确就等于没有约定。因而稳定的要求就显得特别重要。如果约定不稳定，这就是约定内容多变。这种约定就仅仅剩下外在的约束了。约定内容多变，成员个人就不可能据以形成行为选择的明确预期。他如果认定约定内容可能调整变化，约定的有效性不存在，因而它就不能作为他确立预期的依据。成员个人也就不会重视这种约定，就会认为反正还会调整变化，就等调整变化之后再说。所以成员个人的内在约束的自责是不会有的，剩下的就是通过主导组织运行的领导人从外部施加约束。但这直接会导致跟踪问责的难度加大，因为内容多变的约定，只能由决定这一变化的人的意志决定。其结果又直接是成员个人不接受约定的内容，跟踪问责的实施除了一团和气的和浠泥之外，双方的对立和冲突往往就难免了。这也就是针对我行我所是这一意志行为形成环节的管理介入失败。因为：一方面组织整体与其成员之间的权利和义务约定内容稳定，责的依据才稳定，因而才能让主导组织运行的领导人从外部施加约束变得简单。否则，这种约定就变成了针对特定个人的约束，这就难免造成组织整体或主导组织运行的领导人与成员个人之间的对立和冲突，因为区别对待中总包含有歧视。另一方面，组织整体与其成员之间的权利和义务约定内容稳定，才会让人形成约束兑现的直接经历和间接经验。因为组织整体与其成员之间的权利和义务约定内容稳定，自己或他人超越所约定的约束，必然会受到责罚，这种责罚就构成一种直接经历和间接经验，组织整体与其成员之间的权利和义务约定内容也就会因此而直接进入被管理者其所是的范围，成为他行为选择判断取舍的根据。

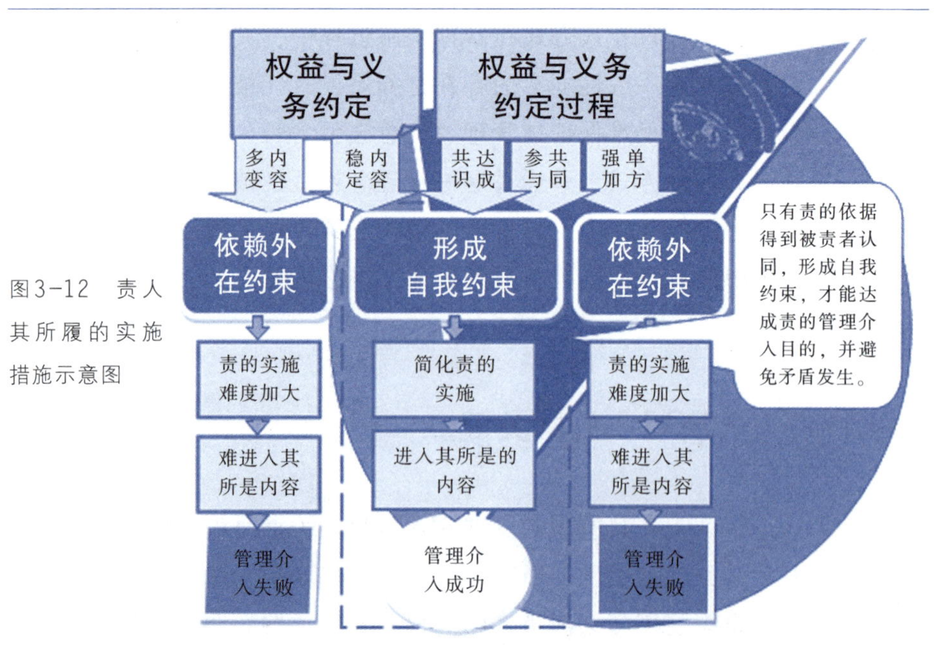

图3-12 责人其所履的实施措施示意图

就组织整体与其成员之间的权利和义务约定过程分析，如果主导组织运行的领导人和普通成员个人共同参与并达成共识，则与约定内容稳定具有同样的作用，并且还有强化这种作用的作用。自己参与制定并且自己也认同的约定，也就是主体我的自主选择，所以会自然而然地进入其所是的内容之中。自主决定就是主体我是我所是，是遵循自己确定为应该如此的要求。如果仅仅由于主导组织运行的领导人的单方面决定，排斥普通成员个人对约定形成过程的参与，其结果也就与约定内容多变一样，会阻碍约定内容进入成员个人其所是的内容范围。没有主体我的参与和认同，就是外部强加的约束。任何一个主体我都很难容忍他人把意志强加于他。这种强加在他没有选择的情况下或许能暂时容忍，因为为了自身利益最大化计，会勉强选择接受。一旦有了选择的余地，他也就不能再容忍了，他不仅不会接受它、遵循它，而且会直接弃之不顾而我行我素。这样也就是这一管理介入的失败。

十二、管理途径定理

管理的实施越是能调整改变被管理者的预期，就越是能影响其行为选择，就越是能保证达成管理目的。

所谓管理途径，也就是管理实施达成管理目的的通路或办法，揭示的是管理目的达成如何可能的问题。任何一个被管理者都不是管理者的四肢，而是独立于其外的主体性存在。要通过他做好工作，首先就必须找到管理者与被管理者意志联通的通路。没有这种通路的联通，管理者与被管理者之间就只能是不相干的路人，谁也不会持续特别地关注对方，更不会调整改变自己的行为以协调与对方之间的意志关系。管理介入公理就是对联通二者之间的意志通路的概括。对应被管理者意志行为形成过程的管理介入的五个点，揭示了管理者与被管理者之间达成意志联通的五个对接点。它就像电网连接的搭火点。在电网上传输的是电，在管理活动的两个主体之间联通传输的不是电，而是预期。这就是主体我只要按照对方的意志选择行为的方向和方式，就一定能保证自己的意志得以实现，这二者之间的关联关系在其心中就是确定无疑的。所以，它也可以形象地描绘成电。在两个不同的人之间对于对方的预期相互联通，达成共识，即双方对于对方行为的预期都满意，被称为触电，就是这个道理。并且决定一个人的行为选择方向和方式的也直接是预期，主体我此时此刻的感受并不起主导作用。春秋之季露天游泳，初入水中会感到很凉，但在一般情况下，人们都不会因为初入水中的凉而退却逃离。就是这个道理。因为游泳的惬意、健康的收益预期会把他留在水中。所谓管理途径定理，也就是对人的预期与管理目的达成之间的稳定联系的归纳界定。其内容可表述为：管理的实施越是能调整改变被管理者的预期，就越是能影响其行为选择，就越是能保证达成管理目的。这里的预期也就是行为主体对于其行为所能达成的价值需求满足的预测性判断。所谓调整改变被管理者的预期，就是通过特定情境的设计构筑，使被管理者对其行为所能达成的价值需求满足的预测性判断作了调整改变，形成了新的预期。

根据管理介入公理，管理的实施只能对应其意志行为的形成过程，通过设计其所急、拓展其所知、予夺其所需、演化其所是、责人其所履等五个环节介入被管理者意志行为的形成过程，才能达成管理目的。管理介入的五个环节与被管理者意志行为形成过程中的五个环节扣合得越紧密，管理实施的效率就越高。管理介入的五个环节，任何一个都直接作用于被管理者的预期确立过程，其预期的确立过程也直接是他的意志行为形成的过程。在他的意志行为形成过程中，我行我所是、我是我所需、我需我所知、我知我所急、我急我努力五个环节，都与预期的确立和预期的内容相关。我行我所是，是把主体我的行为努力持续的预期与其价值观念进行对比判断，确定有无偏差；我是我所需，是把主体我的价值判断与其所寻求的价值需求满足最大化预期进行对比判断，确定有无偏差；我需我所知，是把主体我预期通过努力可能得到的价值需求满足与综合大脑所储存信息可能得到的最大价值需求满足进行对比判断，确定有无偏差；我知我所急，是把主体我对于预期中的不确定性因素所带来的心理压力转化成消除不确定性的求知行为；我急我努力，是把主体我所预期的价值需求满足危机变成机会，把所预期的价值需求满足的机会变成现实。五个环节无一不与主体我的预期的确立和内容关联。也正是由于主体我的意志行为形成过程与预期的这种关联关系，通过管理介入，对应改变其预期就与达成管理目的关联起来了。

这一定理有三个要点：

(1) 管理的实施必须以调整改变被管理者的预期为切入点。

调整改变被管理者的预期是管理实施的活动主线，所有的努力都必须归结到这一点上来，没有对方预期的改变，也就不会有其行为选择的改变，也就不会有管理目的的达成。如果管理的实施背离了对被管理者的预期的调整改变，本身就只能是南辕北辙。主导人的行为选择的是其预期，所以也只有由此入手才能有效和见效。忽略或不关注对方的预期，管理的实施也就是无的放矢。根据意志行为的我行我所是定律的分析，在其行为已经发生之后，主体我总会反思其合理性，并通过反思再决定是否延续。当且仅当反思确认了其合理性的行为才会延续。预期和行为之间的关系就是这一反思的重要内容。反思也就是对已有行为选择与预期是否发生了背离进行比较判断，其内容直接是对预期与行为之间的关联关系的性质和紧密程度的确认。已有的行为选择不能达成预期，就必须对其行为进行再选择。新的行为的形成也是同样的道理。根据管理介入的设计其所急定律的分析，如果不能设计构筑一个能立刻使被管理者形成强大心理压力和情绪冲动的情境，也就无以立即改变其行为选择。所以，所设计的情境越是让被管理者感到其所看重的机会可能会稍纵即逝，所痛心的损失可能瞬间降临，就越是会使之立刻行动，为抓住机会和避免损失而选择按照管理者要求的行为方向和方式努力。那么，管理的实施让被管理者调整改变预期，也就不能仅仅是他意识到价值需求满足机会可能稍纵即逝，而且是他已认定如此。所以，他也就只能立即行动，采取补救措施，以抓住即将消失的价值需求满足机会。所以，这一要点成立。

(2) 管理的实施对被管理者的预期的调整改变越大，对其行为选择的影响就越大。

如果管理的实施，不能对其预期有所调整改变，他也就不会有对其行为选择的调整改变，这也就意味着他是我行我素，依旧按照他过去的思路和方式行事。根据意志行为的我是我所需定律的分析，能被确认和肯定的就一定是当时被认定为最有助于主体我有、能、善三类价值需求满足的行为，其目标是获得主体我存在和发展最欠缺之物。而主体我有、能、善三类价值需求的满足也就是预期中的一个方面的内容，即行为努力的可能结果。主体我存在和发展最欠缺之物也正是主体我确立预期时必须紧密关注的内容。认定为最有助于主体我有、能、善三类价值需求满足的行为，也就是已有行为选择与预期的行为努力的可能结果关联关系密切无间。根据唯我利己的自我肯定定律的分析，任何一个人的行为目的都只是寻求自我肯定，超越于自我肯定的利人行为是不存在的。这是在期望与行为之间形成关联关系的基础。任何人的行为目的都只是寻求自我肯定，预期也就是对于自己某种行为与自我肯定的内容和数量之间关联关系的确定性判断。因为要达成其预期的结果，也就必须有某种对应的行为努力。如果行为努力方向和方式与预期背离，那就不是自我肯定，而是自我毁弃。所以，这一要点成立。

(3) 管理的实施对被管理者的预期的调整改变越大，促使被管理者做好工作的可能性就越大。

管理实施达成对于被管理者的预期的调整改变，不是管理者把自己的意志强加给被管理者，而是通过构筑能让被管理者有所感触的情境，引导被管理者分析判断提升其价值需求满足的可能，计量确定其价值需求满足的总量大小，并在这种分析判断和计量确定的基础上，自主进行其意识范围内的最合目的性选择。根据管理介入的予夺其所需定律的分析，在把握被管理者最看重的价值需求满足基础上，亮出对应给予和褫夺的行为要求，使之形成服从与否的得失预期，是对被管理者的行为选择施加影响的最直接方式。而予夺的价值需求满足条件越是为被管理者所看重，而对应的行为要求越是在被管理者力所能及的范围内，就越是能达成管理目的。而为被管理者所看重的，才能对被管理者预期的调整改变具有直接作用。而管理的实施让被管理者调整改变了预期，即直接认定原来确定能实现的价值需求满足，不对应进行行为选择的调整改变，变得不确定了，原来认定不能确定是否能实现的价值需求满足，只要对应调整改变行为选择，不仅变得可能，而且变得确定了。他也就会毫不犹豫地对应调整改变其行为选择。根据意志指向定理，任何一个人，只要身心健康，他的任何一个行为，其意志目标都只是指向最大限度地保证自我肯定目的的达成和主体性受损风险的避免。所以，这一要点成立。

管理学第四公理

管理成事公理

一、管理成事公理的内涵

管理的目的就是通过他人做好工作。但是，如果不为他人全面创造出能力素质、意志意愿、热情耐心、资源支持、评价标准、程序方法六个条件，是难以达成目的的。因此，这六个条件平衡满足的程度越高，通过他人做好工作的确定性就越高。

管理的目的就是通过他人做好工作，保证被管理者按照管理者所寻求的成就事业的整体要求，在内容、数量、质量、时间、地点上都没有任何相违，这也就是达成管理目标。但是，要让同样是主体性存在的他人做好工作，却是有条件的。这条件既有他人主观方面的条件，包括能力素质、意志意愿、热情耐心三个方面，也有客观方面的条件，包括资源支持、评价标准、程序方法三个方面。这六个方面作为一个整体，直接构成通过他人做好工作的条件。在这六个条件中，任何一个条件的不满足，都会使能否让被管理者做好工作变得不确定。下面分别论述这必备的六个条件。

(1) 能力素质条件。对于任何一项工作，仅仅想做好，还远不能保证能做好。只有被管理者具备做好这一工作的能力素质，并且又愿意付出努力，才可能把这一工作做好。这种能力素质包括心理特征、知识结构、技能水平和体能状况四个方面的内容。只有这四个方面的实际，与所指派的工作完全相适应，被管理者才有可能做好这一工作。能力素质条件是做好工作的前提条件，被管理者不具备相应的能力素质，单有一种美好的主观愿望是没有用的。并且这种能力素质，是一种硬约束，不具备就是不具备。如果没有充分多的时间让被管理者通过学习和修炼，提升其能力素质，让他把所指派的工作做好，就是绝对不可能的。

(2) 意志意愿条件。被管理者只有具有把所指派工作做好的意志动因，在主观上想做好，并愿为做好付出努力时，才可能做好。这也就要求通过一定的方式，把被管理者本来没有确立为寻求目标的内容，转化为被寻求的目标，至少转化成他所寻求的一种间接目标，使他明确地感觉到，做好这个工作也是他自己的意志意愿。要做好任何一项工作，哪怕是很简单的工作，就像擦桌子这样的简单工作，如果做工作的人，没有想到要做好，也不愿意付出努力，那么，桌子不擦也就不可能自己干净。正是从这个意义上讲，意志意愿条件是通过他人做好工作的重要条件。

(3) 热情耐心条件。只有保证他人在做好工作上具有稳定的意志意愿，并持续不断地进行努力，才有可能把工作做好。而任何一项工作，只要反复的次数多了，延续的时间长了，就不免会使人的兴奋点转移，热情下降，意志松懈，进而导致要求的放松，努力程度的降低。这就不免导致本来很容易做好的工作，也难以做好。而现实中，工作一蹴而就的少，像捎手帕一样简单、轻松地一次转手就完成了是不可能的。更多的是不仅要付出不懈的努力，而且还要克服工作中可能出现的种种艰难险阻，甚至还要蒙受挫折。这就必须有不断的内在激励和外在激励，维持其热情耐心，稳定其意志指向，使被管理者形成坚忍不拔的毅力。

(4) 评价标准条件。对做好工作的好的标准，必须事先有明确的界定，使管理者和被管理者双方都明确。对这特定工作进行评价判断的尺度是什么，怎样才算是好，怎样是不好必须有明确的标准界定，以让被管理者有努力的方向，使之自我评价其工作成效的好坏成为可能，进而使之能方便地把握工作完成的进度。如果没有事先约定的评价标准，被管理者仅仅通过自己的猜度和想象进行界定，这就不免与上司主管的要求发生背离，甚至南辕北辙，使本来完全可以做好的工作最终受挫，达不成目的。在现实中，人们总是想当然地假定下属员工完全明白这个好的评价标准，但往往他们自己也不甚明了。在对下属员工的工作绩效进行考核时，总是因为没有明确的评价标准而导致争议和内部关系的不和谐。如果是这样，即使不会影响员工已完成的工作，也会因为考核评价不公正、不公平、不客观、不准确、不全面而影响他们对下一工作的努力程度。

(5) 资源支持条件。做好工作必须具备相应外部资源的支持，其内容包括材料、场地、设备、工具及人员配合等等。这其中任何一项的缺少，都会使做好工作成为不可能，至少会没有效率。所以，任何一项工作，无论是简单还是复杂，都必须对应于做好工作所需资源授予支配、使用权。巧媳妇难为无米之炊，更是难为无锅之炊。而且授权提供的外部资源支持，还必须与工作本身的要求相适应，任何差缺都会影响工作的效果。外部资源条件不具备，或者不充分，这不仅会增加做好工作的困难程度，而且可能直接降低员工做好工作的信心，使之产生挫折感。要让下属员工发挥主观能动性，但也必须有发挥主观能动性的外部条件。

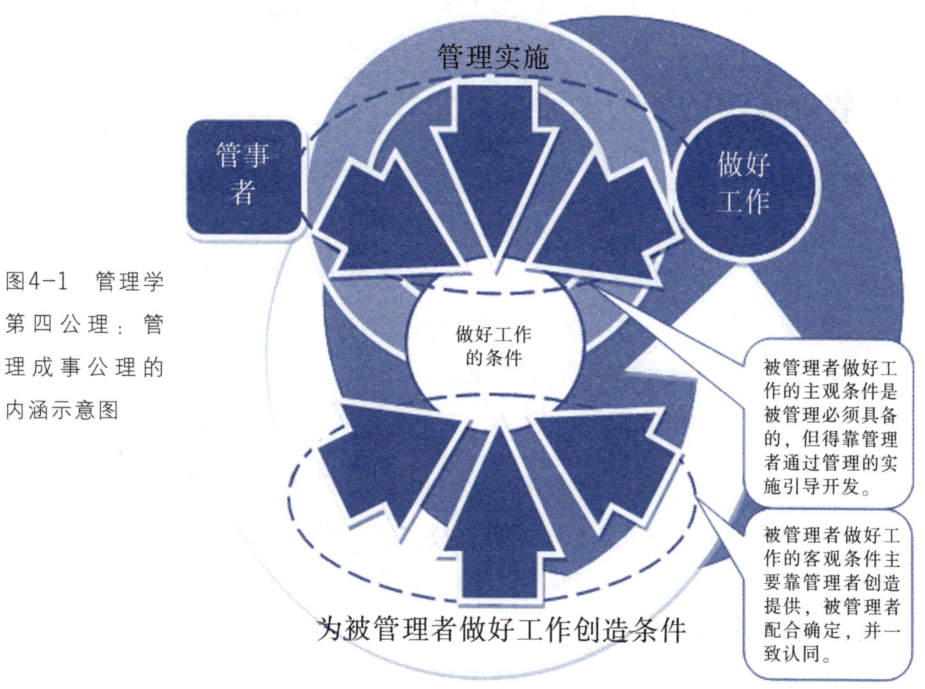

图4-1 管理学第四公理：管理成事公理的内涵示意图

(6) 方法程序条件。做工作的人必须清楚，运用什么样的方法程序才能圆满地完成工作。这一条件与能力素质条件有联系，但不完全相同。有能力素质并不等于对具体工作的方法程序都有全面完整的把握，而完成具体的工作却必须明确具体的方法程序，才能保证其效率。被管理者有对应的能力素质，事事都让他自己探索，寻求完成工作任务的方法程序，这难免会降低效率。所以，做好工作的方法程序，无论现任岗位员工是否已全面把握，都必须事先做出界定。被管理者尽管可以通过改革创新找到更好、更有效率的方法程序，但事先界定的方法程序可起到对他的改革创新效果的约束作用。任何人都可以在做事的方法程序上创新，但必须保证能比事先约定的方法程序投入更少、效率更高，才有意义。

以上六个条件，是一个整体，缺少任何一个方面都不可能通过他人做好工作。在现实中之所以下属员工会有工作失误，都是因为上司主管没有全面完整地为下属员工创造出做好工作的六个条件。如果要具体地定义什么是管理的话，为下属员工做好工作创造出对应的六个条件就是管理。所以，他人做好工作的这六个条件，平衡满足的程度越高，通过他人做好工作的确定性就越高，管理目标达成的效果就越好。这六个条件之间的关系也适用木桶理论，仅仅有某一个长板是没有用的，在这六个条件中，仅仅某一个条件特别优异，也没有用，做好工作是这六个条件的共同作用结果。所以，这里特别强调平衡满足。

二、管理成事的能力素质条件定律

尽管能力素质主要决定于工作承担主体本人的学习努力，但是否与所指派工作相适应，却决定于选人、育人规则的健全程度。所以，组织运行规则中选人、用人、育人内容越全面，越具体，就越能保证任岗员工的能力素质与其工作要求相适应。

能力素质是他人做好工作的主观前提，是工作承担主体对应工作必须有的心理特征、知识结构、技能水平和体能状况四个方面的内容的概括。这种能力素质并不是抽象的，也不是普天之下要求一致的一个统一标准，而是与其所承担的工作相对应的。是否具备其能力素质，是相对于所承担工作的要求而言的，超越于其所承担的工作，就无法评估其能力素质是否恰当的问题。所以，尽管它是被管理者个人应该具备的，但他进入岗位履职之前，也不可能自我做出准确的评估。不知道对做好工作的要求，就不可能知道自己的能力素质是否与之相适应。即使知道了做好工作的要求，往往还有一个能否对自身能力素质做出恰当评估的问题。现实中也不是每一个人都有自知之明，不自知者就难免在能力素质上做出高于或低于自己实际的评估。因此，被管理者的心理特征、知识结构、技能水平和体能状况这四个方面是否与所要做的工作相适应，就直接与所对应的管理规则健全与否相关。

首先，被管理者知识结构能否与其工作相适应，主要靠招聘任用把关，其保障主要在于组织规则中选人、用人的内容全面、具体。知识结构是能力的基础，其内容是由做好工作所需的基础知识和专业知识构成的。如果不具备它，其工作就无从入手。相对于新入职员工，其知识结构是否与工作要求相适应，在选聘时只要把好关，是不难保证的。相对于调升转岗任职人员，强化培训学习，使之获得也不难做到。任用是否能坚守住不具备就不任用的原则是关键。这个原则能否坚守住，又取决于组织是否确立有严密而完善的晋升选拔规则。如果没有规则，用人随心所欲，失误地任用其知识结构与工作不相适应的人员也就在所难免。

其次，被管理者技能水平能否与其工作相适应，主要靠岗前、岗中培训把关，其保障主要在于组织运行规则中育人的内容是否全面、具体。技能水平直接是能力的体现，会与不会难以作假，它由做好工作所需的经验、技巧构成，不具备它就无法做好工作。如果没有实践历练，个人很难自主获得。所以岗前、岗中培训是关键。如果没有其规则管控，把挖墙角引进应急人才当成常态措施，所需技术性人才捉襟见肘，造成事业发展瓶颈，也就难免。

再次，被管理者心理特征能否与其工作相适应，主要靠选人、用人把关，其保障也在于组织运行规则中选人、用人的内容是否全面、具体。心理特征是个人素质的核心内容，它由做好工作所需的性格特征和心理状态构成。比如其过程与结果之间存在较大不确定性的销售工作，就只能由抗挫折心理能力强的人承担，否则就难免被一而再地被拒绝挫折击倒退却而中断。而有无这一心理特征又是由文化背景和遗传基因共同作用形成的，在短时间内是难以改变的。尽管组织运行规则健全，对它的形成能起到造就和弥补的双重作用：即一方面组织规则健全可稳定成员的预期，使其行为模式化，进而由行为模式化沉淀为对应的心理特征；另一方面组织规则健全还有降低工作对岗位员工心理特征依赖的作用，在规则之内活动，工作按程序进行，不会存在心理特征严重不适应的问题。

最后，被管理者体能状况能否与其工作相适应，主要靠选人、用人把关，其保障与组织运行规则中选人、用人的内容是否全面、具体相关。体能状况是个人素质的载体，它是由做好工作所需的身体状况要求构成的，不具备它工作就难以保证持续和最终完成。它是否与工作要求相适应，尽管不能说是一目了然，但很容易通过面试准确把握。所以，无论是新入职，还是转岗升任，只要有测试选择的规则程序把控，就不会有不相适应的问题发生。

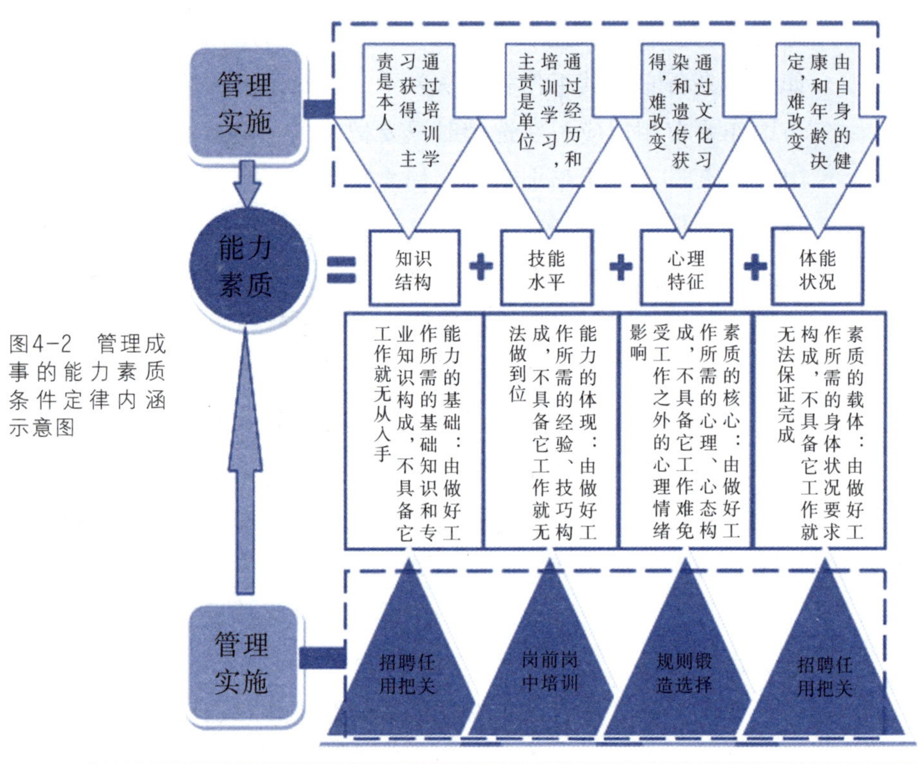

图4-2 管理成事的能力素质条件定律内涵示意图

在此讨论的能力素质的四个方面的内容，都强调的是适应，而不是更高或最高，即其所拥有的这四个方面的素质与岗位工作要求相比，既不能低也不能高。低则无法保证他做好工作，高则会让组织付出过多的劳动成本。高素质的人才会要求更高的工资待遇，并且还往往难以使之形成对所在组织的归属感和忠诚。大材小用，让他不满而离心离德是不言而喻的。由此可得到管理成事的能力素质条件定律：组织运行规则中选人、用人、育人内容越全面，越具体，就越能保证任岗人员的能力素质与其工作要求相适应。

三、混淆心理特征与人格品德的偏颇

在人的能力素质构成的四个内容中，心理特征具有特别的地位，一是它对做好工作影响特别大而又难以确定其影响方式；二是它具有相当大的刚性，改变很困难；三是对它的评价不容易明确，往往不同的评价者可能给出性质截然不同的评价；四是无法量化，只能定性地分析判断。正因为它的这些特性，很多管理者把它定义为人的人格品德。如果发生因其心理特征上的原因导致工作出现差迟，往往都会被其主管甚至同事指责为人格品德缺陷。这是管理实施的一个重大偏颇。

人的心理特征的形成除了遗传和人格形成期的幼年、童年特别经历影响之外，就主要是管理者的管理行为不当造成的。在管理实施上没有规则或者规则存在缺陷，是导致被管理者的心理特征发生恶变的主要原因。其演变过程经过以下八个步骤，一个优秀员工也可能被毁掉而变成人格品德低下的不耻者：

(1) 管理实施没有规则或者规则体系存在缺陷漏洞，被管理者发现有空子可钻，通过钻空子找到了不付出而得利的偷懒、占便宜的机会。

(2) 被管理者不付出而得利的偷懒、占便宜的机会变成现实，在此他会因为可以不付出努力和贡献就享有价值需求满足而感到惊喜。

(3) 被管理者从意外惊喜中得到启发，原来还有无须付出就可享有的免费午餐。受免费午餐引诱、鼓励，他感到要获得现有的价值需求满足，不必再作努力和付出或者少作努力和付出。

(4) 被管理者的心理关注点聚焦于意外之喜，开始把更多的精力用于免费午餐的寻求和等待，只享有利得好处，不付出努力的投机心理在他心里逐渐形成并固化下来。

(5) 被管理者心理发生扭曲，放弃对应所获得的价值需求满足的正常努力，一心只想图谋获得不付出努力而只享有利得好处的可投机机会。

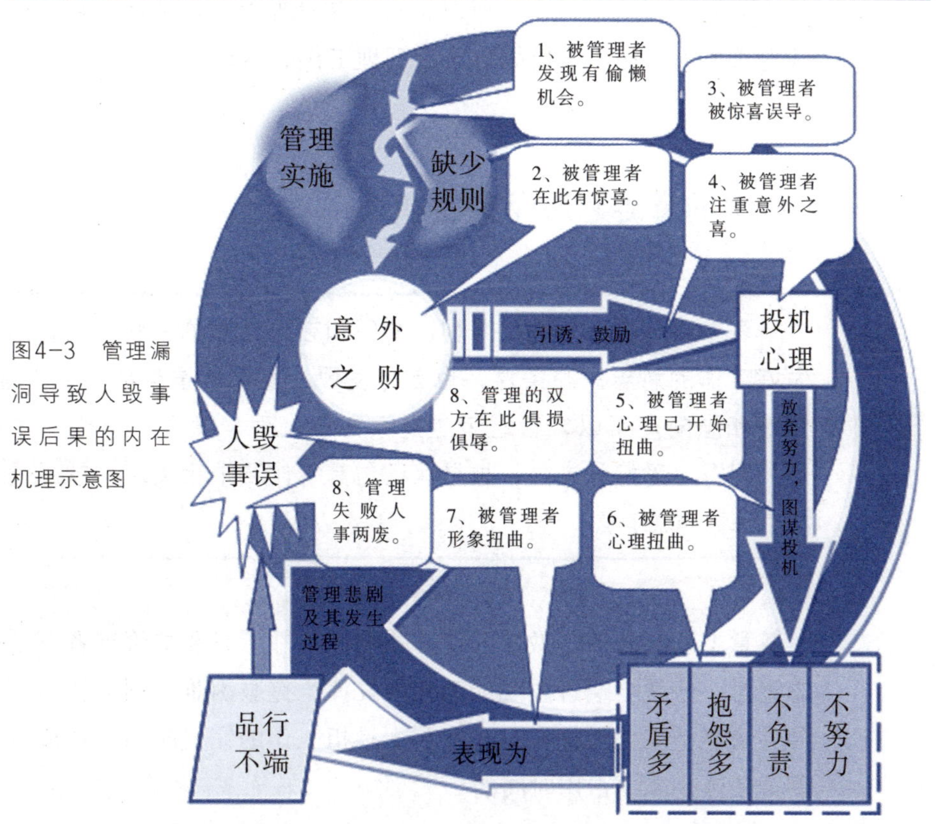

图4-3 管理漏洞导致人毁事误后果的内在机理示意图

(6) 被管理者工作不再努力、不再负责，相反占不到便宜反而不满，甚至牢骚满腹，认为是所有人对不起他，与其他人关系越来越不和谐。他的心理被彻底扭曲了。

(7) 在被管理者心理被扭曲的同时，其形象也扭曲了，因而被同事和管理者认定为品行不端、人格低下的低劣员工、低劣同事，耻于与之为伍，使之孤立而使其心理更加扭曲。

(8) 管理失败，管理目的没有达成，没有通过被管理者做好工作，被管理者也被这种不付出努力而只享有利得好处的可投机机会引诱毁掉，被众人当成人格品德低下的不耻者。

而管理的实施如果有明确的规则，并且规则系统完整没有漏洞，这种规则就有改造人的心理特征的作用。因为人的行为选择是由其对未来行为选择与行为后果的关联关系所构成的预期引导的，他的预期直接作用于他的行为选择。如果他预期有无须付出就可享有的免费午餐，他就绝对不会努力工作，做与其价值需求满足相对应的付出。如果他预期不付出就没有其所寻求的价值需求满足，他就会严格约束自己，努力工作，用一份贡献换取一份自己寻求的价值需求满足。所以，即使被管理者的心理特征中存在有不良成分，也是管理者的责任，是其管理实施的工作有缺陷，没有在管理规则的完善上努力。所以，对于被管理者心理特征中存在的毛病也不能怨天尤人，而应该反思自己的管理工作的不足。

四、管理成事的意志意愿条件定律

意志意愿是由兴趣、得利、爱好和志向支撑的主观动因，为他人创造做好工作的意志意愿条件，也就是发现、发掘、重构他人的兴趣、得利、爱好和志向。所以，管理者越是致力于发现、发掘、重构下属员工的兴趣、利得、爱好和志向，越是保证与其工作要求相关联，就越能激发其做好工作的意志意愿。

意志意愿条件是做好工作的关键性条件。只要被管理者有了强烈的意志意愿，他就会通过主观能动性的发挥，克服困难，创造暂时不具备的条件并最终把工作做好，至多在首次承担工作的完成时间上造成延时，因为创造条件是需要占用时间的。

意志意愿也不是神秘不可测的东西，它直接是由兴趣、利得、爱好和志向支撑的主观动因，这四者既可作为一个整体共同推动主体我发挥其能力素质作用，也可单独作为驱动力推动主体我发挥其能力素质作用。没有这一驱动力，他人不想做好所指派的工作，这个工作无论多么简单，也难以保证做好。因为他不愿做的事，总可以找到做不好的理由。所以，指派他人承担某一工作，只有当他有做好工作的强烈意愿时，才有可能做好。但意志意愿在此仍仅仅是必要条件，远非充要条件。

兴趣、利得、爱好和志向是被管理者自身所拥有的，但也不是天生的，也不是一成不变的，被管理者是否具有支撑其积极努力做好工作的意志意愿的兴趣、利得、爱好和志向，都直接与管理的实施相关，或者说，它们更多地依靠管理的实施进行引导、开发而形成。

其一，兴趣是由主体我天生的好奇心激起的心理关注构成的，它让主体我感到有趣，但其本身往往稍纵即逝。而只要是兴趣所在，精力投入，只要不超越极限，就不会有疲劳感；资源投入，只要不超越其承担能力，就不会怜惜。所以，只要是与兴趣相吻合的工作，其做好工作的意志意愿也就包含在其中了。因此，通过新闻策划，制造一些与希望形成兴趣相关的新闻，并不断重复传播，以引导被管理者天生的好奇心，使之不自主地关注所希望形成的兴趣的行为事件，也就激起了相应兴趣。从心理学分析，这也就是通过不规则的感官刺激，强化新闻事件在其大脑里的信息关联融合，使之与已有相关信息形成稳定的联系。从神经心理学分析，这就是让主体我在大脑里维持长久的兴奋，不断分泌内啡肽神经递质，把基于好奇心的关注变成自己参与其中的兴趣行为。

其二，利得是由主体我的生存和发展所需的资源及其转化物构成的，是主体我存在和发展的依据，因而是人都会看重它。人生碌碌，一生都是在为追逐它、积累它而奔波。而只要有利得，并且这一利得又是其所看重的，他也就会为获得这一利得而投入精力，直到临近和超越极限，感到疲劳无法再继续时才会终止。在此的资源投入，则是其利得的一种转换，是用原有的利得置换更为看重的利得。所以，只要不造成其紧缺危机，就不会怜惜。所以，只要工作之后能获得其所看重的利得，其做好工作的意志意愿也就包含在其中了。但是，由它构成做好特定工作的意志意愿，往往受制于工作努力的利得与其工作努力的付出二者的比较形成的余额差距。当前者大于后者，他才会形成稳定的意志意愿；当后者大于前者，他就不可能形意志意愿；当前者与后者大体相等，他有可能形成意志意愿，但不会稳定。所以，这也就是在行为努力与其所寻求的价值需求满足之间建立稳定贯彻且不容置疑的对应规则，使之形成工作努力的利得大于工作努力的付出的预期，以利得为基础的行为驱动机制才能构成。

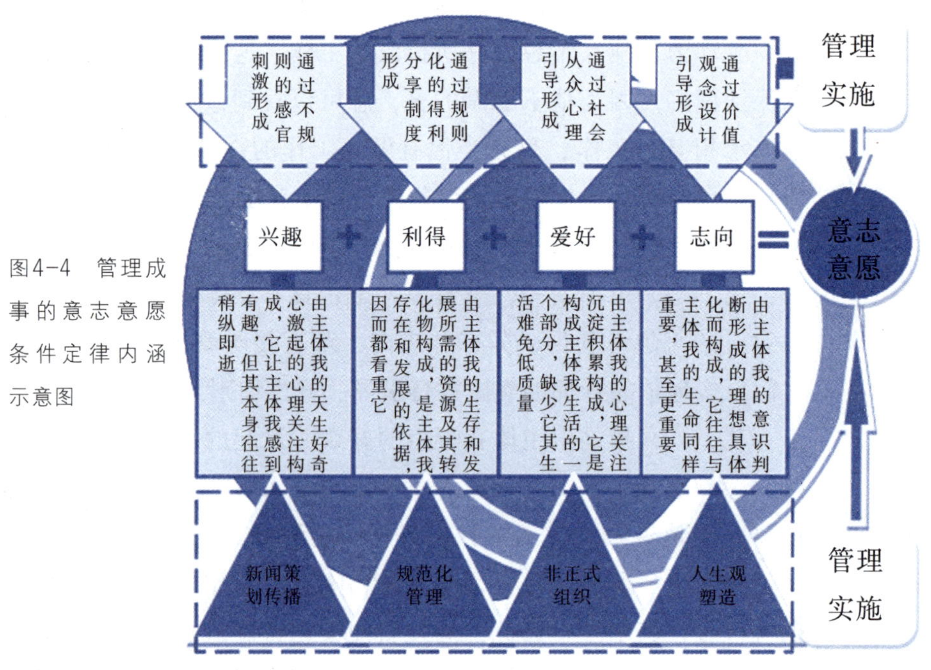

图4-4 管理成事的意志意愿条件定律内涵示意图

其三，爱好是由主体我的心理关注沉淀积累构成的，是构成主体我生活的一个部分，缺少它其生活难免低质量。从心理学的角度分析，它是一种意志黏附心理，即因为主体我的心理关注长期锁定在特定对象上而形成的爱的情感，使意志目标黏附到爱的对象上难以移动。它是直接构成主体我生活的一个部分，一个人如果没有爱好，其生活就会显得灰暗。如《庄子·田子方》中所言："夫哀莫大于心死，而人死亦次之。"没有爱好，也就是情感支撑不存在了，这就是心死。爱好与兴趣有关，但不相同。一定兴趣长久地集中于某一活动上，这一活动也就由一时的兴趣变成了爱好。爱好甚至是终生相伴的，并且人生只有爱好丰富，生活才会丰富。而只要是爱好所在，精力投入只要不超越极限，就不会停息；资源投入，只要不超越其承担能力，就不会停止。所以，只要是与爱好相吻合的工作，其做好工作的意志意愿也就包含在其中了。因此，通过非正式组织的建立和引导，让被管理者通过本身固有的社会性驱动他自主地参加没有强制约束的非正式的组织——自由组合的小团体中去，相互交流，集体活动，通过社会从众心理引导，在所组织的活动上形成持久的兴奋点，并逐渐把兴奋相对稳定地固定在某一活动上，爱好也就形成了。

其四，志向是由主体我的意识判断形成的理想具体化而构成的人生价值定位，它甚至会与主体我的生命同样重要，甚至更重要，所以古今中外都有杀身成仁的志士。人与动物的最大区别就在于人所寻求的价值不是生命本身，而生命仅仅是达成人生价值的前提。人生不是活在生命里。如果生命是人生的目的，他就不应该生，因为生命最终会失去。兴趣和爱好可让人生丰富多彩，利得可使之积累生命存在及兴趣、爱好、志向所需的资源，但唯有志向才可成就人生价值本身。所以，只要是志向所在，精力投入只要不危及生命，就不会罢休；资源投入，只要能组织到，就不会终止。为了中华民族的复兴，孙中山先生海外募资受辱多少次，难以尽数，革命失败逃亡多少次，也难以尽数。这是志向驱动其行为的典型。所以，只要是与志向相吻合的工作，其做好工作的意志意愿也就包含在其中了。而通过组织文化的建设和管理，在组织内部形成以共同价值观念为核心的强势组织文化，进而利用人的从众无居的人性弱点，就可达成其对成员的人生观进行再塑造的目的。在组织文化的建设和管理过程中，对共同价值观念的设计就直接是对被管理者的志向的引导和重塑。

所以，管理者越是致力于发现、发掘、重构下属员工的兴趣、利得、爱好和志向，越是保证与其工作要求相关联，就越能激发其做好工作的意志意愿。这就是管理成事的意志意愿条件定律。

五、意志意愿的构成主导要素与人格

在构成人的意志意愿的四个要素中，居于主导地位的要素不同，其所表现的人格倾向也不同。

（1）兴趣型人格。兴趣寻求的是有趣好玩，由其主导意志意愿的人，意志取向往往飘忽不定，其人格表现往往朝三暮四，三多五少，属于情绪化的浪人。这种人容易冲动，只有用兴趣引导才能保证管理实施效果，强制约束不仅不可能保证管理目的的达成，甚至可能造成对立，激发矛盾。

（2）利得型人格。利得寻求的是值得划算，由其主导意志意愿的人，意志相对稳定，其人格表现往往是非常现实，斤斤计较，会根据利益获取规则严格约束自我。这种人往往比较容易管控，只要事先制定的规则具体、全面，并且他对规则所确立的权利义务结构也认同和满意，他就不会超越规则乱来。

（3）爱好型人格。爱好寻求的是过瘾开心，由其主导意志意愿的人，意志相对稳定，其人格表现是过分强调情投意合，是严格意义上的性情中人。这种人看重人际关系的和谐，重情义、讲感情，只有能打动其情感的管理才能激发其努力工作的积极性，用规则约束也必须体现情感关怀，否则难免事与愿违。

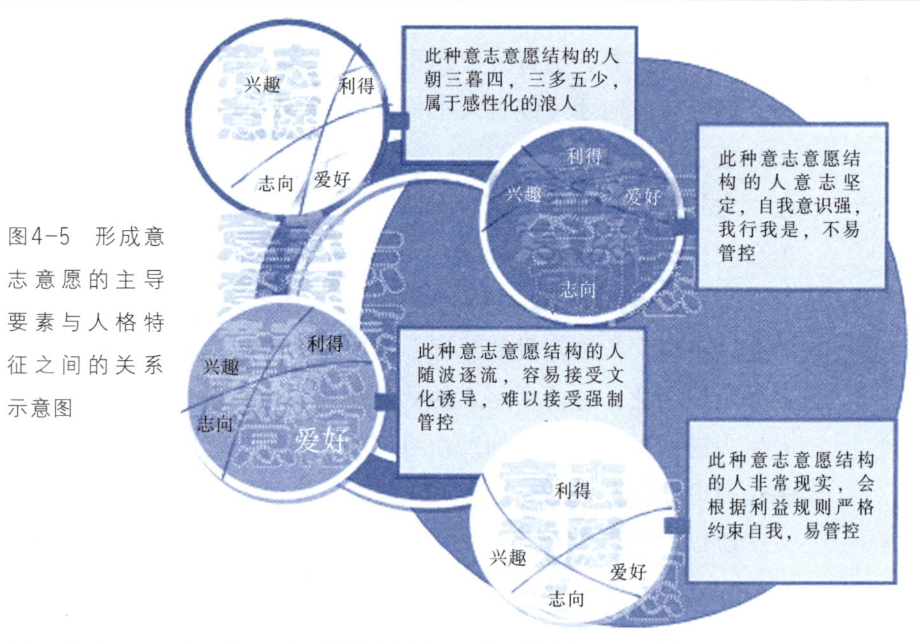

图4-5 形成意志意愿的主导要素与人格特征之间的关系示意图

（4）理想型人格。志向寻求的是理想达成，由它主导意志意愿的人，意志方向稳定持久，其人格表现为意志坚定，自我意识强，我行我素。这种人重道不重情，如果志同道合，则可生死相托。对于这类人的管理，目标愿景的激励最为有效，只要构筑一个使之可终生追求的理想，他也就把其意志意愿稳定在这理想上了。

一个人的意志意愿，究竟由何种因素主导，往往决定于两个因素，一是其所存在的环境。这包括自然环境和文化背景两个方面。自然环境的特征天长地久，逐渐烙入了其心理，沉淀为特定的思维模式。文化背景则直接以其共同的价值观念、共同的思维方式和共同的行事习惯而重塑人的心理结构。二是其所受教育程度和知识积累。心理并不是纯生理的存在，通过大脑中所汇集的知识信息，使之把兴奋点聚焦于某一类信息相关联的事物、事件上，也就使其心理特征对应发生改变。所以教育和知识就直接是其重要作用因素。

由此可见，被管理者的意志意愿，包括其中相对稳定的志向也都是可以通过管理实施调整改变的。但相对于任何一个心智正常稳定、心理指向明确的人，只要利得预期确定，其利得就会在其意志意愿的形成过程中居于核心地位。心智正常稳定、心理指向明确的人，其行为选择，就其总体来看，理性总是居于主导地位。根据自我意识和充分理性定律分析，人是在其自我意识的范围内寻求最合目的性，是最大限度地寻求自我价值需求的满足，逃避否定其主体性因素的作用以保全自我、发展自我。而保全自我、发展自我则又会体现在特定资源条件的拥有上，即主体我的生存和发展利得直接是保全自我、发展自我的资源条件的获得和拥有。所以，利得在人的意志意愿中居于核心地位，并且相对稳定。兴趣往往是飘忽不定的，会随着时间的改变、环境的改变、交往对象的改变、自身状况的改变而改变。志向和爱好却直接是保全自我、发展自我过程中的自我价值需求的个性化体现。即使如此，主体我也仍然会做与利得的比较权衡：

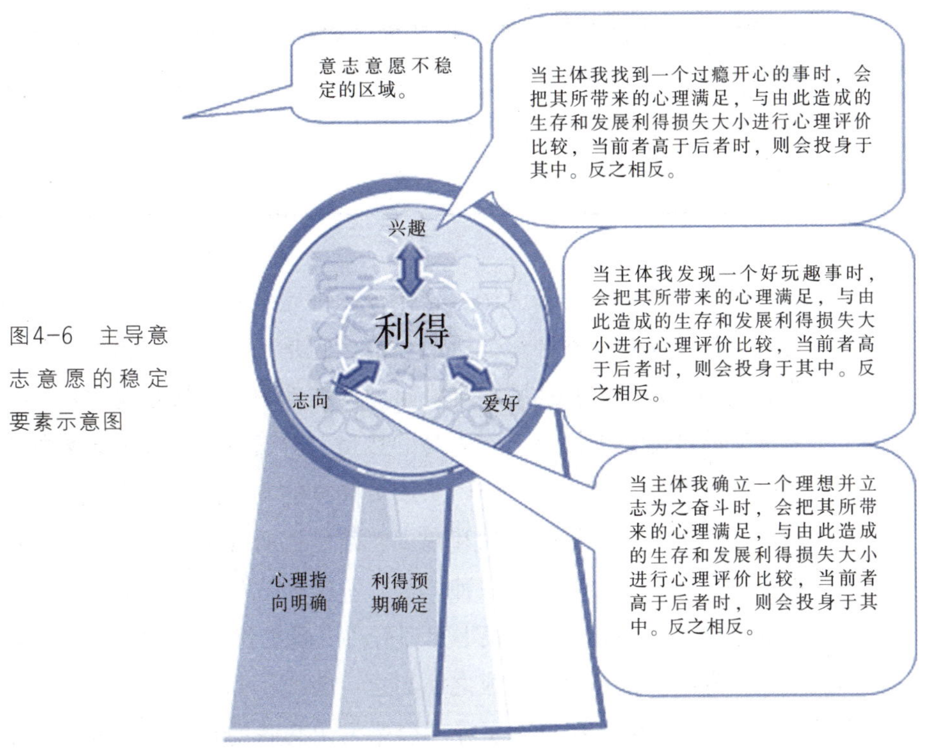

图4-6 主导意志意愿的稳定要素示意图

首先，当主体我确立一个理想并立志为之奋斗时，会把其所带来的心理满足，与由此造成的生存和发展利得损失大小进行心理评价比较，只有当前者高于后者时，才会投身于其中。反之相反。

其次，当主体我发现一个好玩趣事时，会把其所带来的心理满足，与由此造成的生存和发展利得损失大小进行心理评价比较，只有当前者高于后者时，才会投身于其中。反之相反。

再次，当主体我找到一个过瘾开心的事时，会把其所带来的心理满足，与由此造成的生存和发展利得损失大小进行心理评价比较，只有当前者高于后者时，才会投身于其中。反之相反。

明确了利得在意志意愿构成中的核心地位，管理创造他人做好工作的意志意愿的思路也就清晰简单了。根据帕累托定理，在管理实施过程中，紧紧盯住利得，也就可以保证80%的管理效果，即使发生挂万漏一的失误，也不会与大局有碍。

六、管理成事的热情耐心条件定律

热情是超越现实利得思考的一种唯事是成的决心，其源泉是发自内心的爱的情感。耐心是抵御工作努力收效滞延造成的疲惫的信念，其源泉是对行为选择的正确性和合理性的不断确认。而越能达成组织的情感融合，就越能激发和维持其成员的工作热情；越能稳定其行为信念，就越能巩固其持续努力的耐心。

热情耐心似乎是来无影，去无踪，是完全不可捉摸的东西。但稍作深入分析，却发现它并不神秘。所谓热情，它是超越现实利得思考的一种唯事是成的决心，是形成其战胜艰难险阻的内在动力，其源泉是主体我发自内心的一种爱的情感，包括对工作本身的热爱，对工作目标达成结果的期待，对工作团队组织的责任，对工作团队成员同事的友爱。或者说是因爱而变得不再斤斤计较于个人利得的增加和减少，而是把所寻求的事业目标的达成当作利得本身。爱是一种感觉，一种体验，不是理智可以控制的，因为它不是由前提推导出来的结论，甚至根本无理可讲。爱也就是把爱的对象本身当作目的，爱的行为选择就是生之、成之、兴之、荣之，并且唯使所爱生之、成之、兴之、荣之为目的。所以有了爱就会激发出忘我的热情来，或者是由热情驱动把所关注的事做成，或者让自己被热情熔化而消失。

耐心是抵御因工作努力见效时间滞延造成的疲惫的信念，表现为不向工作过程中遇到的困难和障碍低头，不被所受挫折屈服，不对单调反复的努力行为厌倦，其源泉是主体我对意志行为方向选择的正确性和合理性的不断确认，是对行为选择所依据的预期结果的认定和对预期达成可能的认定。它是以理性为基础又超越理性的，即对理性选择的结果不计投入地全身心努力，这就是爱。所以也可以说它是与爱的情感联系在一块的。所不同的仅仅是，热情直接来自爱的情感，由爱的情感启动，也由爱的情感支撑延续。而耐心则来自于理性的选择，但一经选择就成为一种难以转换的黏附性目标，进而由对所选择的对象的爱而强化。

世界上没有无缘无故的爱，所以这一条件的创造主要是依赖于情感融合管理和行为信念管理来创造。所谓情感融合管理，也就是通过在管理实施过程中充分尊重人、信任人、关怀人，向被管理者不断表达、输送爱的情感，进而使被管理者也不断积累爱的情感，形成对工作本身的热爱，对工作目标达成结果的热情期待，对工作团队组织负责任的态度，对工作团队成员同事的友爱。有了这份爱，他也就有了做好工作的热情。它是以主体我的社会性存在特性为前提的，是人的社会性把主体我的心理关注点聚焦在某种社会联系上，不作他顾。但它会随着关注点的移动而改变，因而缺少必要的稳定性，因此必须通过尊重人、信任人、关怀人的不断实施予以强化、得以稳定。所谓行为信念管理，也就是强化管理者与被管理者之间的沟通交流，在保证人格平等的基础上，吸纳被管理者广泛参与管理过程和决策过程，并通过对行为信念的反复确认形成由自我意志主导的承担枯燥漫长工作的耐心。它是以主体我的意识化存在本质为基础的，是特定信念把主体我的意识锁定在所关注的目标上，不动摇，不迟疑。这里体现的是意识的力量，因而其稳定性很高。但其前提是让被管理者充分感觉到其所参与的事项，是其意志意识的体现，是他个人自主寻求的事业理想，或者关系到其根本重大利得的实现，并以此使之对所承担工作本身形成爱的情感。

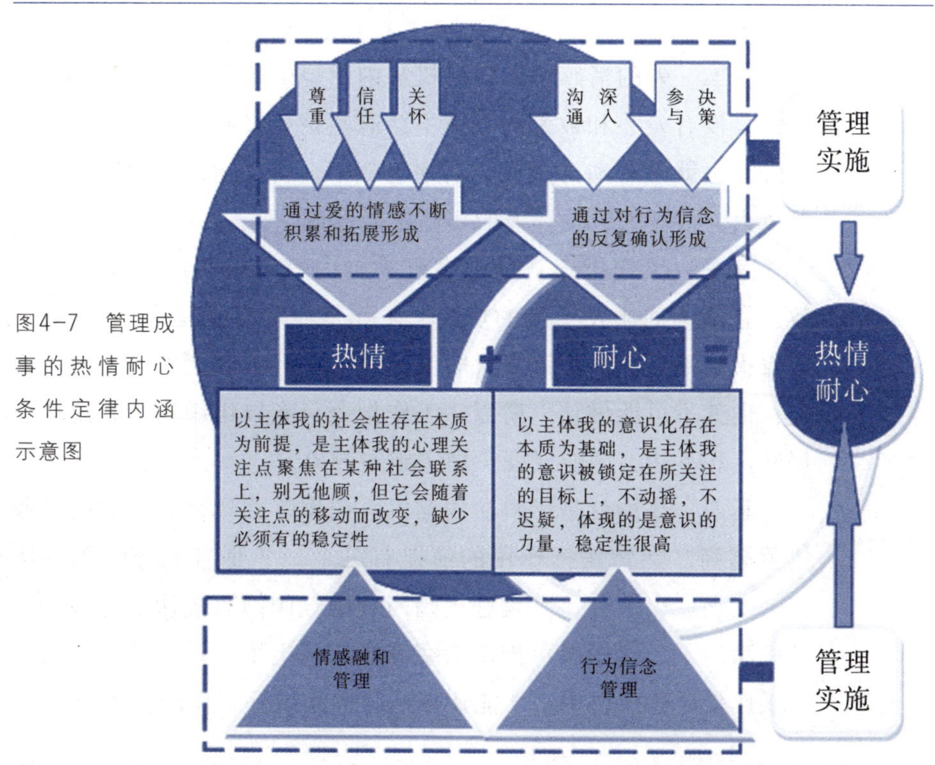

图4-7 管理成事的热情耐心条件定律内涵示意图

由上述分析可以得到管理成事的热情耐心条件定律：越能达成组织的情感融合，就越能激发和维持其成员的工作热情；越能稳定其行为信念，就越是能巩固其持续努力的耐心。

七、热情耐心的管理作用机理

热情耐心二者都会在一定程度上超越于理性的限制，使主体我的意识作用弱化，因此必须有约束地开发利用。这就像汽油燃烧会造成爆炸，带来灾难性后果一样。对于热情耐心的开发利用就像把汽油燃烧约束在汽缸里做功一样，使之转化为有助于做好工作的能量。并且热情耐心二者作用于做好工作的过程，也近似于内燃机工作的过程。它是燃料在缸内燃烧，推动活塞上下运动，再由与活塞相连的链杆飞轮做旋转运行的过程。

其一，管理规则就是内燃机的进气阀门和排气阀门，被管理者的热情耐心都是由管理规则启动和调节的。管理规则不完善、不健全，进气、排气不规则、不协调，数量控制不适当，内燃机也就无法正常运行。管理实施只有通过对组织运行过程进行系统模块分析，对应于每一个子系统，由管理者和被管理者共同参与，逐一确立全面、具体、明确的规则，才能保障效果。

其二，爱的情感是在内燃机缸内燃烧的燃料，没有爱的情感就不会有热情，没有爱心和被爱的人就不会有热情。没有爱的情感进入内燃机汽缸燃烧，也就没有动力形成，活塞也就不会自动运动。但爱的情感只有通过尊重人、信任人、关怀人的实施才能形成。

其三，工作指令就是内燃机为缸内燃料点火的火花塞。管理规则有效，管理沟通激发了爱的热情，工作指令一发就是点火。工作指令混乱，该点火时不点火，不该点火时又乱点火。燃料就无法在汽缸内有规律地燃烧，也就不可能做功。所以，工作指令只有以组织运行系统协调的要求为据确定和下达，才能保证管理实施的效果。

其四，热情就是燃料在内燃机缸内爆炸式燃烧，爱和被爱越热烈，热情就越高。热情发挥作用的前提有三个：一是有充分的爱的情感输入汽缸；二是点火及时；三是进气阀门和排气阀门有规律地打开和关闭。三个条件满足了，热情就可推动活塞有规律地上下运动做功。而只有管理规则与工作指令达成协调，才能让热情起推动做好工作的作用。

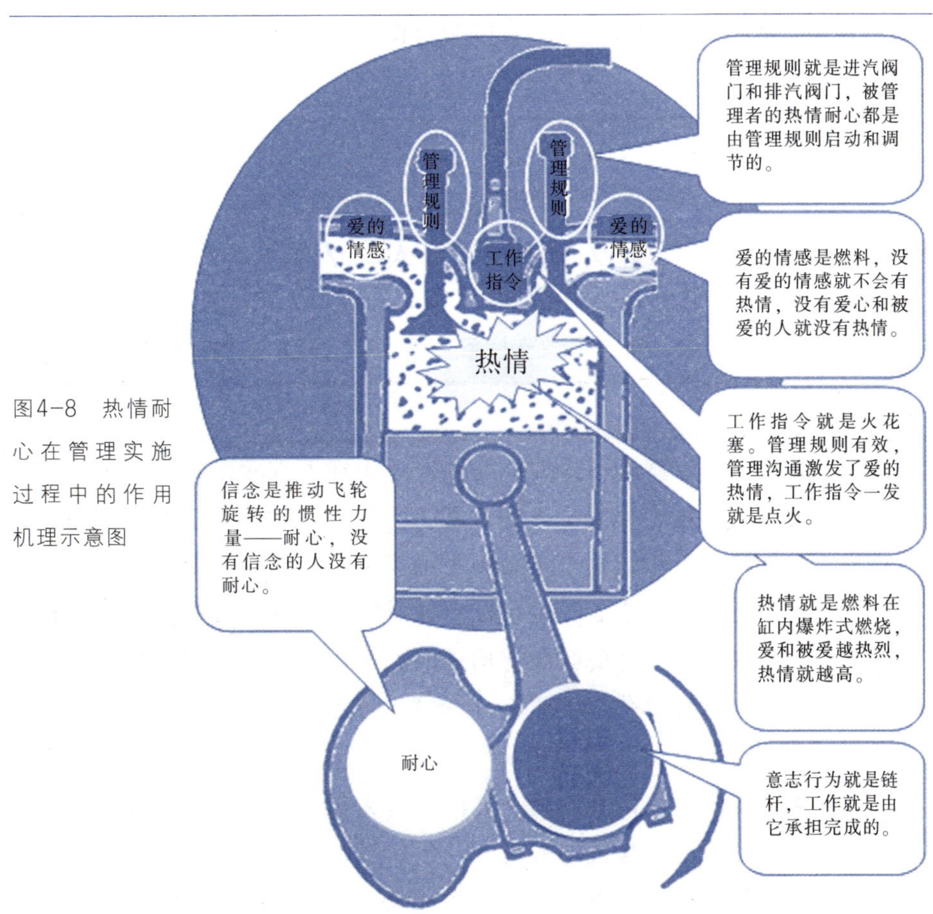

图4-8 热情耐心在管理实施过程中的作用机理示意图

其五，意志行为则是由热情转化形成的连续的行为选择，它就是连接内燃机活塞与旋转飞轮的链杆，工作就是由它承担完成的。热情不能转化为意志行为，也就不能对外做功，发挥作用。热情所启动的能量只有转化到按照工作指令要求努力上来，热情才能起到推动做好工作的作用。

其六，耐心是推动飞轮旋转的惯性力量，它是由信念支撑的，没有信念的人不会有耐心。而信念又来自于他通过对大脑里信息的归纳整理形成的理性选择。耐心则在信念的基础上通过超越现时利得计算的爱的情感保证匀速运动的作用力。耐心的形成直接依赖于对被管理者的主体性的维护和开发，管理实施过程中的任何有违行为都可能导致相反的结果。

由上述比喻分析可以更明了，通过他人做好工作的热情耐心条件的创造，也主要是管理者的事，被管理者没有做好工作的热情耐心，仍是管理者的管理工作存在缺陷所致，因此抱怨下属不仅没有道理，而且是管理实施不力的无能表现。

八、管理成事的资源支持条件定律

工作就是运用工作条件，达成特定目标，完成特定任务的过程。没有授权提供人、财、物资源支持构成的工作条件，他人就不可能做好工作。而要避免授权资源被滥用，唯有在流程分析基础上进行细分授权。所以，流程分析对于工作所需资源的细项和权力的细项界定得越具体、越明确，就越是能在保证做好工作的资源支持条件的基础上避免权力滥用和资源浪费。

人类发展进入工业社会以后，工作的性质已经发生了很大的改变，由简单工具运用的单个人的劳动，转化为以设备工具的运用为中心的社会化大生产。工作过程不再是徒手或借助简单工具的四肢运动，工作也就成了运用工作条件达成特定目标、完成特定任务的过程。所谓工作条件，也就是由人、财、物资源支持构成的人员协作和人机配合条件。一方面是众多的个人相互协作，协调各个个人的工作过程和结果，在计划指定的时间、地点，完成其工作，并提供所需质量、数量的工作成果，进而共同努力达成共同的工作目标。另一方面又是人与设备设施的配合，甚至如马克思所言，工人已降为机器的附庸，工作过程是以机器为中心组织的。现在进入信息社会之后，由人、财、物资源支持构成的人员协作和人机配合条件要求更加精密、更加严格。所以，如果这一条件不具备，也就是让人退回到青铜器时代之前的蒙昧时代，让人徒手完成现代社会化大生产的工作任务。在此，做好工作的不可能性是不言而喻的。再巧的媳妇无米也难为炊，无锅更难为炊。

而这一条件是否完整地创造出来，仅仅与管理者相关，与被管理者没有任何关系。但在管理实施过程中，授权他人支配使用人、财、物资源，往往面对两个棘手的问题：一是担心所授权资源被滥用而不敢授权，即被授权支配使用的人、财、物资源，不为授权人指定的目标达成服务而用于谋私利。二是担心权力授予他人之后减缩了自己的权力而不愿授权，即授权他人支配使用所授权人、财、物资源，会使自己丧失这部分资源的支配权。所以，因为主管不敢授权和不愿授权导致下属员工的工作条件不具备而降低工作效率，甚至无法完成工作就不可避免。但这并不是无解的问题，其解在于通过流程分析对应其所承担的流程活动项细分人、财、物资源的支配使用权的授予，即避免笼统地授权。

其一，相对于人权，通过流程分析核算组织目标达成的事务工作量后，对应组织架构设计确定的流程活动承担岗位授予。如果不是一个人独立承担的工作，就必须有支持配合的人员，并保证支持配合人员全力协助，这是人权授予的最基本要求。其人员的种类和数量，由流程分析确定，即在确定流程活动的相互关系和时间限制、空间限制的基础上，核定人员的种类和多少，以及各级各类主管应该有的人事任用权、罢免权、指挥权、考核权、给薪权、奖惩权。通过把人权分解为任用权、罢免权、指挥权、考核权、给薪权、奖惩权，并分别授予不同层次上的主管，以相互制衡，既可保证工作所需的人员配合到位，也可避免由笼统授权造成的人身依附关系带来的种种弊端。

其二，相对于物权，通过流程分析确定流程活动完成所需条件要求，对应授予流程活动承担岗位。工作条件也就是工作承担过程中的物质条件，包括劳动手段和劳动对象。前者包括必须有的设备、设施和大小劳动工具等，后者则是工作作用的对象本身，包括原料、材料、辅料、零部件、添加剂等。设备、设施和大小劳动工具的种类和多少，以及原料、材料、辅料、零部件、添加剂的种类和多少，其内容和数量也只有通过流程分析确定，并直接授予对应流程活动承担岗位，同时由使用岗位对其完好性负责，才能避免滥用和浪费。尤其是把物权分解为使用权、调配权、处置权三个细项，对应流程分析确定的协调要求，授给不同的岗位，就更能保证其使用效率和效益。

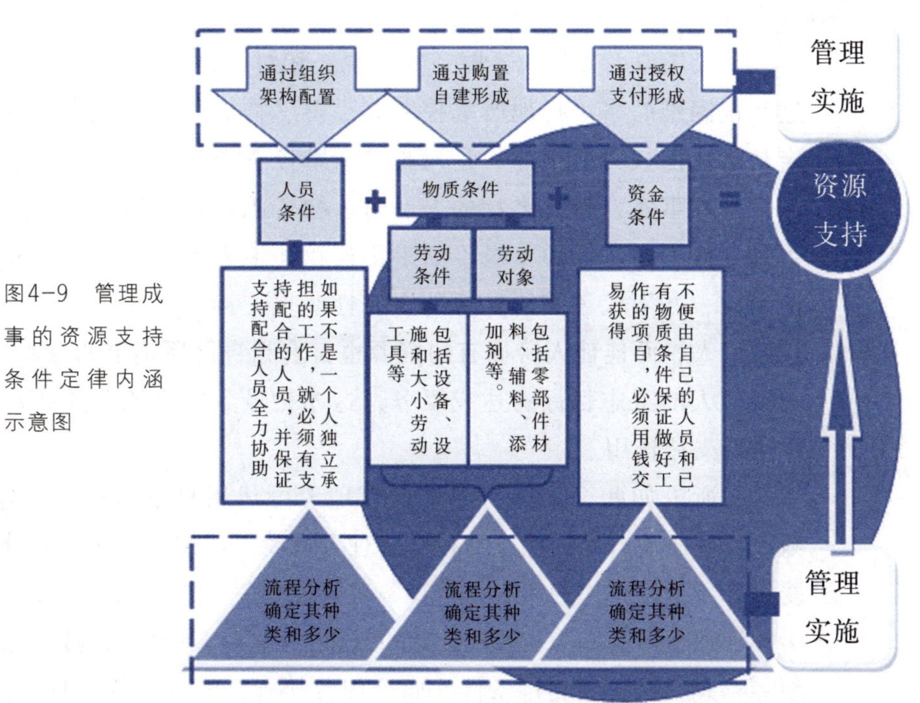

图4-9 管理成事的资源支持条件定律内涵示意图

其三，相对于财权，在流程分析的基础上，把财权分解为资金的预算权、支付权和使用裁定权，对应授予流程活动承担岗位。烤面包不一定要自己去种小麦，但必须有钱去购买小麦；外出开展业务，必须给予旅馆住宿、餐馆吃饭的旅费支付权……这些都只有在流程分析确定标准的基础上，才能减少浪费和非法占用。流程活动事项不同、活动承担地点不同、活动协作方式不同，都会造成数量要求的不同。也只有把财权分解为资金的预算权、支付权和使用裁定权分别授权不同的行为主体，才能通过制衡，既保证所需，又消除、减少浪费和非法占用。

如果说这还只是解决了不敢授权的问题，那么不愿授权的问题，则需要让人明了事业发展与授权整合他人的资源的关系。而且细分授权避免了所授权力的滥用，人、财、物等资源的支配使用所体现的都是所有者的意志，不愿授权的理由也就不存在了。只要不是闻着铜臭才能安神的守财奴，就没有理由不授权了。由此分析，就可得到管理成事的资源支持条件定律：流程分析对于工作所需资源的细项和权力的细项界定得越具体、越明确，就越是能在保证做好工作的资源支持条件的基础上避免权力滥用和资源浪费。

九、利用他人资源成就事业的思路

授权让他人支配人、财、物资源，相对于占有欲旺盛的老板和主管，这是很困难的事。把他所掌控的人、财、物资源交由他人支配，他会认定是对自己权力的削夺，是对自己所掌控资源的分割。这是他们忽略了一个基本事实，身外之物的人、财、物资源，是人的主体性实现的支持力量，但不是主体性本身。如果不授权让他人支配，丝毫不分割其支配使用权，并不代表其所发挥的主体性实现支持作用最大。相反，通过授权给他人，而连他人所拥有的资源也整合到自己所确定的意志目标上来，为授权人的意志目标的达成服务，这才是最大限度地发挥其资源的主体性实现支持作用。

之所以如此，是因为如果被管理者可运用自己的脑力、体力和人、财、物达成他自己的意志目标，管理者也就不可能对他实施管理，让他接受做好所指派工作的意志。管理与被管理的关系之所以能建立起来，是因为被管理者只有脑力和体力，缺少让自己的脑力和体力发挥作用的外部资源——人、财、物支持条件，而管理者却有，但管理者自身又因为脑力、体力的限制，如果不借助他人的脑力和体力，就无法让所掌控的人、财、物等资源发挥作用。否则，这种关系成立的可能，只存在于被管理者是傻瓜，管理者也是傻瓜的情况下。

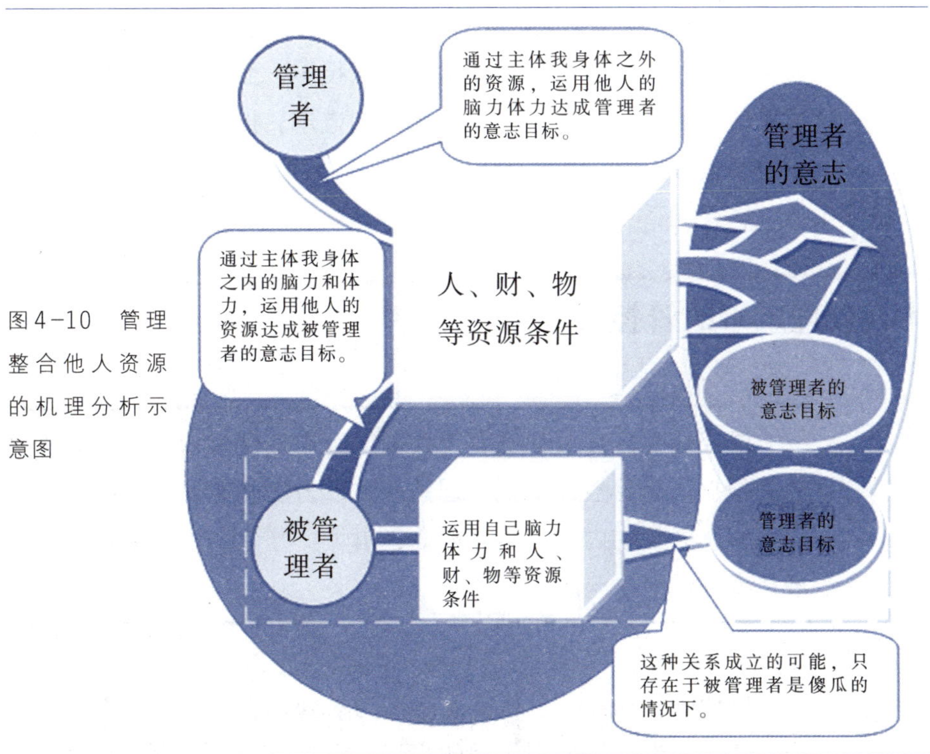

图4-10　管理整合他人资源的机理分析示意图

管理实施的过程，归根到底，是通过主体我身体之外的资源，包括人、财、物，授权交由他人支配，以与他人的脑力和体力结合，运用他人的脑力、体力达成其意志目标的过程。就被管理者一方而言，则是通过主体我身体之内的脑力和体力与他人的人、财、物等资源的结合，以使劳动过程得以进行，最终在达成管理者意志目标的同时，也达成被管理者的意志目标。二者是各尽所有，各取所需，各得其利。

老板和主管担心其所掌控的人、财、物等资源授权交由他人支配而不服务于授权人的意志目标达成，仅仅为被授权人所用并仅仅达成被授权人的意志目标。如果这种担心成为现实，则是授权的方式方法存在问题。是授权不当，让被授权人有空子可钻。这是管理的失误，而不是被管理者的人性决定了无法有效的授权。世界上任何一个人，如果他的行为选择可以不关注他人的意志要求而仅仅只考虑自己的价值需求的满足，他也就只会考虑自己的价值需求的满足。但他可以利用老板、主管授权支配的资源仅仅为自己的价值需求满足服务，而不是服务于老板、主管等授权人的意志目标的达成，这也仅仅是因为老板或主管给他留下了投机的漏洞。这相对于老板或主管是所掌控资源的一种浪费和损失，但相对于被授权人，则是引诱和坑害。他人被投机的漏洞引诱变成好占便宜的人格品行低下的人，最终被社会唾弃，他的人生也就毁掉了。授权他人支配使用其所拥有的人、财、物等资源，如果不在明确权力细项后对应通过流程分析确定活动所需人、财、物等资源的种类和数量授予，而是笼统地授予特定岗位，造成被管理者有空子可钻，导致滥用和盗用，损害的不仅仅是授权人，也包括被授权人。

十、管理成事的管控标准条件定律

管控标准，是被管理者是否做好工作的评价依据和管理者据以纠偏控制的根据。而管控标准在管理关系的双方之间越是通过共同参与制定并达成共识，并且在内容上越是明确、具体、量化，就越能保证管控标准的管理成事条件的作用。

所谓管控标准，也就是衡量作为被管理者的他人是否做好工作的评价依据和管理者进行控制纠偏的根据。没有它，或者它不明确、不具体，相对于被管理者，其工作只能等待他人评价，其主动性和能动性就无从发挥了，其主体性的实现也会受到限制；相对于管理者，评价被管理者的工作就难免随心所欲，其纠偏控制也就只能无的放矢，所投入资源运用的低效率也就难以避免。管控评价标准明确、具体、量化，相对于被管理者，他才能依这个标准形成和稳定预期，努力才有明确的方向，才能发挥其主观能动性；相对于管理者，他才能对照评价对方工作的好坏，才能方便于管控的实施，进而避免管理的失控。管控标准的明确、具体、量化途径可分为三个内容分析实现：

(1) 条件标准。它是对资源授权支持提出的要求，是对做好工作的外部客观条件的界定，其内容包括社会关系、物质环境的性质和状况，其目的在于明确做好工作的前提条件，划分工作努力的责任与做好工作前提具备与否的责任。其内容和数量的界定前文已做过分析，其下可通过工作计划的形式下达。没有这一条件的界定，往往就难以明确管理者与被管理者的责任，这是工作出现失误时管理者与被管理者二者之间相互推诿责任，相互抱怨的原因所在。

(2) 过程标准。它是对工作主体的团队合作提出的要求，是对做好工作的具体承担方式方法的界定，其主要内容是对工作承担过程中的上下左右协调配合的约定，其目的在于明确工作承担主体在相互配合上的责任。其内容可通过基于系统模块分析基础上的流程梳理优化确定，即通过对组织运行的系统模块分解，明确其内在关系后，按照做什么、谁做和达成什么目标的内容进行界定。其明确方式是上下之间沟通达成共识。如果有详细的组织运行流程标准，它也就可直接由统一的组织运行流程标准来明确。没有这一条件的界定，往往就难以明确被管理者相互之间的责任，这是工作失误时同事之间相互推诿责任，相互抱怨的原因所在。

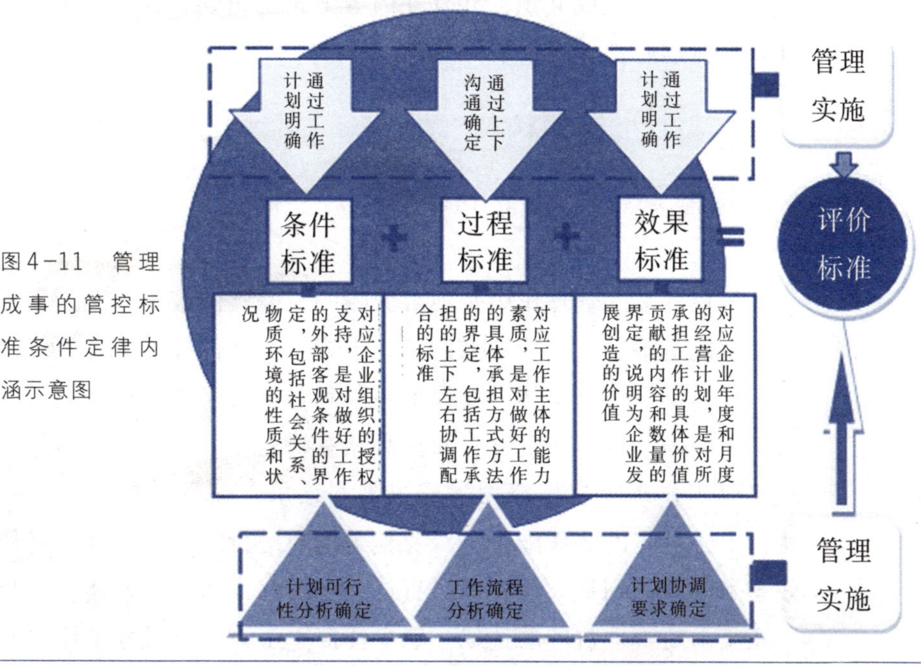

图4-11 管理成事的管控标准条件定律内涵示意图

(3) 效果标准。它是对岗位工作价值贡献的要求，是对所承担工作的具体价值贡献的内容和数量的界定，说明其工作所能也必须为组织的存在和发展创造的价值。其目的在于明确工作承担主体的工作承担者本身的责任。其内容界定的依据是事业发展的目标计划体系，可通过组织运行的多级计划的分解确定。它强调在计划层面上就达成协调，而不是在工作结果出来之后，否则，就无法避免失控再协调前已造成的损失。其明确的方式以工作计划的形式下达为宜。没有这一条件的界定，往往就难以明确工作主体的具体工作责任，这就是因为事先没有标准而导致工作效果不尽人意时工作承担主体逃避责任的原因之所在。

三类标准仅仅明确、具体、量化还不够，还必须以管理活动双方的参与制定和达成共识为基础。没有制定中的共同参与和对标准本身的共识，这个标准就难以对管理关系的双方形成约束力。相对于被管理者，自己认同的标准才能保证在没有达成时不会有埋怨标准不恰当的心理。相对于管理者，双方认同的标准也会对管理者构成约束，这就有助于稳定评价标准，提升其管理作用。在标准上没有共识，其贯彻落实就不免打折扣。一是如果其标准不是共同参与确定的，一旦因其贯彻落实损及自己利益，总会找到理由否定标准本身的合理性或可操作性；二是如果其标准没有在双方之间达成共识，标准的合理性和可操作性本身就打了折扣，以标准的形式把自己的意志强加于人，导致对方的抵制也就在所难免。由此可得到管理成事的管控标准条件定律：管控标准在管理关系的双方之间越是通过共同参与制定并达成共识，并且在内容上越是明确、具体、量化，就越能保证管控标准的管理成事条件的作用。

十一、管控标准是一个完整的整体

管控标准的管理作用是不言而喻的，但其内容不完整，支离破碎，其作用也就有限了。管控标准的三个内容——条件标准、过程标准和效果标准，是一个完整的整体。要保证它起到管理成事的条件作用，三个内容不仅必须明确、具体、量化，而且必须系统完整，相互支撑。做好工作，不仅仅是工作承担主体努力达成了某一结果，而且包括上下左右关系的协调，工作过程的协作配合，以及整个组织运行的顺畅，并最终使组织运行效率和效益达到最大化。而只有这三个内容作为一个整体，才能服务于这一意义上的管理目的的达成。缺少任何一个方面，做好工作的好就打了折扣。下面略作分析：

其一，如果缺少条件标准，管理者与被管理者的责任关系就难以明确。要求下属被管理者不顾客观实际地承担其客观条件不允许的工作，不仅是强人所难，无法做好工作，而且直接是陷害下属被管理者。把下属被管理者置于不可能做好的工作责任中，而又用必须做好的效果要求进行约束责罚，如果不是对对方有深仇大恨，就没有必要如此陷害对方。但在现实中，却有很多管理者忽略了这一点，甚至听信几乎对管理学一知半解都说不上的培训大师胡言乱语，“只要结果”，无意中坑害了优秀的下属被管理者。

其二，如果缺少过程标准，被管理者与其相互协作配合的同事之间的责任关系就难以明确。不事先明确这种责任，事后扯皮就难免，更重要的是责任不清，也就为不承担责任留下了漏洞。只要有推卸责任的可能，人们也就不会事先作充分的努力以避免被问责，而是侥幸事后推卸，让自己不付出而获利。在现实中，也有很多管理者忽略了这一点，往往事后和稀泥，在无法辨别责任的情况下，各打五十大板，因而伤害了敬业努力的好员工。

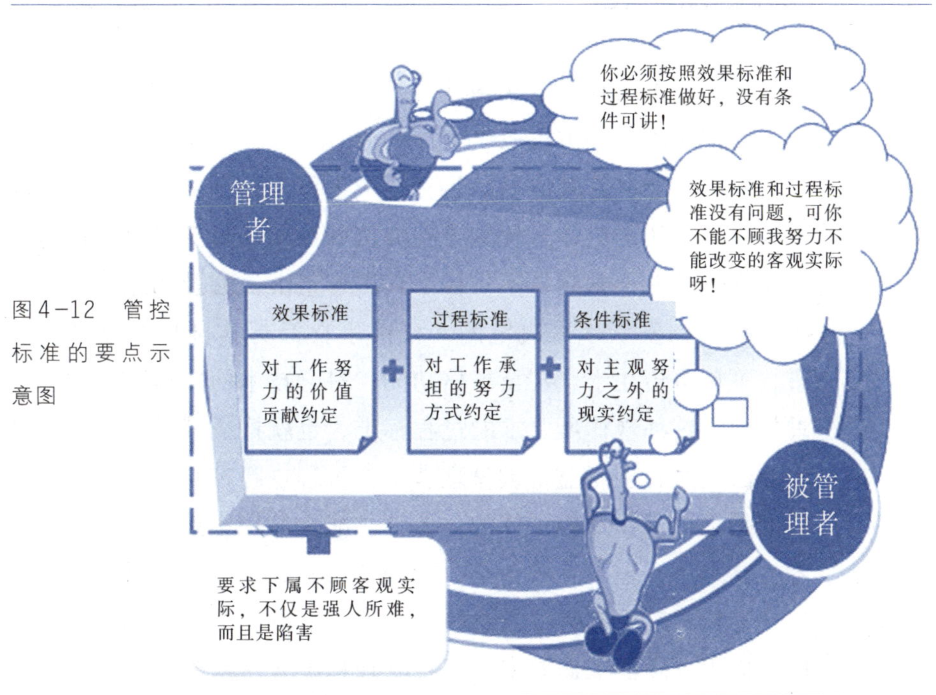

图4-12 管控标准的要点示意图

其三，如果缺少效果标准，也就是为被管理者最终推卸责任留下了漏洞。效果标准是对工作承担主体的硬约束，没有这一标准，工做好坏的评价就没有明确的依据。在现实中，努力做实事，勤奋工作的下属，往往不被领导和主管看好，不重视，不重用；相反吹牛拍马，巴结讨好的人得到好评，处处如鱼得水。而其所寻求的事业发展受阻，所确立的美好理想成为空想，所做出的正确决策也不能有效贯彻而最终失败，其原因就在于此。

这三个内容，在现实中最受重视的是第三个内容——效果标准。仅仅重视这一标准的人就从未思考过，没有恰当的过程，哪有希望的结果。没有上下左右的协调配合，单有个人的效果，于组织整体的效率和效益无补，这种基于个人评价的效果又有什么意义。

十二、管理成事的程序方法条件定律

工作承担程序方法是他人承担并做好工作的过程根据，没有和不遵循都难免事倍功无；管控跟踪程序方法不当难免会打乱他人的正常工作秩序和进程，降低工作效率；回报兑现程序方法不当难免会影响工作主体的心理情绪。因此，管理成事的程序方法条件的三个内容越完善、越具体，越能保证贯彻，就越能保证管理目的的达成。

管理成事的程序方法条件，是由工作承担程序方法、管控跟踪程序方法、回报兑现程序方法三个方面的内容构成的一个整体，任何一个方面的缺少，都可能在管理成事的目标达成上留下漏洞。工作承担程序方法是对他人承担工作的具体过程的方式方法的约定，目的是保障在他人做好工作的努力过程上不偏颇、不失控。其内容是由所涉及的包括社会科学在内的科学技术的发展水平决定的。任何事物都有其自身的规律，不依规律办事，不免事倍功半，甚至事倍功无。科学技术的发展使人类已经掌握了这种规律，这种规律所要求的过程标准，也就构成其具体内容。管控跟踪程序方法是对管理者监督被管理者工作过程进行控制的方式方法的约定，其目的是维护工作承担主体的主体性，减少管控干扰，保障工作效率。其内容主要是由心理学、社会学、管理学、经济学等多门科学的发展水平决定的。管控跟踪没有程序方法控制，随心所欲，难免打乱他人的正常工作秩序和进程，降低工作效率。回报兑现程序方法是对他人承担并做好工作后获得价值需求满足的约定，目的是为他人做好所指派工作努力的预期确立提供依据。其内容也主要是由心理学、社会学、管理学、经济学、文化学等多门科学的发展水平决定的。如果没有或者不当，难免造成工作主体的不良心理情绪，使之难以确立调整改变行为选择方向和方式以做好工作的预期。

其一，工作承担程序之所以成为管理成事条件的一个内容，是因为如果工作承担主体不知工作承担的具体步骤和方法，不仅是他的工作效率无望提升，而且会使组织运行的整体协调发生困难，甚至打乱组织运行的正常秩序。其具体内容必须通过上下之间的沟通，在组织运行流程的梳理优化分析过程中确定。这类程序方法与管控标准的过程标准紧密相连，但侧重点远不相同。管控实施的过程标准的侧重点是通过对不同单位、部门和岗位员工在组织运行过程中的活动衔接协调确定明确、具体和量化的标准，以事先明确责任，减少摩擦，提升效率。工作承担程序的侧重点在于明确每一个岗位员工的工作承担方式和方法，目的是减少由工作主体自我探索造成的低效损失。但二者可统一由企业组织运行的流程标准界定确立。

其二，管控跟踪程序之所以成为管理成事条件的一个内容，是因为如果管控跟踪程序方法不当会形成对下属工作的掣肘，干扰下属工作的既定秩序，降低其工作效率，进而降低组织整体运行的效率。其具体内容必须通过组织运行管理规则的梳理优化分析设定。它直接与管控流程的梳理优化分析相关，没有管控流程的梳理优化分析，也就难以保障其内容的完整和具体。

其三，回报兑现程序之所以成为管理成事条件的一个内容，是因为如果被管理者的个人价值需求满足很难在工作过程之中实现，主要只能由事后的经济福利报偿和发展舞台机会提供实现，那么事后的回报兑现程序方法不当就会直接干扰其情绪和意志行为调控方向，进而影响他为做好工作的努力程度。回报兑现程序方法没有或者不当，一个直接的后果就是工作承担主体无法形成自己行为选择的预期。如果对工作努力之后的回报是否足量兑现持怀疑态度，这一怀疑的存在会直接动摇他选择为做好工作而努力的合理性，因而放松约束，不作充分努力也就在所难免。其具体内容必须通过激励规则设定形成，也就是通过薪资管理和晋级管理的规则制定来明确。

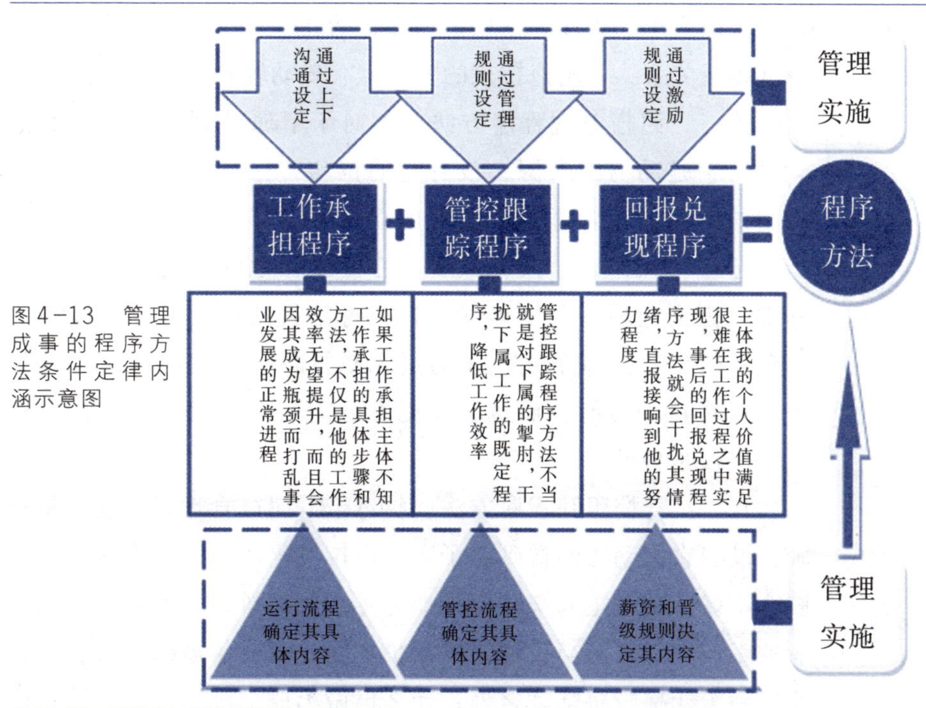

图4-13 管理成事的程序方法条件定律内涵示意图

在工作程序方法的三个内容中，越来越多的老板和主管意识到其工作承担程序方法的重要性，因为工作承担的程序方法不当，工作效率难以保证是不言而喻的。但另外两个内容，就很少有人关注了。因为后两个内容都直接是管理实施的具体方式方法的构成内容，而迷信集权等级管控的老板和主管，会认为事先确定并公开这两类程序方法，也就是对自己权力的削弱和权威的否定。所以，他们往往认定管理的实施，越是暗箱操作，自己的权力就越大，就越会有神秘感，就越会让下属敬畏，因而自己就越有权威。如果管理者是做派实施的官僚，坚持如此，也就是情理之中的事。如果是被动实施的领导或主动实施的老板，坚持如此也就必然付出管理目标达不成的损失代价。

由上述分析，不难得到管理成事的程序方法条件定律：管理成事的程序方法条件的三个内容越完善、越具体，越能保证贯彻，就越能保证管理目的的达成。程序方法的三个内容，相对于被管理者比管理者更重要，它给予被管理者的是行为选择结果预期的依据，相对于管理者则仅仅是管控实施的方便。但能否达成管理目的，最终决定于被管理者。

十三、三类程序方法的作用机理

管理成事的程序方法中的三个内容也是一个紧密关联的整体，其作用及其相互关系，可用拖拉机的方向盘、传动轴和发动机比拟。

其一，回报兑现程序方法，相对于下属被管理者，就是拖拉机的发动机。它是动力的来源，没有它的拉动，拖拉机就是一堆废铜烂铁，没有它的驱动，被管理者就不会确立做好工作的行为选择预期。根据意志指向定理，任何一个人，只要身心健康，他的任何一个行为，其意志目标都只是指向最大限度地保证自我肯定目的的达成和主体性受损风险的避免。所以，期望下属员工通过无私贡献把工作做好，是愚蠢的。世界上不存在这种可能，而他又要把不可能当作可能来安排，愚弄的不是别人，仅仅是自己。

其二，管控跟踪程序方法，相对于下属被管理者，就是拖拉机的传动轴，没有它把动力输送到轮子上，拖拉机仍然是一堆废铜烂铁，并且如果咬合不好，车子走起来还会摇摇晃晃，颤颤抖抖，不稳且无力。在被管理者的工作贡献努力与价值需求满足之间，没有传动的装置，动力再强也无用，除了让拖拉机颤动之外，什么也做不成。没有管控跟踪程序方法的控制，被管理者也可能仅仅有吹牛拍马的满腔热情，指望他按照管理者的指令要求做好工作则是不可能的。

其三，工作承担程序方法，相对于下属被管理者，就是拖拉机的方向盘，由它掌控着拖拉机行进的方向。如果方向不对，路线不稳，左右摇摆，东绕西窜，就是不向所希望达到的目标进发，它甚至比一堆废铜烂铁还不如。一堆废铜烂铁堆在那里，可能碍事但不用追加投入，而它这时还要耗费能量。所以，如果没有工作承担程序方法，被管理者有劲也无处使，或者使得不是地方，自己付出的辛苦再多也对做好工作无益。

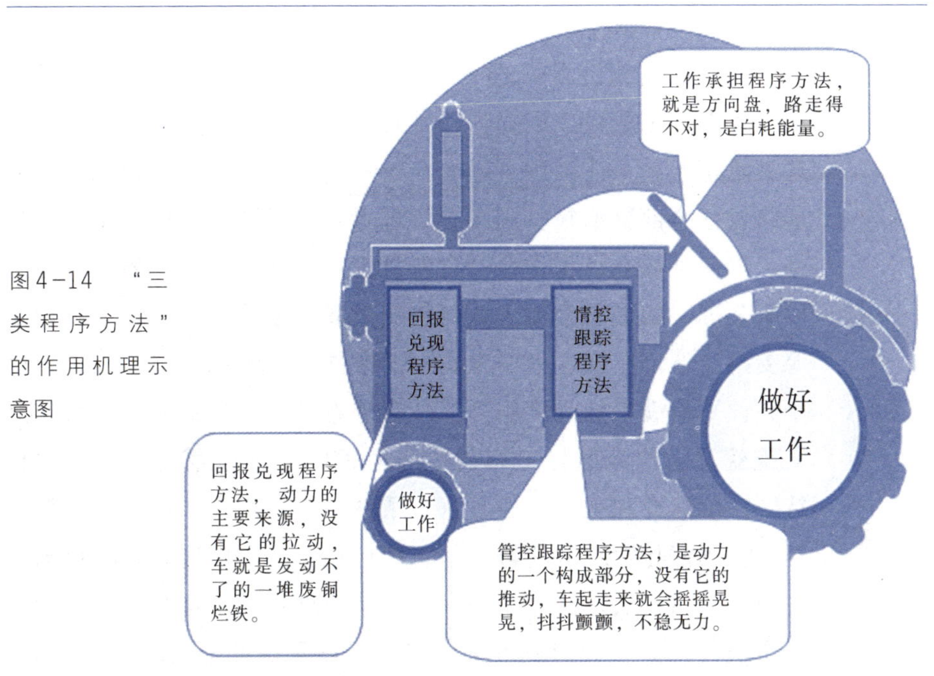

图4-14 “三类程序方法”的作用机理示意图

拖拉机做功，无论是翻地还是运输，方向盘、传动轴和发动机这三个部分在协调上发生任何问题，都会导致拖拉机做功的中断。所以，要保证拖拉机安全高效行驶，方向盘不仅必须在大方向上控制住，在小调整上也要能把握准；传送轴咬合必须紧松有致，离合方便；发动机必须运转稳定。相对于被管理者，要保证让他做好工作，工作承担程序方法不仅界定要详细，而且要适应工作的关联关系的调整变化不断改进；跟踪管控程序方法，必须对应人员素质的变化进行细化、优化，并通过沟通达成理解；回报兑现程序方法必须保持稳定，如果修改调整，也必须在管理者和被管理者之间达成共识后确定。否则，希望被管理者做好工作，只会像驾驶方向盘、传动轴和发动机三个系统有故障不协调的拖拉机一样难。现实中很多老板和主管总是抱怨下属被管理者太过以自我为中心，自私自利，不好管，不听指令，一个根本的原因就是管理的实施忽略了在程序方法完善上的努力。没有在这三个内容的程序方法的细化、优化上用功，程序方法的三个内容不仅互不协调，而且残缺不全，组织也就只能像方向盘、传动轴和发动机有故障的拖拉机一样，不可能有效率和效益。

十四、管理责任定理

因为管理成事的六个条件不具备而造成的工作失误，以及由此造成的管理目标落空损失，管理者至少要承担直接责任人一半的责任。

管理的实施涉及管理者和被管理者两个行为主体，管理目标没有达成，或者发生重大失误损失，其责任究竟应该由管理者承担，还是由被管理者承担？并不能因为管理者在这一活动中居于主导地位，就可蛮不讲理地将责任全部推给被管理者。管理者在管理活动中应该承担多大份额的责任，以何种标准承担责任，这就是管理责任定理要回答的问题。根据管理成事公理，如果不为他人全面创造出能力素质、意志意愿、热情耐心、资源支持、评价标准、程序方法六个条件，是难以达成目的的。因此，这六个条件平衡满足的程度越高，被管理者做好工作的确定性就越高。管理的实施就是为他人做好工作创造能力素质、意志意愿、热情耐心、资源支持、评价标准和程序方法等六个条件。而这六个条件中的任何一个条件是否具备，都与管理者的努力是否到位相关。所以这就容易得出管理责任认定的标准内容了。这标准内容也就是管理责任定理，即：因为管理成事的六个条件不具备而造成的工作失误，以及由此造成的管理目标落空损失，管理者至少要承担直接责任人一半的责任。这里强调的是至少要承担直接责任人一半的责任，而不是说只应该承担直接责任人一半的责任。就逻辑分析，管理者应该承担主要责任，甚至全部责任，下属被管理者只应该承担次要责任。管理的实施也就是为他人做好工作创造条件，条件不具备，下属被管理者工作失误，就是管理者的责任。但考虑到实施的可行性，才降为至少要承担直接责任人一半的责任。原因有三个：一是让管理者承担全部责任或主要责任，被管理者的责任心就会下降，反正主要责任在上司，其自我约束动力就会减弱；二是管理者如果有众多的下属，他就难以用其岗位履职的利得承担责任，比如失误损失赔偿，都主要由直接主管承担，其所得往往可能不足以弥补其损失；三是如果下属被管理者与上司结了怨，要坑害上司，与之同归于尽，上司也就无法自保，而在管理实施过程中，让下属被管理者不满意的结怨往往又是难免的。

这一定理有三个要点：

(1) 管理成事的六个条件具备与否，直接与管理者的努力程度相关。管理者的职责就是通过管理的实施，创造管理成事的六个条件，以保证指派被管理者承担的工作一定做好。管理成事的六个条件中任何一个方面不具备，也就是管理者没有尽责。即使是做好工作的三个主观条件，是否具备也都与管理者努力到不到位有关。根据管理成事公理的能力素质条件定律，组织运行规则中选人、用人、育人内容越全面，越具体，就越能保证任岗员工的能力素质与其工作要求相适应。而选人、育人规则的健全与否却直接是管理者的职责。根据管理成事公理的意志意愿条件定律，管理者越是致力于发现、发掘、重构下属员工的兴趣、利得、爱好和志向，越是保证与其工作要求相关联，就越能激发其做好工作的意志意愿。下属员工没有在努力做好工作上形成兴趣、利得、爱好和志向，也直接是管理者没有在发现、发掘、重构下属员工的兴趣、利得、爱好和志向上充分努力。根据管理成事公理的热情耐心条件定律，越是能达成组织的情感融合，就越是能激发和维持其成员的工作热情；越是稳定其行为信念，就越是能巩固其持续努力的耐心。下属员工缺少努力做好工作的热情耐心，也就是其上司主管没有在组织的情感融合及稳定下属员工做好工作的行为信念上充分努力。根据管理成事公理的授权支持条件定律，流程分析对于工作所需资源的细项和权力的细项界定得越具体、越明确，就越是能在保证做好工作的资源支持条件的基础上避免权力滥用和资源浪费。下属员工没有获得做好工作的人、财、物授权支持条件，也就是上司主管没有对应进行流程分析确定工作所需资源。根据管理成事公理的管控标准条件定律，管控标准在管理关系的双方之间越是通过共同参与制定并达成共识，并且在内容上越是明确、具体、量化，就越能保证管控标准的管理成事条件的作用。没有具体、明确而完善的管控标准，也直接是管理者没有在这一工作上努力。根据管理成事公理的程序方法条件定律，管理成事的程序方法条件的三个内容越完善、越具体，越能保证贯彻，就越能保证管理目的的达成。管理成事的程序方法三个内容不完善、不具体，不能保证贯彻，当然是管理者没有在这一工作上努力，或是努力不够所致。因此，这一要点成立。

(2) 管理成事的六个条件不具备，不免导致工作失误和管理目标落空的损失。根据管理成事公理，如果不为他人全面创造出能力素质、意志意愿、热情耐心、资源支持、评价标准、程序方法六个条件，是难以达成目的的。因此，这六个条件平衡满足的程度越高，被管理者做好工作的确定性就越高。相对于做好工作，达成管理目标，管理成事的六个条件已近乎充要条件。只要这六个条件具备，他人做好工作，达成管理目标就几乎是确定无疑的。尽管管理成事的六个条件全部具备也不一定能确保管理目标的达成，因为还可能发生意想不到的不可抗力事件的影响。但在这六个条件之中任何一个条件不具备，发生工作失误和管理目标落空损失也几乎是确定无疑的。在这六个条件之中有一个条件不具备，被管理者最后却把工作做好了，也达成了管理目标，尽管这种可能也是存在的，但却一定是微乎其微的偶然和巧合。所以，这一要点成立。

(3) 管理者对管理成事的六个条件不具备导致的工作失误和管理目标落空的损失，要承担直接责任人一半的责任。根据管理成事公理，如果不为他人全面创造出能力素质、意志意愿、热情耐心、资源支持、评价标准、程序方法六个条件，是难以达成目的的。因此，这六个条件平衡满足的程度越高，被管理者做好工作的确定性就越高。管理者的职责就是为被管理者创造做好工作的条件，因为条件不具备，未能达成做好工作的目标，理所当然要承担责任。之所以是要承担直接责任人一半的责任，而不是全部，一是因为管理者是人，不是神，要求他在创造管理成事的六个条件上百分之百地到位，不发生任何疏忽也是不可能的。二是因为管理成事的六个条件能否完整地创造出来，还存在组织环境的限制，比如没有授予他对于下属员工的选择和去留的权力，那么对于做好工作的三个主观条件的创造，尽管他在任何情况下都还有很大的努力空间，却不能完全决定于他的努力。所以，这一要点成立。

管理学第五公理

系统思考公理

一、系统思考公理的内涵

关于世界及其事物的思考，只有贯彻整体统一、普遍联系、发展变化、相互制衡、和谐有序和中正有矩六大观念，才是保证避免偏颇的系统思考。因此，对于世界上的任何事物的分析判断，这六大观念贯彻得越充分，就越能保证其分析判断不偏颇、不失误、不碰壁。

彼得·圣吉在《第五项修炼：学习型组织的艺术与实践》一书中认定，系统思考是学习型组织的艺术与实践中最重要的一项修炼。他之所以把该项修炼作为介绍学习型组织的艺术与实践的专著的书名，其原因也就在于此。可究竟何为系统思考，他并没有给出明确的答案。而管理学研究必须回答这一问题。管理的实施并不是仅仅关联着管理者与被管理者双方，要达成让被管理者做好工作的目的，它涉及双方各自存在于其中的社会和世界。没有系统思考，就无法理清这重重复杂的关联关系。

系统思考与系统论相关，但不相同。系统论是以世界结构关系为研究对象的科学，目的是揭示结构关系的规律，强调建立用于一切系统的原理、原则和数学模型。而系统思考则是在系统论所揭示的普遍原理的基础上形成的一种思维方式和一种价值观念。作为一种思维方式，它是让人们多立场、多方位、动态地思考问题，避免片面地、孤立地、静止地看待所面对的所有存在。作为一种价值观念是强调任何一个人都不能自高自大，自以为是，把自己凌驾于他人、组织、社会、世界之上。强调对于个人在这个世界、社会、组织中的地位要客观地进行定位，避免个人英雄主义，要求在保证与他人、与组织、与社会、与世界相处和谐的关系中，谋求自我价值的实现。

世界是统一的，不可分割的整体，构成世界的万事万物又都是存在于运动之中的。所以，它要求人们在思考世界及其构成部分和要素时，只有同时具有整体统一观念、普遍联系观念、发展变化观念、相互制衡观念、和谐有序观念和中正有矩观念，才能保证思维判断切合世界本来的实际，才能保证不偏颇、不失当、不碰壁。这就是系统思考。系统思考强调对于世界构成的任何一个部分、元素及其相互关系的分析，都必须从整体统一、普遍联系、发展变化、相互制衡、和谐有序和中正有矩等六个角度进行思考，以避免问题思考的片面性、孤立性、僵死性、机械性的偏颇。

首先，世界是整体统一的，是存在于运动之中的。所以，构成其整体的部分及其相互之间只可具体地分析，不可绝对地分割。这就说明各构成部分相互之间都是以普遍联系的形式存在的。

其次，世界是普遍联系的，又是存在于运动之中的。所以，从整体到部分，都不会停留在某一种形式上不变，不会停留在某一个时点上不变。这就说明它们从整体到部分都是以发展变化的形式存在的。

再次，世界是发展变化的，又是存在于运动之中的一个整体。所以，构成整体的部分，不可能独立于其他部分而独自变化，独自发展。这就说明各构成部分都是以相互制衡的形式存在的。

又次，世界是存在于运动之中的，构成世界整体的部分之间又是相互制衡的，但构成部分之间在运动的形式和速度上又是不同的，相互之间存在有差距。但这个差距的大小又是以整个世界的运动秩序的维护为前提的。超越这一前提，只能以冲突的形式磨平其超越秩序所需的差距而维护秩序。这就说明各构成部分之间都是以和谐有序的形式存在的。

复次，世界是和谐有序的，任何构成部分的发展变化都只能循序而进。所以构成其整体的部分及其相互之间的运动都是有规律的，在时空上有其特有的存在位置和形式，任何超越这种秩序的发展变化都只会以冲突的形式重构和恢复秩序。这就说明各构成部分都是以中正有矩的形式存在的。

最后，世界构成部分的存在是中正的，都有其特定的存在位置和形式，所以其存在也就是确定的。世界及其构成部分的运动是有矩的，超越于整体所允许的路线轨道的运动，包括快于或慢于、先于或后于等等的超越，都最终只会以冲突的方式恢复其运动路线轨道，所以其运动是确定的。这就说明世界及其构成部分都是以整体统一的形式存在的。

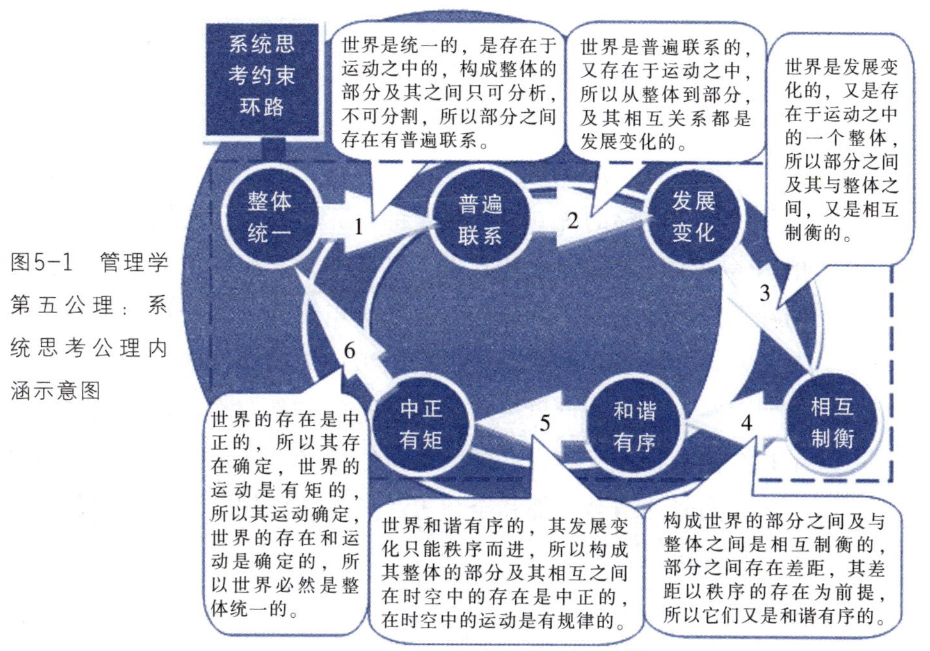

图5-1 管理学第五公理：系统思考公理内涵示意图

整体统一、普遍联系、发展变化、相互制衡、和谐有序和中正有矩等六个观念本身也是作为一个统一的整体存在的，不能有任何形式的偏重和取舍，不能强调一种观念而贬低其他观念。否则难免因为其思考不切合世界本来的实际而碰壁。因此，对于世界上的任何事物的分析判断，整体统一、普遍联系、发展变化、相互制衡、和谐有序和中正有矩等六大观念贯彻得越充分，就越能保证其分析判断不偏颇、不失误、不碰壁。整体统一、普遍联系、发展变化、相互制衡、和谐有序和中正有矩等六个观念，是中国文化的传统，不仅最先构筑了大易理论和五行理论这两个神秘而又神圣的系统思考模型，而且还把它贯彻到社会伦理之中，成了中国文化中的人文规范。

二、系统思考的整体统一定律

只有把事物置于其存在的大背景中思考，在统一的整体之中思考个体和局部，同时又结合个体和局部思考统一的整体，才能避免思考、判断的偏颇和失误。所以，在对事物的思考判断过程中，越是把自己纳入存在于其中的更大的背景中思考，就越是能避免思考的偏颇和失误。

世界是一个完整的统一体，任何存在都是这个世界的存在的一个部分，没有哪个存在能超越这个世界而存在。而存在于这个完整统一的世界之中的存在，又都是作为这个世界的构成部分存在的，因而其存在方式、存在过程，都是这个完整的统一世界赋予的。或者说任何一个存在的本质都是由这个完整的统一世界决定的，无法超越。所以，整体统一观念强调把思考者主体我纳入其所存在于其间的社会组织思考，不能超越于其存在的社会组织独为其己；强调把其社会组织纳入其所存在于其间的大社会思考，不能超越于其存在的大社会组织独为其小团体；强调把其大社会纳入其所存在于其间的世界思考，不能超越于其存在的世界独为其人类。这就是只有把事物置于其存在的大背景中思考，在统一的整体之中思考局部和个体，同时又结合局部和个体思考统一的整体，才可能避免思考、判断的偏颇和失误。

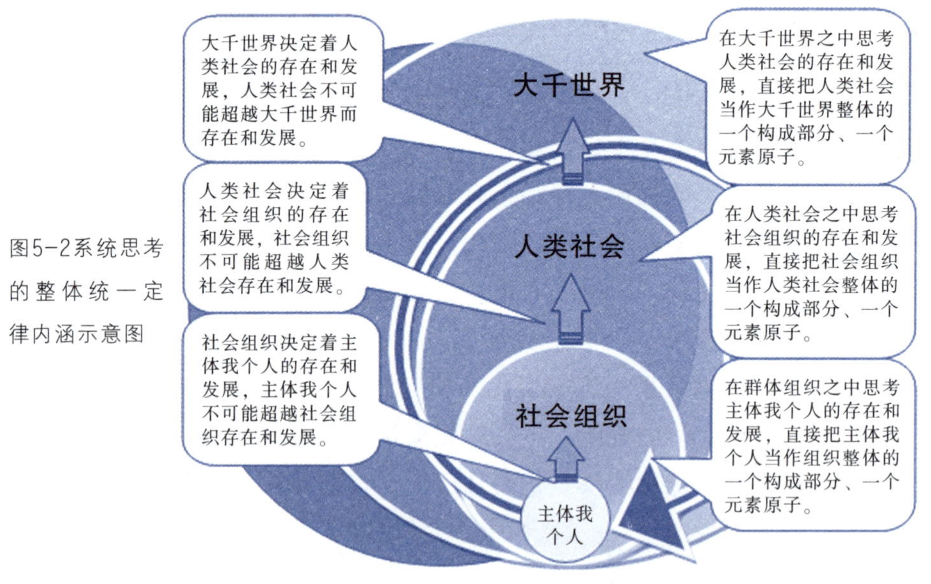

图5-2系统思考的整体统一定律内涵示意图

其一，社会组织决定着主体我的存在和发展，主体我不可能超越社会组织存在和发展。尽管社会组织不是抽象的存在，并且主体我也不仅仅是作为一个特有的社会组织的成员存在的，现代社会尤其如此。一个人在家庭组织中是父亲，在工作单位是员工，在学校读书是学生，在社区是居民……也正是这些特有的身份决定了主体我的存在方式、存在过程，而又是在这特定的存在方式、存在过程中体现了其特性。所以，在群体组织之中思考主体我的存在和发展，就是把主体我当作组织整体的一个构成部分、一个元素原子，而不是把主体我凌驾于组织整体之上，为所欲为。否则，碰壁的最后一定是主体我。尽管社会组织作为主体我的对象化存在，是作为工具服务于主体我的价值需求满足的，但在特定组织中存在，由组织赋予的特定角色，就决定了其可能和应该的存在方式、存在过程。超越其特定角色，就只能与组织决裂。与其寄身存在的所有组织决裂，也就是主体我自身的毁灭。

其二，人类社会决定着社会组织的存在和发展，社会组织不可能超越人类社会存在和发展。人类社会的存在和发展状况，直接决定着存在于其中的社会组织的存在方式、存在过程。社会组织也不是抽象的存在，其种类众多，数量庞大，而任何一个社会组织的特性也都是体现在其各自的存在方式、存在过程中。所以，在人类社会之中思考社会组织的存在和发展，就是把社会组织当作人类社会整体的一个构成部分、一个元素原子，而不是把小团体凌驾于人类社会整体之上，为所欲为。否则，最终遭受损害的一定是小团体。或者说任何形式的社会组织的存在方式、存在过程，都是人类社会的存在和发展状况赋予的，超越于所赋予的存在方式、存在过程，也就是挤占其他社会组织的存在方式、存在过程。如果能挤占，其被挤占的社会组织就是多余的，就是失去了必然性的存在，也就不存在了。如果不能挤占，其企图挤占其他社会组织的存在方式、存在过程的任何努力也就都是多余的，反而会在这种挤占过程中伤害其原有的存在方式、存在过程。

其三，大千世界决定着人类社会的存在和发展，人类社会不可能超越大千世界存在和发展。大千世界的存在和发展状况，直接决定着存在于其中的人类社会的存在方式、存在过程。人类社会又不同于一般存在，其存在和发展是在与大千世界的互动过程中实现的，虽然无法超越于大千世界存在和发展，但在其存在和发展的过程中，却直接改变着存在于其中的大千世界，并且这种改变也只能依大千世界的存在和发展规律行事，而且其改变的幅度也是非常有限的。超越于大千世界的存在和发展规律而寻求改变，就只能是碰壁和自我毁灭。所以，在大千世界之中思考人类社会的存在和发展，就是直接把人类社会当作大千世界整体的一个构成部分、一个元素原子，而不能把人类社会凌驾于大千世界之上，为所欲为。

总体分析，如俗语所言，皮之不存，毛将焉附。部分相对于整体就是毛，整体就是皮。尽管人进化到具有自我意识的特殊存在之后，会把所面对的存在都对象化为客体，但不是说所有的客体都可成为主体我的工具，随心所欲地支配使用，而是强调其价值和意义是人所赋予的，顺其本性支配使用才能给主体我带来价值需求的满足。违其本性，不仅不能给主体我带来价值需求满足，甚至可能给主体我造成灾难。把所面对的存在对象化为其认知、品评、加工、改造的客体，都是以顺其本性为前提的。认知违其本性是谬误，品评违其本性是自我欺骗，加工、改造违其本性就不是主体我加工、改造客体，而只能是像引力作用的石头落在头上一样，让路的是人头而不是石头。超越这一点，就不是人的主体性的实现和发展，而是其自我毁灭。由此可得到系统思考的整体统一定律：在对事物的思考判断过程中，越是把自己纳入存在于其中的更大的背景中思考，就越是能避免思考的偏颇和失误。

三、贯彻整体统一观念的关键点

系统思考公理的第一定律就是整体统一观念，如何贯彻这一观念却是关键所在。思考是主体我的思考，系统思考也就不能仅仅从主体我的角度思考，不能凌驾于世界之上思考。世界万事万物的存在和发展变化都是有规律的。这就是老子说的道。这种道是无法超越的，也不能超越的。所以，“孔德之容惟道是从”（《道德经》第二十一章），只能“人法地，地法天，天法道”（《道德经》第二十五章），“故从事于道者，同于道”（《道德经》第二十三章）。如何同于道？其途径有四个：

（1）主体我相对于其所存在于其中的外部环境而言，不作分别想。这就是把自己视作与外部环境整体不可分割的一个部分，在外部环境整体中思考自己的存在和发展，把自己的存在和发展置入外部环境整体的存在和发展之中思考。主体我只是其所存在于其中的外部环境的一个部分或元素，如作分别想，把自己与所存在于其中的外部环境对立，最终被其所存在于其中的外部环境抛弃的不仅仅是其所想，而且还有作此想的人本身。

（2）主体我相对于其所存在于其中的外部环境而言，不作独立想。这就是不要夸大主体我与外部环境整体之间边界的确定性，主体我与外部环境整体之间的边界是相对的，本身存在高度的不确定性，环境整体制约着主体我的存在和发展，就是因为主体我与外部环境整体之间的边界是相对的不确定的。主体我与存在于其中的外部环境之间的关系，是鱼和水的关系，主体我如果想超越于存在于其中的外部环境独立发展，不仅是不可能的妄想，而且是自我毁灭。所以，如庄子所言：“泉涸，鱼相与处于陆，

相呴以湿，相濡以沫，不如相忘于江湖。”（《庄子·大宗师》）

(3) 主体我相对于其所存在于其中的外部环境而言，不作选择想。这就是不要认为自己能对外部环境整体进行选择，此地不善，可另择善地。善地是没有的，能选择的仅仅是外部环境整体之中的另外部分，不是外部环境整体，是自己浮游于外部环境整体的不同部分之间。在主体我与存在于其中的外部环境之间，只有依存，不可能有超越于其上的选择。父母之所以不能选择，是因为子女原来仅仅是父母体内的一个细胞而已。主体我与存在于其中的外部环境之间的关系，也就是父母与子女的关系。

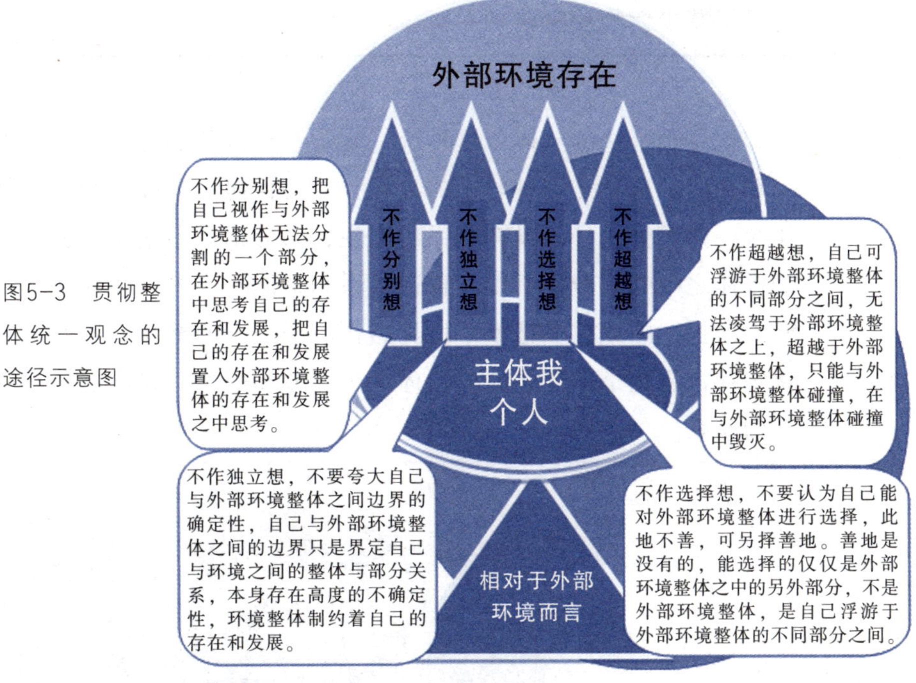

图5-3 贯彻整体统一观念的途径示意图

(4) 主体我相对于其所存在于其中的外部环境而言，不作超越想。这就是自己可浮游于外部环境整体的不同部分之间，无法凌驾于外部环境整体之上，超越于外部环境整体，只能与外部环境整体碰撞，在与外部环境整体碰撞中毁灭。人是世界的一个部分，不能与世界分别开来，不能独立于世界之外，不能在世界之外进行选择，自然也就不能超越世界之上，主宰世界本身。所以，任何想超越世界的臆想，也都只不过是想拧着自己的头发拔离地球一样的愚蠢。

所以，不作分别想，不作独立想，不作选择想，不作超越想，是贯彻整体统一观念的四个约束。四者之中任何一个的违背，也就是违背贯彻整体统一观念的非系统思考。

四、系统思考的普遍联系定律

存在于这个世界之中的任何一个部分和事物，彼此之间都存在有不同形式的联系。也正是这种联系的存在，才使任何一个部分和事物都无法独立于统一的整体之外。所以，在对事物的思考、判断过程中，越是充分考虑到事物间的无缝连接、相互中介、相互包纳、相互渗透的关系，也就越是可能减少偏颇和失误。

世界是统一的整体，这种统一是基于整体各部分相互之间的普遍联系而存在的。也正是这种联系的存在，才使任何一个部分和事物都无法独立于统一的整体之外。没有联系的存在，部分相对于整体也就不可能是统一的整体之中的部分。所以，普遍联系和整体统一的内涵存在一致性，二者互为前提。因此，在把整个世界当作一个统一的整体思考的同时，也就是认定存在于这个世界之中的任何一个部分和事物，彼此之间都存在有割不断的联系。

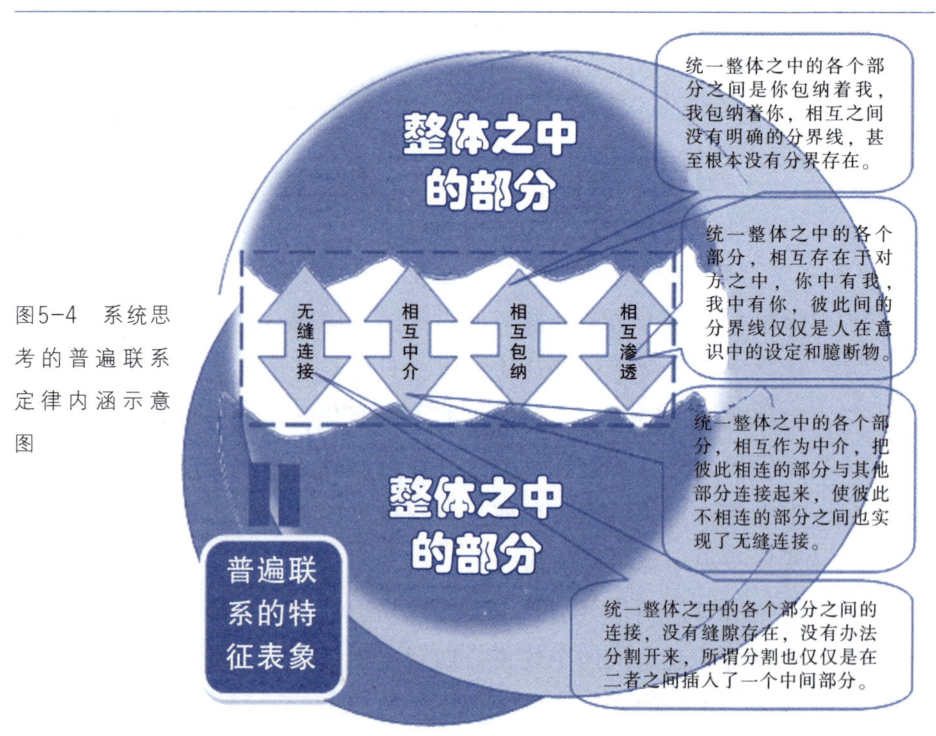

图5-4　系统思考的普遍联系定律内涵示意图

普遍联系体现为无缝连接、相互中介、相互包纳、相互渗透四种基本关系，这四种基本关系本身也是四种形式的联系。这四种联系都是在时空之中的，又是超越时空的，非物质存在的观念之间的联系和因果之间的联系就是超越时空的，但基本的形式也可归到这四种基本关系上来。以这四种基本关系为基础，各个部分之间可变化出千姿百态、丰富多彩的联系。所以，这四种基本关系又可称之为最本源性的联系。

(1) 无缝连接。统一整体之中的各个部分之间的连接，没有缝隙存在，没有办法分割开来。所谓分割也仅仅是在二者之间插入了一个中间部分而已。这种无缝连接除了时空的无缝之外，更多地体现为因果的无缝，即在任何两个存在之间总是存在一定的因果关系。

(2) 相互中介。统一整体之中的各个部分，相互作为中介，或者是时空存在的中介，或者是因果关系的中介，把彼此相连接的部分与其他不直接相连接部分连接起来，使彼此不相连的部分之间也实现了无缝连接。

(3) 相互包纳。统一整体之中的各个部分之间是你包纳着我，我包纳着你，即在空间上的相互包纳，在因果上的相互依存，从而使其相互之间没有明确的分界线，甚至根本没有分界线存在，任何一个分界的断点连线都是只是一种臆想。

(4) 相互渗透。统一整体之中的各个部分，是相互存在于对方之中，你中有我，我中有你，在依存对方的同时，又对对方的存在和发展起影响作用，因而不仅自己不能忽略对方，而且也让对方无法忽略。

这四种本源性联系相互之间又是紧密联系的。无缝连接以相互中介为表现形式，相互中介又以相互包纳为表现形式，相互包纳又以相互渗透为表现形式，相互渗透又以无缝连接为表现形式。正是这四种本源性联系的存在，每一个人在思考问题时，必须联系这个统一整体中的其他部分的实际，并为相互之间存在的联系做好安排。因而任何一个个体或局部都不能把自己凌驾于其他部分和个体之上，必须善待每一个部分和个体，尊重认同每一个部分和个体的价值和地位。比如行事做人必须“慎独”，不能为所欲为。独仅仅是一种表面的、暂时的现象，普遍联系才是绝对的、永恒的。不要以为没有外在监督，就可以为所欲为。“君子居其室，出其言善，则千里之外应之，况其迩者乎！居其室，出其言不善，则千里之外违之，况其迩者乎！”（《周易·系辞传上·第八章》）

由此就有系统思考的普遍联系定律：在对事物的思考、判断过程中，越是充分考虑到事物间的无缝连接、相互中介、相互包纳、相互渗透的关系，也就越可能减少偏颇和失误。

五、贯彻普遍联系观念的关键点

贯彻普遍联系的观念，其关键在于主体我在任何时候、任何情况下的思维判断，都不能仅仅从主体我出发，必须在关注主体我的同时，关注主体我存在的背景和背景中闪动的能量。如老子所言："知其雄，守其雌，为天下溪。为天下溪，常德不离，复归于婴儿。"（《道德经》第二十八章）否则一定是："企者不立，跨者不行；自见者不明；自是者不彰。自伐者无功；自矜者不长。"（《道德经》第二十四章）具体的关键点有以下三个。

（1）主体我存在的背景，也就是主体我存在于其中的世界整体，是构成世界的内容本身。主体我在思考分析任何事物时，同时关注主体我存在的背景，也就是要求对它作六个方面的评估：一是对其整体风貌的评估，意在分析判断它的表象与本质的关系，透过表象把握本质；二是对其整体构成的评估，意在分析判断它的内在结构关系和相互联系的性质和形式；三是对其整体各部分价值的评估，意在分析判断它们与自我，与自我存在于其中的社会组织，以及社会组织存在于其中的人类本身是怎样的关系；四是对其整体过去的评估，意在分析判断定整体各部分从何而来，曾经怎样；五是对其整体现实的评估，意在分析判断整体各部分的现实特征如何，是以什么样的形式存在的；六是对整体未来的评估，意在分析判断整体各部分将向何处去，以及怎么去。

（2）在对主体我存在的背景有了准确完整的把握之后，全面关注把握主体我本身，以达成自知。这也就是要求对它作六个方面的评估：一是对我的身体的评估，意在分析判断主体我自身的健康精力状况，明确还能做什么，以及不能做什么的限制；二是对我的个性的评估，意在对自己与周围他人比较，分析判断自己长于什么，短于什么，其所长和所短的相互关系是怎样的；三是对我的价值的评估，意在分析主体我所寻求的价值，以及与能为周围他人带来的价值需求满足的关系，是有助于周围他人价值需求满足，带来相互关系的和谐，还是相反；四是对我的观念的评估，意在对主体我所持有的是非、善恶、美丑的判断标准和依据进行分析判断，确定与社会整体的观念是否相容；五是对我的事业的评估，意在根据自己的价值判断，分析判断自己所能追求和应该追求的理想目标是什么；六是对我的未来的评估，目的是在前面五个内容的分析基础上，对主体我的行为

选择结果进行分析判断，确立自己的预期。

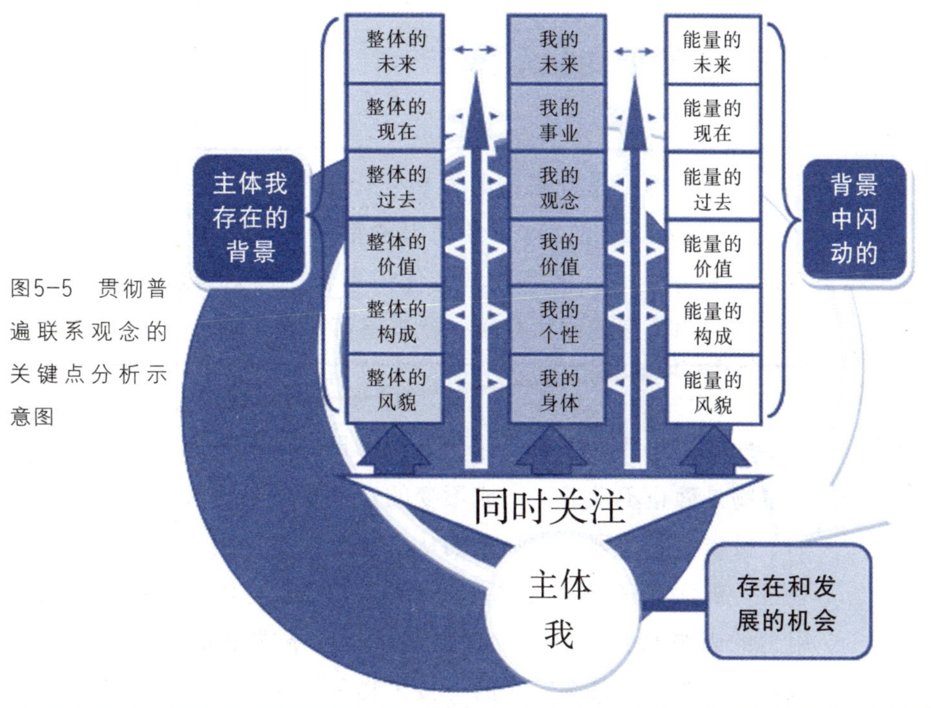

图5-5 贯彻普遍联系观念的关键点分析示意图

(3) 关注背景中闪动的能量，也就是关注导致世界构成部分及其相互关系发展变化的推动力量，是从更深一个层次对世界进行把握。它是以前二者为基础的，但又反过来，推动和提升对前二者关注把握的深度和质量。这就是对知其然之后的所以然做出分析判断。其内容也包括六个方面：一是对其能量的风貌的评估，意在分析判断导致世界构成部分及其相互关系发展变化的作用力的外在表现；二是对其能量的构成的评估，意在分析判断可能导致世界构成部分及其相互关系发展变化的作用力是由哪些部分构成的；三是对其能量的价值的评估，意在分析判断这种种作用力相对于自我、自我存在于其中的社会组织，以及社会组织存在于其中的人类本身是怎样的关系，明确是有助还是有损；四是对其能量的过去的评估，意在分析判断这种种作用力过去曾经呈何种状态存在和变化，以探寻其规律；五是对其能量的现在的评估，意在分析判断这种种作用力现实是呈何种状态存在和变化的；六是对其能量的未来的评估，意在分析判断这种种作用力将来会呈何种状态存在和变化。

主体我做这种分析判断，也并非是出于好奇，而是为了在普遍联系中把握主体我存在和发展的机会。这三个关键点总共十八个方面的内容评估分析越透彻，也就越能把握主体我存在和发展的机会，避免危害主体我存在和发展的危机。

六、系统思考的发展变化定律

任何事物都是处在不断发展变化之中，没有哪个事物是静止不动的、一成不变的。因此，对于任何事物都必须从动态的、发展的角度思考判断，不能静止地、僵死地看待任何事物。而对事物的思考，越是从动态的、变化的角度把握和判断，就越是可能减少偏颇和失误。

发展变化观念强调，任何事物都是处在不断地发展变化之中，没有哪个事物是静止不动的、一成不变的。系统思考的这一观念，在佛教中发挥到了极致。佛教理论中强调的从“缘起性空”到“性空缘起”的循环，就是这一观念的完整体现。所谓缘起者，也就是因果关系链上的上接事物作用力的因缘和合，共同发挥作用，推动下端事物的发展变化。所谓性空者，也就是因果关系链上的下接事物——被作用物，在众因作用下，原有本性因其支撑的因缘的离散而失去后形成新的本性。外部环境构成物促变

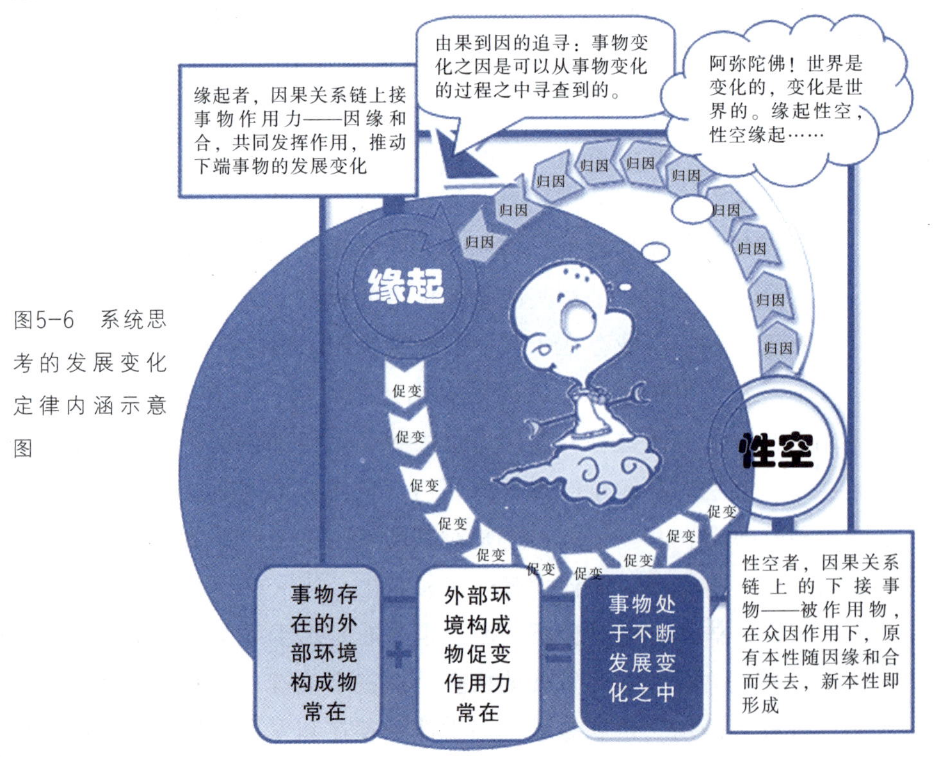

图5-6 系统思考的发展变化定律内涵示意图

作用力常在，这就是缘起无时；事物永远存在于发展变化的过程中，这就是性空无疑。外部环境构成物常在而又被外部环境构成物促变作用力不断驱动，存在物的本性也就无时不在变化。所以，在佛教中没有不变的本性，甚至因此而否定事物本性的存在。

佛教把因果关系绝对化，并且否定事物本性的存在，这是偏颇。没有事物的本性存在，事物也就成了虚无缥缈的不存在。事物本性的存在是人对事物认知的基础和前提，没有其本性也就无法认知，无法被人对象化为客体，那也就只能是臆想中的存在。事物存在本身就是其本性的存在，否定了事物的本性，就不免坠入不可知论的陷阱。佛教的因果理论又特别强调因缘的存在和作用，是因缘聚合而成物。而因缘聚合所成之物本身又成为新物之缘，所以是缘中又有缘。这种缘的存在本身就可揭示其本性。缘缘之间存在的稳定联系也就是物的本性本身。只要能对缘本身认知，对因缘所成之物也就能认知。所以，可以说佛教的因果理论对发展变化观念的把握是精到而深刻的，它不仅描绘了事物不断发展变化的事实，而且揭示了其发展变化的内在逻辑。所以，对应于事物的不断发展变化特性，就有了系统思考的发展变化定律：对事物的思考，越是把握其缘起与性空的关系，越是从动态的、变化的角度分析判断，就越是能避免偏颇和失误。

七、贯彻发展变化观念的关键点

贯彻发展变化观念的关键是盯住变、把握变。发展变化是世界存在的方式，变是绝对的，不变是相对的。时间改变世界，是因为随着时间变化世界在发展变化。历史改变观念，是历史发展变化的现实否定了原有观念的偏颇。世界上无物无处无时不在改变。但变仅仅是一个事实，要使其观念对应，形成发展变化观念，行为选择体现发展变化观念，则需要在分析判断世界万物时，盯住变、把握变。盯住变、把握变也就成了避免思维失误和偏颇的重要途径。

所谓盯住变，就是要超越眼见为实的眼见欺骗。眼睛看到的都是事物相对静止的存在形式，是在它相对不变的时间里，发现了它的存在和存在方式。所以，这种看见往往就欺骗了眼见的主体我，把其思考探索的关注点集中于不变的相对静止状态。盯住变，就是从变处看，从变中发现对象化存在的存在方式，这也就是通过把握作用于对象化存在的众缘来把握对象化存在的存在方式和存在状态，从对象化存在背后发现其存在的本质，只有这样才能发现其发展变化的本质。只有以这样的立场和角度看待对象化存在，才能看到这种对象化存在的本来面目，才会不被其相对静止状态的假象迷惑。

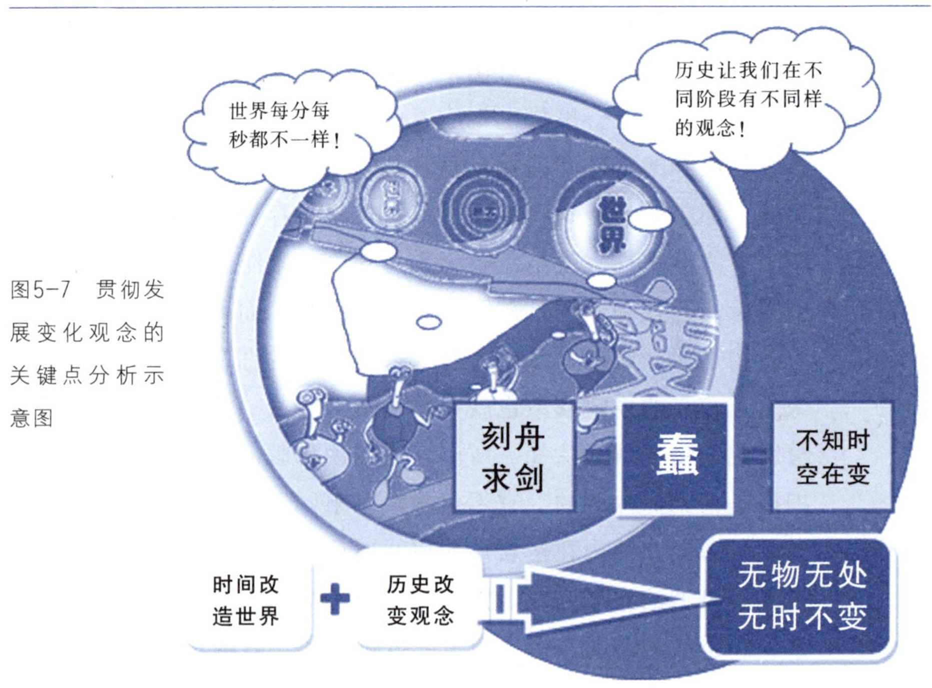

图5-7 贯彻发展变化观念的关键点分析示意图

所谓把握变，就是对对象化存在的存在方式和存在状态有一个准确的感知，从对象化存在的表象进入到本质，在把握对象化存在的过去、现在和未来的基础上，明了其发展变化的方向、方式和速度，进而把握由它的发展变化带来的关联存在物的存在方式和存在状态的发展变化。有了对对象化存在的这种把握，主体我才能对应做出正确的判断，以对应其变来选择行为的方向和方式。刻舟求剑蠢就蠢在不知时空在变。

贯彻发展变化观念，除了要求在对事物的思考判断过程中，要盯住对象化存在的变、把握对象化存在的变之外，还要让思考判断事物的观念方法对应发展改变。思考就是量度，没有长度的尺子难以测量物体的长短，分析判断事物的观念僵死不变，也就难以发现事物的变化。世界每分每秒都不一样。但只有随世界发展变化而改变观念才能看见和把握这种变化。戴着灰色眼镜看到的世界都是灰色的。主体我意识眼镜的灰色也就是原有的观念本身。历史会让人们在不同阶段形成不同的观念，但并不能让人们在不同阶段对应形成不同的观念，这就是一些人把原有世界的颜色涂到了自我意识的眼镜上，再把眼镜上的灰色涂给了世界。

八、系统思考的相互制衡定律

世界各部分之间不规则地相互渗透、咬合在一起，任何一个事物的发展变化，既要受制于物，又要制于物。在系统运行过程中，系统的各个构成部分越是顺应相互渗透咬合的制衡关系，系统运行就越稳定，摩擦就越少，效率就越高。而在对事物的思考判断过程中，越是完整地把握事物间相互渗透咬合的相互制衡关系，就越是可能减少偏颇和失误。

相互制衡观念强调，任何一个事物的发展变化，既要受到其他事物发展变化的影响和制约，同时又会给其他事物的发展变化带来影响，施加作用，形成制约。因为世界构成的各个部分相互之间不规则地相互渗透咬合在一起，这就是普遍联系定律所界定两种本源的联系形式的体现：相互包纳关系是整体的各个部分之间你包纳着我，我包纳着你，相互之间没有明确的分界线，甚至根本没有分界线存在。相互渗透关系是整体的各个部分相互存在于对方之中，你中有我，我中有你。所以，发展变化不同向、不同性、不同速，谁也发展变化不了。这就是制衡。构成世界的各部分发展变化方向相同、范围相合、速度相适，其各部分发展变化才有可能，世界整体发展变化才有可能。这种相互渗透咬合关系就决定了事物之间的制衡关系是相互的。甲乙两个事物，在甲事物制衡乙事物的过程中，甲事物本身也受制于乙事物。仅仅是甲事物制衡乙事物，乙事物受制于甲事物的关系是不存在的。并且其制衡作用的力也是等量的。之所以制衡作用的结果会有所不同，是因为不同事物承受制衡作用力的方式不同。吸纳制衡作用力，也就与制衡作用物融合而共同发展变化；抵制制衡作用力，也就与制衡作用物对抗而同归于尽。火车在铁轨上飞驰，是车轮吸纳了铁轨的制衡作用力，顺轨道运动。如果侧切轨道，就只能是轨和轮都磨毁。

人作为进化为顶级阶段的有意识的存在，可把面对的存在都对象化为客体，并且能让对象化存在成为能为其所用的存在。尽管如此，仍然不能超越相互制衡的关系，而是意识到制衡关系的存在之后而自主地顺应制衡的力量，接受制衡，并在接受制衡的过程中把制衡的力量转化为可为我所用的力量。对于实实在在的制衡力量并不会因为主体我对它视而不见，它就不存在，它的作用力丝毫不会因为他人的忽视而降低和减少。因而超越制衡关系，也仍然只能是碰壁。所以，没有哪一个人可以我行我素，截然超越和凌驾于他人和他物之上。任何不同的事物，彼此之间都存在有相互制衡关系，能凌驾于其上超越于相互制衡关系的就不是物，而只能是老子所说的道。道是生出万物的根源，但它不是物本身。所以只有道才能不受其他物存在的制衡和影响。相互制衡本身就是道。不明白这一点必然会受到来自道的惩罚。

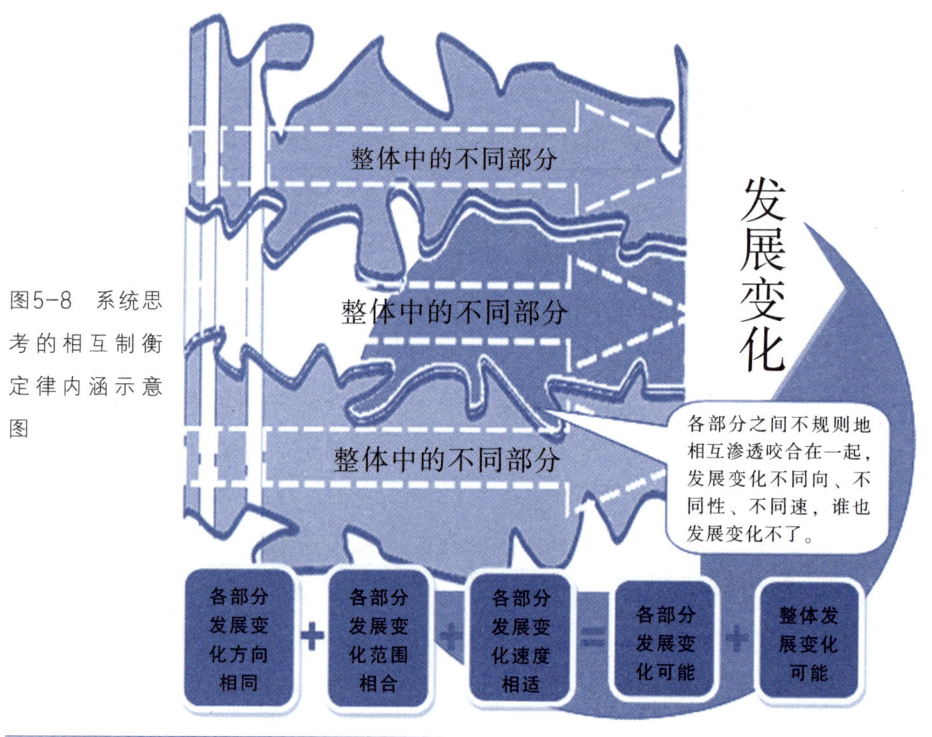

图5-8 系统思考的相互制衡定律内涵示意图

由上述分析可得到系统思考的相互制衡定律：在对事物的思考、判断过程中，越是完整地把握事物间相互渗透咬合的相互制衡关系，就越可能减少偏颇和失误。

九、贯彻相互制衡观念的关键点

贯彻相互制衡观念，绝不是要让自己成为他人、他物的制衡力量，事事处处与他人作对，与他物作对，阻人之所欲成，碍物之所前进。否则，就是自作贱，让人所厌，并最终为人所制，为人所弃，被对象化的存在所克，被对象化的存在碾得粉身碎骨。一物克一物，一物降一物，自己不是能克物之物，能降物之物，最终被物所克、所降就是没有选择的选择。即使自己是能克物之物，能降物之物，也难逃杀敌一千，自伤八百的悲惨后果。

所以，贯彻相互制衡观念的关键是思考主体避免把制衡力量与敌对力量画等号，而是主动地接受制衡，借力于人，顺人之意。其途径有四个：

(1) 融合制衡力量以为我所用，把制衡力量转化为有助于自身发展壮大的力量。这不是借力打力，而是不违逆制衡力量的双方和平共处，共同发展。这也就是你好我好大家都好，寻求的是主体我和对象化存在的共同发展。

(2) 看清制衡的力量，分辨“可以战与不可以战”。明白自己和对象化存在的力量对比的实际，避免硬碰硬，不做无谓牺牲，在不能克敌制胜时，选择退让，“知可以战与不可以战者胜”（《孙子兵法·谋攻篇》），“勇于敢则杀。勇于不敢则活”（《道德经》第七十三章）。

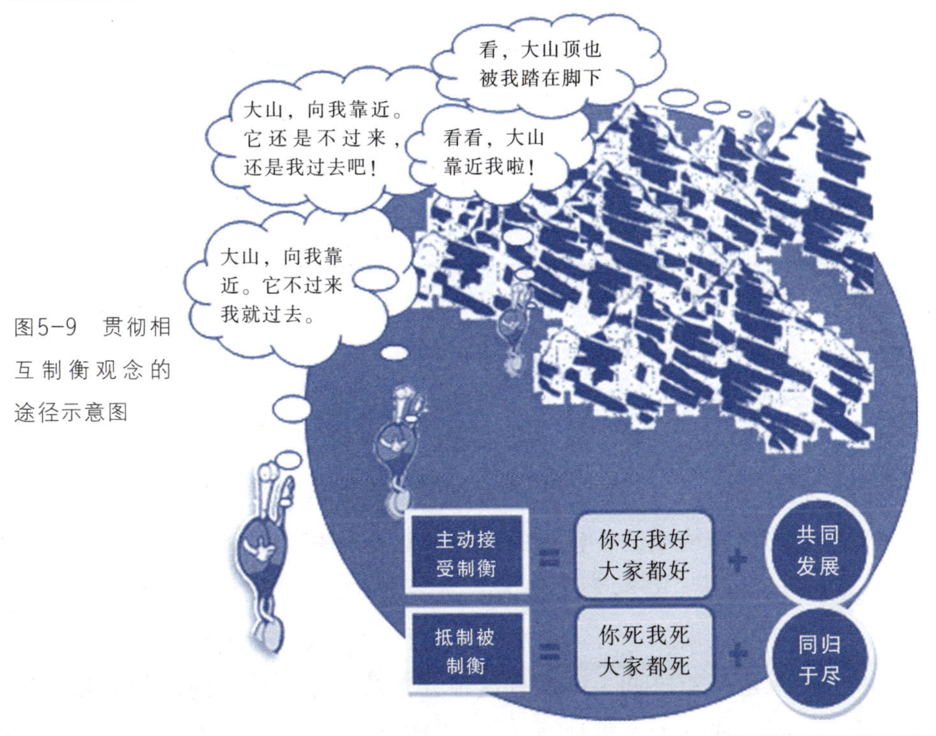

图5-9 贯彻相互制衡观念的途径示意图

(3) 以动制静，以柔克刚，揉磨制衡的力量。“天下莫柔弱于水，而攻坚强者莫之能胜”（《道德经》第七十八章），因为“天下之至柔，驰骋天下之至坚”，天下之至柔向着至坚驰骋不已，则水滴石穿。大山不向我走来，我可选择向大山走去，最后让大山也被我踩在脚下。

(4) 自我不断改变，主动接受制衡，躲避制衡力量。如孙子所言：“昔之善战者，先为不可胜，以待敌之可胜。不可胜在己，可胜在敌。故

善战者，能为不可胜，不能使敌之必可胜。故曰：胜可知，而不可为。”（《孙子兵法·军形篇》）

因此，贯彻相互制衡观念的关键是避免正面与制衡力量冲突，这就是当对象化存在已把制衡之力加于身时，只有知道退让避锋以全己这一最佳选择，才能避免鱼死网破，你死我死大家都死，落得同归于尽的后果。所以，“尺蠖之屈，以求信也；龙蛇之蛰，以存身也”（《周易·系辞下传》第三章）。该服软时必须服软，谦已敬人，而最终获得“后其身而身先，外其身而身存”（《道德经》第七章）的效果。“夫唯不争，故天下莫能与之争”。（《道德经》第二十二章）

十、系统思考的和谐有序定律

系统构成各个部分差别的存在，是系统运行顺畅的前提。但这种差别的存在也仅仅以保障系统运行的顺畅为前提，超越这个前提，差别就会对系统的运行造成阻碍。而在对事物的思考、判断过程中，越是能保证差别的被承认和被维持，就越是能减少偏颇和失误。

和谐有序观念强调，系统构成的各个部分，不是同一的，而是存在有多种多样的差别，比如在时间上有先后之分，在空间上有大小之分，在地位上有高低之分，在价值上有轻重之分。正是这种种差别的存在，才能形成有如由高声低声、长声短声组合而成的优美和谐乐曲。世界是由缤纷多彩的事物构成的，世界的优美和谐也依赖于这种缤纷多彩。单一事物的世界既无法优美也无法和谐。世界之中的人类社会也是如此，必须有人种地、有人做工、有人从事艺术创作、有人致力于理论研究、有人负责社会组织运行的协调……没有这种分工及由分工形成的差别的存在，人类社会就不能成其为人类社会。因为没有这种差别，社会组织系统运行就无法保障其顺畅。但是，这种差别也不能太大。乐曲的和谐优美是以声高声低、声长声短差别的相对程度为前提的，相邻两个声高不能过于悬殊，一曲之中的高音和低音也不能超过一定的限度，否则就是不和谐。人类社会也是如此，分工及由分工形成的差别的存在也仅仅以保障系统运行的顺畅需要为度，超越这个度，这种差别反过来会对系统运行造成阻碍。大象与其身上的寄生虫就不可能和谐，大象到泥塘打滚，就是要用泥巴闷死寄生虫。

和谐是没有对抗和冲突，不是利益均等，不是权力平等；有序是差别有等，但不是等级控制，不是高压强制。和谐有序就是系统构成部分之间的差距虽然存在但有度，相对于人类社会而言，是既认同差距的合理性，又维护差距的现实性。所以，由人构成的社会组织其和谐有序包含四个方面的内涵：

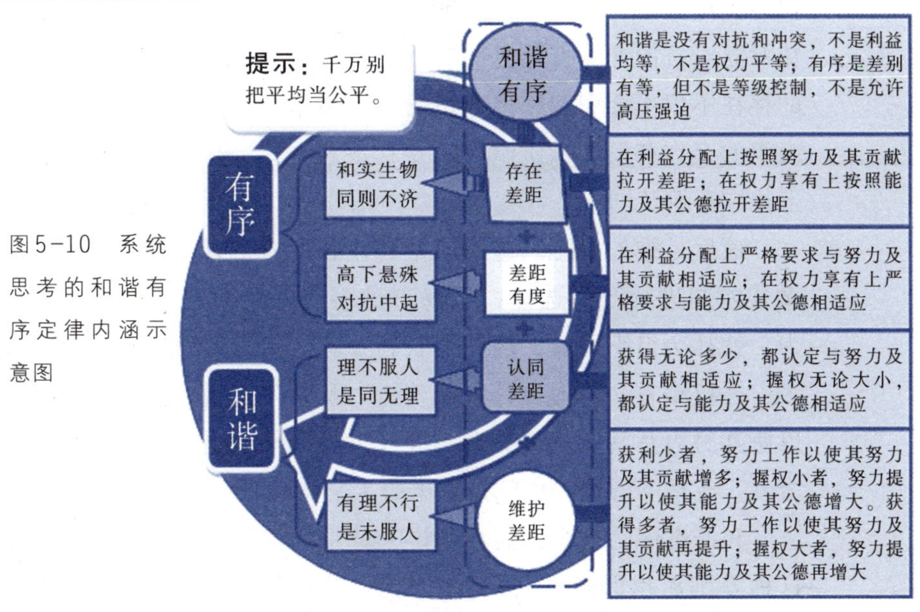

图5-10 系统思考的和谐有序定律内涵示意图

首先是存在差别。差别是有序的基础，秩序本身就是差别，没有差别就不可能有秩序。“和实生物，同则不济。”（《国语·郑语》）同质的要素聚集到一块，是不可能构成有序世界的。没有外力作用，只有当水有势差时才会流动。构成要素的同质化、同位化，也就是熵的积累，这也就是事物本身衰亡。宇宙天体只有在质量、密度上存在差别，才会形成自己的运行轨道，避免碰撞爆炸悲剧的发生。构成社会组织的成员，如果在能力、作用和价值上没有差别，这个社会组织也就不成其为社会组织了，也就必然是争斗不息，混乱不堪的一群乌合之众。就社会组织而言，这就是在利益分配上按照努力及其贡献拉开差距；在权力享有上按照能力及其公德拉开差距。

其次是差距有度。差别的度的恰当，是构成和谐和秩序的基础。差别太大，大得失去了共同存在的基础，和谐和秩序也就都不存在了。和谐和秩序只能存在于统一的整体之中。就社会组织而言，这不仅是在利益分配上严格要求与努力及其贡献相适应，在权力享有上严格要求与能力及其公德相适应，而且要在适应的前提下，保证差距在可容忍的范围内，过大时，适当拉平缩小。否则差距过大，高下悬殊，超越了相适应的限制，难免导致对抗中起。差距超越了可容忍的限制，也就难免会降低利益和权力享有相对较低的成员努力为这个社会组织的存在和发展做贡献的积极性。

再次是认同差距。这就是差别的度能得到在利益和权力享有上存在差别的各方的承认，认定其合理性，即认定这种差距既必须又必然。就社会组织而言，这就是获利无论多少，都认定与其努力及其贡献相适应；所握权力无论大小，都认定与其能力及其公德相适应。并且这种适应不仅要避免对立对抗的冲突，而且要对社会组织的存在和发展有维护作用，即差距的存在不仅不会引起一些成员的不满情绪，而且还能激励成员努力为社会组织的存在和发展做贡献。只要具备这一理，社会组织成员也就能在差距上达成普遍认同。

最后是维护差距。这也就是利益和权力享有存在差别的各方都努力遵循其差别进行行为选择，不仅自己不违背，而且抵制违背者和违背的行为。就社会组织而言，这就是获利少者，努力工作以使其努力及其贡献增多；握权小者，努力提升以使其能力及其公德增大。获利多者，努力工作以使其努力及其贡献再提升；握权大者，努力提升以使其能力及其公德再增大。有理不行理，也就是理未服人。

和谐有序的观念，简单地讲，就是承认差别，维持差别，但又不能让这种差别超越保障其共同存在于其中的系统顺畅运行所需要的程度。所以，存在差距且差距有度，这才是有序。但和谐却是以差距的被广泛认同和维护为条件的。

由此可得到系统思考的和谐有序定律：在对事物的思考、判断过程中，越是能保证差别的被认同和被维持，就越是能减少偏颇和失误。

十一、贯彻和谐有序观念的关键点

社会组织的和谐有序，是以社会正义和公平为基础的。社会正义和公平不存在，绝对不可能达成社会组织的和谐有序。社会正义和社会公平是两个相互关联的概念，但很多政治哲学家往往把公平包含在正义之中。社会正义是政治学的概念，是对社会组织成员个体与整体之间的权力关系的界定，公平则是经济学的概念，是在社会组织成员个体与整体之间的分配关系的界定。尽管二者存在紧密的联系，是相互补充的，但毕竟二者所讨论的角度不同。

正义强调的是，在社会组织成员个体与整体之间，以及相互之间，达成三个方面的规定：一是必须保证个人为组织整体所承担的义务与其在整体中享有的权利对等。尽管二者之间不可能像市场交易一样，保证其价值相等，但至少要保证在序列关系上对等，即在组织内部成员之间进行比较，所承担的义务大的，其所享有的权利就一定大。反之相反。二是在利益上，如果社会组织成员个体与整体之间发生矛盾，必须保证组织整体的利益优先，通过牺牲个人利益保障组织整体的利益。人作为社会性存在，组织整体是其存在和发展的前提。三是在利益上，如果社会组织成员的少数与多数之间发生矛盾，必须保证多数人利益优先，通过牺牲少数人利益保证多数人利益。这也就是在社会组织运行的过程中，承认差距的必要性。

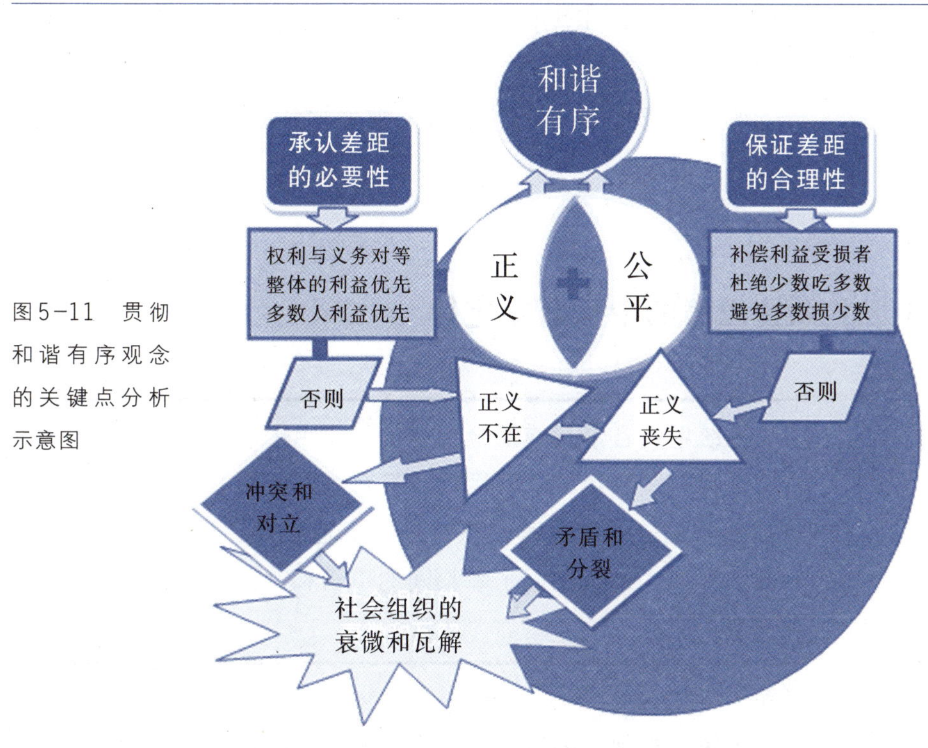

图5-11 贯彻和谐有序观念的关键点分析示意图

公平强调的是，在社会组织成员个体与整体之间，以及相互之间，达成三个方面的规定：一是当社会正义的贯彻造成了成员个人或少数的损失，必须对所受损失的成员个人和少数进行足够的利益补偿，避免为整体利益和多数人利益做出牺牲的个人和少数与整体和多数离心离德，即使不能让人牺牲得情愿，也要能让人牺牲得心甘。二是在社会组织运行过程中，必须杜绝少数占据高位的人剥削多数人，侵占多数人利益的事件的存在，保证利益分享的公平。三是在利益上，必须杜绝多数人以整体的名义损害少数人，保证每一个成员个人的利益都不遭受损害。这也就是在社会组织运行的过程中，保证差距的合理性。

在社会组织的大多数成员中，如果不能在差距的必要性上达成共识，也就不可能有正义，社会组织成员之间冲突和对立的发生也就不可避免，这就直接导致社会组织的衰微和瓦解。如果不能保证差距的合理性，也就不可能有公平，社会组织成员之间矛盾和分裂的发生也就不可避免，这同样也直接导致社会组织的衰微和瓦解。而且正义的丧失与公平的丧失还会相互转化，失去正义，就不会有公平；失去公平，就不会有正义。古往今来，多少个社会组织尽管曾经强大得让世界发抖，但最后也消亡而不再，一个根本原因，就是社会组织的正义和公平的丧失。世界历史中延续几百年的王朝的消亡是如此，曾经叱咤风云的大政党、大企业的消亡也是如此。

所以贯彻和谐有序观念的关键是承认差距的必要性，保证差距的合理性。

十二、系统思考的中正有矩定律

系统中的各个构成部分，地位、作用和价值是特定的，任何僭越和剥夺，都会打乱系统的正常运行，甚至危及整个系统的存在。所以，系统各构成部分越是得位得时，系统运行就越高效越稳定。而在对事物的思考、判断过程中，越是把握了事物间的中正和有矩关系，就越是可能减少偏颇和失误。

中正有矩观念强调，在一个系统之中，任何一个构成部分，都有它特定的地位、作用和价值。这特定的地位、作用和价值，又都是被约束在特定的范围之内的，不能有僭越和不及。这范围就是差别存在的度，其度就是保证系统运行的稳定和有效，而不是损害这种稳定性和有效性。所以，任何形式的僭越和不及都会打乱系统的正常运行，损害其稳定性和有效性，甚至危及整个系统的存在。

所谓中正，是对系统的构成部分在存在的时间和空间上的要求，即在与整体及其相应部分的关系中，位得其所，它刚好处于它应该而必须处在的空间位置；时得其应，它的发展变化刚好对应系统要求。在易学中，就是阴处阴位，阳处阳位，阴阳对位即为正。居上下三爻之中的二五，即为得中。正是空间要求，中为时应要求。在社会组织系统中，所谓中正则是三个方面的要求的综合：一是价值相等，即在社会组织的时空存在中，地位和作用相当，利得与贡献相等，荣辱与作为相应。二是能力相当，即在社会组织的时空存在中，能力与所在位置的作用要求对应，没有超越和不及。三是素养相宜，即在社会组织的时空存在中，心理情绪的张弛与环境时机对应，没有错位的偏颇。

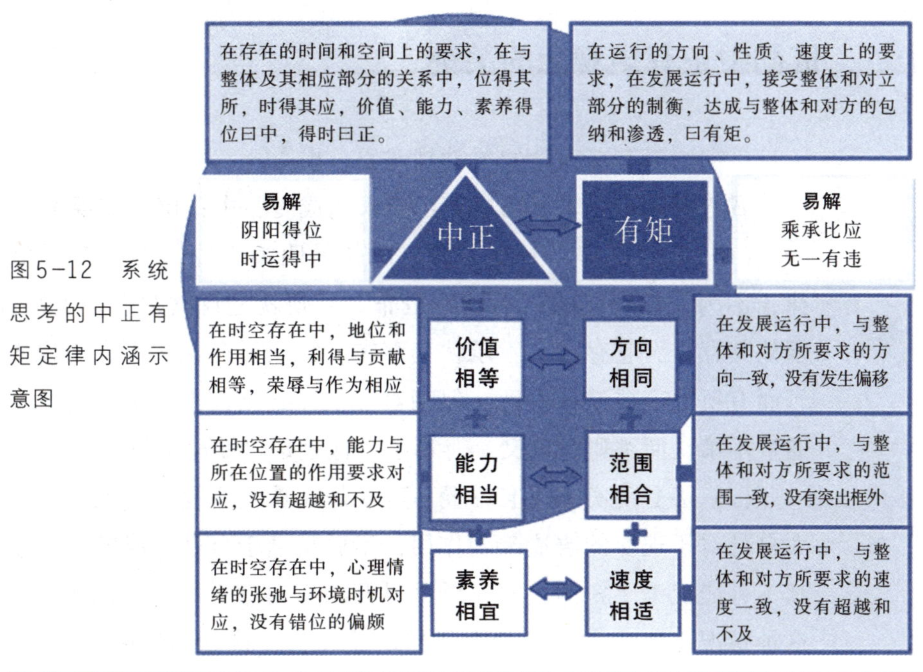

图5-12 系统思考的中正有矩定律内涵示意图

所谓有矩，这是对系统的构成部分在运行的方向、性质、速度上的要求，在事物发展运行过程中，接受整体和对立部分的制衡，达成与整体和对方的包纳和渗透。在易学中，乘承比应，无一有违，阳乘阴，阴承阳，相邻两爻阴阳比对，上下三爻，阴阳相应。相对于社会组织系统的构成成员，必须依贡献、能力、素养的序列关系确立地位、权力、作用序列，不得有违。在社会组织系统中，所谓有矩也是三个方面的要求综合：一是方向相同，即在社会组织发展运行中，在所要求的努力方向上，个人、部分与整体和多数一致，没有偏移发生。二是范围相合，即在社会组织发展运行中，不超越所要求的范围，个人、部分与整体和多数一致，没有红杏出墙。三是速度相宜，即在社会组织发展运行中，在所要求的速度上，个人、部分与整体和多数一致，没有超越和不及。

中正与有矩两个内容又是相互关联，互为补充的。中正是静态要求，有矩则是动态规定。二者所包含的三对内容之间也是这种关系。静态要求没有动态规定做补充，一有发展变化，静态上的中正也就不再。动态规定没有静态要求做补充，在发展变化的相对稳定阶段，静态存在状况的矩也就模糊了。

由上述分析不难得到系统思考的中正有矩定律：在对事物的思考、判断过程中，越是把握了事物间的中正和有矩关系，就越是能减少偏颇和失误。

十三、贯彻中正有矩观念的关键

贯彻中正有矩观念的关键是诚心、虚心。

诚心有四个要求，当这四个要求达成时，中正也就实现了。

(1) 正视现实，不加文饰。这就是明察事物真相，遵循事物发展规律，不为表象所迷惑，不枉断是非。否则就是自欺欺人。事物发展规律，承认其存在，它存在，不承认其存在，它同样存在。不会因他人的承认与否而有所改变或缺斤少两。但相对于主体我则仅仅是一种自我欺骗，是想通过不承认而逃避，可又逃避不了。这就是自欺而不得。

(2) 接受现实，找准位置。这就是在现实所允许的范围内活动，不夸大自己对于现实的改造改变作用，不做超越于自己所能的事。任何一个人都不可能成为宇宙的主宰，对世界万物不满意不痛快，也无法去改变。在这种情况下怨天尤人不会有任何助益。相反接受不快的现实，调整预期，再找一个与自己相应的位置存在和发展，才是出路。

(3) 深入现实，寻找机会。这就是不做现实的奴隶，努力从残酷的现实中寻找和发现有助于自己存在和发展的机会。接受现实，并不是沉沦于现实，更不是自暴自弃，而是在残酷的现实中寻找温柔的缝隙。机会只能在现实之中，超越现实也就不是机会，而只能是睡梦中的妄想。即使再残酷的现实也有相对不残酷的温柔缝隙，关键是发现和把握这种温柔缝隙。

(4) 融入现实，主客一体。这就是顺应事物规律努力，把所发现的机会变为自我发展的现实。能为我所用的机会也就是残酷的现实中所存在的温柔缝隙，透过这个缝隙实现自我发展也就是找到了适应现实的结合点，并与现实融合到了一起，实现了主体我与客体的统一。

虚心也有四个要求，当这四个要求达成时，有矩也就实现了。

(1) 盯住变化，天色细看。这就是细心观察现实的发展变化，把握准每一个细小的变化，以及这种变化相对于自我存在和发展的价值作用。个人再强大也不能超越其存在于其中的外部世界，以自我为中心，是意识的本质，但意识不是现实，仅仅是一厢情愿的妄想。“自见者不明；自是者不彰。自伐者无功；自矜者不长。”所以，虚心接纳现实，应变化行事，看天色出行，才会有出路。

(2) 把握变化，天心尽知。这就是从事物的发展变化中发现其规律，把握了所有规律也就是天心尽知。天心就是不以人的意志为转移的事物发展规律。人存在于其中的外部世界无论多么复杂多变，总是“天行有常，不为尧存，不为桀亡。应之以治则吉，应之以乱则凶”（《荀子·天论》），努力把握变化规律，天运时运就在自己的把握之中。

(3) 顺应变化，天心莫违。这就是严格依照事物发展规律行事，没有一点超越于事物发展规律之上的妄想。事物发展是由事物之间稳定联系的必然性决定的，是不可改变的，也是不可抗拒的。人可与命运抗争，因为命运仅仅是主体我行为选择之后的再选择的机会，是由自我主导的。而对于规律，就只能遵循，任何图谋改变的行为都只会受到来自于规律的惩罚。

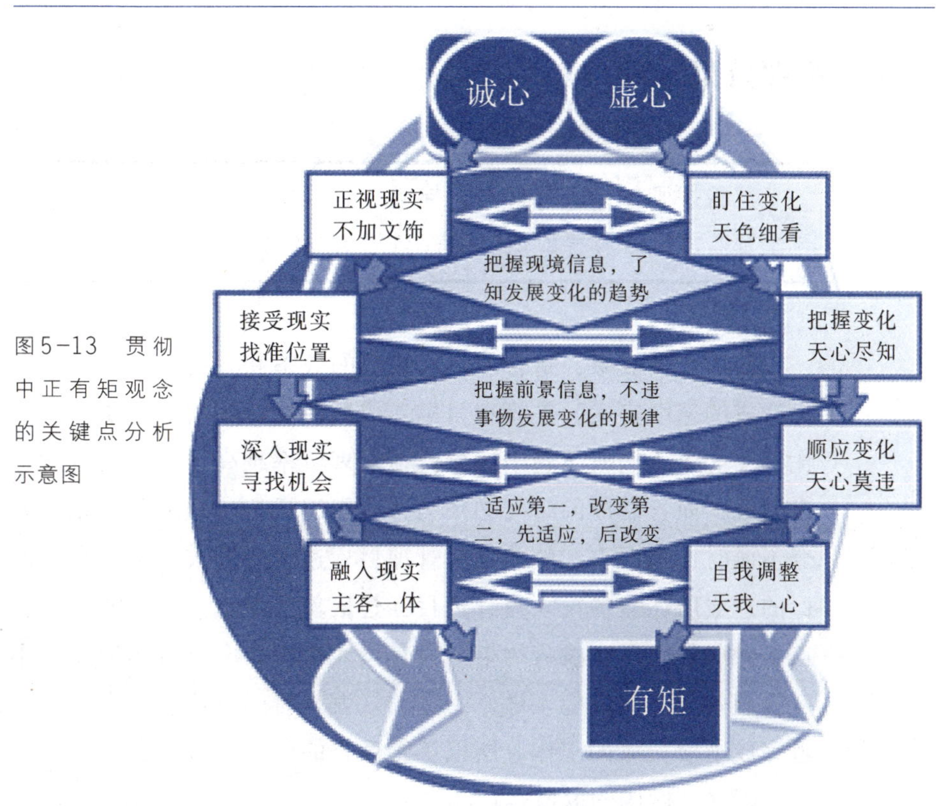

图5-13 贯彻中正有矩观念的关键点分析示意图

(4) 自我调整，天我一心。这就是在把握事物发展规律的基础上自觉地遵循其要求行事，并从这种遵循中获得其所寻求的价值需求满足，实现其发展。事物发展规律不可改变，剩下的就是调整改变自己以适应规律，最后达成行为选择与规律的自然吻合，这就是孔子的“随心所欲而不逾矩”（《论语》为政篇二）。

而诚心与虚心的四个要求又是对应相互关联的。正视现实不加文饰与盯住变化天色细看对应关联，前者是静态要求，后者是动态要求。二者分别从动静两个方面达成把握现境信息，了知发展变化趋势的目的。接受现实找准位置与把握变化天心尽知对应关联，前者强调不做不切实际的奢想，后者强调要掌握事物发展规律，发挥主体我的能动作用。二者分别从被动和主动两个方面达成把握前景信息，不违事物发展变化规律的目的。深入现实探索规律与顺应变化天心莫违对应关联，二者共同构成适应第一，改变第二，先适应，后改变的行为选择约束。融入现实主客一体与自我调整天我一心对应关联，前者是主动地按照事物发展规律行事，也就是中正的实现，后者是主动地调整自我，遵循事物发展规律，也就是有矩的实现。

十四、管理效果定理

组织规则体系越是健全、完善，越是超越于组织单个成员的意志而又包含其意志，就越是能保证管理目的达成的效果。

所谓管理效果，是管理目标达成的效率和效益的积。效率是对管理目标达成的速度定义，是管理目标达成所花的时间与其所要求的时间之间的比例，这个比例值越趋于一，就是管理效率越高。管理的目的不仅仅是把事做成，而且做成的时间必须与整个组织运行过程的要求相协调，保证配合不误时，不误事。效益是对管理目标达成的投入定义，是为保证管理目标的达成所耗费的投入与管理目标达成价值之比。管理的目的除了快速地把事做成外，还有投入约束。只有投入在产出中所占比例充分小，才算是有管理效益。通过他人做好工作的好就是时间迅速、投入节省地让被管理者完成了所指派的工作。所以，管理目的中也就包含有做成、迅速、节省三个因素。做成的取值是1和0。

尽管管理不仅仅在组织运行过程中存在，但在现代社会中，管理是与组织运行联系在一起的，并且因为组织目标的性质和形式不同，对管理的要求高低也不同。组织目标越远大，越复杂，管理通过他人做好工作，以保证达成目标的难度就越大，所以其要求也就越高。在此似乎组织不再是管理的工具，相反成了目的本身，管理却成了手段。这是从不同的角度定义的。相对于构成组织的成员个人而言，组织是管理达成目的的工具。但相对于组织目标这一成员个人的共同意志意愿而言，管理却是手段，是通过管理的实施，保证组织目标的达成。在此组织目标和管理目标二者统一起来了。二者之所以能统一起来，是因为组织目标归根到底，仍然是组织成员个人的目标的汇集。组织只不过是借以达成组织成员个人目标的工具这一特性并没有改变。所以在现代社会讨论管理效果，也就不能脱离组织。

而组织的存在本身不是其所拥有的资源，包括成员，而是保障其运行的规则体系。其存在和发展所需的资源是靠其规则整合集聚的，没有规则整合集聚资源，再多的资源也会消耗光。而且，如果没有规则，资源不能保证运用于组织目标的达成上，任何数量级的资源也都不足以保证组织目标达成。相反，没有资源，而有能得到广泛认同的组织运行规则体系，所需要的任何资源也都会被吸纳进来。而任何资源的主体把其所拥有的资源贡献给组织都是以从组织运行过程中和运行结果中获得其价值需求满足为条件的。不能保证其资源的使用效益，也就不能集聚到足够的资源。而要保证资源使用的效益，又必须有规则来保证。因此有管理效果定理：组织规则体系越是健全、完善，越是超越于组织单个成员的意志而又包含其意志，就越是能保证管理目的达成的效果。所谓组织运行规则体系健全完善，也就是组织运行的全过程，包括目标的设立确定、资源的整合运用、人员的组合协调、观念的交流沟通等，都有至少是大多数成员认同并遵循的规则事先约定其行为标准和违犯的问责标准。所谓超越于组织单个成员的意志而又包含其意志，就是组织运行规则体系全面体现了组织成员的意志，但又不是某个单个成员的意志，是把每一个成员，至少是绝大多数成员的意志融合在内。根据系统思考公理，关于世界及其事物的思考，只有贯彻整体统一、普遍联系、发展变化、相互制衡、和谐有序和中正有矩六大观念，才是保证避免偏颇的系统思考。因此，对于世界上的任何事物的分析判断，这六大观念贯彻得越充分，就越能保证其分析判断不偏颇、不失误、不碰壁。而事先确定的组织运行规则体系本身就是组织成员整体有关组织运行过程标准的设定的一系列思考和判断。而要保证对于这个规则体系的设定思考判断，最终满足健全、完善及超越于组织单个成员的意志而又包含其意志的要求，也只有参与组织运行规则体系设定思考判断的成员全面贯彻整体统一、普遍联系、发展变化、相互制衡、和谐有序和中正有矩六大观念才有可能。不贯彻整体统一、普遍联系观念，规则体系则难以成为体系，作为规则体系却是构成体系的各个规则紧密关联，相互补充支撑成为一个统一的整体；不贯彻发展变化、相互制衡观念，组织运行规则体系也就不可能超越于组织单个成员的意志而又包含其意志，任何一个单个的组织成员也都是组织构成的一个分子，既不能凌驾于组织之上，也不能被组织整体忘却；不贯彻和谐有序及中正有矩观念，规则就不能成其为规则，规则不仅是对每一个组织成员的行为方式和权力地位的差别的设定，没有差别也就不需要规则，而且对差别的认同和维护是不能有折扣的，对差别的认同和维护有折扣，也就是没有在差别上达成共识，并把差别全面体现出来。

这一定理有三个要点：

(1) 运用组织这工具实施的管理，必须强化管理规则的建立、健全和完善。不运用组织这一工具，并且是仅仅针对个人行为的管理，管理者可随心所欲，权变实施，甚至坑蒙拐骗，只要达成让对方做好所指派的工作就行了。但运用组织这一工具实施的管理，面对的就不再是单个的个人，而是一个社会群体，随心所欲，权变实施，甚至坑蒙拐骗可以忽悠一个人、两个人，但不可能忽悠这个社会群体中的所有人，更不可能长久地忽悠这个社会群体中的所有人。由成员各方达成共识基础上的事先约定确立的规则就显得特别重要了。没有这种规则，不仅达成众人的行为协调投入精力多，而且效率低。投入节省，效率高本身就是管理所寻求的目的。根据系统思考的相互制衡定律的分析，世界各部分之间不规则地相互渗透、咬合在一起，任何一个事物的发展变化，既要受制于物，又要制于物。在系统运行过程中，系统的各个构成部分越是顺应相互渗透咬合的制衡关系，系统运行就越稳定，摩擦就越少，效率就越高。而任何形式的组织也都是一个系统，其内部各个部分和构成要素之间也是不规则地相互渗透、咬合在一起，存在既要受制于其他成员又对其他成员具有制衡作用的关系。所以不强化管理规则的建立、健全和完善，以事先设定相互关系的标准要求，就只能相互困制，谁也不能动，谁也别想动，结果就只有一个，都被困死。想避免被困死的结果，就必须事先建立管理规则，以协调方方面面的关系，以通过相互关系的和谐而达成组织的目标。而要保证都活好，其规则不仅必须有，而且还必须健全、完善。运用组织这一工具实施管理，实际上就是运用组织运行规则实施管理。所以，这一要点成立。

(2) 支离破碎的管理规则的作用是有限的，体系完备的管理规则才能保证管理效果。任何一个组织，也都是一个系统，管理规则不能对应组织系统，规则之间不能协调达成相互支持、相互补充、相互制衡，而相互矛盾、相互冲突，不仅规则的作用会相互抵消，而且规则本身也会因为矛盾和冲突而不再能起规则的作用。根据系统思考的普遍联系定律的分析，存在于这个世界之中的任何一个部分和事物，彼此之间都存在有不同形式的联系。这种联系的存在使任何一个部分和事物都无法独立于统一的整体之外。所以，在对事物的思考、判断过程中，越是充分考虑到事物间的无缝连接、相互中介、相互包纳、相互渗透的关系，就越是可能减少偏颇和失误。任何组织都是一个系统，都是一个统一的整体，保证组织运行秩序和效果的管理规则也就必须对应成体系。根据系统思考的整体统一定律的分析，只有把事物置于其存在的大背景中思考，在统一的整体之中思考个体和局部，同时又结合个体和局部思考统一的整体，才能避免思考、判断的偏颇和失误。支离破碎的管理规则，也就是没有把事物置于其存在的大背景中思考，没有在统一的整体之中思考个体和局部，同时又结合个体和局部思考统一的整体。所以，这一要点成立。

(3) 管理效果的大小与管理规则体系的健全、完善程度正相关。这就是说管理效果的三个因素都与管理规则体系的健全、完善与否存在关联关系，管理规则体系的健全、完善程度的任何提升，都有助于管理效果的三个因素值的提升。反之相反。根据系统思考的相互制衡定律的分析，世界各部分之间不规则地相互渗透、咬合在一起，任何一个事物的发展变化，既要受制于物，又要制于物。在系统运行过程中，系统的各个构成部分越是顺应相互渗透咬合的制衡关系，系统运行就越稳定，摩擦就越少，效率就越高。而只有当管理规则体系健全、完善时，才能把组织整体的各个构成部分之间的相互渗透咬合的制衡关系体现充分，避免制衡力量的对立对抗，因而才能保证管理实施的效果。根据系统思考的和谐有序定律的分析，系统构成各个部分差别的存在，是系统运行顺畅的前提。但这种差别的存在也仅仅以保障系统运行的顺畅为前提，超越这个前提，差别就会对系统的运行造成阻碍。也只有当管理规则体系健全、完善时，才能存在保证系统运行顺畅的差别，并把差别的度控制在组织运行高效稳定所需的范围之内。根据系统思考的中正有矩定律的分析，系统中的各个构成部分，地位、作用和价值是特定的，任何僭越和剥夺都会打乱系统的正常运行，甚至危及整个系统的存在。所以，系统各构成部分越是得位得时，不逾矩，系统运行就越高效越稳定。而又只有管理规则体系健全、完善，才能保证组织整体的构成成员得位得时，不逾矩。所以，这一要点成立。

管理学第六公理

情境构筑公理

一、情境构筑公理的内涵

任何一个被管理者都是主体性存在，管理的实施除了对应设计构筑一定情境，使之有所感而调整行为选择之外，别无选择。情境构筑如果不把控好选配工具、针对行为、关注意愿、确定预期、注入情感、融合情绪等六项关键性工作，并保证无误，就难以保证有效地达成管理目的。

《管理第三公理：管理介入公理》这一章，已做过分析，管理的实施只能通过对被管理者的行为形成过程施加影响，以调整改变其行为选择的方向和方式来达成目的。针对人的意志行为形成过程的五个环节进行的管理介入，也仅仅是在其意志行为的形成过程中，通过把特定信息输送给被管理者而诱导他进行行为选择的调整。但管理介入的信息输送并不是简单地通过信息载体传达，比如用文档下发文件、通告，用言语下达指令等，这类信息如果不能让被管理者确立调整改变其行为的预期，这种信息是不会对被管理者的行为选择形成影响作用的。而能让被管理者确立调整改变其行为预期的信息，只能通过现场情境事实，让被管理者耳闻目睹自主地收集信息、确认信息、整理信息，然后通过分析判断确定其行为调整改变与否的对应预期后对其行为进行选择调整。这也就是说，管理实施的过程，都是对作用于被管理者的情境进行构筑的过程，甚至任何可能直接作用于被管理者行为选择的信息，也都是作为情境的一个构成部分发挥作用的，即由它与其他信息所揭示的现实组合而共同形成能作用于其行为选择的情境。

被管理者是一个主体性存在，其行为选择无法由外部强加于他。所以，管理的实施除了根据人的本质特性和管理要求的关系，对应构筑一定情境，使被管理者有所感而调整其行为选择之外，别无选择。而能使被管理者有所感的情境必须具备两个特征：一是它本身明确、具体，能使被管理者准确把握而不会发生的误解，其内容至少包含有能被管理者确立其价值需求满足的行为预期的准确信息，能使之明确其价值需求满足可能的变化，包括不同幅度的增加或者减少。二是它直接把被管理者的价值需求满足可能的变化与其行为选择的方向和方式联系在一起，不同的行为选择方向和方式对应着不同内容和数量的价值需求满足。这两个内容任何一个方面不明确，也都难以起到管理介入的作用，其投入也就可能成为毫无意义的浪费。缺少前一特征，这种情境就根本无法引起被管理者的兴趣，他也就不会关注。缺少后一特征，这种情境可以引起被管理者的兴趣，使之关注，但对他的行为选择调整影响作用不存在。所以，如果两个特征缺少任何一个方面，管理介入的情境构筑，最多被当成天方夜谭的故事传播，但与管理目的的达成不会有任何关系。

因此，所构筑的情境要能使被管理者有所感触，就必须给他带来通过六个方面的心理体验：

(1) 身体感官体验。这种体验是他的身体肌肤感觉到的，是现实的冷热痛痒，给他传达了行为选择调整的信号。不对应进行行为选择调整，冷热痛痒会使之难安。或者是由所构筑的情境现场联想而形成的未来冷热痛痒预期，给他带来的不安。

(2) 人际关系体验。这种体验是他的情感感受实现的，是现实的被爱被恨，给他传达了行为选择调整的信号。不对应进行行为选择调整，爱的丧失和恨的加剧会使之难安。或者是由所构筑的情境现场联想而形成的未来爱恨预期，给他带来的不安。

(3) 心理融合体验。这种体验是他的价值需求满足的状况诱导发生的，是现实的喜怒哀乐，给他传达了行为选择的信号。不对应进行行为选择调整，喜怒哀乐情绪会使之烦躁难安。或者是由所构筑的情境现场联想而形成的未来喜怒哀乐预期，使之感到欲喜乐而难有，欲不怒、不哀而不可能给他带来的不安。

(4) 意志选择体验。这种体验是他对自己已有行为的反思形成的悔和悟：一方面是不该不当的行为之悔，使之认定必须调整改变行为选择。不对应进行行为选择调整，不该不当的行为懊悔之情会使之烦躁难安。另一方面是在对已有行为的反思过程形成的人生体悟，使之认定必须改变调整其行为选择。不对应进行行为选择调整，所得到的人生体悟不能得以实践会使之烦躁难安

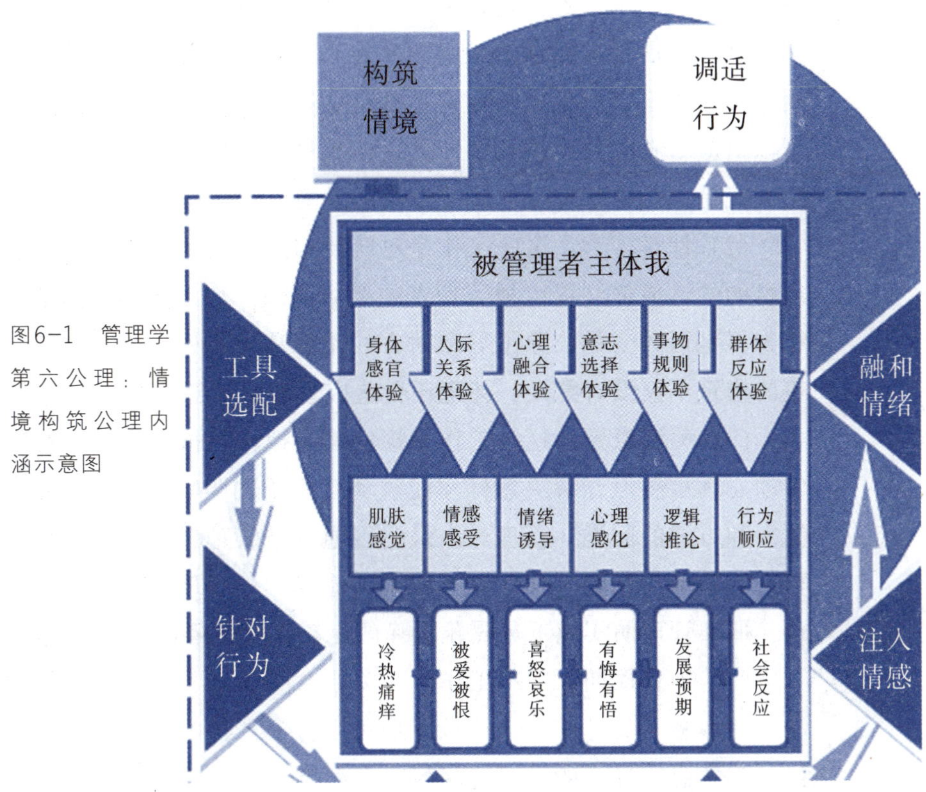

图6-1 管理学第六公理：情境构筑公理内涵示意图

(5) 事物规则体验。这种体验是他通过逻辑推论明确的，是现实的价值需求满足体验和预期使之形成的已有满足丧失的可能威胁和满足机会丧失的可能损失带来的心理压力。不对应进行行为选择调整，已有满足丧失的可能威胁和满足机会丧失的可能损失带来的心理压力也会使之烦躁难安。

(6) 群体反应体验。这种体验是他的行为在其存在于其中的社会群体中的反应，或被称道，或被谴责，给他传达了行为选择的信号。不对应进行行为选择调整，难以融合与社会他人之间相互关系的担忧会使之烦躁难安。或者是由所构筑的情境现场联想而形成的未来社会群体反应预期给他带来的不安。

要保证给予被管理者的体验充分有效，并最终使之调整改变其行为选择以努力做好工作，情境构筑必须对应于被管理者的主体性存在特征，通

过选配工具、针对行为、关注意愿、确定预期、注入情感、融合情绪等六项关键性工作达成使之做好工作的目的。这六项关键性工作作为一个整体构成情境构筑实施的完整过程。

(1) 选配工具。这一工作是对管理情境的构筑所能运用的资源的清理核算。作用于被管理者心理的本身不能是心理的东西，心理的东西仅仅是意识的存在，不借助一定情境展示，是无法传递给他人的。所以，情境的构筑必须有展示其意识的工具的筹备，即解决用什么构筑情境的问题。而用什么又决定于有什么，而有什么又会受到能有什么的影响。能有什么是可以对应自身的努力进行预测的。不把这些问题解答清楚，情境构筑就难免仅仅是一个与管理目的达成没有关系的自我作秀。

(2) 针对行为。这一工作是对所要构筑的情境蓝图的规划和构想。管理目的的达成最终得由被管理者的努力实现。如果所构筑的情境所针对的行为不是可改变的，除了导致对方的难看和不满外，不会有任何作用，情境的构筑不仅没有意义，甚至还会造成管理活动双方之间的对立。

(3) 关注意愿。这一工作是探索确定拟构筑情境作用于被管理者行为驱动心理敏感点，解决怎样才能触动对方使之调整改变自己的行为选择的方向和方式的问题。管理介入最终得通过被管理者形成特定意愿后对应进行行为选择的调整发挥作用，如果不能找到被管理者行为驱动的心理敏感点，那么管理的实施不是隔靴搔痒的无功，就是隔山打牛的荒谬。

(4) 确立预期。这一工作是在关注意愿确定了作用于被管理者行为驱动心理敏感点的基础上，让被管理确立行为选择的预期，即使之在行为选择与其意愿所寻求的目标之间建立起稳定而确定的联系，即对二者之间联系的必然性进行确认。没有这种必然性的确认，其行为选择犹豫不定，就不可能付诸行动。

(5) 注入情感。这一工作是通过使之形成对已付诸行动的行为方向和方式相关联的目标、过程、人员、场景的特有情感，或者是因为爱，或者是因为恨，让其意志指向黏附到这些目标、过程、人员、场景上，避免因为外部环境的变化，动摇其已有的选择而发生行为选择的摇摆反复。

(6) 融合情绪。这一工作直接是巩固已有的行为选择。人是情绪化动物，情绪无时不在，它往往会让人行为选择多变。情境作用于被管理者的行为选择，往往也要通过激起一定情绪实现。但要巩固被管理者的行为选择，也就必须融合其情绪，避免情绪波动而导致的行为选择多变，以把被管理者的意志指向锁定在为做好工作的努力上。

管理的实施，谋求的是通过他人做好工作。所以，管理的实施如果不把控好选配工具、针对行为、关注意愿、确定预期、注入情感、融合情绪等六项关键性工作，并保证其中任何一项工作都无误，就难以保证高效地达成管理目的。

二、情境构筑的工具选配定律

权力、组织、文化是管理情境构筑的三大工具，只有根据资源状况、管理目的和管理对象的实际，组合搭配，才能保证其服务于管理目的达成的效果。所以，管理情境的构筑所选配组合的管理工具与资源状况、管理目的和被管理者三个方面的实际越是吻合，就越是能保证有效地达成管理目的。

虽然旷原可成景，但白纸不成画。而旷原所成之景，也只能为文人雅士提供写酸诗的感慨，并不能成为能让被管理者有感而调整其行为选择的情境。构筑一个舞台背景也需要借助木板、画布等材料，构筑管理情境更是如此。只不过其用作情境构筑材料的不是木板和画布，而是管理工具，即能使被管理者有所感的资源聚合体。这就是权力、组织、文化。之所以说权力、组织、文化是能使被管理者有所感的资源聚合体，一是因为这三者都是包含有资源的聚合。权力就是对资源的掌控及其运用对于他人构成的压迫作用；组织就是为达成特定目标而聚合在一起的人力资源和物质资源；文化则是在内容上相互关联的具有感染力的信息束集合，不仅本身就是资源，而且其形成和存在也必须有资源支撑；二是这三者都能相对独立地构成管理情境，让被管理者不得不关注。所以，如果没有权力、组织和文化的运用，就不可能有能作用于被管理者行为选择调整改变的情境形成，也就没有管理目的的达成。

所谓权力，就是让人不得不顺从其意志的力量，其存在就是刀子、票子。听从权力主体的指令，就是票子的奖励，给予富贵。不听从权力主体的指令，就是刀子刺割，剥夺财富和生命。而刀子、票子本身就是资源。它是即刻情境构筑的材料工具，让人无法忽略其存在。作为权力的刀子和票子是直接摆在被管理者面前的利益关系，是听从其指令以调整其行为选择而获得票子的奖励，得到富贵，还是与其指令相违，接受刀子的刺割，听凭其剥夺自己的财富和生命。二选一，没有第三个选项存在。即使辞职走人，也是接受刀子的刺割，因为其损失是不言而喻的。单由权力构筑的管理情境，其作用直接、现实而快速。它究竟能否起到管理情境的作用，关键是看被管理者是否关注和臣服，被管理者不关注的票子就是废纸，不臣服的任何刀子无论怎么挥舞也都无法达成管理目的。

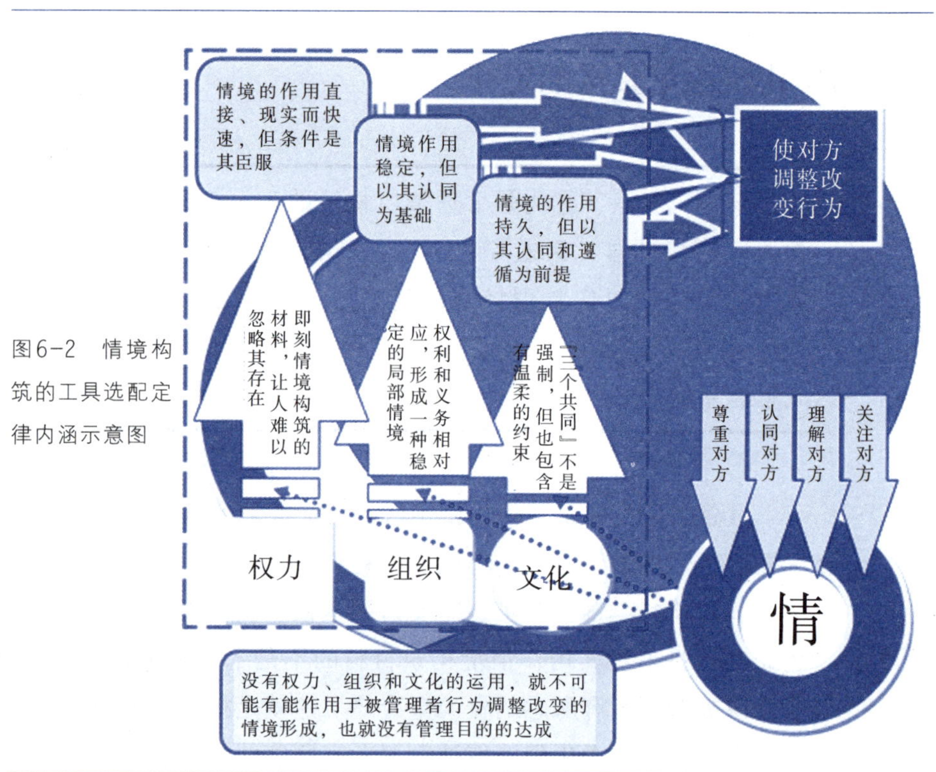

图6-2 情境构筑的工具选配定律内涵示意图

所谓组织，就是按一定规则聚合在一起并在行为上相互协作和制衡的稳定社会群体，其存在就是规则和裁判。规则是组织内部的人际序列关系和行为标准要求，裁判是执行规则的强制力量。没有规则，组织内部处于混乱无序状态，组织也就不存在了。没有裁判维护规则，保证贯彻，规则就成了空话。这二者又都是以大量资源的支持为条件的。它是通过确立权利和义务相对应的关系，形成一种稳定的局部情境。努力而保证义务的完整履行，就获得对应的全部权利；偷奸而仅仅履行部分义务，就只能获得对应的部分权利；完全不履行义务，那就不能获得权利，甚至还要受到解除这种关系的责罚。单由组织构筑的管理情境，其作用稳定，但以被管理者接受认同组织规则和裁判权威为前提。否则，用脚投票，组织的义务约束也就不存在了。

所谓文化，就是体现为行为要求的一系列信息束，其存在就是共同的价值观念、共同的思维方式和共同的行事习惯。其形成没有大量资源的投入也是不可能的，其作用比较温和，对被管理者没有强制作用，但留给被管理者选择的也只有两条：一是接受其约束，归属于这种文化覆盖的组织小社会，长久地成为其中一员；二是不接受其约束，自己选择离开，另谋与自己心仪的社会组织加入。由文化构筑的管理情境，其作用持久，但以成员对共同的价值观念、共同的思维方式和共同的行事习惯的认同和遵循为前提。否则，文化本身就不存在了。但任何文化都无法独立存在，文化作为信息的存在，必须有载体，所以它只能寄生于特定社会组织之上，没有社会组织的存在也就不可能有文化的存在。尽管如此，它也可能超越于组织的权利义务关系而独立地发挥管理作用。

权力、组织、文化三者又是紧密相连的。有些权力来自于组织，是组织赋予了某种权力，才享有某种权力。持续存在的组织又一定拥有其独特的文化，但这种文化不一定能起管理作用。而起管理作用的文化，也一定是在特定组织之中，脱离组织就无文化可言，更无起管理作用的文化可言。三者都可单独构成一种情境而作用于被管理者的行为选择，但更多的是组合构成一定情境而作用于被管理者的行为选择。无论情境的构筑是选用单一的工具，还是组合搭配，有一点是确定的，舍此权力、组织、文化三者，也就没有管理情境的构筑，从而也就没有管理目的的达成。。

就情境构筑的组合工具而言，权力、组织、文化三者各有自己的特点，并且支持其存在的资源种类、大小也各不相同。有什么样的资源就只能对应打造对应的组合工具。管理目的也会不一样，包括达成所需时间的长短、所需人员的多少、所及空间范围的大小都可能不一样。任何一个不一样都可能对被管理者的行为选择的稳定程度要求不一样，对应所需的情境性质和形式也会不一样。被管理者的实际也可能完全不一样，包括其个人价值需求满足状况、知识修养、社会关系等都可能不一样。而任何一个不一样也都可能导致被管理者对相同管理情境感触的敏感度不一样。因而管理情境的构筑只有对应这三个实际进行工具选配组合才能有效地达成管理目的。所以，管理情境的构筑所选配组合的管理工具与资源状况、管理目的和被管理者三个方面的实际越是吻合，就越是能保证有效地达成管理目的。这就是情境构筑的选配工具定律。

三、情境构筑中的工具组合

管理情境的构筑必须有其工具，其选配组合必须紧扣管理实施的三个方面的实际，但其重点是管理目的实际。相对于资源状况和被管理者这两个实际，只要偏离的幅度不大，管理目的的达成还是可能的。但相对于管理目的这一实际的任何偏离，都会直接导致管理情境构筑的无效和失败。这就像打靶，必须瞄准靶心。即使瞄准与射击的弹道没有误差，也只能瞄准什么打到什么。

所谓管理目的，就是管理实施所寻求的目标，简单地说就是成就什么样的事业。而不同的事业，其特征也不相同，这不同的事业特征也就是管理目的的特征。管理目的的特征，可以分为两种极端的状况：一是事业目标达成工作简单，不需要多方面的资源协调配合，工作可独立进行，并且做好与否很容易通过工作过程本身进行鉴别判断，事业目标达成的工作努力不需要持续很长时间，可以小时或天的时间计量单位进行跟踪。二是事业目标达成工作复杂，需要多方面的资源协调配合，工作无法独立进行，并且工作做好与否只能由结果检验，在工作过程中无法鉴别判断，事业目标达成的工作努力需要持续很长时间，时间计量单位要用年或代进行考量。管理所寻求的事业目标是多种多样的，但都在这两个端点之间的连线上。

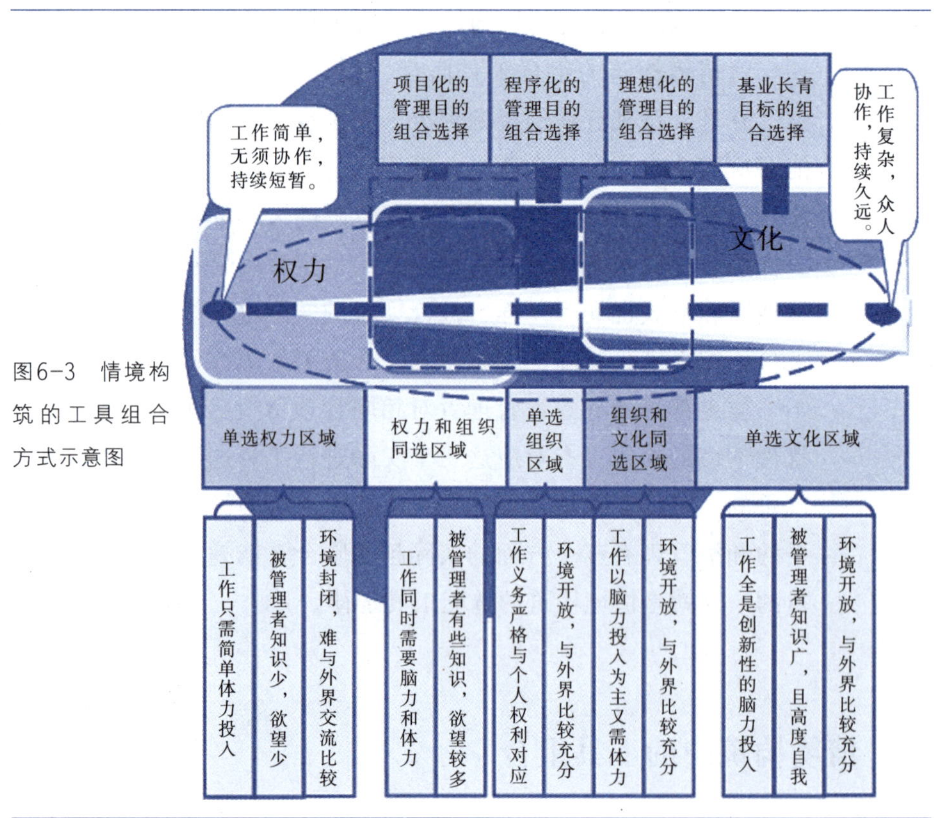

图6-3 情境构筑的工具组合方式示意图

所谓管理工具组合选择，就是根据管理目的的特征，对权力、组织、文化三大工具组合的状态进行规划设计。其原则是：如果达成事业目标的工作简单，完全无须协作，并且所需持续的时间短暂，其有效工具就是单一的权力。即权力主体通过下达指令和挥舞刀子、票子就可达成目标。如果达成事业目标的工作本身复杂，协作面广而复杂，且需要被管理者作漫长而艰苦的努力才能有结果，其对应的有效工具就是文化。只有文化所特有的共同的价值观念、共同的思维方式和共同的行事习惯才能整合广泛的资源，让众多的人把这一事业目标作为其人生理想奋斗，才有可能达成目标。在此的管理努力就是不断地完善优化这一事业目标所需的共同价值观念、共同思维方式和共同行事习惯。在两者之间的事业，就可对应选择组织与权力或文化的组合。另外还有一种组合，就是把三大工具都组合运用，需要这一组合一定是复杂而用时长久的大事业。但大事业中也有简单的工作，所以复杂而用时长久的大事业又可分解为大小不等的众多相对简单而用时较短的小事业进行努力。

对应于事业目标特征，构筑管理情境的工具组合可分为五种：

(1) 单一权力工具构筑的情境。所对应工作的工作特征可概括为三个方面：一是工作的承担只需简单的体力投入，从管理跟踪的角度分析，工作是否努力其过程显而易见；二是被管理者知识少欲望少，从管理对象的角度分析，管理者的欲望容易满足，面对刀子和票子构成的情境很容易做出管理者可预期的选择；三是环境封闭难与外界进行交流比较，从被管理者的可选择性分析，他无法逃离，也无处逃离，没有更多的选择，只能在刀子和票子中选其一。所以，只要满足这三个条件的管理目的，单有票子的激励和刀子的挥舞就可达成。

(2) 权力和组织组合构成的情境。它是成就可项目化实施的事业的最佳组合选择。所谓可项目化实施的事业，也就是可通过把事业目标的达成分解为多个项目进行管理以成就的事业。项目化管理目的的特点有两个：一是工作同时需要脑力和体力，因而单一权力的刀子和票子往往会失去作用，脑力的付出与情感关联紧密，多巴胺和内啡肽分泌过少，脑力就无法激活；二是被管理者有些知识，欲望较多，因而他会向管理者索要权力，并且其努力过程中也需要一定权力支撑。所以，项目化管理目的的达成必须有在权利义务关系基础上的自主约束，弥补刀子和票子单一权力外部强制对被管理者主体性剥夺的不足，才有可能。

(3) 单一组织工具构筑的情境。它是成就可程序化实施的事业的最佳组合选择。所谓可程序化实施的事业，也就是达成事业目标的工作可依程序承担完成，工作主体仅仅在程序内发挥其脑力和体力作用就可以达成事业的目标。程序化管理目的的特点有两个：一是工作义务严格与个人权利对应，义务在此成了有效的约束力；二是环境开放，与外界比较充分，被管理者有可不享有权利也不履行义务而走人的选择。所以，可程序化实施的事业目标达成仅仅有在权利义务关系基础上的自主约束和外部约束就可以保证。

(4) 组织和文化组合构成的情境。它是成就理想化事业的最佳组合选择。所谓理想化事业，也就是管理所寻求的是一种理想，达成其理想既有多种多样的具体性工作，又需要长期不懈地努力才能成就的事业目标。成就理想化事业的工作特点有两个：一是工作以脑力投入为主又需体力；二是环境开放，与外界比较充分，被管理者可以有另寻理想的选择。所以，成就理想化事业，只有权利义务及基于共同价值观念、共同思维方式和共同行事习惯的规则习惯的双重约束共同保障被管理者自主自愿地作长期努力，才有可能。

(5) 单一文化工具构筑的情境。它是成就研究创新和艺术创作事业的最佳组合选择。所对应的工作特征可概括为三个方面：一是从管理跟踪的角度分析，工作全是创新性的脑力投入，工作是否努力看不见摸不着，任何强制性约束都是无效的；二是从管理对象的角度分析，被管理者知识广，且高度自我，除了他自己认同的规则和赞成的习惯之外，任何约束都无法对他产生作用；三是从被管理者的可选择性分析，环境开放，与外界比较充分，他随时都可另作选择。所以，只有基于广泛认同和自觉遵循的共同价值观念、共同思维方式和共同行事习惯，才能在被管理者主体性的实现过程中达成管理目的。

上述分析是高度抽象的，在现实中，情境构筑中的工具组合选择远比这五种情况复杂，但其基本思路是相同的。

四、情境构筑的针对行为定律

任何人的行为，都可分为可改变与不可改变、易改变与不易改变、可立即改变与只能逐渐改变种种。管理实施的情境构筑，越是针对被管理者的可改变和易改变行为，并保证其行为调整改变的方向和方式与管理目的达成的要求相吻合，就越能保证管理目的的达成。

管理的实施，就是通过管理情境的构筑，作用于被管理者的可改变行

为，使其调整改变行为选择方向和方式，以把所指派工作做好的过程。做好工作无论是体力投入还是脑力投入，都是由主体我的行为实现的。但行为与行为相比可能有所不同。一般而论，任何人的行为，都可分为可改变与不可改变、易改变与不易改变、可立即改变与只能逐渐改变的行为种种。

所谓可改变行为，是指通过特定情境的构筑，使被管理者面对后就有所感，会进行行为选择的调整，或快或慢地改变其行为以服务于管理目的的达成。管理的实施主要或只能针对这种行为，因为只有被管理者有所感后能对应调适自己的行为以与管理者所要求的行为方向和方式一致起来，才能达成管理目的。

所谓不易改变行为，也就是可以改变，但需要较长时间才能改变的行为。这一般是数年，甚至数十年之久的根深蒂固的习惯行为，如果只有短期作用的管理情境的构筑，是难以使被管理者有所感的，即使有所感，也可能是反感，因而往往造成管理实施的难堪。管理的实施不能忽视这种行为，但不要期望能在短时间内见效。因为只有通过文化的构建管理，潜移默化地施加影响才能对它产生作用。

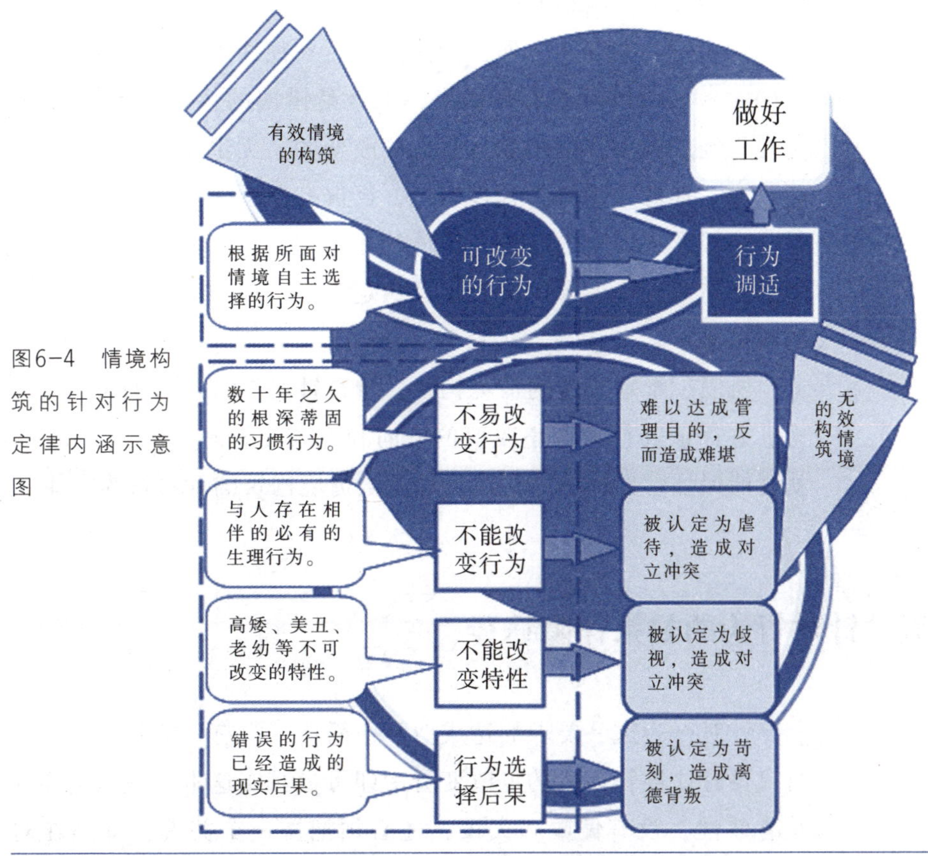

图6-4 情境构筑的针对行为定律内涵示意图

所谓不能改变行为，也就是与人存在相伴的必须有的生理行为，它无法随着主体我的意志调整进行取舍，最多可以稍微推移。对于这种行为，构筑任何形式的管理情境也不可能使被管理者有所感之后调整改变，相反还会被认定为虐待，造成双方之间的对立冲突。所以，管理的实施不能针对这种行为。

影响被管理目的达成的除了被管理者的行为选择改变之外，还有被管理者自身的特征，包括高矮、胖瘦、老幼、男女、学识、性格等，尽管在管理情境构筑过程可以不需要专门针对它，但也需要附带考虑。被管理者自身的特征也可分为可改变与不可改变的两大类。不能改变的特性，主要是高矮、胖瘦、男女、老幼、美丑等个人生理上的特性。针对这类特性的管理情境的构筑，往往可能直接造成双方之间的对立冲突，因为这种情境只能让对方认定为对他的歧视。能改变的特性，主要是知识、智慧、技能等可改变的个人素养上的特性。针对这类特性的管理情境的构筑，只有长效作用的情境才能引导逐渐改变。否则也可能造成双方之间的对立冲突，因为短效的情境也会让对方认定为对他的歧视。难以改变的特性主要是性格，性格的形成过程中既有背景文化的作用，也有遗传基因的作用。这一特性也能改变，但难度很大。

除了行为和特性之外，行为选择后果往往也被视作管理情境构筑所针对的对象。所谓行为选择后果，也就是错误的行为已经造成的现实后果。它是已经成为事实的结果，是无法改变的，无论怎么针对它施加影响也不能改变。针对它构筑的管理情境，仅仅有警示作用，可对被管理者的后续行为选择形成影响。并且其情境的作用起点也只能设定为从此之后，否则就会被造成这一后果的被管理者认定为针对他的陷害，因而导致与管理者的离德背叛。

所以，管理实施的情境构筑，越是针对被管理者的可改变和易改变行为，并保证其行为调整改变的方向和方式与管理目的达成的要求相吻合，就越能保证管理目的的达成。这就是情境构筑的针对行为定律。

五、针对行为的效果保障途径

针对行为这一要求的达成似乎很简单，没有任何技术问题，情境的构筑只要盯住被管理者的可改变行为即可。其实这本身就很简单，但要保证其有效性，没有偏颇和失误，还必须把握一个关键，即站在对方的立场上，从对方的角度思考判断，认同和维护被管理者的主体性，避免把他们当作会说话的工具使唤。而在现实中往往之所以发生误差和偏颇，也正是忽略了这一点。究其要求，可归纳为四个方面：

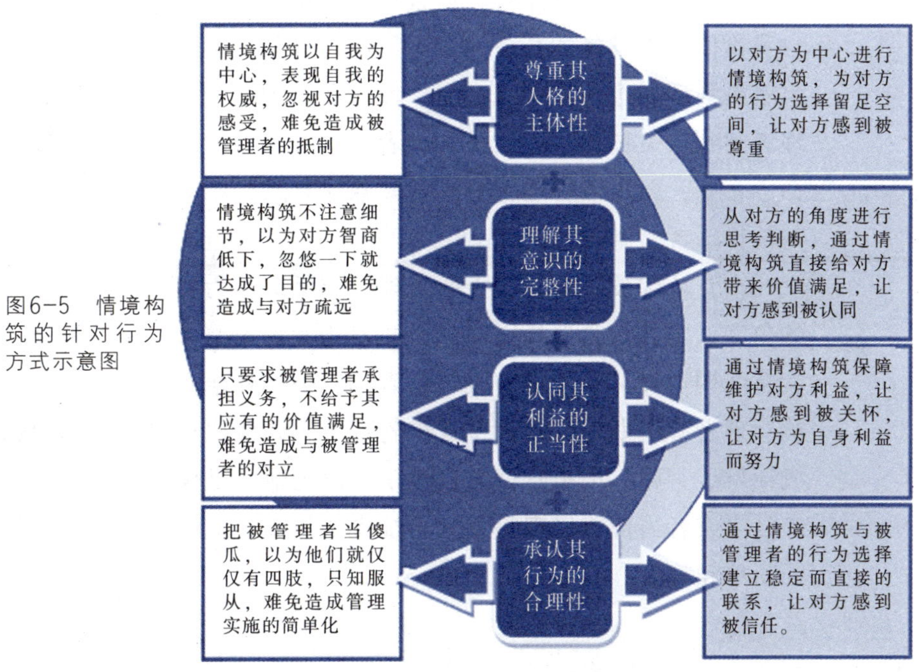

图6-5 情境构筑的针对行为方式示意图

(1) 尊重被管理者人格的主体性。所谓人格的主体性，就是把对方对象化，作为管理活动的对象进行分析时，也要意识到对方是一个主体性存在，对象化并不能否定对方的主体性。这就是强调以被管理者为中心进行情境构筑，而不是以管理者自我为中心，把意志强加于人。强调为被管理者的行为选择留足空间，尽可能设定多个行为选项，让被管理者感到被尊重。否则，情境构筑以管理者自我为中心，处处表现其自我的权威，忽视被管理者的可能感受，这就难免造成被管理者的逆反心理，即使对他有利的善意考虑也难免被他误解为阴谋而予以抵制。

(2) 理解被管理者意识的完整性。所谓意识的完整性，就是把对方的行为选择放到对方的完整背景下进行分析，把握对方主体性存在的一致性，把其前后行为选择的意识逻辑梳理清楚。这就是强调从被管理者的角度进行思考判断，理解被管理者行为选择的意识逻辑，在准确地把握被管理者所处背景环境的基础上，对他的行为选择给予充分的理解。强调对应要求被管理者的行为通过情境构筑直接给予其价值需求满足，不能另外附加其他条件，让被管理者感到其处境和行为选择的被理解。否则，被管理者就难以坚定其对应要求的行为选择。情境构筑不注意细节，以为对方智商低下，忽悠一下就达成了目的，这就难免造成与对方的疏远和隔阂。

(3) 认同被管理者利益的正当性。所谓正当利益，就是在不损害他人利益的前提下承认对方个人谋取其利益的合理性、合法性，不仅对其寻求个人利益的行为不设障碍，而且提供支持。这就是强调认定每一个人寻求自我价值需求满足的合理性，不用所谓自私自利指责对方的人格品行。这也就是强调通过情境构筑实现、保障和维护被管理者的正当利益，让被管理者感到被关怀，从而让被管理者为自身利益的实现而调整改变其行为选择。否则，要求被管理者只承担义务作奉献，不给予其应有的权利，造成与被管理者的对立就难免了。

(4) 承认被管理者行为的合理性。所谓行为的合理，就是从被管理者的角度认定其行为选择方向和方式对于其价值需求满足的最合目的性。这就是强调通过情境构筑与被管理者的行为选择建立稳定而直接的联系，让被管理者有所期待，同时也让被管理者感到能通过自己的行为选择调整达成期待。否则，把被管理者当傻瓜，以为他们是仅仅有四肢，只知服从的工具，或者当作难以理喻、只会扯皮的无赖，就都难免导致管理实施行为的简单和粗野。

六、情境构筑的关注意愿定律

情境的构筑，如果超越被管理者的兴趣爱好、利益报酬和价值观念，就不可能使之形成为做好工作而努力的意愿。所以，管理情境的构筑越是关注被管理者的兴趣爱好、利益报酬和价值观念，就越是能影响其意愿，就越是有助于管理目的的达成。

管理谋求的是被管理者的行为努力效果，而没有其积极努力以做好工作的意愿，任何奇人才子也都是没有用的废物。能力素质仅仅是一种做好工作的潜能，只有行为努力把潜能变为现实过程，才能发挥作用。而能力素质的改变却不是一日之功，任何情境也无法对它产生立竿见影的效果。所以情境构筑首先必须关注被管理者的意愿，通过对有能力素质的人进行激励，使之形成了做好工作的意愿，管理的目的也就容易达成了。而被管理者积极努力以做好工作的意愿越强烈，就越是能保障他把工作做好，这是不言而喻的。原因有四个：一是只有具有强烈意愿的行为，其行为方向才稳定。而行为方向不稳定的人尽管不一定一事无成，但很难有大成，水滴能穿石，不是一日之功。二是只有强烈意愿的行为，其行为努力才持久。水滴能穿石，而滴点位置得稳定不变。三是只有强烈意愿的行为，其行为活动才认真。而行为活动不认真，工作败于细节的疏忽就难免了。四是只有具有强烈意愿的行为，其行为效果才确定。有强烈意愿的行为在主观上的努力更充分，所以只要不是客观条件实在无法突破，他就会用其特别努力而达成其所希望的结果。《把信送给加西亚》的主人公罗文中尉连加西亚是谁，在哪里都不知道，但以其特有的毅力和智慧，把一封极具战略作用的书信，送到了正在丛林作战的古巴盟军将领加西亚手中，为赢得19世纪的美西战争做出重大贡献。罗文之所以能创造这一奇迹，不仅仅是他的聪明智慧，更为重要的是他有完成此项任务的强烈意愿。

诚如管理成事的意志意愿条件定律的分析，意志意愿也不是神秘不可测的东西，它直接是由兴趣、利得、爱好和志向支撑的主观动因。所以要保证使被管理者形成强烈的意愿，也就必须准确把握被管理者这四个动因。其内容可归纳为三个关注：

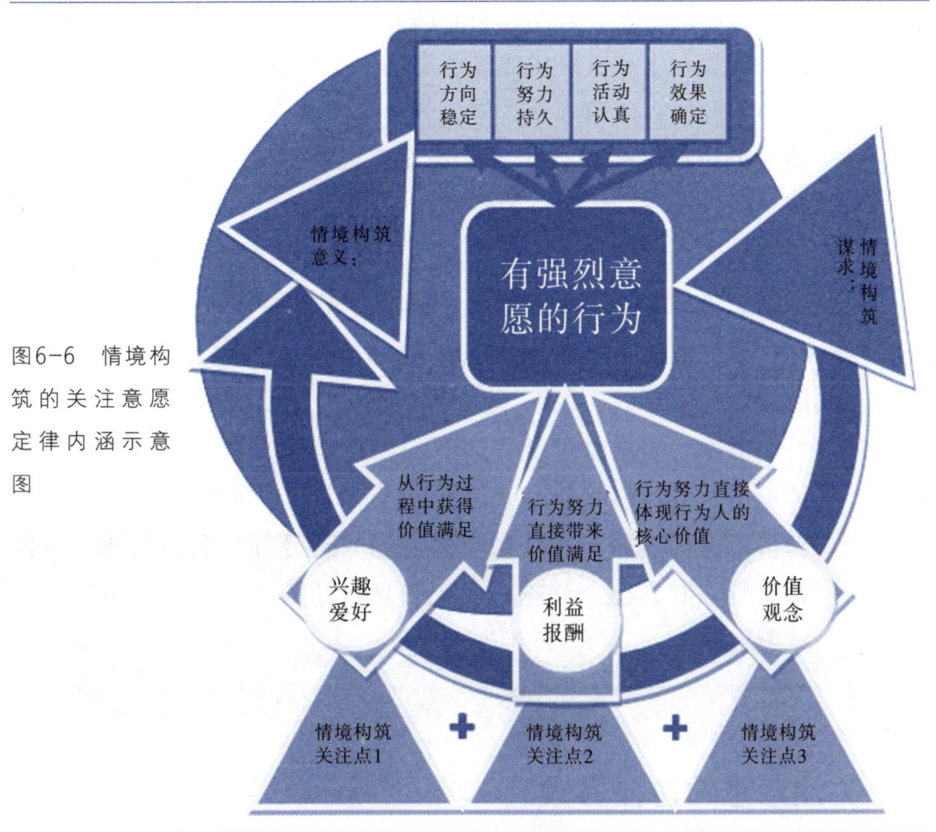

图6-6 情境构筑的关注意愿定律内涵示意图

(1) 关注被管理者的兴趣爱好。兴趣爱好所在的事，行为主体就不会有辛苦的感觉，即使苦，苦中也有乐。因为做事的过程本身会给他带来价值需求满足的快乐。如果能让被管理者在做工作的过程中获得价值需求满足，把做好工作与获得做事的乐趣二者统一起来，被管理者也就会形成做好工作的强烈意愿。所以，对于能使之形成兴趣爱好的工作，通过情境构筑引导被管理者形成兴趣爱好本身就成了最先要关注的目标。

(2) 关注被管理者的利益报酬。能让行为主体从做好工作的过程中获得其价值需求满足，这是最好的工作。可是并不能保证世界上的所有工作都能让人在做好的过程中获得价值需求满足。同时，能让一定个人从中获得价值需求满足的工作，不一定能让所有人都能从中获得价值需求满足。而且总有一些工作，比如损害身体健康的工作、让人感官不适的工作、体力耗费太大的工作，是任何人都不乐意承担的。所以，在做好工作之后通过利益回报给予补偿，获得其价值需求满足的资源，则是保证对方形成做好这类工作意志意愿的重要途径。

(3) 关注被管理者的价值观念。任何一个身心健康的人不仅是动物性存在、社会性存在，而且还是意识化存在，对于所感知到的外部事物，都会有自己的是非、善恶和美丑的评判。在这种评判中体现他自己特有标准的价值观念，是直接构成其意愿的一个部分。如果其行为努力能直接体现行为者的核心价值观念，他也就会形成其强烈意愿，付出充分大的努力以使他的价值观念得以实现。相反要求对方的行为与其核心价值观念相违背，他也就会形成相反的意愿，即千方百计地使这事做不成，以维护他价值观念的合理性和必然性。而一个人的经历和学识不同，其价值观念也会不同。价值观念与志向相关，志向体现的是实现其核心价值观念的意愿，其核心价值观念的贯彻也就是其志向本身。所以，这一关注是对应志向动因的 。

很显然，超越于被管理者的兴趣爱好、利益报酬和价值观念构筑的情境，是不可能使被管理者形成为做好工作而努力的意愿的。所以，管理情境的构筑越是关注被管理者的兴趣爱好、利益报酬和价值观念，就越能影响其意愿，就越有助于管理目的的达成。这就是情境构筑的关注意愿定律。

七、关注意愿的途径方式

对于管理情境的构筑，关注意愿的必要性和重要性是不言而喻的，如何关注则是需要探索的问题。其解在于对应于关注意愿的三项工作，把三个关注落到实处。

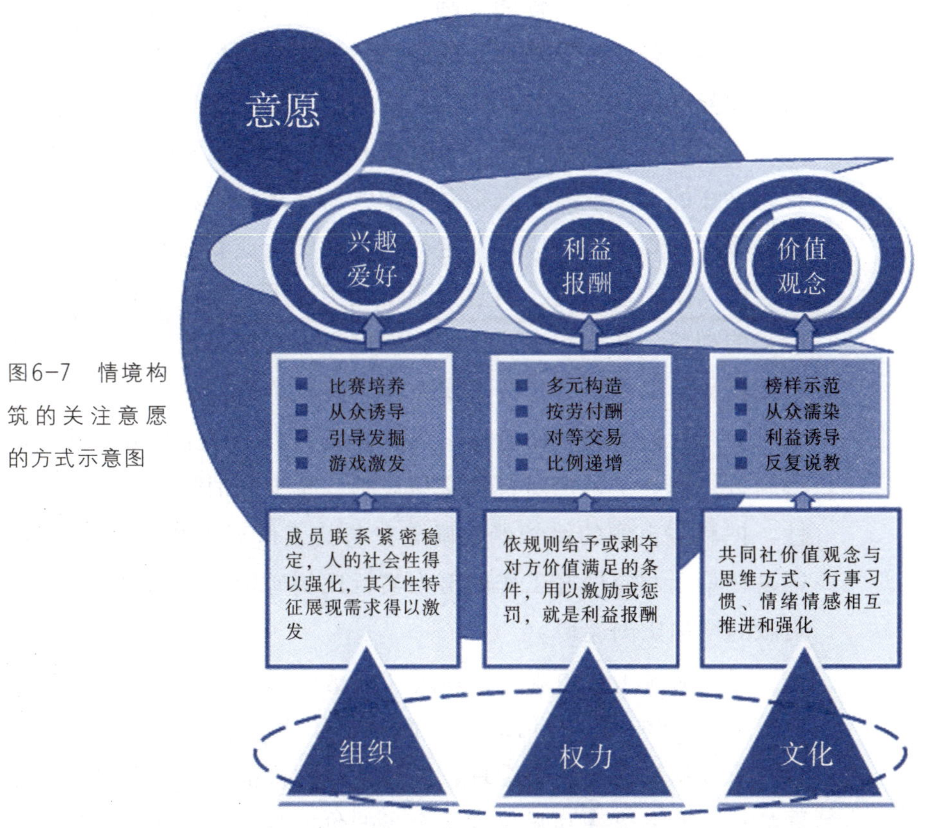

图6-7 情境构筑的关注意愿的方式示意图

（1）对应于兴趣爱好，通过组织这一管理工具达成关注的目的。组织与一般社会群体不同，其构成人员相对稳定，即使流动性很大的军营也是如此。铁打的营盘，流动的兵。但流动的兵也会在特定营盘里保持相对稳定，成员之间因为不是路人关系，其人际联系相对紧密而稳定。又正是这种相对紧密而稳定的人际联系，强化了成员个人的社会性。而人越是处于相对紧密而稳定的人际联系中，就越是会受到这一人际联系中的他人的评价约束。幼儿园的小朋友就会看重其他小朋友和老师的评价，而不会看重社区居民的评价。所以一个人越是处于人际联系紧密而稳定的社会组织中，就越是会激发其个人的个性特征展现需求，努力让自己从组织小社会中突显出来，以获得其个性、价值和地位的认同。但这种紧密而稳定的人际联系还仅仅是提供了个人的个性特征展现的需求和满足的可能，其实现必须有对应的管理情境的构筑。其途径有四个：一是通过各类竞技比赛的组织，激发个人展现个性特征的需求，提供个人展现个性特征满足的机会，并通过比赛引导，让更多的人关注、学习比赛竞技的技能，进而由此培养更多的人对比赛竞技项目产生兴趣和爱好。二是通过具有广泛性的群众运动，利用人所共有的从众心理诱导人在特定活动上形成兴趣爱好。三是通过具有心理冲击性的奖励，引导人们从自己的潜能发掘过程中形成兴趣爱好。四是通过游戏活动的组织，让人在轻松愉快的休闲娱乐过程中激发兴趣爱好。

(2) 对应于利益报酬，通过权力这一管理工具达成关注的目的。体现权力存在的刀子或票子直接对应于人所寻求的利益报酬。如果依所确立的长久稳定的规则，对应于特定行为活动给予或剥夺对方价值需求满足的条件，用以激励或惩罚，利益报酬也就实现了。其途径有四个：一是设计多元化的利益，并构筑多元化的获得途径，这就是让人有机会均等地从多个方面获得价值需求满足的资源条件，实现全面发展。二是按劳付酬，把慈善行为与管理实施严格分开，只有当其努力做好工作并形成贡献时才能获得利益报酬。三是稳定管理交易规则，减少和消除利益报酬给予上的随意性，把利益报酬的给予严格确定在与其工作努力和贡献相等的范围之内。四是在量上对应做好工作的努力实行比例递增，让利益报酬以高于努力和贡献的增加比例递增。

(3) 对应于价值观念，通过文化这一管理工具达成关注的目的。文化的核心就是共同的价值观念，而其起作用的方式又是耳濡目染、潜移默化。所以通过文化建设管理，通过共同的价值观念与共同的思维方式、共同的行事习惯改变和强化成员个人的价值观念。其途径有四个：一是榜样示范，直接由具有影响力的公众人物的行为表率，影响人的是非、善恶和美丑的判断标准的确定。二是从众濡染，利用人所共有的从众心理，用大多数影响少数和个人。三是利益诱导，对与管理目的的达成相统一的价值观念及其行为进行多种形式的奖赏。四是反复说教，对于必须有的价值观念，通过形象化、艺术化的表达进行反复灌输。

八、情境构筑的确立预期定律

作为具有自我意识的主体性存在，其行为选择都是对应于其行为可能后果的预期，依趋利避害的原则做出的。所以，管理的实施越是盯住被管理者的心理体验，越是能保证其行为选择的方向和方式与其所期盼的行为可能结果之间关联关系的确定性，就越是能调整改变其行为选择。

作为具有自我意识的主体性存在的人，其行为选择都是由他对于其行为可能后果的预期决定的，即对应于其行为可能后果的预期作趋利避害的行为选择。所以管理情境的构筑也就是给被管理者以某种确定的预期，进而通过预期直接设定其行为选择方向和方式。这是通过对被管理者的理性诉求达成管理目的的重要途径。就理性层面的被管理者而言，当他的行为选择的结果预期没有改变时，他是不会改变其行为选择方向和方式的。而要改变其行为选择，首先就得改变其行为可能后果的预期。所以，管理情境的构筑，也就必须在行为和行为结果之间建立直接而确定的联系，以保证被管理者能据以形成确定的行为可能后果预期。

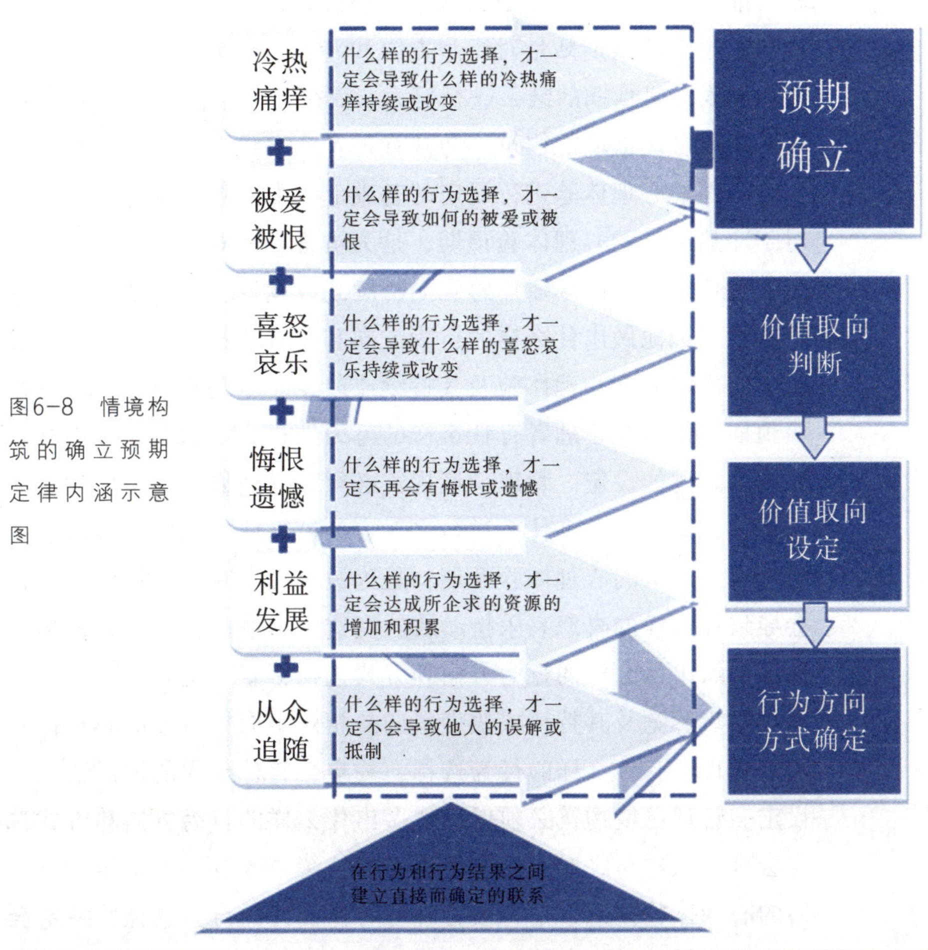

图6-8 情境构筑的确立预期定律内涵示意图

预期不同于预测。预测仅仅是断言将来某一时刻会发生什么，是针对某一事物发展变化的趋势、方向、速度和结果做出的一种实然性判断。这既有基于必然联系基础之上的科学预测，也有在未来事件与现实之间无法确立必然联系的算命式预测，即纯粹的主观臆断，就像玛雅人2012的世界末日预言。预期则是主体我通过大脑对现有信息的汇集整理，基于自己行为的方向和方式与行为可能结果之间的必然联系而做出的判断。在这种判断中强调的是主体我有什么样的行为选择，就会有什么样的心理体验，是把未来的心理体验与行为选择对应联系在一起的。预期的预是对未来特定事件结果的一种判断，而期则是一种期盼，包含有主体我的价值需求满足的机会变现和损失避免。所以，预期是与主体我的心理体验联系在一起的，其出发点是其心理体验，是其已有的心理体验确定了其行为价值的有无和大小，其判断也是依其心理体验做出的，并包含有对其所有的心理体验的评价。其行为选择的优先性就是基于这一评价设定的。预期也有恰当与否之分。恰当的预期则是对行为方向和方式与行为可能结果之间必然联系的准确把握，依这种必然联系进行努力，行为结果则一定与预期结果相吻合。不当的预期则是对行为方向和方式与行为可能结果之间必然联系的把握有误，依预期的结果进行努力，而行为的结果却与预期结果不同。

通过管理情境的构筑，为被管理者确立预期，也就是在对被管理者的六个方面的心理体验进行设定的基础上，引导被管理者确立预期。一是相对于冷热痛痒的心理体验预期，是为被管理者有什么样的行为选择，就一定会有什么样的冷热痛痒感觉的持续或改变这一问题的设定。管理情境构筑必须保证他做出什么样的行为方向和方式选择，就一定会有什么样与之对应的冷热痛痒心理体验及其持续或改变。二是相对于被爱被恨的心理体验预期，是为被管理者有什么样的行为选择，一定会有什么样的被爱或被恨这一问题的设定。管理情境构筑必须保证他做出什么样的行为方向和方式选择，就一定会有什么样与之对应的被爱或被恨的持续或改变。三是相对于喜怒哀乐的心理体验预期，是为被管理者有什么样的行为选择，一定会导致什么样的喜怒哀乐持续或改变这一问题的设定。管理情境构筑必须保证他做出什么样的行为方向和方式选择，就一定会有什么样与之对应的冷热痛痒感觉及其持续或改变。四是相对于悔恨遗憾的心理体验预期，是为被管理者有什么样的行为选择，一定会有什么样的悔恨遗憾这一问题的设定。管理情境构筑必须保证他做出什么样的行为方向和方式选择，就一定会有什么样与之对应的悔恨遗憾的持续或改变。五是相对于利益发展体验的心理体验预期，是为被管理者有什么样的行为选择，一定会达成所企求的什么样的资源的增加和积累这一问题的设定。管理情境构筑必须保证他做出什么样的行为方向和方式选择，就一定会有什么样与之对应的资源积累改变。六是相对于从众追随的心理体验预期，是为被管理者有什么样的行为选择，一定会消除和减少他人的误解或抵制这一问题的设定。管理情境构筑必须保证他做出什么样的行为方向和方式选择，就一定会有什么样与之对应的被误解或被抵制的消除和减少及其持续改变。

但让被管理者确立了基于某种心理体验的预期，仍然不足以保证他就会有对应于做好工作努力的行为选择。一时的冷热痛痒相比所企求的资源的增加和积累，或重大志向的达成，可能是无足轻重的。当不同的心理体验预期指向不同时，根据自我意识的充分理性定律的分析，任何人都是寻求其自我意识范围内的最合目的性，所以他也就会放弃无足轻重的心理体验预期。因而使之不可能对任何一种心理体验的预期都对应做出行为选择。邱少云宁可被美军的燃烧弹烧死也不愿因为自己而暴露目标。在此就有一个对被管理者的价值取向进行判断的问题，即管理情境的构筑必须针对被管理者所看重的价值需求满足以确立预期。忍忍就可过去的冷热痛痒基础上的预期，往往就不足来对他的行为选择会形成影响。但被管理者的价值取向也不是一成不变的，在不同的时期可能看重不同的价值需求满足。其价值取向直接是其价值观念的体现，而其价值观念又直接与其存在的背景文化相关，其所存在于其中的社会组织共同的价值观念就对其价值取向具有一定的设定作用，尽管它不能直接决定成员个人的价值观念。但被管理者如果希望长久地保留在这个组织之中，也就只能接受这一设定，否则他会感觉到来自种种异样的目光施加的心理压力。因为这会作用于他被爱被恨的心理体验预期、喜怒哀乐的心理体验预期、悔恨遗憾的心理体验预期、从众追随的心理体验预期，让他无法坚守与共同的价值观念相对立的价值观念。而背景文化又可以说是构筑的一个长期而稳定的管理情境。因此，管理的实施越是盯住被管理者了心理体验，越是能保证其行为选择的方向和方式与其所期盼的行为可能结果之间关联关系的确定性，就越是能调整改变其行为选择。这就是情境构筑的确立预期定律。

九、保证预期确定的条件

一个人能否对自己的行为选择确立预期，是由他对其所面对情境的感知决定的。多疑的人并不是天生如此，而是他的人生经历中多种多样的欺骗情境给他留下的烙印造成的，是被骗怕了。只有当其所感知到的情境，给他注入了确定无疑的信心，他才能对于其行为可能结果形成确定的预期。所以，在管理情境的构筑过程中必须避免存在任何可能会让人误解的行为细节。而只有预期确定才能保证行为方向和方式选择的确定，进而才能保证达成管理目的的结果也确定。因此，管理人员，尤其是高管，其言行必须满足以下四个条件：

（1）广泛汇集必然规律信息，通过对事物联系的必然规律的全面把握，完整理解，保证说话严谨，避免发生话语漏失导致的非有意的不自主失信于人的事件，在构筑管理情境过程中给被管理者造成不确定疑虑。否则，管理者平时说话夸夸其谈，不着边际，就难免会让被管理者对于其所努力构筑的管理情境心存怀疑。

（2）与人交往诚实守信，保证与人交往承诺信实，不虚言诳人，避免管理情境构筑过程中的任何失言失信行为的发生。否则，如果存在与人交往过程中的不诚信行为，哪怕仅仅是对下属员工之外的客户、合作伙伴、甚至竞争对手的诳骗，也都可能会让被管理者通过联想而对于其所构筑的管理情境是否包含有欺骗而心生怀疑。

（3）利益关系界定分明，凡是存在利益关系的交往，都要事先达成相互理解，明确界定，并尽可能以文件的形式固化其表述，以避免口头约定的易变造成失言失信。这就要求在管理情境的构筑过程中，凡是对于利益关系的协调，都必须与利益关联的各方进行协商，以文件的形式固化为约定，以作为相互约束的凭据。尤其是在领导和高中层管理人员中曾经发生过食言不守承诺的事件时，必须严格如此。否则，口说无凭，不会有人当真。

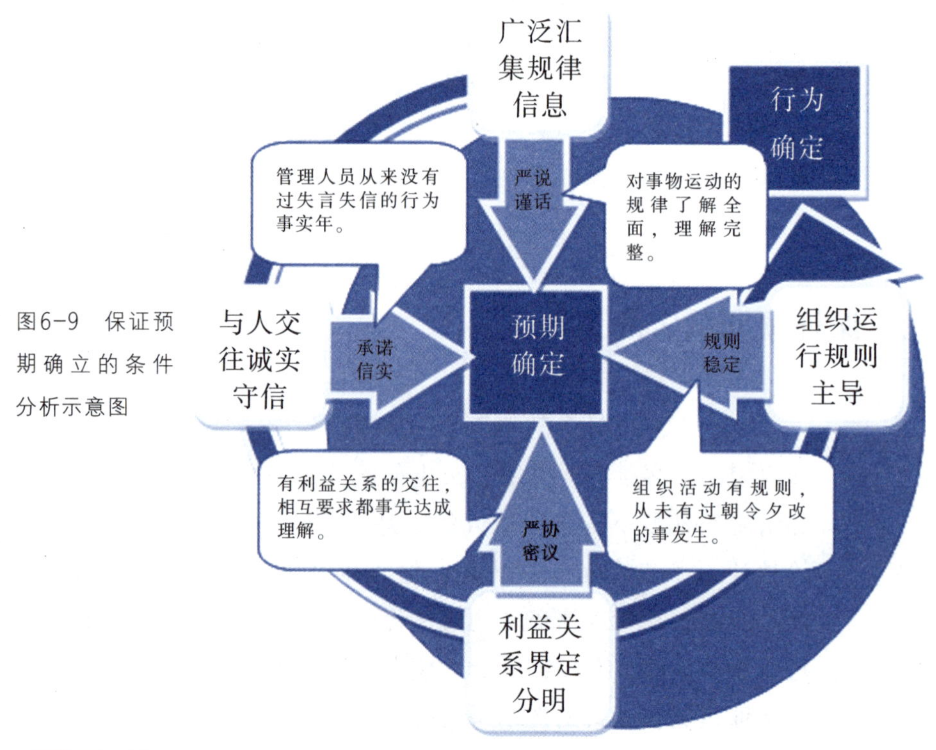

图6-9 保证预期确立的条件分析示意图

(4) 致力于组织运行规则的健全完善，保证组织运行过程中的每一个环节，不仅必须有上下认同，事先确定的规则，而且要保证规则的连续性和稳定性，避免任何形式的随意号令和朝令夕改事件的发生。只有这样，被管理者才能对于所构筑的管理情境信实不疑，据以确立其行为选择预期。

十、情境构筑的注入情感定律

被管理者作为主体性存在，其行为选择往往难免被其情感左右，忘记自身的最大、最根本利益而受爱恨情感主导，作不趋利、不避害的行为选择。所以，管理的实施越是尊重、信任、关怀被管理者，向被管理者注入爱的情感，就越是会使之为爱我所爱而努力，就越是能保证管理目的的达成。

人是一个主体性存在，是具有理性的意识化存在，同时也是受情感驱动的情感动物，有自己的所爱和所恨，并从所爱和所恨的立场思考判断事物和选择行为。没有情感的介入，他即使从理性上分析判断决定要付诸行动的事，也会迟迟不行动，因为还需要多巴胺和内啡肽等神经递质把其肌体动员起来。而多巴胺和内啡肽等神经递质的分泌又严格地与情感活动相关。管理的目的是让被管理者有所行动而做好工作，所以不注入情感，仅仅有理性的诉求，往往是不够的，其原因就在于此。正是因为作为主体性存在的人难免为情所困，使其行为选择被其情感左右，即忘记自身的最大、最根本利益而受爱恨情感主导，作不趋利、不避害的行为选择。正是因为人是情感动物，所以他看重情，甚至在人际交往中会直接以对方的态度作为其行为选择的根据，即由对方的态度来决定自己的行为选择。与对方的情感态度针锋相对，你有情，我有义；你做初一，我就做十五。除了圣人，一般人很难超越这一点。所以，在管理情境构筑过程中注入情感，从对被管理者的爱的情感出发，准确地把这种爱的情感表达传递给对方，让对方感受到被爱，他也就会对应形成爱的情感，回报以爱，并用爱来驱动做好工作的努力。这样达成管理目的的确定性也就可提升几成。所以在管理情境构筑中向被管理者注入了爱的情感，也就直接是为被管理者设定了为爱我所爱而努力贡献的行为选择方向和方式。

如何注入爱的情感？其途径有三个：

(1) 对被管理者给予尊重。这就是通过构筑管理情境，给予对方以欣赏和称道，并且是不带任何功利目的地把这种欣赏和称道给予对方，让对方感觉到自我在此存在的价值和意义，使对方的自我价值得以实现。而尊重既包含有给予对方能的价值需求满足，也包含有给予对方善的价值需求的满足。给予对方以欣赏和称道，只要其内涵真实不虚，也就是给予能和善的价值需求满足。而且人对于这两种价值需求满足的企求，也不一定比体现为生命健康的有的价值需求满足低。生命健康需求的满足，仅仅是动物层次的存在的实现，能和善的价值需求的满足，才是人的层次的存在的实现，即其社会性和意识化的存在的实现。所以，很多人往往把能和善的价值需求满足放在首位，其原因就在于此。“士为知己者死”，“杀身成仁”，“舍生取义”等英雄义举的人性基础就是能和善的价值需求满足的优先性。所以，只要对被管理者给予尊重，也就会激发其努力做好工作的“士为知己者死”，“杀身成仁”，“舍生取义”的义举。

(2) 对被管理者给予信任。这就是在管理情境的构筑过程中，视被管理者为值得依赖和可与之分享喜、怒、哀、乐的朋友和知己，使对方感觉到自己的人格、品行和个性得到认同。一旦一个人的人格、品行和个性被社会他人认同，所认同的内容本身就会成为被认同者的行为铸模，使之为了维护被认同的美好人格、品行和个性而自我约束，按照被认同的美好人格、品行和个性要求行事。好孩子是夸出来的。夸就是一种认同基础上的行为设定，小孩也希望被认同，所以对他行为的认同，也就是对他的行为选择的设定。谁也不愿意被别人当作仇敌和无赖，因为被人当作仇敌和无赖，就是自己人生道路的被挤占，不仅丧失可为自己的主体性实现和发展提供支持帮助的朋友，而且还得花费有限的精力和资源以防范和抵抗仇敌的挑衅和进犯。因此，获得信任也就是获得自我发展的资源，拓展人生发展的道路。所以，对被管理者给予信任，就是对其行为方向和方式的选择进行设计，并通过对方对于信任的珍惜而把对方引入所设计的努力做好工作的发展轨道中来。

(3) 对被管理者给予关怀。这就是通过构筑管理情境，对对方的价值需求满足给予关注和帮助，尤其是为其根本长远利益的实现提供支持，使对方看到自己的有、能、善三大价值需求全面获得满足的希望。人是为希望活着的，一旦点燃了他未来美好的希望，现实的任何艰难困苦，他也都会在所不顾。希望相对于人生的旅程就是灯塔，它既能给人以前进的方向，也能给人以战胜艰难困苦的动力。从神经生理学分析，希望会增加多巴胺和内啡肽等神经递质的分泌，而多巴胺和内啡肽等神经递质的增加不仅直接唤醒人肌体的能量，而且能直接调动人肌体的能量。因此，给予被管理者以充分多的关怀，也就是充分唤起他肌体的能量，调动他肌体的能量为做好工作努力。所以，也只有对被管理者给予关怀，才能把被管理者的能量引导到做好工作的努力上来。

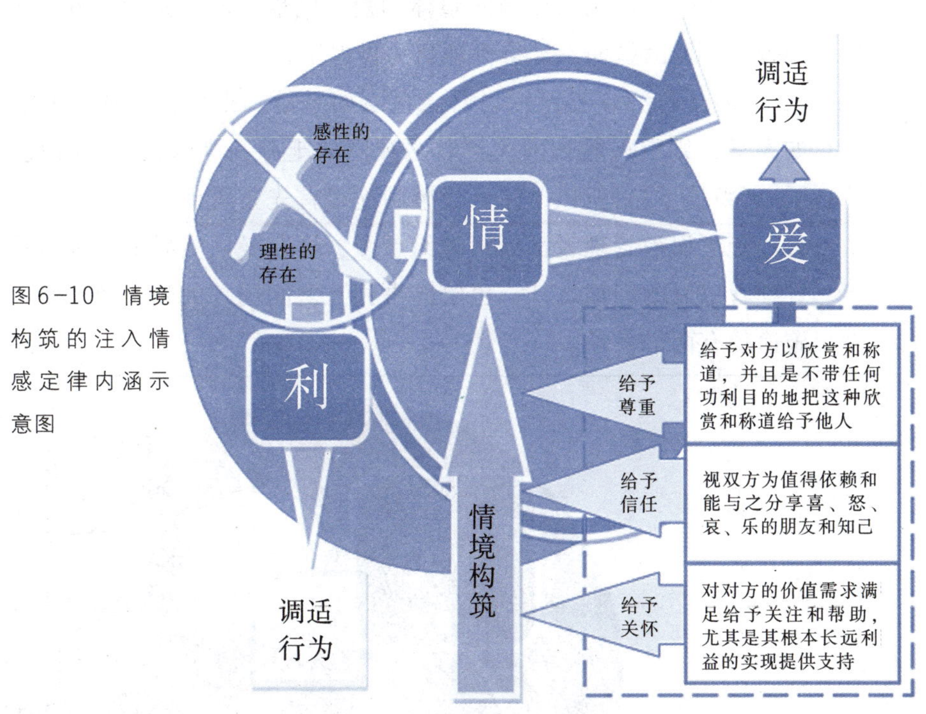

图6-10 情境构筑的注入情感定律内涵示意图

由以上分析不难得到情境构筑的注入情感定律：管理的实施越是尊重、信任、关怀被管理者，向被管理者注入爱的情感，就越是会使之为爱我所爱而努力，就越是能保证管理目的的达成。

十一、注入情感的途径方式

注入情感的途径就是广发爱心，对于被管理者给予普遍而均等的爱。这与儒家的仁爱有别。儒家的仁爱是有差别等级的爱，最爱的是父母，其次是兄弟姊妹，再次是朋友乡亲……爱的多少依次递减。这种亲疏有别的爱在管理情境的构筑中，往往是有百害而无一益的。除了家族家庭组织之外，联系人与人之间关系的不是血缘亲情，而是利益关联关系。如果在非血缘亲情关系的组织中，实行有差别等级的爱，这就难免让人感到存在歧视，亲近一些人，是以疏远另外一些人为条件的，被疏远的人就会感到是一种歧视。尽管疏远并不是加害和仇视，但被疏远的人难免感到被降等，不受重视，不被关爱，因而难免激起他内心的不满，甚至是抱怨和仇恨。所以，在管理情境的构筑过程中，效法墨家的兼爱才是正途。兼爱就是不分差等地爱，在组织内部，成员相互之间都给予对方以均等的爱，组织成员个人也就会因为对于组织整体的爱、同事之间的爱而激发对于工作本身的爱，进而因爱而不计得失地努力做好工作。

“孟子告齐宣王曰：‘君之视臣如手足，则臣视君如腹心；君之视臣如犬马，则臣视君如国人；君之视臣如土芥，则臣视君如寇仇。’”（《孟子·离娄篇下》）所以，注入情感的途径首先是管理人员向下施以众爱，对每一个下属被管理者都同等地给予爱，即众爱。然后下属被管理者在给予管理者以爱的回馈之外，也给同事相互之间同等的爱，即博爱。其具体实施途径有两个：

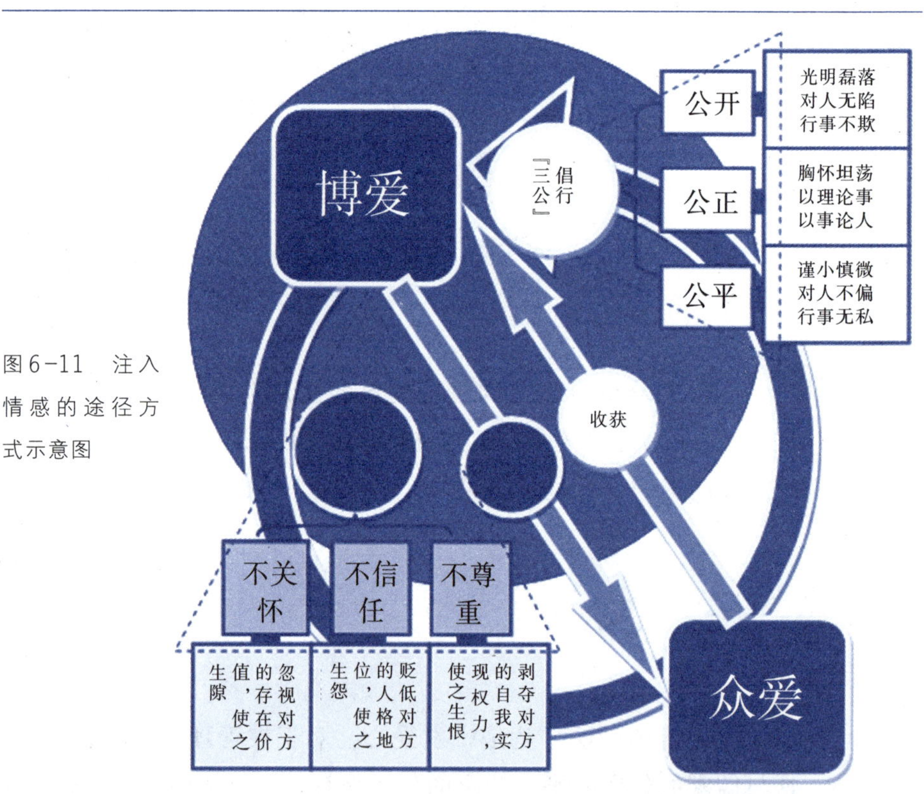

图6-11　注入情感的途径方式示意图

（1）杜绝“三不”。所谓“三不”就是不尊重人、不信任人、不关怀人。“三不”的任何一不都是缺少爱的表现，是直接与注入情感的要求相对立的。因而任何形式的“三不”行为也都难免引起与被管理者之间的矛盾，引发冲突。因为，不尊重人，就是剥夺对方的能和善的价值需求满足的机会，这就难免使之生恨。所谓尊重就是对于对方心存敬畏，给予对方参与共同事业谋划的权力，对方有了这种权力，其能和善的价值需求满足也就实现了，至少是其机会增加了。反之相反。所谓信任，就是对他人的人格、品行和个性的认同和肯定。不信任人，就是贬低对方的人格地位，视对方为品行不端之人，这至少会使之抱怨对他的误解。所谓关怀，是认定对方的价值，认为对方值得关注、记惦、挂念。不关怀人，就是忽视对方存在的价值，漠视对方的存在，使之生隙。结果就是，你贬低我的价值，不关注我的存在，不记惦我的安危，不挂念我的得失，我也贬低你的价值，不关注你的存在，不记惦你的安危，不挂念你的得失。这样彼此就成了路人。所以在构筑的管理情境中，必须消除所有“三不”行为，才能达成相互之间的情感融合。

(2) 倡行“三公”。所谓“三公”就是公开、公正、公平。这就是强调构筑的管理情境必须体现“三公”，不存在“三不公”现象。“三公”与“三不”存在关联，“三公”有失，“三不”就难免。公开就是管理实施的任何行为过程都光明磊落，没有包含对人不尊重、不信任的暗箱操作，对人无隐，行事不欺。少数人暗箱操作，行为诡秘，这就是对大多数人的不尊重、不信任，造成大多数人内心的不满和相互关系的疏远也就难免。公正就是管理实施过程中胸怀坦荡，不对任何个人特别照顾，不在利益上偏袒任何一个人，同时也不歧视任何一个人，不损害任何一个人的利益，强调以理论事，以事论人。公平就是在管理实施过程中，仅仅以事业目标的达成为准，选人用人不避仇、不避亲，考核评价客观、准确、全面，并严格对应其努力和贡献提供价值需求满足的条件，尤其是强调没有任何形式的拉帮结派行为。

十二、情境构筑的情绪融合定律

情绪种种，都与其价值需求满足现状和预期状况相关，不及时融合，就不免影响管理目的的达成。所以，越是盯住被管理者的价值需求满足现状及其预期状况，就越是能及时发现其可能的情绪，就越是能及时融合以减少其非理性行为给管理目的的达成造成的不利影响。

情绪与情感都是心理反应，但其内涵却完全不同。情感表现的是主体我的心理取向，是对于外部事物或事件的态度，肯定就是爱，否定就是恨。人的情感也就是这两个内容，不爱也不恨就是还没有形成其明确的评价，没有确定的态度。情绪则是对于他的过去、现在或未来价值需求满足状况的心理感受表现，是主体我对于不同的价值需求满足状况及其预期的心理反应和生理反应。有不同的价值需求满足状况及其预期，就会有不同的心理评价和心理感受。其内容可分为无助、不安、不明、无理、不期、不如、无碍、无失、无敌、不平、无奈、不愿等12种。只要这些心理评价和心理感受一旦形成，也就会有对应的情绪显露出来，形成悲哀、忧愁、恐惧、愧疚、惊讶、惭卑、快乐、喜悦、骄傲、愤怒、烦躁、嫉妒等12种不同的心理体验。

与不同情绪对应的价值需求满足状况可概括如下：

(1) 悲哀。当人的价值需求满足无望，或者将蒙受损失而又无法改变时，就会因为无可奈何的无助而感到悲哀。所谓无助，也就是寻找不到实现改变的出路，只能等待不幸带来的折磨。

(2) 忧愁。当人的价值需求满足条件或将丧失或蒙受损失而又没有找到补救措施之前，就会因为损害来临的不安而感到忧愁。所谓不安，也就是因为包括自我生命健康和财产、地位、声誉等原有价值需求满足条件可能丧失的无保障状态。

(3) 恐惧。当人的重大价值需求满足条件的得失前景不确定，而又没有办法确定时，就会因为未来自我状况不确定的不明而感到恐惧。所谓不明，也就是可能导致损失的因素种类多少、作用大小不确定，并且没有办法确定。

(4) 愧疚。当人的价值需求满足条件是通过损害他人的价值需求满足为代价等有违公德、公理的途径获得的时，就会因自丧公德的无理而感到愧疚。所谓无理不仅是与社会公德、公理相违，而且是与自己的价值观念也相违。

(5) 惊讶。当人的价值需求满足条件意外地获得或丧失时，就会因超越原有预期的意外得失的不期而感到惊讶。所谓不期，也就是根本就没有意想到的事却偶然间成了现实。

(6) 惭卑。当人的价值需求满足状况与周围社会他人比较，明显存在差距时，就会因人有我无的低人一等的不如而惭卑。所谓不如，也就是其价值需求满足状况与周围社会他人比较，存在明显的差距。

(7) 快乐。当人的价值需求满足前景预期美好时，就会因其价值需求满足条件获得途径顺畅的无碍而感到快乐。所谓无碍，也就是梦想之事将成现实，所谋之事都没有任何障碍。

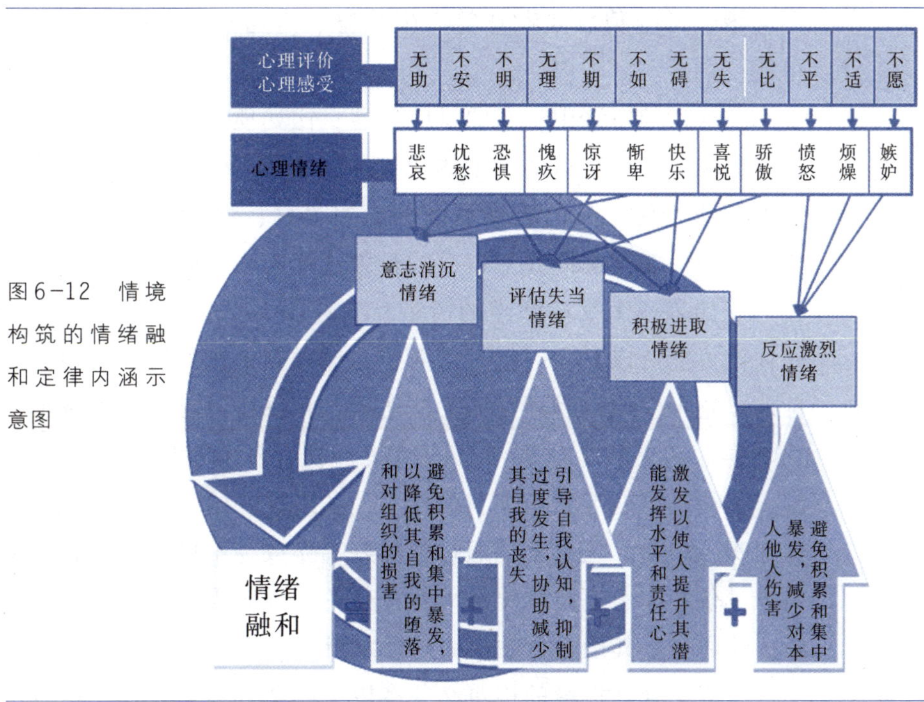

图6-12 情境构筑的情绪融和定律内涵示意图

(8) 喜悦。当人的价值需求满足条件超越原来的预期，或者没有像原来预料的那样不如意，而超预期地获得了满足或者避免了损失，就会因其价值需求满足条件的意外之得到或没有损失发生的无失而感到喜悦。所谓无失，也就是意外地避免了损失，甚至是意外地获得了价值需求满足的条件资源，在此强调的是预期有某种难以避免的损失发生，但结果却没有。

(9) 骄傲。当人的价值需求满足状况与周围社会他人比较，明显超越众人时，就会因人无我有的无敌状况而感到骄傲。所谓无敌，也就是其所有和所能，没有人可以与之匹敌。

(10) 愤怒。当人发现自己或其他人的价值需求满足条件或机会被无理地剥夺，就会因其价值判断的被粗暴否定的不平而感到愤怒。所谓不平，也就是其所面对的现实不仅与其价值观念相违背，而且到了无法忍受的地步。

(11) 烦躁。当人的价值需求满足条件和机会与其期待有明显的差距，而又无法改变时，就会因为期待与现实相违的无奈而感到烦躁。所谓无奈，也就是他原以为可期待的价值需求满足条件和机会被残酷的现实改变，而让他感到可能性不再的心理难静。

(12) 嫉妒。当他人的价值需求满足没有他所认定的理由超过他时，就会因为其内心难以接受这种现实的不愿而感到嫉妒。所谓不愿，也就是他不愿接受他人超越自己的现实，而认定这种超越的不可能、不合理、不应该，甚至猜度是欺诈等有失公德、有违法纪的行为改变了原来的不可能。

在这12种情绪中，有的反应激烈，比如愤怒、烦躁、嫉妒情绪。这类情绪的积累，往往可能使主体我对自己的行为选择失去控制而导致不顾后果的过激行为。有的表现消沉，比如悲哀、忧愁、惭卑。这类情绪的积累，往往可能使主体我对自己的行为选择失去信心而选择不负责任的随意行为。如果一个反应激烈的情绪，或者多个反应激烈的情绪累加到一起，往往就可能造成对立对抗。这对于达成做好工作的管理目的，往往是灾难性的。它不仅导致管理目的无法达成，相反还可能直接毁掉正在发展的事业本身。如果一个表现消沉的情绪，或者多个表现消沉的情绪累加到一起，往往就可能导致主体我的能动性和进取心的丧失，使之无意于任何努力而听天由命。这也会使通过他做好工作成为不可能。所有情绪作为一种对于其价值需求满足现况和可能变化的心理感受，都难免影响他的理性判断，使之失去其最合目的性的选择判断。

所以，管理情境的构筑必须在以下四个方面努力：一是激发人的积极进取情绪，比如愧疚、快乐、喜悦。这类情绪会在生理上增加多巴胺等神经递质的分泌而提升人的潜能发挥水平和责任心。愧疚是使人在心理上形成一种戴罪立功的赎罪努力；快乐是使人为了美好预期的早日实现而作百步冲刺努力；喜悦是使人形成因为命运的光顾而感恩努力。二是避免反应强烈的愤怒、烦躁、嫉妒三种情绪的积累和集中暴发。愤怒、烦躁、嫉妒三种情绪的积累和集中暴发，不仅会摧毁情绪主体自己的理智给自己造成伤害，也会给他存在于其中的社会组织和同事、朋友造成伤害，甚至导致永远也无法弥合的创伤。三是避免意志消沉的悲哀、忧愁、惭卑三种情绪的积累暴发。悲哀、忧愁、惭卑三种情绪的积累暴发，只会伤害自己，不会伤害他人，但会因为其自甘沉沦而造成组织执行力和形象的损害。四是通过引导自我认知以抑制自我评估失当的情绪，包括恐惧、惊讶、骄傲，引导减少自我的丧失。过度的恐惧会让人无所适从，降低其积极进取努力的意志。过度的惊讶会让人怀疑自我努力的意义，进而削弱其积极进取努力的意志。骄傲则直接是人自恋狂妄，从而会因为刚愎自用和一意孤行而导致协调配合的障碍，使管理目的达成变得困难。

所谓情绪融合也就主要是作这四个方面的努力。这四个方面的努力到位了，也就可以避免被管理者的非理性行为导致的管理失败。由此不难得到情境构筑的情绪融合定律：越是盯住被管理者的价值需求满足现状及其预期状况，就越是能及时发现其可能的情绪，就越是能及时融合以减少其非理性行为给管理目的达成造成的不利影响。

十三、融合情绪的途径方式

所谓融合情绪，具体地说，就是减少和消除对于做好工作的管理目的达成有妨碍的情绪，尤其是避免反应激烈情绪的积累和集中暴发，以保证被管理者的行为选择不被激烈情绪所误导而失去控制。这就是“喜怒哀乐之未发谓之中，发而皆中节谓之和”（《礼记·中庸》），而“中也者，天下之大本也；和也者，天下之达道也。致中和，天地位焉，万物育焉”（《礼记·中庸》）。融合的途径主要是信息沟通和情感沟通。这也就是说要融合被管理者的情绪达成致中和，其关键在于管理情境的构筑，要为信息沟通和情感沟通的实施提供充分多的机会，以使被管理者与激起激烈情绪反应的事件主体有机会充分交流意见，达成共识。

融合情绪的工作内容包括四个层次：

第一个层次是沟通理解，也就是通过把被管理者与激起其情绪的事件主体两个方面都拉到一起坐下来进行沟通。理解在管理实施这一特有的人际关系中尤其重要，相互之间的矛盾往往都是由于对对方没有最基本的理解所致。这一个层次的目标是让双方静下心来，进行信息交流，在从自身的角度进行思考的同时，也从对方的角度思考，并把从对方角度思考的内容与对方进行交流，进而由对对方的理解达成双方之间的相互理解。

第二个层次是引导双方相互包容对方的短处，认同对方的行为选择的合理性，消除误会，达成相互之间的人格个性的认同。其关键是让被管理者反思审视自己原有的心理预期，是不是把对方过于理想化，把对方当作完人假设而事实上对方总会有不完美之处，因而被误解为主观故意行为而激起了情绪。

第三个层次是引导双方一方面明确目标，从共同的理想和目标出发，求大同，存小异，并同时分析确认各自的职责；另一方面自我批评，从自己的不当中分析其原因，包括对他人求全责备的圣化对方的不当原因，进行自我思路清理，以确立相互之间的依存关系的基础，达成情感的沟通，进而打开心结，消除情绪。其关键在于双方都调整改变原有的心理预期。比如自己存在作为普通人所存在的缺点，其他人也是如此。不能把他人都是假定为圣人，按照圣人的行为标准要求他人。由此把对他人的标准要求从圣人的高度调降到普通人的高度后再从对方的角度思考，这样对于对方的理解和认同也就加深了。

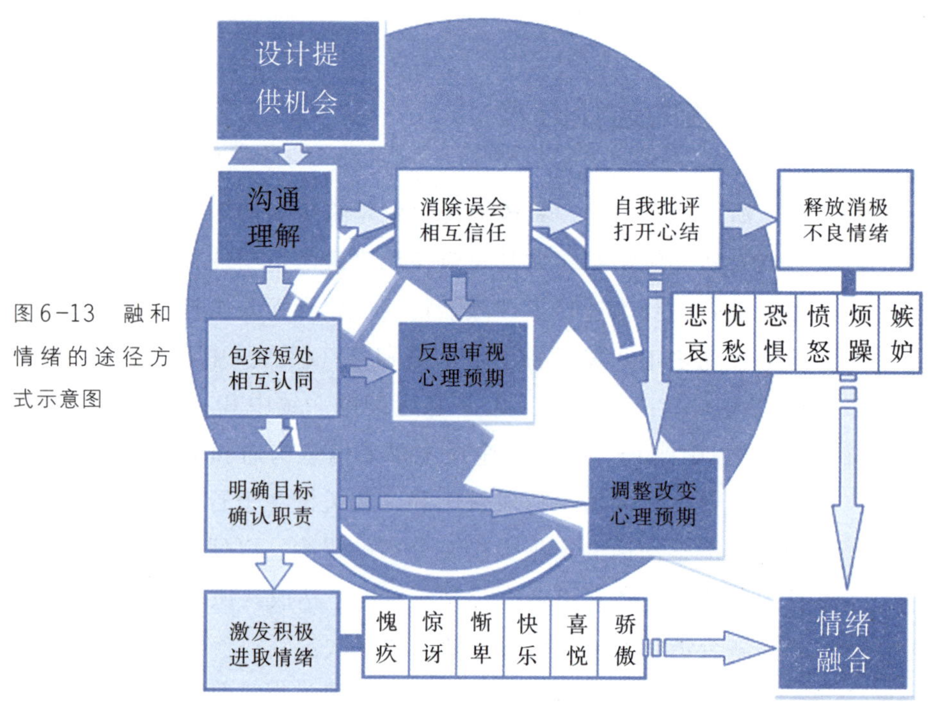

图6-13 融和情绪的途径方式示意图

第四个层次是在激发积极进取的情绪的同时释放消极不良情绪。积极进取情绪，只有愧疚、快乐、喜悦三种，其余都是不良情绪，都会在不同程度上让人失去其理性判断而放弃其自我意识中应该有的最合目的性的寻求。尽管二者的内涵、作用方向、反应方式各不相同，但在融合的努力过程中却是无法分开的，在激发积极进取情绪的同时，也就是释放消极不良情绪的过程，二者的顺序倒过来也一样。其关键是由积极进取的情绪来反思消极不良情绪的心理根源，然后在此基础上用积极进取的情绪冲淡消极不良情绪。

十四、情境效能定理

如果不能让被管理者确立预期，注入情感，融合情绪，在管理情境构筑上的任何投入也就都是浪费。

管理的实施也就是构筑特定的情境，让被管理者有所感触之后，调整改变其行为选择的方向和方式，以把工作做好的过程。但管理情境的构筑与舞台戏剧情境的构筑不同，舞台戏剧情境的构筑是通过舞台背景和演员肢体动作和语言声音，加上表情变化实现的。成功与否也在于能否与观众产生共鸣，让观众有所感动。不能产生共鸣，有所感动，观众离席退出，就是舞台戏剧情境构筑的失败。在这里观众是旁观者，尽管剧情会把他引入到剧中来，与剧中角色的情感形成共鸣。但他走出剧院，还是会很快走出剧情，回到现实生活中来。而管理构筑的情境则不同，管理者是导演，但也是主角，在这里没有旁观者，被管理者也是情境中的重要角色，他不是作为旁观者存在的。作为导演的管理者只能把剧情脚本编出一个纲要，具体细节是在他与被管理者的互动过程中完成的。更重要的一点是，被管理者进场是不需要买门票的，因为他同时也是演员。情境构筑的所有投入都是作为管理者的导演或者作为剧团老板的投资人承担的。在这里没有事先的卖票，如果砸了场子，所有资源投入都是管理者和老板的损失。而管理目的不能达成，也就是砸了场子。但管理目的的达成，是以被管理者被所构筑的管理情境打动，确立了预期，注入了情感，融合了情绪为前提的，三者缺一不可。如果不能使被管理者的行为选择方向和方式与其行为可能结果之间确立稳定、必然的联系，形成他的行为努力预期，他就不可能为做好工作付出努力。如果不能使被管理者对其所承担的工作及其团队注入情感，他难免被瞬间千变万化的世界展现出来的机会诱惑而把持不住努力的方向而摇摆。如果不能让被管理者动心而又不乱志，他就难免走极端，或者放弃应该有的努力，或者冲动而失去理性做傻事。由此可得到情境效能定理：如果不能让被管理者确立预期，注入情感，融合情绪，在管理情境构筑上的任何投入也就都是浪费。根据管理途径定理，管理的实施越是能调整改变被管理者的预期，就越是能影响其行为选择，就越是能保证达成管理目的。所以，只有让被管理者调整了其预期，才能影响改变其行为选择。尽管情感和情绪都会直接影响其行为选择，但二者都与其预期相关。是其所预期的行为前景直接造成了他的心理情绪的形成，人不会无缘无故地冲动。同时也是其所预期的结果与其价值观念的吻合或背离激起了他的爱恨情感，世界上没有无缘无故的爱和恨。根据情境构筑公理，管理的实施如果不把控好选配工具、针对行为、关注意愿、确立预期、注入情感、融合情绪等六项关键性工作，并保证其中任何一项工作都无误，就难以保证高效地达成管理目的。而直接作用于被管理者的行为选择方向和方式的却是确立预期、注入情感、融合情绪等三项关键性工作，选配工具、针对行为、关注意愿等三项关键性工作仅仅是情境构筑的谋划和准备。不能保证达成管理目的，在管理情境构筑上的投入当然就是浪费。

这一定理有四个要点：

(1) 为被管理者确立预期，也就是引导他进行行为选择。被管理者不能在行为选择方向和方式上与其行为可能结果之间建立稳定、必然的联系，他也就不可能作如此的行为选择。所以，为被管理者确立预期，使之在行为选择方向和方式上与其行为可能结果之间建立稳定、必然的联系，也就是为其作如此的行为选择确定意义价值。根据情境构筑的关注意愿定律的分析，情境的构筑，如果超越被管理者的兴趣爱好、利益报酬和价值观念，就不可能使之形成为做好工作而努力的意愿。而兴趣爱好的满足、利益报酬的获得和价值观念的实现却直接是其期盼所在。人的所有行为努力都无非是为达成这三者服务的。没有期盼也就不会有其预期。有了期盼才能在其行为选择的方向和方式上与行为可能结果之间建立稳定而必然的联系，才能对他的行为选择形成约束。所以，一个人完全没有期盼，也就无法对他施加影响，通过管理的实施让他做好工作也就不可能。根据情境构筑的确立预期定律的分析，作为具有自我意识的主体性存在，其行为选择都是对应于其行为可能后果的预期，依趋利避害的原则做出的。尽管预期的确立还不等于其行为选择的完成，但没有其预期的确立，他就根本不会把这种行为方向和方式作为一个选项加入其选择之中，就更不可能有其对应行为的选择。而保证其行为选择的方向和方式与其所期盼的行为可能结果之间关联关系的确定则直接是确立其行为选择预期。一个人其行为选择预期的多少直接决定了其行为选择的可能范围。所以，这一要点成立。

(2) 管理实施注入情感可直接影响被管理者的预期，而被管理者的情感注入可以是稳定其行为选择。根据情境构筑的注入情感定律的分析，被管理者作为主体性存在，其行为选择往往难免被其情感左右，忘记自身的最大、最根本利益而受爱恨情感主导，作不趋利、不避害的行为选择。所以，管理的实施越是尊重、信任、关怀被管理者，向被管理者注入爱的情感，就越是会使之为爱我所爱而努力，就越是能保证管理目的的达成。给予被管理者尊重、信任和关怀，就是管理实施注入情感的过程。被管理者作不趋利、不避害的行为选择，则是被管理者注入了情感。前者是因，后者是果。而后者又结出果，即保证管理目的的达成。所以，管理实施注入情感也会使被管理者注入情感，因而使之因为爱的情感而调整其期盼，把让被爱的对方的幸福、快乐列为其所期盼的内容。又因为被管理者调整了期盼而使其行为选择的方向发生了黏附变化，这就会使其行为选择减少波动而保持相对稳定。

(3) 只有情绪的融合，才能保证被管理者理性地进行行为选择。情绪是使人的意识对其行为选择控制力减弱的一个重要作用因素。而情绪越是强烈，就越是使人的意识对其行为选择控制力减弱。通过融合情绪，避免不良情绪的积累和集中暴发，也就可直接降低它对人的自我意识的冲击，也就越是能强化其行为选择过程中的理性作用。根据情境构筑的情绪融合定律，越是盯住被管理者的价值需求满足现状及其预期状况，就越是能及时发现其可能的情绪，就越是能及时融合以减少其非理性行为给管理目的达成造成的不利影响。盯住被管理者的价值需求满足现状及其预期状况是及时发现其可能的情绪的前提，及时发现其可能的情绪又是及时融合其情绪的前提，及时融合其情绪又是减少其非理性行为的前提。所以，这一要点成立。

(4) 管理情境的构筑无效，未能达成管理目的，其投入也就是浪费。管理目的就是通过他人做好工作，其做好的好有三个要求，一是工作任务全面完成，二是时间及时效率高，三是投入节省效益好。三者按顺序排列，后者的意义是以前者的满足为前提的。工作任务没有全面完成，也就不存在时间及时与否的问题；工作任务没有全面完成，或者时间不及时没效率，投入就不存在节省与否的问题，其已有的投入也就是浪费。根据情境构筑的针对行为定律，管理实施的情境构筑，越是针对被管理者的可改变和易改变行为，并保证其行为调整改变的方向和方式与管理目的达成的要求相吻合，就越能保证管理目的的达成。而保证其行为调整改变的方向和方式与管理目的达成的要求相吻合，这又是做好工作的好的三个要求满足的前提。没有被管理者的行为努力，就不可能有做好工作的好的三个要求的满足。而保证其行为调整改变的方向和方式与管理目的达成的要求相吻合，又是以被管理者的行为能调整改变为前提的。管理情境的构筑未能达成管理目的，或者是因为被管理者的行为不可能调整改变，或者因为被管理者不愿调整改变，或者因为被管理者的行为调整改变的方向和方式与要求不吻合，这就是管理情境构筑的无效。所以，这一要点成立。

管理学第七公理

管理交易公理

一、管理交易公理的内涵

管理不是通过指令支配下属，而是在平等互利基础上，用被管理者所寻求的价值需求满足或条件换取他们为做好工作而努力的交易。而要保证管理目的的达成，稳定延续管理交易关系，标的真实、交易公平、交易等价、利益共享、损失分摊、惯性积累六个限制是不可超越的约束。

无论是针对意志行为形成过程的管理介入，还是设计构筑管理情境以打动被管理者后使之调整行为选择，都不是用上对下的指令支配其下属行为的过程，而是管理者与被管理者之间交易达成的一个连续过程。任何一个被管理者下属，也都是主体性存在，任何先进的信息技术都无法绕过下属被管理者的大脑感知和意识判断而把工作指令要求直接传递给下属被管理者的四肢以做好工作。相对于被管理者，其交易的标的是其价值需求满足或其条件，相对于管理者其标的则是被管理者做好工作的努力。这也就是管理者用被管理者所寻求的价值需求满足或条件换取他们做好工作的努力。这个交易过程与市场上的买卖相比，在本质上没有任何区别。其所不同的仅仅是形式上的，主要有三个：一是交易主体相对稳定，除了临时小额工作聘用的小时工管理之外，交易的双方都不可能一天转换一个交易主体，更不可能一个小时转换一个交易主体；二是交易的双方提供的是特殊的交易物——一方是被管理者付出的努力，即马克思认定的劳动力的运用，另一方是管理者提供的价值需求满足或条件，包括但不仅仅是经济福利；三是交易的完成，除了被管理者可从行为过程中获得价值需求满足这一情况之外，都不是一手交线一手交货的现场买卖过程，交易物的移手是延时的，因为被管理者的行为是以过程的形式存在的，管理者支付的等价物也就只能在这个过程延续一段时间并检验达到所约定要求的数量、质量后再易手。在交易的过程中双方所想到的首先是自己所寻求的交易物的获得，然后再在获得的代价——支付给对方的交易物上进行权衡计量，是否值得，还有没有性价比更高的交易“备选商”存在。如果有性价比更高的交易“备选商”存在，任何一方都会转换“交易商”，另行确立管理这一特殊的交易关系。

为保证这一特殊的交易过程的稳定，并实现双方利益的最大化，稳定延续这一关系是重要途径。这一关系稳定延续，不仅节省双方各自寻求转换交易方的精力投入，而且可在此之外使其交易收益总量达到最大化。而这一关系稳定延续时间越长，就越是可能在双方之间建立和积累爱的情感联系，而爱的情感联系本身就会给双方带来满足，爱的获得是任何一个主体我都会看重的价值需求满足。而要保证交易关系的稳定延续，就要受到标的真实、交易公平、交易等价、利益共享、损失分摊、惯性积累等六个方面的限制。

(1) 标的真实是指交易双方所持有而用于交易的等价物——相对于对方就是交易标的，必须真实存在，货真价实，没有虚诳。和市场上的现场交易一样，任何短斤少两和以次充好的行为即使不立即导致直接的冲突，也会终结这种交易关系。

(2) 交易公平是指交易双方必须在人身平等的基础上，通过平等协商达成交易过程的约定。任何一方，无论在交易过程中有无垄断的市场优势，都不能压迫对方，挤压对方的利益。否则，在地位处于劣势的一方处境有所好转时就会结束这种交易关系。

(3) 交易等价是指交易标的之间的比例关系必须与双方所熟知的社会范围内的平均水平基本相等。如果这一比例与双方所熟知的社会范围内的平均比例背离太远，就有一方认定在这一关系中遭受了剥削和压迫，他也就会产生不平和不满而中止交易关系。

(4) 利益共享是指这一特殊交易关系的维护，必须把交易所实现的“超额利润”拿出一定比例与对方分享，而不是独占。否则没有分享到“超额利润”的一方会认为是对方对自己的剥削而激起不满情绪的发生，因为他会认为“超额利润”有他的一份贡献。否则，交易关系则可能因为不满情绪的发生和积累而疏远，甚至破裂。

(5) 损失分摊是指这一特殊交易关系的维护，必须共同对交易的结果承担责任，当其中一方发生意外严重亏空损失，另一方必须力所能及地为其分担一部分损失，以从情感上给予帮助。否则双方之间的稳定联系难免因为情感淡漠而疏远。

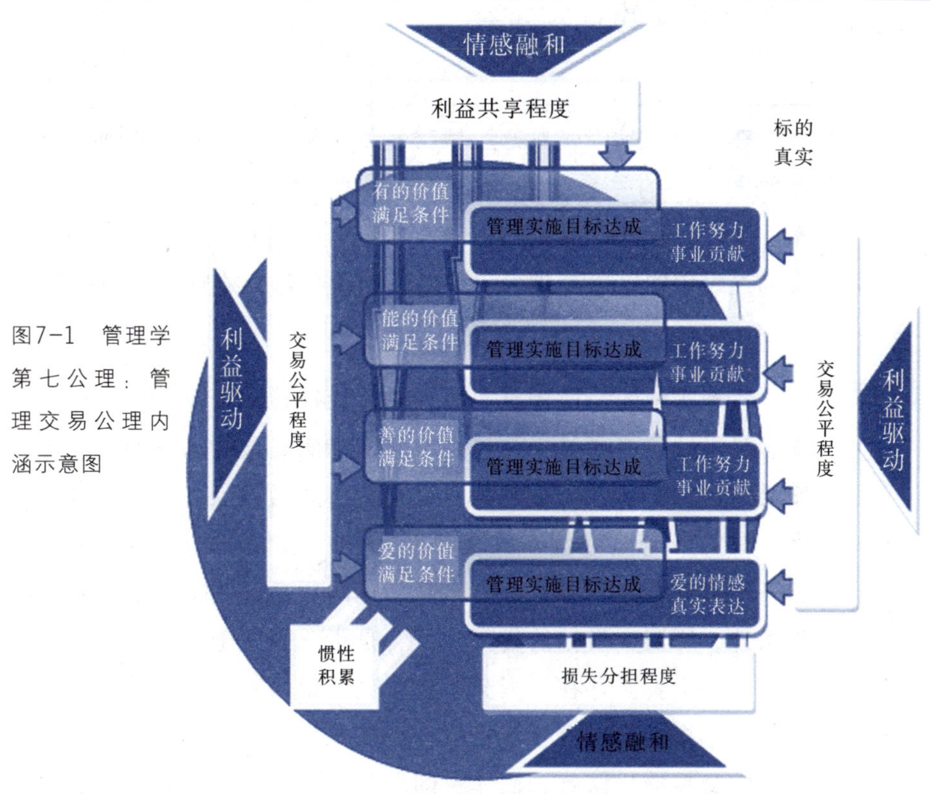

图7-1 管理学第七公理：管理交易公理内涵示意图

(6) 惯性积累是指这一特殊交易关系具有延时累加的惯性作用，管理交易关系延续的时间越长，延续的惯性越大，管理交易关系就越稳定、越持久。所以管理的实施必须关注这一交易关系延续的总时长，并着力保证其延续。

上述限制可分为两组：标的真实、交易公平、交易等价为一组，是交易双方利益驱动的限制，利益共享、损失分摊、惯性积累为一组，是交易双方情感融合的限制。套用美国的行为科学家弗雷德里克·赫茨伯格的双因素理论分析，标的真实、交易公平、交易等价三者相对于管理目的的达成，稳定延续管理交易关系，具有保健作用，如果这种作用不能维持，则管理交易关系就可能立即中止，管理目的当然也就会落空；而利益共享、损失分摊、惯性积累三者则具有激励作用，这种作用的存在，可能对管理交易的稳定延续带来促进作用，这种作用的消失，也不一定是管理交易关系的立刻中止。所以，要保证管理目的的达成，稳定延续管理交易关系，标的真实、交易公平、交易等价、利益共享、损失分摊、惯性积累六个限制是不可超越的约束。

二、管理交易的标的真实定律

在管理交易中，双方所持交易物必须货真价实，否则，不仅会恶化交易双方之间的关系，甚至还会导致对抗，使管理交易关系演化为敌对关系。所以，管理交易物的质量、数量，越是方便于事先和即时检验，管理交易过程中的摩擦就越少，就越有助于稳定持续管理交易关系。

管理实施的情境构筑，如果不能让被管理者在工作过程中获得价值需求满足，就只能通过为其提供价值需求满足条件来交换其工作努力。管理交易的双方主体，一方是为对方成就事业做贡献的努力工作者——被管理者，另一方则是能为对方提供有、能、善价值需求满足条件的资源掌控者——管理者。双方所持对方交易标的货真价实，是交易发生和延续的前提条件。所谓交易标的货真价实，是指双方用于交换以获得对方交易物的等价物必须真实存在。当交易进行到该提供其所拥有的交易物时，必须足值足量地提供给对方，不打折扣。如果是空手套白狼，手中并没有对方所需要的交易物，这就是欺诈，即以对方需要而自己并没有的虚假承诺诳骗对方所拥有而自己寻求的价值物。这种管理交易关系往往也可能建立起来，或者是管理者向被管理者承诺不能兑现的薪酬待遇或发展机会，或者是被管理者夸大自己的能力，骗得了对方所给予的机会。无论哪种情况发生，结果都是一样，即使不导致冲突，也会马上中止管理交易关系。这里有必要概括地分析一下管理这种特殊的交易，其各自的交易物——对方的交易标的究竟是什么的问题。

就被管理者一方而言，其交易标的就是有、能、善的价值需求满足本身或者其满足条件，这都是以其有、能、善价值需求满足成为现实的物质资源和社会资源的拥有为基础的。物质资源是由经济稀缺物构成的，包括衣食住行等物质生活条件，在市场经济社会，这些都是可以通过货币交换实现的。社会资源则是由人构成的组织所提供的事业舞台和情感归属、意志传播对象等，包括下属、同事、听众。人的有这一价值需求满足主要得由物质资源实现，能和善这两个价值需求满足，其实现既需要借助于物质资源，也需要借助于社会资源。无论被管理者是在做好工作之后获得，还是在做好工作的过程中获得其价值需求的满足，没有对应的物质资源和社会资源的支撑，则是不可能的。而这两类资源却是由管理者掌控而被管理者希望获得的稀缺资源。

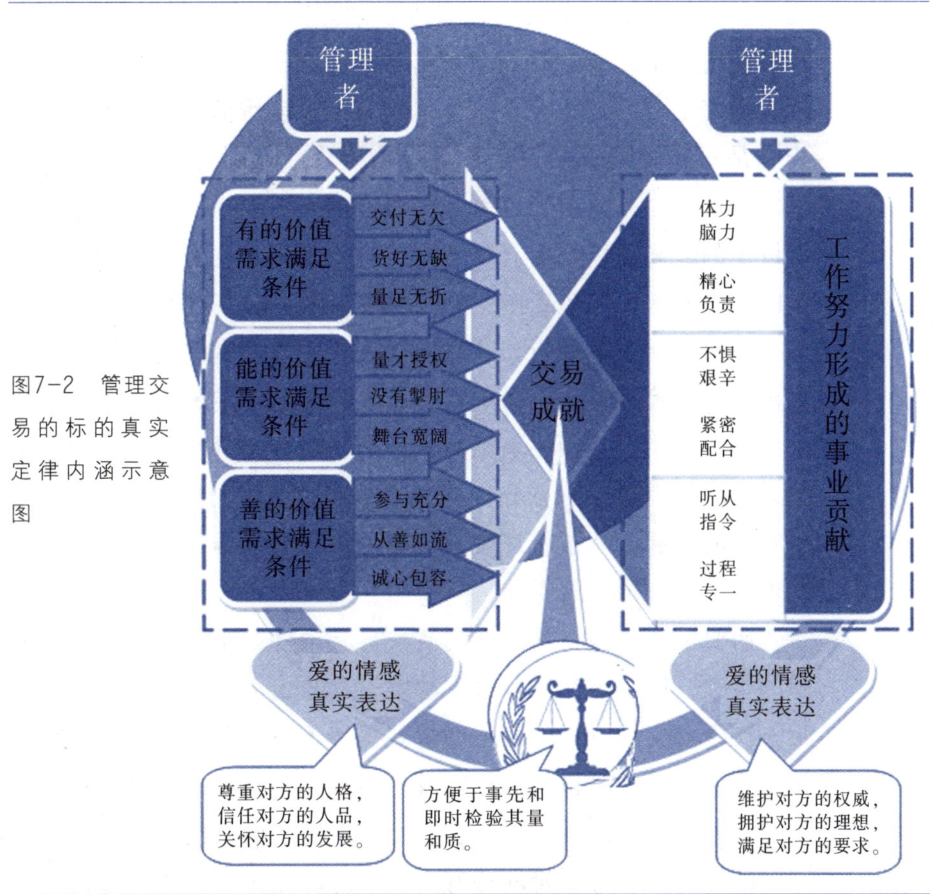

图7-2 管理交易的标的真实定律内涵示意图

有的价值需求满足条件真实无欺的要求有三个：一是交付无欠，即在约定时间之前支付；二是货好无缺，即所交付的等价物在质量上无缺陷；三是量足无欺，即其严格按照承诺的数量支付，不打折扣。

能的价值需求满足条件真实无欺的要求有三个：一是量才授权，即按照能力授予人、财、物支配权，为其演绎人生辉煌提供舞台；二是没有掣肘，即管理者不得对被管理者做好工作的努力过程横加干扰；三是舞台宽阔，即在被管理者的能力素质提升后保持有广阔的事业发展空间。

善的价值需求满足条件真实无欺的要求也有三个：一是参与充分，即让被管理者参与到做好工作的决策过程中来；二是从善如流，对于被管理者提出的建议，好的必须采纳，不当的也必须解释其不当而不能采纳的原因；三是诚心包容，即不要求全责备，而要大处控紧，用人所长，小过容忍，给人以自我完善的机会。

就管理者一方而言，其交易标的就是做好工作的努力所对应的条件要求，其内容包括体力脑力、精心负责、不惧艰辛、紧密配合、听从指令、过程专一。体力脑力是做好工作的主体自身客观条件，是管理交易关系结成的基础。精心负责是对被管理者做好工作的过程要求，再简单的工作，在做的过程中不能自我约束付出努力，就不可能做好。不惧艰辛是对被管理者做好工作的意志要求，是他具有不在困难面前低头的意志决心。紧密配合是对被管理者做好工作的社会要求，是做好工作的相互合作协调要求。听从指令是对被管理者做好工作的心态要求，做好工作的意志是管理者设定的，必须以设定者的意志要求为准。过程专一是对被管理者做好工作的心理要求，任何工作，只有工作主体心无旁骛才能保证做好。

就其相互关系分析，适时向对方表达爱的真实情感，也是标的真实的要求之一。管理这一交易关系，是人际关系稳定的交易关系，在交易关系的维持过程中，必须注入情感，把交易过程上升为超越于交易关系的情感关系。从管理者这一方分析，必须尊重对方的人格，信任对方的人品，关怀对方的发展。从被管理者这一方分析，必须维护对方的权威，支持对方的理想，关心对方的要求。

而要保证管理交易的标的真实，其条件是交易标的本身方便于事先和即时检验，以确定其质量没有缺陷，其数量没有短缺。如果这一条件不满足，在管理交易过程中发生摩擦就仍然不可避免。如果交易标的本身不能方便于事先和即时检验，往往就可能因为各自心理评价的不同而怀疑对方是存心欺诈，因而造成矛盾，甚至是冲突。而方便于事先和即时检验又有三个条件：一是交易物的持有人必须主动亮出交易物的关键点，并说明所亮出的关键点之所以成为关键点的原因，以为对方的检验评估提供方便；二是自我介绍其量和质的衡量标准和检验方法，就是像出售产品一定要有简明易懂的产品说明书一样，说明其自身的特性，包括优点和缺陷，以为对方的选择比较提供方便；三是提供量和质的好坏评价比较参数——好的标准和不好的标准及评价依据——好坏标准的确立根据，以为对方比较判定其标的的真实状况提供方便。

保证交易标的真实的三个内容，交易物不虚，主体有爱心，方便于检验，只有全部满足要求，才能保证这种交易的顺畅和稳定延续。否则，任何一个方面的要求不满足，都可能会因为心理评价的误差而造成摩擦，甚至中断这种交易关系。由上述分析可得到管理交易的标的真实定律：管理交易物的质量、数量越是方便于事先和即时检验，管理交易过程中的摩擦就越少，就越是能稳定延续管理交易关系。之所以管理交易的标的真实定律仅仅强调方便于检验，是因为交易物不虚才敢亮出事先和即时检验的方式方法，主体有爱心，才能真诚地对待对方，积极地协助对方消除标的不真的疑虑。而且，如果管理交易物的质量、数量方便于事先和即时检验，交易物形似而实假也就不可能了，因而交易主体也只有真诚一条途径可选择。无法欺骗而又行欺骗就是自我寻仇，与对方为敌而自我损毁。

三、标的真实要求达成的关键点

管理交易与市场交易相比的一个显著的不同，就是双方联系稳定，无法容忍任何欺骗的存在。“骗人不是自己聪明，被骗定是自己愚蠢”这话在管理交易过程中尤其真实不虚。市场交换往往因为交易关系不稳定，骗了东家，还可骗西家，只要可骗的对象还有没识破其欺骗的人存在，他就仍然可以继续骗下去。但在管理交易中可不行。交易双方之间关系稳定，联系紧密，欺骗行为被识破，蒙受损失的就不是对方，而是行骗者自己。

所以，相对于管理者，只要下述问题存在，也就是被管理者的交易标的不真实，也就包含有管理者对被管理者的欺骗，无论其行为主体在主观上是否有欺骗的动机。一是在有的价值需求满足条件上，如果交易物交付发生拖欠，交易物存在质量缺陷、交易物交付数量有折减。这些都会让被管理者感到管理者对他存在剥削。二是在能的价值需求满足条件上，如果在用人上任人唯亲，使之无法通过其自身努力获得事业发展机会；用人疑人但又不通过规则进行监控，而是随意干扰其职责履行；不仅不提供发展机会，反而频频空降人挤占其事业舞台。这些都会让被管理者感到是管理者对他发展机会的剥夺。三是在善的价值需求满足条件上，如果决策者独断独裁，不给下属提供发表意见的机会；刚愎自用，唯我独尊，错了也要固执己见；对于不同意见不仅不听从，而且排斥打击。这些都会让被管理者感到是管理者对他的人格个性的贬低和侮辱。

相对于被管理者，只要下述问题存在，也就是管理者的交易标的不真实，即包含有被管理者对管理者的欺骗，无论其行为主体在主观上是否有欺骗的动机。

(1) 对自己的能力不能自我恰当评估，夸夸其谈，让管理者感到缺少能力，不敢倚赖。

(2) 工作过程马虎从事，得过且过，往往因不细心导致不应该的失误发生，让管理者感到不负责任，不敢信任。

(3) 在履行职责过程中，往往逃避责任，或者过于斤斤计较，让管理者认定拈轻怕重，不敢托重。

(4) 缺少协作意识，独行独往，不顾同事和关联部门的实际，让管理者感到一意孤行，不敢任事。

(5) 对上司的工作指导和要求，听而不闻，闻而不行，自以为是，固执己见，让管理者感到不听指令，不敢与事。

(6) 用心不专，粗心大意，虽然没有出大事，但小问题不断，让管理者感到三心二意，不敢委细。

从情感的角度分析，管理者不尊重对方的人格，不信任对方的人品，不关怀对方的发展，被管理者就必然不会维护对方的权威，不会支持对方的理想，不会关心对方的要求。这也是交易标的不真实的表现。

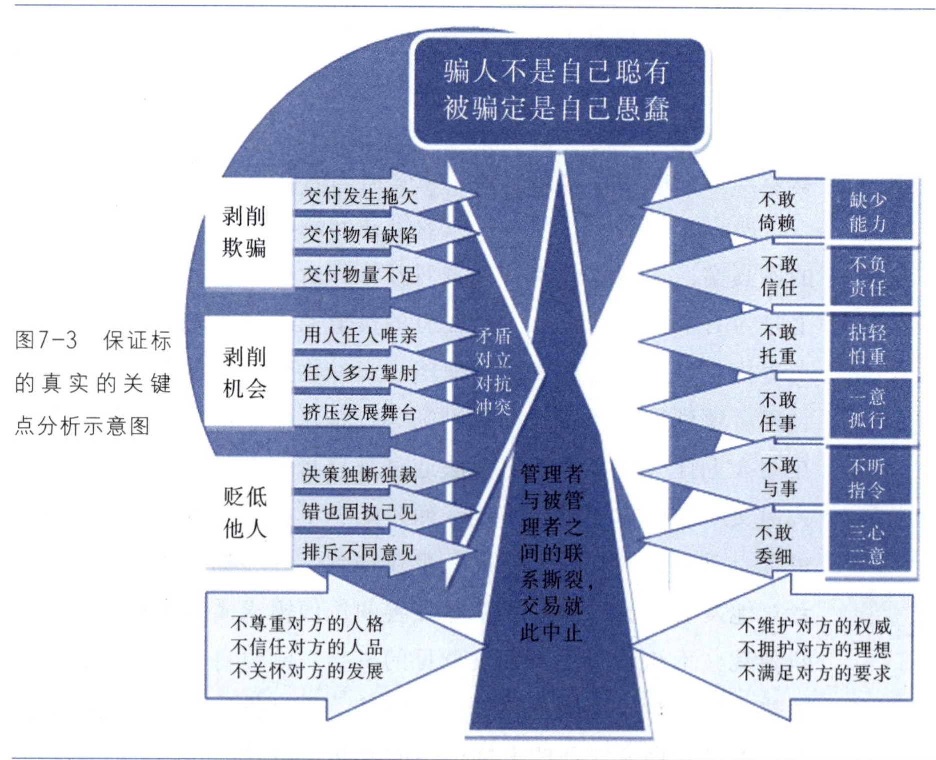

图7-3 保证标的真实的关键点分析示意图

无论哪种形式的交易标的不真实，其结果都是一样：即使问题所反映的矛盾没有严重到直接造成双方之间的对立、对抗和冲突，也会撕裂管理者与被管理者之间的联系，被管理者也会中止管理交易过程，另谋出路。

四、管理交易的等价限制定律

管理交易的等价，不是交易物本身的锱铢对等，而是双方各自的心理评价对等。所以，在管理交易过程中，越是向对方释放善意，着力让对方形成爱的情感，就越是能在这种交易中占有优惠。

管理是一种交易，其实施也就只有在等价的基础上进行才能延续和稳定。但这种等价并不是交易物的锱铢必较基础上的对等。而是双方各自的心理评价对等，并且管理交易的交易物本身也无法通过天平计量，锱铢不差。管理交易等价的价，就被管理者的交易标的物而言，它不是表现为货币形式的价格本身——劳动力的价格。马克思的劳动价值论相对于劳动本身在现代社会是有缺陷的。因为被管理者所寻求的有、能、善三者并不是货币形式的等价物所能满足的。而后二者又仅仅是心理评价，即使由货币形式的等价物能体现的有的需求满足，也不是完全可由元、角、分衡量的，也包含有个人的心理评价。就管理者的交易标的物而言，尽管它最终可能表现为用货币计量的贡献，但贡献的大小本身与被管理者的脑力体力投入相关，但与指派给他的工作的时机和他工作的外部环境也相关，甚至其所提供的劳动条件和劳动对象的性质和形式不同，也会形成直接的影响。把贡献的多大份额计算给被管理者，这就是管理者的心理评价问题。

这里的心理评价是由交易主体双方自己独立进行的，其评价的内容是其所要支付的代价与其所预期获得的交易物是否对等。如果为获得对方的交易物所作的投入小于其所预期获得的交易标的物的心理评价价值，这种管理交易关系就可能建立起来，如果最终获得的交易物小于其所预期获得的交易标的物的心理评价价值，管理交易关系也就难以继续。下面略作分析。

管理者的心理评价包括四个心理评价等式，如果等式成立，管理者才有延续管理交易关系的动力：一是所支付的工资奖金，加上这一投入应该带来的投资回报，小于或等于被管理者的工作努力所创造的价值。这里所创造的价值包括被管理者的工作努力为管理者创造的新价值和避免的损失两个方面的内容。二是被管理者所占用事业舞台的机会收益，小于或等于被管理者的已有贡献和可能贡献之和。这里的机会收益是指把事业舞台给予另外的人可能带来的收益，这里的贡献是指被管理者在所提供的事业舞台上创造的价值。三是被管理者参与介入决策的机会收益，小于或等于被管理者的已有智慧贡献和预期的智慧贡献之和。这里的智慧贡献是被管理者在管理者的决策制定过程中起到的纠偏补充作用，是其聪明才智让管理者避免了失误损失，或抓住了更大的机会。四是让管理者感知到的被管理者所反馈的爱的真实情感的时滞长度，小于或等于管理者向被管理者表达爱的情感后预期的反馈时间。这里的时滞长度，是指从管理者给予被管理者爱的情感表达开始，到管理者感觉到爱的情感投入发生作用的时间长度。

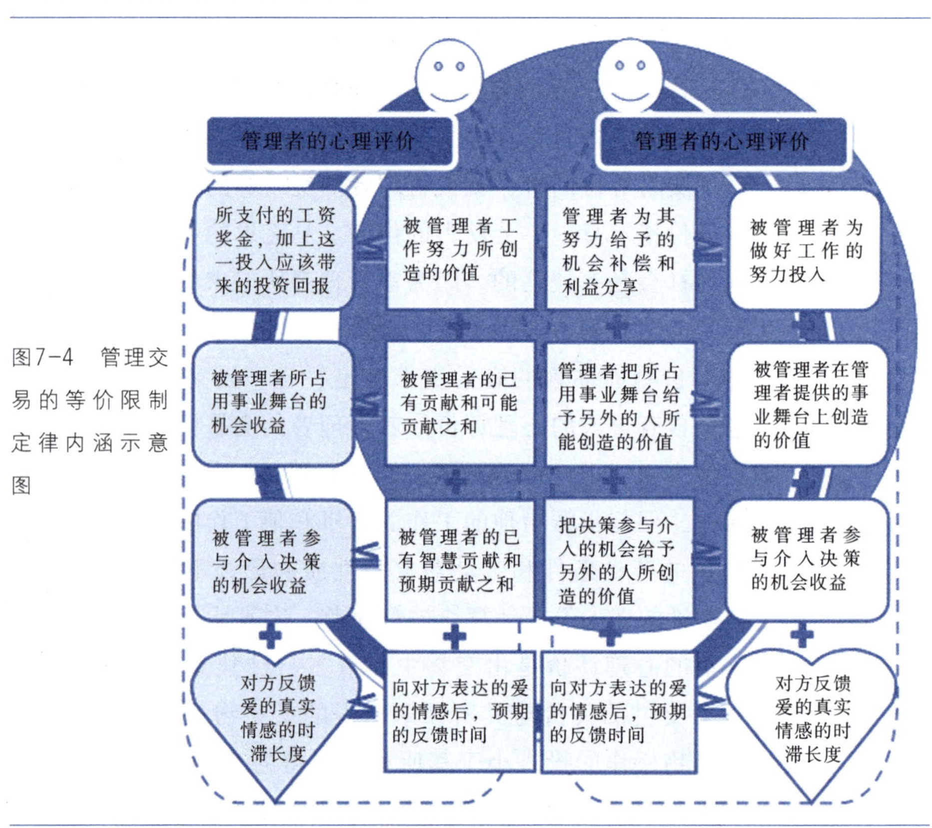

图7-4 管理交易的等价限制定律内涵示意图

被管理者的心理评价也包括四个方面的心理评价等式，如果等式成立，被管理者才有延续管理交易关系的动力：一是被管理者为做好工作的努力投入，小于或等于管理者为其努力给予的机会补偿和利益分享，即工作努力的经济收益大于其体力和脑力的再生产成本。这里的机会补偿是指他在他处上班工作可能有的收益，这里的收益分享是指管理者把被管理者所创造的价值拿出来与被管理者分享的部分。二是被管理者在管理者提供的事业舞台上创造的价值，小于或等于管理者把所占用事业舞台提供给另外的人所能创造的价值。三是被管理者参与介入决策的机会收益，小于或等于把决策参与介入的机会给予另外的人所创造的价值。四是让被管理者感知到的管理者所反馈的爱的真实情感的时滞长度，小于或等于被管理者向管理者表达的爱的情感后预期的反馈时间。

在管理者和被管理者的心理评价的四个内容中，每一个内容不仅会单独评价，而且还会把四个内容综合到一起进行比较。即不同的心理评价内容之间往往存在互补性，一个方面的欠缺，可由其他方面的结余补偿而保证其心理评价达成平衡。心理评价本身不是精确量化的，这种互补性就可以在管理交易关系中起到稳定的作用。心理评价与天平衡量不一样，最大的特点是评价主体对于对方的情感不一样，其评价的角度和立场就不一样，进而使其在同一评价对象上会得到完全不同的评价结论。对于对方有爱的情感，爱的情感就会使之更多地从正面评估其价值。爱就是把存之、成之、美之、荣之的意志指向黏附在对方上。对于其人格行为的评价也就是正面的积极的，所以就会高估被爱的对象的价值和意义，对于其努力和贡献也会做出远大于其实际值的评价。而且其爱越深，这种评价的偏离就会越大。相反，对于对方有恨的情感，恨的情感就会使之更多地从反面评估其价值。恨也是把毁之、损之、羞之、辱之的意志指向黏附在对方上。对于其人格行为的评价也就是负面的消极的，所以就会低估所恨对象的价值和意义，对于其努力和贡献也会做出远小于其实际值的评价。而且其恨越深，这种评价的偏离就会越大。所以，如果向对方释放善意，使相互之间产生爱的情感，也就会得到更多的正面评价。从古至今，吹牛拍马，阿谀奉承的人总是得到重用和善待，其原因就在于此。吹牛拍马，阿谀奉承尽管不一定是善意的，但会让对方感到是一种善意，因而形成爱的情感，造成了心理评价的偏移。

所以，在管理交易过程中，越是向对方释放善意，着力让对方形成爱的情感，就越是能在这种交易中得到优惠。这就是管理交易的等价限制定律。

五、等价限制要求达成的关键点

管理交易的等价不同于市场交易的等价，市场交易等价，是以价值作为依据的，尽管这个价值也是高度抽象的。就一般商品的交易而言，等价体现的是价格相等，而价格又仅仅是交易物的货币表现形式，不同交易物之间的评价是以货币为中介完成的。如果没有价格做中介，在一般商品交易过程对于交易物的价值评价就会与管理交易的评价一样，都只能是心理上的评价，是对交易标的的需求强度与为满足对交易标的的需求而减少的另外需求满足的比较。但二者仍然有区别，因为心理评价的基点不同。市场交易过程对交易物的评价，都是放弃和获取之间的交易，是为了一种需求的满足而放弃另外一种需求的满足，但放弃和获得的需求满足的边际值是不一样的，放弃的满足是边际值低的需求，获得的满足是边际值高的需求。所以只要这种满足的边际值没有达成同一，这种交易就持续存在。在管理交易过程中对于交易物的评价，与满足的边际值没有关系，而是交易物的供求状况。供不应求，就奇货可居；供大于求不，则难免烂市。21世纪的第二个十年开始时，一本大学毕业生竟然接受零薪的条件就业其原因也就在于此。二者之间的第二个不同是管理交易过程中对于其交易物的评价还会受到心理情感的影响，因为交易主体是存在稳定联系的社会组织成员，交易主体相互联系，日久必然生情。如果都以诚相待，彼此没有欺诈，日久生的就是爱的情。管理交易关系就会因为爱的情感而粘得更紧。如果彼此之间尔虞我诈，日久生的就是恨的情，它积累到一定程度，相互撕破脸面时，就是你死我活的冲突，管理交易关系就会因为恨而转化为敌对关系。农民起义、工人罢工就是如此。

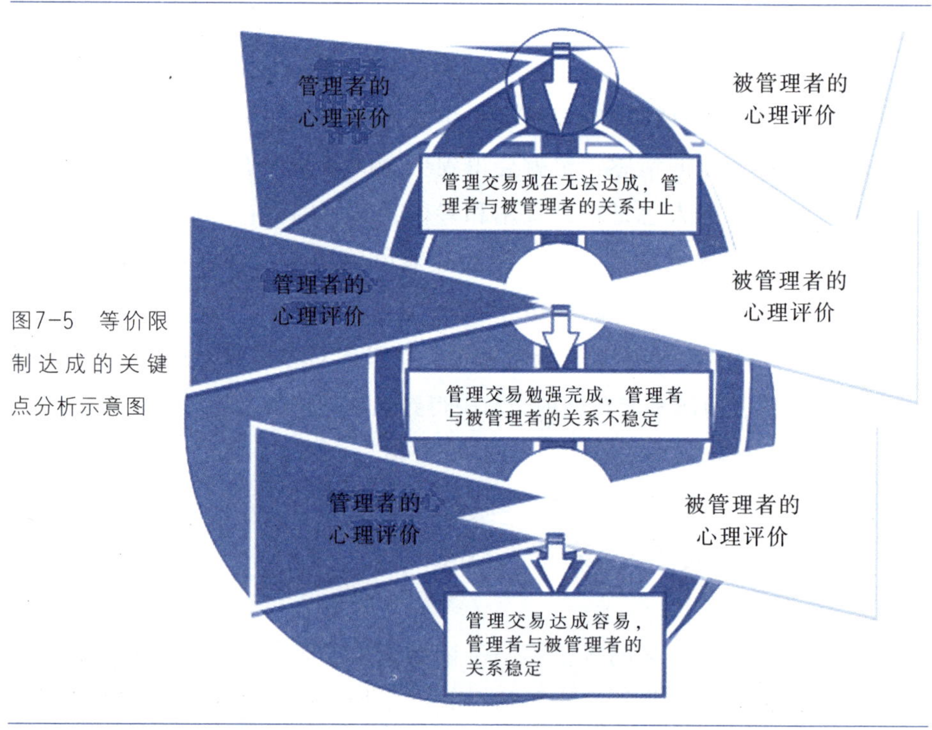

图7-5 等价限制达成的关键点分析示意图

所以，对管理交易等价与否的评价，不是用天平和尺子衡量的轻重长短，而是一种心理评价，因此这种等价就不是一个点，而仅仅是一个范围。用天平和尺子衡量的轻重长短，其交易的评价是一损一益的关系，只有一个相交的点，一方的获利是以另一方的受损为前提的。而心理评价则不同，它要受到评价主体的情感影响，所以，既都可能做出高评价，也可能都做出低评价，因此二者可能相交而重合。而只有重合得越多，其交易关系才能越稳定越持久。

管理交易的等价限制达成的关键就是双方心理评价有交。这就是管理者的心理评价与被管理者的心理评价形成了重合交叉区域，这种重合交叉区域越大，交易等价达成的程度就越高，管理交易关系就越稳定越长久。反之相反，交易等价达成的程度就越低，管理交易关系就越不稳定、越短暂。如果没有重合交叉区域，管理交易关系就缔结不了，也就不存在管理与被管理关系的确立。这三种情况并不是固定不变的，重合交叉区域是变大还是变小，主要取决于对于对方所提供的交易物的期望。如果没有爱的情感，就不会从对方的角度思考判断，就会高估其所拥有的交易物的价值，而低估交易标的的价值，也就是对对方所提供的交易物期望高，因而导致这种重合交叉区域变小。因为对于对方的期望过高而对方又长久达不到这一高度，这就会导致抱怨和不满，而这种抱怨和不满积累的结果，就是加大对于对方的负面评价，这种重合交叉区域就会退缩而越来越小，甚至消失。反之相反。如果有爱的情感，就会从对方的角度思考判断，就会理解对方的困难和不容易，从而高估交易标的的价值，降低对于对方所提供的交易物的期望，因而会使这种重合交叉区域变大。

所以，要扩大这种重合交叉区域，以提高管理交易关系的稳定性，就必须通过情感的注入，降低对方的期望，让自己做圣人而不是要求对方做圣人。否则，就难有管理交易关系的稳定和长久。

六、管理交易的公平限制定律

相对于特别优惠的管理交易，正常的管理交易就是苛刻，就会让对方认定为歧视。而任何形式的歧视都难免造成对方的不满，甚至是仇恨。所以，在管理交易的过程中，越是保证对所有被管理者一视同仁，在任何层面上的相互攀比也不失公平，就越能保证管理交易的稳定和长久。

据《孟子·公孙丑章句下》记载：孟子将朝王，王使人来曰："寡人如就见者也，有寒疾，不可以风。朝，将视朝，不识可使寡人得见乎？"对曰："不幸而有疾，不能造朝。"明日，出吊于东郭氏。公孙丑曰："昔者辞以病，今日吊，或者不可乎？"曰："昔者疾，今日愈，如之何不吊?"王使人问疾,医来。孟仲子对曰:"昔者有王命,有采薪之忧,不能造朝。今病小愈,趋造于朝,我不识能至否乎?"使数人要于路,曰:"请必无归,而造于朝!"不得已而之景丑氏宿焉。另据《资治通鉴·卷一》记载:子击出,遭田子方于道,下车伏谒,子方不为礼。子击怒,谓子方曰:"富贵者骄人乎?贫贱者骄人乎?"子方曰:"亦贫贱者骄人耳,富贵者安敢骄人!国君而骄人则失其国,大夫而骄人则失其家。失其国者未闻有以国待之者也,失其家者未闻有以家待之者也。夫士贫贱者,言不用,行不合,则纳履而去耳,安往而不得贫贱哉!"子击乃谢之。

两个历史故事都说明,在管理交易过程中,交易主体之间,是很难平等的,管理者也从不认为自己与被管理者之间是一种平等的交易主体之间的关系。即使像孟子和田子方这样的圣贤,也只是争得了一个口惠而实不至的平等。尽管被管理者有逃离管理关系的自由,而管理者没有。而任何一方的逃离解除管理交易关系,都会给双方多少带来一些损失。而在绝大多数情况下,管理者在这一特殊的交易过程中都是处于优势地位。所以,管理交易的等价和公平要求,都是对于管理者的要求,是管理者能否给予所有被管理者以等价、公平交易地位的问题。

管理交易的等价是对管理者与被管理者的交易物比较的等价,是对交易双方的约束。而管理交易公平则是对管理交易中处于主导地位的管理者的约束,强调的是同时与管理者进行交易的众多被管理者相互之间的比较不能失却公平,必须以同样的标准完成交易,即市场交易的老幼无欺,不存在特别优惠的管理交易和显得苛刻的管理交易。相对于管理特别优惠的管理交易,正常的管理交易就显得苛刻了,就会让被管理者认定为歧视。而任何形式的歧视都难免造成对方的不满,甚至是仇恨和对抗。所以,相对两者之间的交易物——被管理的交易标的(有、能、善三个价值需求满足的条件),必须与管理者的交易标的(做好工作的努力)对应相等,至少必须保证综合评价总体相等。相对于被管理者的关系分析,也就是三个方面的评价:

(1)人我的物质利益获得的公平性评价。这是自己有的价值需求满足量与自己的工作努力和贡献之比,与他人有的价值需求满足量与他人的工作努力和贡献之比的差,趋于零。这就是物质福利待遇上的公平对等。

(2)人我的事业舞台获得的公平性评价。这是自己能的价值需求满足量与自己在工作中所展现的才能之比,与他人能的价值需求满足量与他人在工作中所展现的才能之比的差,趋于零。这就是在事业发展和舞台机会的获得上(晋升选用)没有歧视。

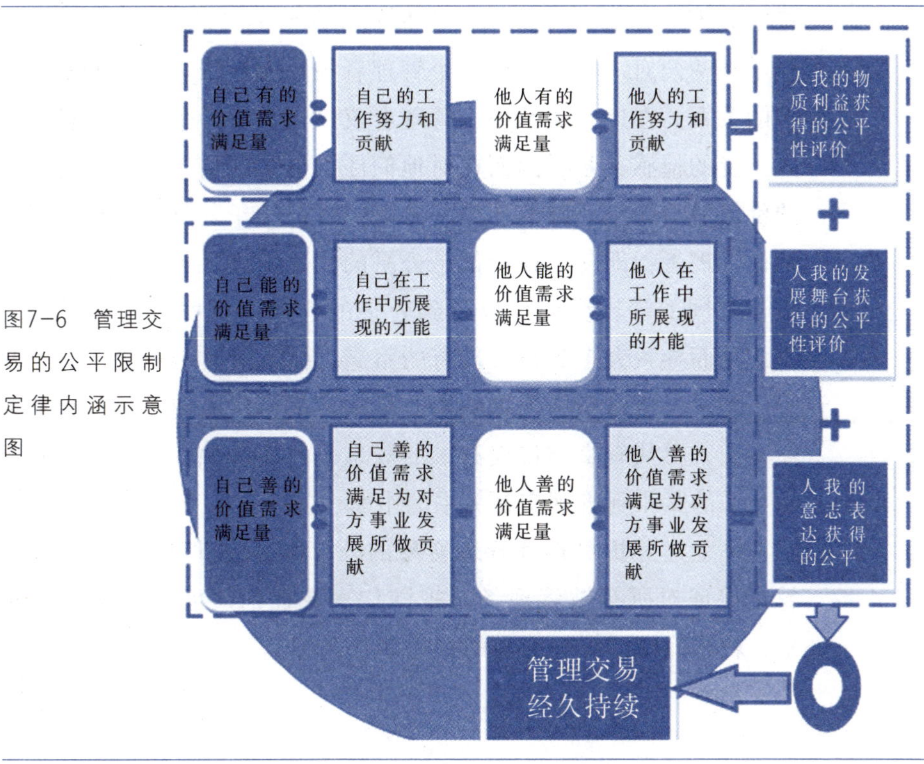

图7-6 管理交易的公平限制定律内涵示意图

(3) 人我的意志表达获得的公平性评价。这是自己善的价值需求满足量与自己善的价值需求满足为管理者事业发展所做贡献之比，与他人善的价值需求满足量与他人善的价值需求满足为管理者事业发展所做贡献之比的差，趋于零。这就是意志表达机会公平。

但因为每一个人的实际不同，所以在有、能、善三个价值需求满足寻求上的重点和优先顺序也会不同。因此并不需要保证前述三者的值趋于零，而三者的值加总趋于零，也就是管理交易公平的实现。而且这更能体现人的自由和全面发展的趋势。

这里的计算仅仅是一种理论思考，在现实中，这种计算是无法在计算机上实现的，但却能在人的大脑里实现。因为这仅仅是一个人的心理评价基础上的计算，所谓的公平与不公平都是主体我的一种心理感受。前面做过分析，如果与对方存在有爱的情感，心理评价值就会提升，因而感受到的不仅是公平，而且是受惠多多，所以是感恩戴德不已。反之相反，如果与对方存在有恨的情感，心理评价值就会下降，因而体验感受到的不仅是不公平，而且是歧视迫害，所以是怨怼仇恨不已。而爱和恨的情感的形成又都是相互的，单相思是不能经久的，单方面的恨也恨不起来。而爱的情感本身就是一种价值需求满足，恨的情感却是一种伤害，是对其价值需求满足的一种扣减。所以，心理评价就管理交易关系之外的两两关系对应分析，并不会偏离公平太远，除非爱是虚假的欺骗。但在管理交易关系中，并不是两两对应，往往是一个管理者与众多被管理者之间的关系，是一对多的关系。在这种关系中，管理者仅仅与其中一个或少数被管理者之间结成了爱的情感关系，因而在对他们注入更多的情感，对他们的努力和贡献的价值做出高于实际的评价，并对应评价给予其价值需求满足，相对于其他被管理者，即使其评价都是公平的，也变成了一种歧视。因为被管理者相互之间的攀比会使仅仅得到公正的心理评价的被管理者感到公平的丧失，进而导致大多数被管理者的不满。而不满又难免提升其交易标准的期望，使之背离自身所能提的供交易物价值，从而使心理评价从有重合到仅仅有交，再从有交到仅仅有触的联系，再从有触变成无交，直至由管理交易关系的紧张到管理交易关系的中断。

由上述分析可得到管理交易的公平限制定律：在管理交易的过程中，越是保证对所有被管理者一视同仁，在任何层面上的相互攀比也不失公平，就越能保证管理交易的稳定和长久。

七、公平限制要求达成的关键点

在管理实施过程中，公平是被管理者都关注的要求。但其达成并不容易。一个根本原因是公平与否的判断是由被管理者的心理体验评价，心理体验属于纯主观的感受，所以如果没有客观的依据，对于同一事件，就可能得出完全不同的判断。正是因为如此，公平限制要求达成的关键就只能是建立统一的管理交易规则体系。

所谓统一的管理交易规则体系也就是对于管理实施的行为活动的内容、方式、方法等都在管理者与被管理者双方达成共识的基础上，确定明确而严格的规则标准，并且规则标准的内容要涵盖管理交易全过程的所有行为活动。其目标是保证在管理实施过程中，相对管理者只有指定的活动，没有自选的活动，这也就是通过建立健全完整的管理规则体系来实现管理，消除管理实施的随意性，为被管理者对于管理实施的心理体验评价提供一个完整的依据。

统一的管理交易规则的建立，也就直接是通过规范化管理的实施达成目的。所谓规范化管理，就是通过一套公开透明、上下认同、系统完整、行之有效的游戏规则实现的，目标严格指管理目标的管理。其内涵强调的是通过游戏规则实施管理，避免管理实施的主观随意性。是游戏规则就不能仅仅是管理者强加给被管理者的单向约束，而只能在双方达成共识的基础上，内容完整，能保证达成管理目标的共同约定，因而也是双方必须共同遵循的规则。既对被管理者具有约束力，也对管理者具有约束力，管理者的管理活动内容只能在管理交易规则限定的范围之内。

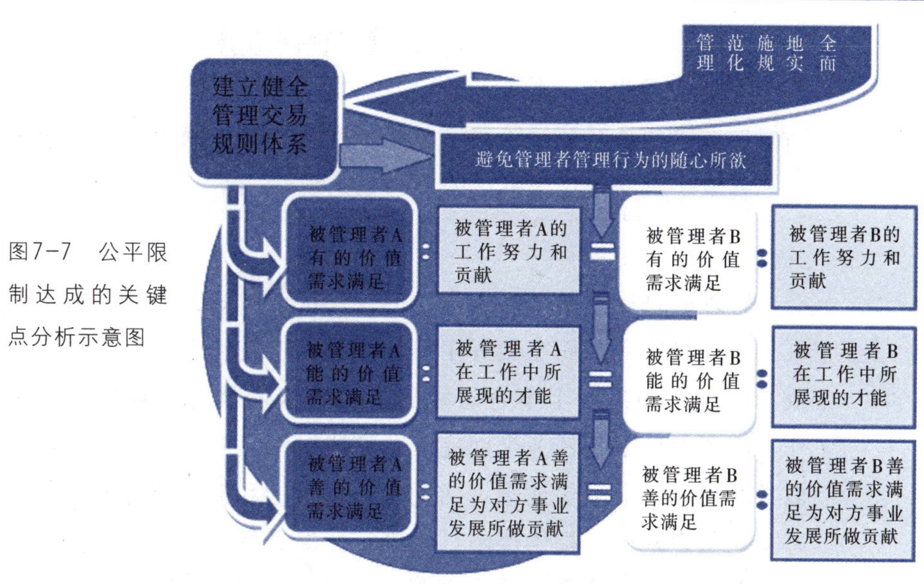

图7-7 公平限制达成的关键点分析示意图

有了规范化管理基础上的管理交易规则体系，只要有必要，达成任何两个被管理者之间有的价值需求满足量与其工作努力和贡献之比的相等，能的价值需求满足量与其在工作中所展现的才能之比的相等，善的价值需求满足量与善的价值需求满足为管理者事业发展所做贡献之比的相等，就不再有困难。在统一的游戏规则体系内活动，公平也就体现在游戏规则之中了。而游戏规则又不允许管理者单向地把约束强加给被管理者，而是双方共同参与制定的，达成共识的，并且是约束双方的，游戏规则本身的公平性就由此得到了保障。

在此要特别明确的是，管理交易规则体系绝对不等于管理制度体系。管理制度体系无论怎么完善健全，也仅仅是管理者强加给被管理者的单向约束，管理者拥有任意修改调整的权力。管理交易规则体系就是管理交易合同，必须在双方平等的基础上协商议定，不能由一方强加给另一方。合同没有合同双方的认同是无效的，就不能对合同执行而不利的一方施加约束。管理交易规则体系就是管理这一特殊交易活动的合同，只不过不是两两签订的，而是组织整体在达成共识的基础上形成的。在此强调的是管理活动的双方都是主体性存在，谁也不能随意地把自己的意志强加给对方。

八、管理交易的利益共享定律

管理活动双方只有把活动的超额获利拿出来与对方分享，才能保证对方不发生心理失衡，否则他会认为这超额获利中他的一份贡献被埋没了。所以，在管理关系延续阶段，越是把管理实施所获得的超额获利与对方分享，就越是有助于管理关系的巩固和延续。

管理的目标就是做好工作，但仅仅保证做好工作还不够。做工作的是人，不是机器，因而在做好工作的同时，达成管理交易关系的和谐也必须成为管理实施的一个不容忽视的内容。这也就是说管理通过他人做好工作，除了保证工作任务全面完成、完成时间及时有效率、工作耗费节省有效益之外，还必须保证管理活动双方关系的和谐，能为通过他人长久地做好工作奠定基础，提供保障。否则，如果做好了工作，却激化了管理交易关系双方之间的矛盾，往往可能比没有做好工作还令人失望，这其中所包含的危机可能远比没有做好工作还要大。隋炀帝集中全国之力，完成了中国历史上少有的大业，贯穿钱塘江、长江、淮河、黄河、海河的大运河的修建仅仅是其中的一个业绩。开疆拓土畅通丝绸之路，兴办学校，访求遗散的图书并加以保护，三征高丽并最后取胜等等都是旷世伟业。但伟业成了江山却丢了。这就是管理的实施必须面对的深层问题。所以，稳定管理与被管理的关系，等价、公平就仅仅是最基本的要求。管理者只有把管理目的达成所实现的超额获利拿出一定份额与被管理者分享，让被管理者对应为管理目的的达成超越劳动合同的权利定义获得价值需求满足，保证双方的利得享有不发生严重失衡，才能保证已结成的管理交易关系的和谐，进而使管理交易关系稳定持久。

管理者与被管理者的交易联系越稳定持久就越是对双方有利。一是因为管理交易不是现场买卖，而是延时完成的交易，交易双方往往因为其延时性而带有被对方欺骗的风险。相对于被管理者，他把自己的努力和贡献贷给管理者，是把管理者的交易标的先行交付，先支付给了管理者，管理者不按承诺交付被管理者的交易标的，他就要蒙受损失。相对于管理者，要通过被管理者做好工作，就必须把做好工作的机会给予被管理者，提供对应的人、财、物授权支持。如果被管理者不能按承诺把所指派的工作做好，管理者就要蒙受因机会与人不当而造成的事业发展损失，同时还有授权提供的人、财、物等资源被管理者私自滥用的损失风险。二是交易标的在事先和现场检验上的困难，使双方交易更是加大了风险。所以只有双方的已有交易的效果检验才能降低这种交易的风险。三是每一次交易完成都是一次交易效果的检验，交易重复次数越多，就是交易效果检验的次数越多，就越是对对方的交易物有更全面准确的评价，进而能减少这一交易的风险。因此交易双方都会从这种交易的延续和重复中获得交易风险降低的收益。四是相对于管理交易关系中的管理者一方，其标的就是对方延续的工作努力，这在时间上就决定了交易关系越稳定持久越好，因为很多工作的做好所需时间甚至不是用月来计算，而是用年，甚至用代来计算的。没有管理交易关系稳定持久，做好这类工作就会成倍地增加投入，工作转换一次，即使能顺利地连接起来，这连接也是需要时间成本和资源占用浪费的。

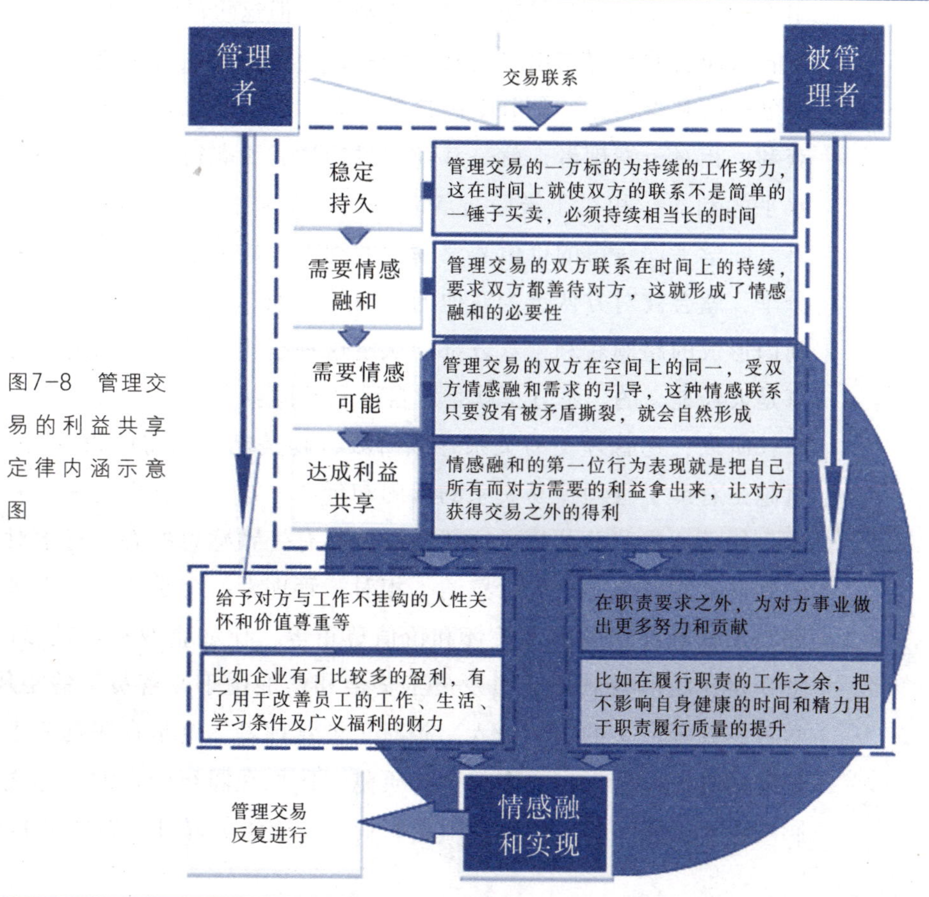

图7-8 管理交易的利益共享定律内涵示意图

而要保证管理交易关系稳定持久，仅仅有标的真实、交易等价、交易公平还不够，通过利益共享，结成和维护爱的情感关系就成了最佳选择。

一是稳定持久的相互联系决定了必须在活动双方之间达成情感融合。人本来就是情感动物，不是爱就是恨，日久生情，这情无论是爱还是恨，日久之后必然相伴而生。管理交易的双方联系在时间上的延续，也要求双方都善待对方，这就形成了情感融合的必要性。

二是管理交易双方之间的情感融合不仅仅需要，而且可能。管理交易的双方在空间上的同一性，工作、学习乃至生活都处于相互影响和关注中，必然要受对方情感融合需求的引导。卧榻之侧，不能容人酣睡，更是难以容他人捉刀横眉冷对。所以，这种情感联系只要没有被公开的矛盾撕裂，就会自然形成。

三是情感融合没有利益共享为基础，情感也是无法建立起来的。爱和恨两种对立的情感，之所以会形成，都与利益关系密切相关。没有无缘无故的爱，也没有无缘无故的恨，爱恨都源于利益。

而达成情感融合的最好行为表现就是把自己所有而对方需要的利益拿出来分享，让对方获得交易之外的利得。但这里的利益共享并不是要把双方各自原有的利得拿出来与对方分享，而是分享在管理交易关系存续阶段所创造的利得，尤其是分享由这种关系的存续带来的超额获利。所谓超额获利，相对于管理者，就是其管理目标达成所获得的超过同行、同地平均水平的利益。相对于被管理者就是管理交易关系的存续所获得的超过同事、同学平均获得的价值需求满足的利得。这种超额获利，如果不与对方分享，就会被对方认定为对他的利益的侵蚀。只要是管理交易关系存续时间内形成的超额获利，双方都会认定这种超额获利有自己的一份贡献，分享是天经地义的，不分享就是对自己利益的剥夺。

所以，在管理交易关系存续阶段，越是把所获得的得利与对方分享，就越是有助于管理交易关系的巩固和延续。这就是管理交易的利益共享定律。如何达成利益共享？这就是双方都有一颗感恩的心，对于对方所带来的利益，发自内心地表示感谢。相对于管理者，就是给予对方更多的奖励和与工作不挂钩的人性关怀和价值尊重等，比如企业有了较多的盈利后，把一定比例的盈利用于增发员工奖金和增加用于改善员工的工作、生活、学习条件等广义的福利投入。相对于被管理者，就是在职责要求之外，为管理的事业发展做出更多努力和贡献，比如在履行职责的工作之余，把不影响自身健康的时间和精力用于职责履行质量的提升，做更多的贡献。

九、利益共享有效实施的关键点

利益共享定律似乎与人性本质公理相矛盾。人性本质公理中的第三个定律——唯我利己的自我肯定定律强调，任何一个人的行为目的都是寻求自我肯定，超越于自我肯定的利人行为是不存在的。而利益共享却直接是利人。二者不可能都对，总有一非。其实不然，唯我利己的自我肯定定律还强调：利人只不过是他为达成自我肯定目的的同时而产生的一种客观效果，或者直接是圣人的“后其身而身先，外其身而身存”的策略，是以无私而成其私。这就已经提供了矛盾问题的解。《易传》益卦《彖》曰：“‘益’，损上益下，民说无疆。自上下下，其道大光。‘利有攸往’，中正有庆。‘利涉大川’，木道乃行。”之所以益，是因为损上利下，民众百姓从中得利后，欢欣鼓舞，就同心同德，没有什么艰难险阻不可战胜了。利益共享的结果是以无私而成其私，这才是最高明的私，也是最大的私。在当代社会，管理实施活动最密集的机构是企业。但企业家不等于商人，仅仅只有那些长于算计，甚至不惜坑蒙拐骗的企业老板才与商人相等。而把企业做成事业的老板才是企业家。尽管熊彼特认定创新才是企业家的本身特征，但仅仅有创新仍难成为企业家，因为还有一个聚人的问题要解决。

要聚人，达成管理交易关系的稳定持久就是其途径。这也就要求企业家具有利益共享的胸怀。只有当他具有利益共享的胸怀，其所属的各级主管才会有利益共享的胸怀。尽管利益共享不是对管理者单向的要求，但必须由管理者首先迈出第一步。所以，管理者拒绝锱铢必较，行事大方，被管理者才会拒绝锱铢必较，行事大方。

但是，利益共享是有度的，这度就是利益共享的只能是其超额获利，不能把其基本利益拿出来与对方分享，而且即使是慈善性质的利益共享也必须量力而行。相对于管理者，不能因为共享利益而影响自我发展的基础。相对于被管理者，不能因为共享利益而损害身体健康。慈善性质的利益共享必须急人所急，相对于管理者，不能无限制地把其必须有的基本利益贡献出来为对方提供价值需求满足，而只能提供对方所急需和必需的，即救急不救穷。相对于被管理者，也不是学雷锋，不能没有回报地为对方的事业的发展做贡献，而仅仅在对方急需解决的困难上给予帮助，针对管理者所必须应对的紧急工作，放弃闲暇休息作特别努力。另外利益共享必须是成人之美。相对于管理者，不能全面为对方的价值需求满足提供保障，而是成就对方私利之外的善举。相对于被管理者，只能帮助成就其与社会进步和安全的事业，不做讨好巴结以为对方的一己之私的实现服务，包括不具备推动社会进步和安全作用而仅仅以赚钱为目的的业务。另外利益共享必须真挚诚恳。相对于管理者和被管理者都是一样，尽管利益共享的实施是具有功利性的行为，是行公而济私，但在实施时必须忘记所想达成的功利目的，避免把对方可能有的回报计入对于对方的行为预期之中，变成延时兑现的交易，以至于对方延时也不兑现而心起怨恨。

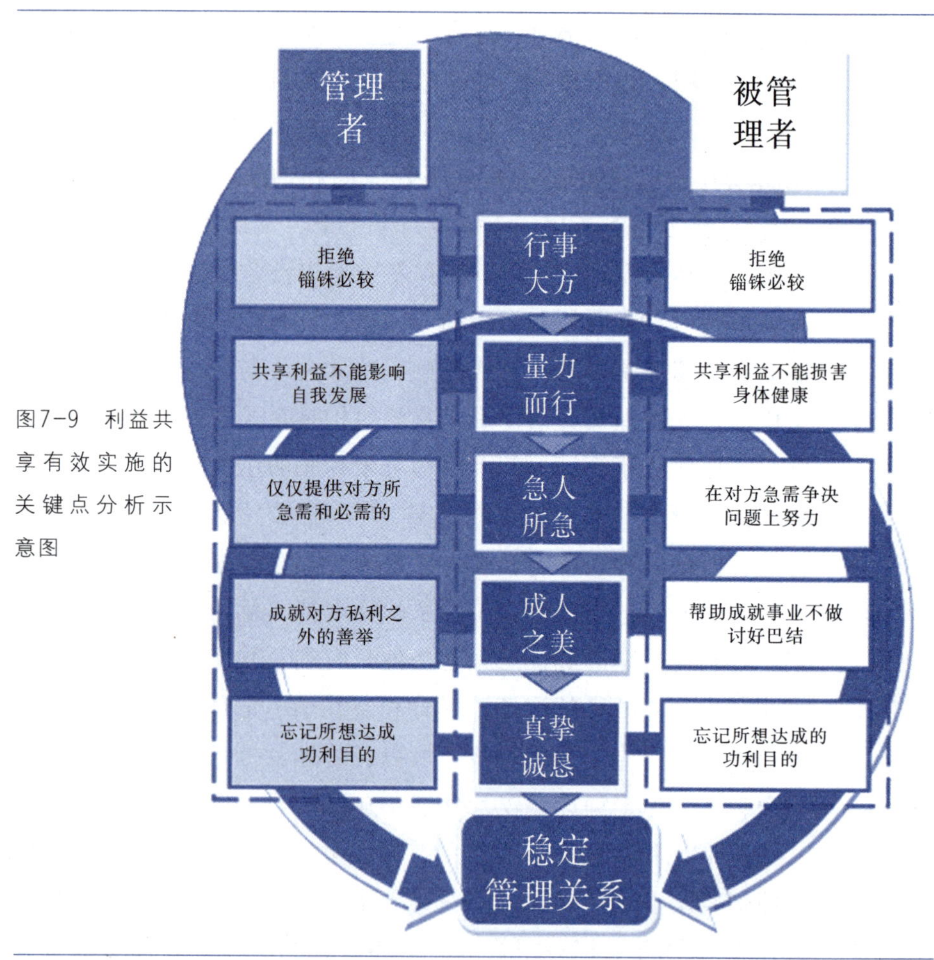

图7-9 利益共享有效实施的关键点分析示意图

十、管理交易的损失分担定律

只有双方都从对方的角度思考问题，为对方着想，当对方发生意外损失时力所能及地为对方分担损失，才能达成双方之间在情感上的融合。所以，在管理关系延续阶段，越是力所能及地为对方分担损失，就越是会深化相互之间的情感关系，进而就越是有助于管理交易关系的巩固和延续。

情感融合的基础是相互之间的恻隐之心。孟子把恻隐之心直接定义为人的基本特性，“恻隐之心，人皆有之”。人作为有意识的社会性动物，对于他人的不幸，不可能视而不见，听而不闻。甚至对于非直接感知的他人的不幸，也会动恻隐之心而酸楚。而且它还是爱的情感的最原始表现，孟子说，“恻隐之心，仁之端也”（《孟子·公孙丑上》），就是说在恻隐之心中包含有最基本的爱的种子。所谓损失分担，也就是对于对方的不幸寄予同情，力所能及地为对方分担部分损失，减缓对方的不幸，激发对方重振精神战胜不幸的信心和决心。

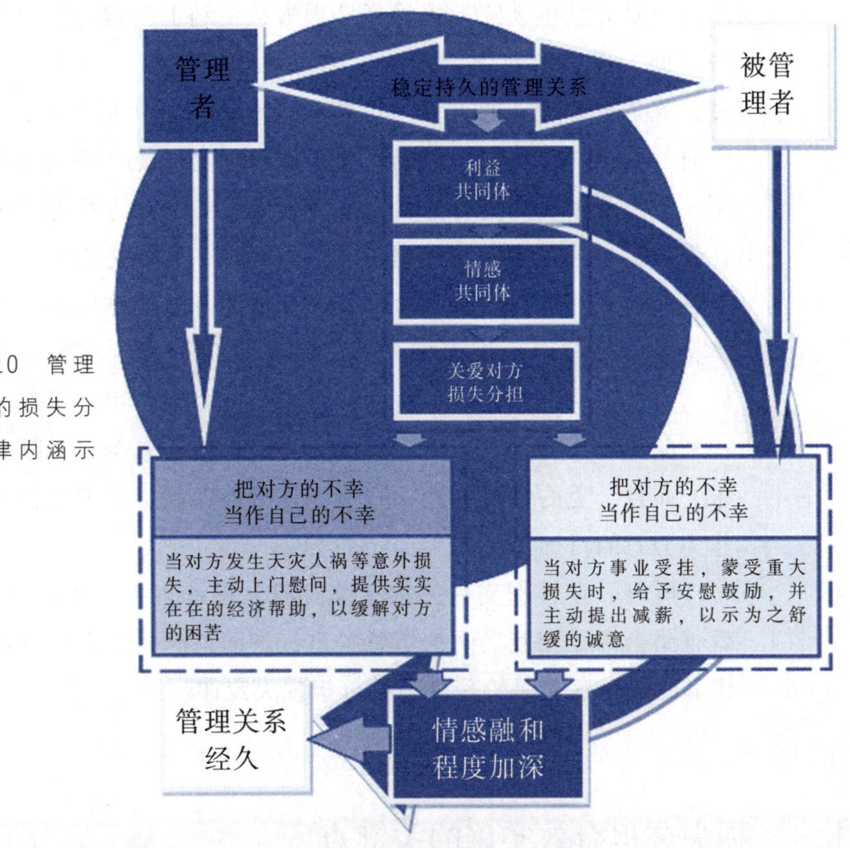

图7-10 管理交易的损失分担定律内涵示意图

管理者与被管理者之间结成相对稳定持久的关系之后，会自然而然地因为交往的频度加大而形成情感联系。因而这往往可能使双方成为最先发现和体察到对方的不幸的人，这也就使之最先向对方表达其恻隐之心成为可能。最先表达其恻隐之心的也就会被认定对自己最有爱的情感的人。所以，损失分担也就成了实现情感融合的基础。而且，也只有双方都从对方的角度思考问题，为对方着想，当对方发生意外损失，遭受不幸时，力所能及地为对方分担损失，才能达成双方之间关系在情感上的融合。最先发现其不幸的人却视而不见，听而不闻，就是没有恻隐之心，就是没有爱的情感，这往往难免遭到对方的抱怨和疏远。

在管理交易关系中，因为联系稳定持久，所以彼此之间总会存在有一损俱损，一荣俱荣的关联关系，所以也就事实上结成了利益共同体。因为利益的关系，对于对方更多关注，也就可能是最先发现对方的不幸，并动恻隐之心而给予救助的人，也就是情感共同体。结成情感共同体之后，相互之间就会自然而然地关爱对方，为对方分担损失。

就其实施而言，相对于管理者，就是把被管理者的不幸当作自己的不幸，当对方发生天灾人祸等意外损失，主动上门慰问，提供实实在在的经济帮助，以缓解对方的困苦，以重振其战胜困难的信心。相对于被管理者，就是把管理者的不幸当作自己的不幸，当对方事业受挫，蒙受重大损失时，给予心理安慰和鼓励，并根据自己之所能，主动提出减薪和无薪加班，努力帮助对方进行补救，减少损失。如果双方都把这种努力当作自己在管理交易关系中应该承担的义务，那么，恻隐之心的仁之端的情感，就会逐渐积累而加深情感融合的程度，使相互之间结成越来越深厚、越来越紧密的情感联系，进而把管理交易关系升华为不再严分彼此的情感共同体。结成了情感共同体，情感的意志指向黏附作用，不仅会弱化相互之间在利益上的斤斤计较，而以能为对方的价值需求满足贡献自己的力量为快乐。而且，爱的情感会让人直接不作另外选择，而把这种关系的稳定持久作为努力的目标本身。

所以，在管理交易关系存续阶段，越是力所能及地为对方分担损失，就越是会深化相互之间的情感关系，进而就越是有助于管理交易关系的巩固和延续。这就是管理交易的分担损失定律。

十一、损失分担有效实施的关键点

要让损失分担的实施能真正起到深化情感关系以稳定延续管理交易关系的作用，最关键的是损失分担体现真情实意，在这种损失分担中寄予了真诚的爱的情感。它与弥补损失的多少没有直接关系，而在于有情真不虚的爱。没有真情的寄予，仅仅有一定损失的弥补帮助，其在管理交易关系的巩固稳定上的作用就大大地打折扣了，甚至完全丧失。在现实中往往帮了人而不被人感激，其原因就在于此。

在为对方作损失分担的努力中，关键是是否体现了真情。有无真情至少会从以下四个方面体现出来：

(1) 在内心是否是不求回报。求回报的损失分担仍然是交易，不过是延时兑现的交易。不求回报则是为舒缓对方的不幸奉献自己的力量。所以，相对于管理者强调不以对方的日后报答为目的，即使对方此后的工作态度并没有因此而变得积极，也不会生出嗔怪愤怒的情绪。相对于被管理者强调不以对方的日后报答为目的，则是对方此后并没有对自己特别关照和袒护，也不会生出嗔怪愤怒的情绪。

(2) 关注对方不幸的发展。如果把损失分担当作履行义务，认为表达损失分担的意愿也就行了，不再过问对方的不幸情况，就仍然只是义务的履行，而不是真情的表达。所以，相对于管理者强调要不断跟踪造成被管理者损失的事件发展情况，让对方感到有一个心理依靠。相对于被管理者强调要不断询问造成管理者陷困事件的近况及缓解的程度，让对方感到内心强大。

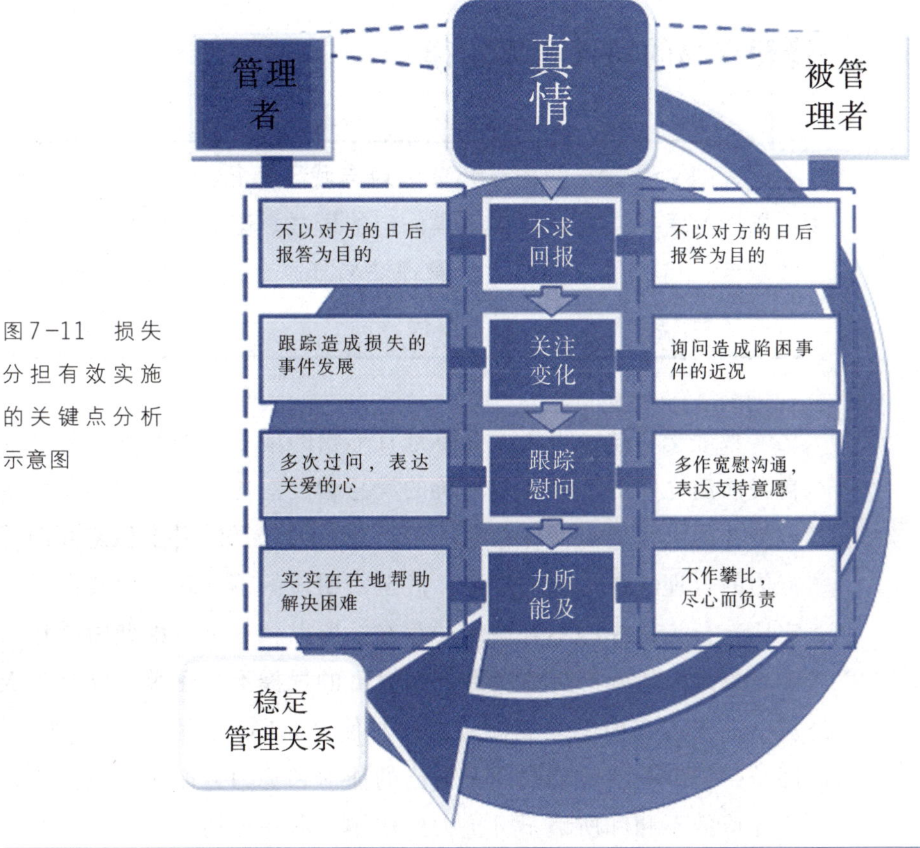

图7-11 损失分担有效实施的关键点分析示意图

(3) 对于对方的悲伤缓解情况不断跟踪慰问。不幸的悲伤心理缓解是有一个过程的，只有左右人的不断关怀表达，才能用时间冲淡。所以，相对于管理者强调的是要对被管理者的不幸事件多次过问，表达关爱之情，以使对方不幸的悲伤心理逐渐抹平。相对于被管理者强调要多作宽慰问候，对对方表达支持的意愿，让对方振作雄心。

(4) 对于对方提供力所能及的支持。情不是虚的，必须有实做支撑，这实就是在对方急需帮助支持之时，及时伸出援助之手，帮对方缓解和摆脱困境。所以，相对于管理者强调的是对管理者的不幸提供实实在在的帮助，主要是能解决困难的资源支持，不能仅仅说好听的话。相对于被管理者强调不要与他人进行攀比，以尽心而负责地帮助对方走出事业发展的危机。

如果其损失分担的努力不是从以上四个方面表现的，即使在为对方的损失分担上作了努力，也不会被对方感激而深化相互之间的情感。尽管损失分担不能有功利心，但它是具有功利作用的，在此就是稳定和维护管理交易关系的存在，使之经久而保证双方的利益最大化。

十二、管理交易的惯性积累定律

人的文过饰非的弱点，总是对自我已有行为选择作过度肯定，因而，直接导致管理交易的惯性积累作用的形成。因此，管理交易达成的积累次数越多、持续的时间越久，管理交易就越会成为双方的一种习惯性行为，管理交易关系也就越稳定、越持久。

管理交易盈亏得失，并不是有形物的增减，而是双方相互之间，以及自我前后之间的心理体验评价的满意程度对比。而心理体验评价又因为文过饰非的人性弱点而存在有一种自我行为选择的过度肯定倾向，即对已有行为的合理性作过分的肯定，甚至对明显的不合理也要自我进行辩解，否定原有行为选择的不合理性的存在。所以，一个人即使蒙受重大挫折，他也仅仅认为是外部环境所致，与自己的选择不当无关，完全是人算不如天算，上天没有恻隐之心而故意作对使之陷困。这就是心理学上的归因论，即总是把事业的成功归因于自己的能力和努力，而把事业的受挫归因于外部环境的不利和所谓不可抗力的作用。即在任何情况下都不愿意接受自己的行为选择有错的事实，而是强调客观条件的变化超越了其预期。人性文

过饰非弱点是直接导致管理交易的惯性积累作用的根本原因。当其行为选择延续一定时间之后，原有的行为选择也就成了他的既有行为，只要没有明显与其行为选择预期相冲突的行为后果发生，或者与其行为选择预期相冲突的行为后果并不太严重，是在其可忍受的范围之内，他也就不会反思否定原有行为选择，而是对其选择的合理性进行过度辩护，从而使其行为选择保持相对的稳定。这也就管理交易惯性形成的机理。

所谓管理交易的惯性，也就是管理交易关系一经确立起来并延续了一段时间之后，就会形成一种近似于物体的运动惯性一样，会在驱动力终止作用后仍然保持原有方向的运动，并且运动阻力越小，其运动延续的时间越长，即惯性越大。管理交易关系的维系完全与之相同，管理交易关系一经确立起来并延续一段时间之后，就会形成这种惯性而将管理交易延续下去。只要在管理交易过程中标的真实、交易等价、交易公平，其交易关系就会自动延续。只有当相互关系发生了意想不到的摩擦和对立后，才会中止。而且交易关系存续的时间越长，其双方终止管理交易关系的可能性就越小，管理交易关系就越会受到积累惯性的作用而趋于稳定，越会延续下去。反之相反。

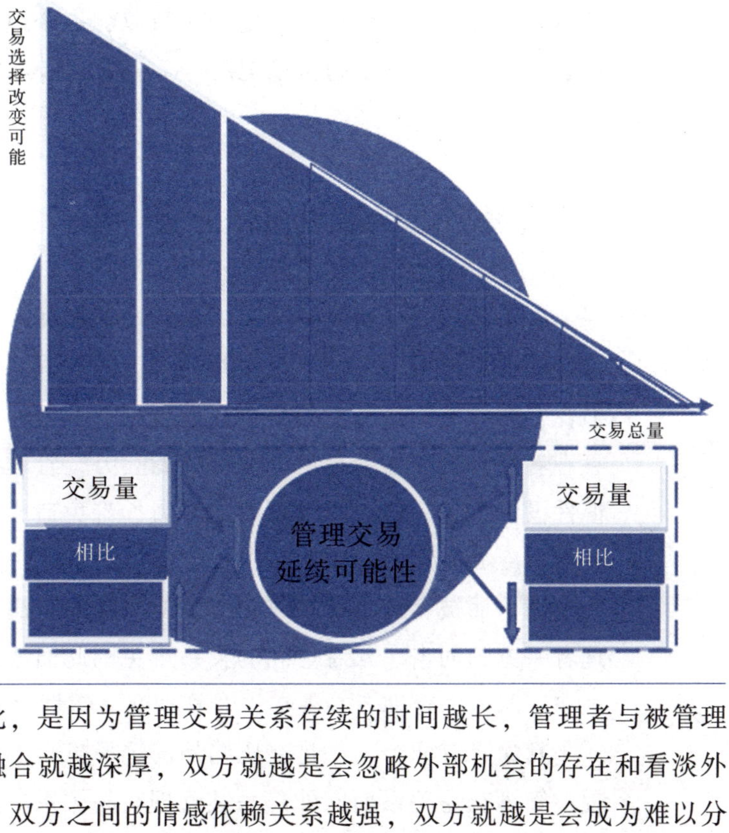

图7-12 管理交易的惯性积累定律内涵示意图

之所以如此，是因为管理交易关系存续的时间越长，管理者与被管理者之间的情感融合就越深厚，双方就越是会忽略外部机会的存在和看淡外部机会的价值。双方之间的情感依赖关系越强，双方就越是会成为难以分割的利益共同体和情感共同体。管理交易关系作为一种稳定的人际联系，总会随着时间的延续在利益关系上相互渗透，使彼此之间形成多种多样的利益依存关系，即你的利益中包含有我的利益，我的利益中包含有你的利益。进而由相互依存的利益关系而加深彼此的情感联系，使之相互之间在情感上对对方形成依赖。情感依赖又反过来维系和深化相互之间的利益联系。

管理交易关系延续的可能性，是管理交易总量与外部机会之比的函数。所谓外部机会，就是中止现有管理交易关系而另外寻求缔结管理交易关系可获得价值需求满足的机会。所以，当管理交易总量不变，外部机会上升时，管理交易关系延续的可能性会下降。当管理交易总量不高，外部机会不变时，管理交易关系是否延续不确定。当管理交易总量不变，外部机会下降时，管理交易关系延续的可能性上升。当管理交易总量较高，外部机会不变时，管理交易关系延续的可能性也会较大。

如果把雇佣、聘用、任用的协议的签订作一次管理交易的结成，把把雇佣、聘用、任用的协议执行的时间长短作为管理交易延续时间的长短，那么，管理交易达成的积累次数越多、延续的时间越久，管理交易的延续就越会成为双方的一种习惯性选择，管理交易关系也就越稳定、越持久。这就是管理交易的惯性积累定律。所以，一个组织存续的时间越长，老成员越多，组织就越是趋于稳定。

十三、管理交易惯性积累的途径方式

由于管理交易惯性对于双方的利益保护和最大化的支持作用，使提升管理交易惯性成了管理交易关系的双方的共同意愿。但如何提升管理交易惯性，其有效的努力主要集中在管理者一方，而不在被管理者一方。因为管理者是管理交易关系中拥有优势的一方，管理者一方对于提升管理交易惯性没有兴趣，只有被管理者的努力，难免造成被管理者的热脸贴上管理者的“冷屁股”的局面，这不免造成被管理者一方对于管理者一方的抱怨和不满，而被管理者的一方把自己的抱怨和不满发泄出来时，又会遭到管理者一方的回击。二者之间的关系难免因此而恶化，使管理交易关系意外中止。所以，管理者必须在提升管理交易惯性上有所表现。

其途径有两个：一是在压缩外部选择机会上努力，减少被管理者中止现在管理交易关系而向外部另结管理交易关系的选择机会，以增加管理交易积累量。二是在扩大内部选择机会上努力，让被管理者形成在内部寻求并实现发展，提升价值需求满足的预期，使之增加进行另结管理交易关系的机会成本，以相对降低外部选择可能，增加管理交易积累量。但这二者绝对不是对老员工施加人身约束，剥夺向外寻求发展机会的自由，而是减少其向外寻求发展机会的意愿。老子所说的“善建者不拔，善抱着不脱”(《道德经》第五十四章)，善建者不拔不是说所建不可拔，而是没有人想拔，因为没有拔的意义；善抱者不脱，不是说被抱得不可脱，而是没有人想脱，因为被抱就是他的意愿。

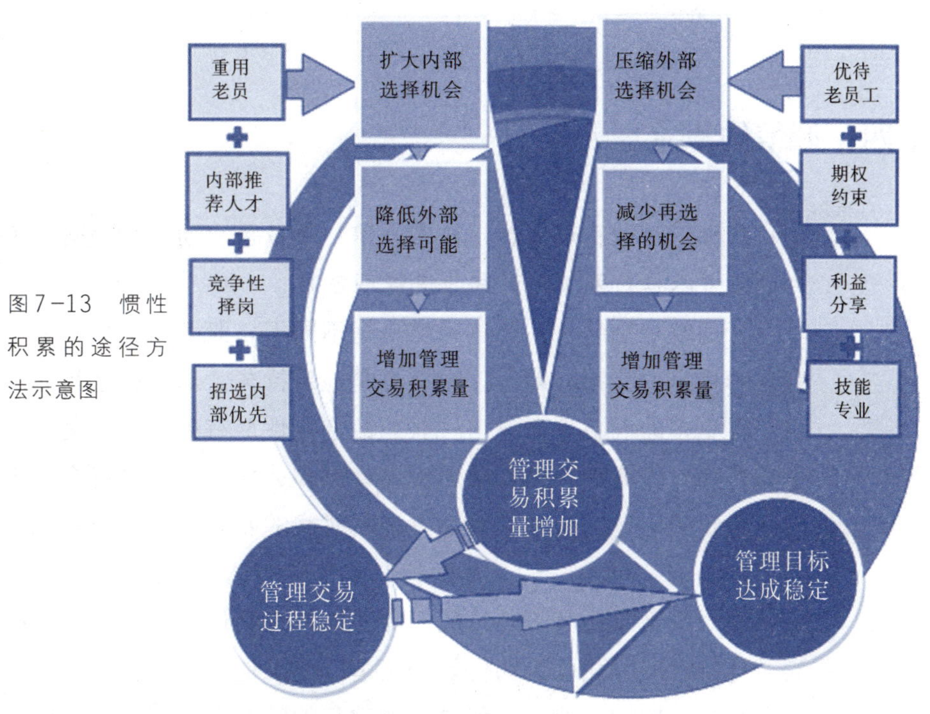

图7-13 惯性积累的途径方法示意图

其具体措施有八个：(1)重用老员工，即在同等条件下，优先把事业舞台留给老员工，让原有的管理交易关系得到巩固。(2)内部推荐人才，即除非在内部没有勉强胜任的人存在的情况下才从外部空降进来，否则让空降人才挤占了老员工的发展机会，就难免让人看重外部发展机会。(3)竞争性择岗，即让老员工根据自己的兴趣爱好和能力素质发展变化的实际自我举荐，并通过竞岗的形式达成自己的事业舞台的拓展，以此弥补由管理者发现推荐人才的局限性。(4)招选内部优先，即在老员工与新员工同台竞岗的情况下，优先任用老员工，在体现对于老员工的情感关怀的同时，又不耽误事业的发展。(5)优待老员工，即给予老员工以充分多的人性关怀，使之感到温暖，不愿外寻发展机会。(6)期权约束，即通过事业发展的未来利益约束其选择，以增加向外寻求发展的机会成本。(7) 利益分享，即让老员工除了获得与其工作努力和贡献对等的价值需求满足之外，还通过建立事业发展利益共享机制，让老员工有机会获得已兑现交易的努力和贡献的利益回报，与之确立利益共享、荣辱与共的超越交易关系的伙伴关系。(8) 技能专业化，即通过提升老员工的技能水平，使之在专业化的发展上达成自己的能和善的价值需求满足的同时，又因为外部配合的限制而减少向外寻求发展的机会。

在维护管理交易惯性的两个努力上，越是把工作做细，做扎实，就越是有助于管理交易惯性的增加，越是有助于管理交易过程的稳定。

十四、诚信约束定理

管理者对被管理者越是诚实守信，就越是有助于管理交易关系的稳定和延续，越是有助于提升和改进管理效果。

管理就是交易，并且这种交易远不同于一般商品交易，交易主体之间存在着稳定的联系，并且这种联系越稳定持久，双方就越是能从这种联系中获得更多的利益。而对这一联系的稳定性最有损害的，莫过于不诚信的欺骗行为。任何形式的欺骗无论设计得多么精巧，也最终会被识破，只是时间长短的问题。管理交易是一种长时间的联系，不被识破几乎是不可能的。而骗局一旦被识破，被欺骗对象也就会选择从这一联系中挣脱出来，这一联系的延续也就不再可能。除非他没有其他选择而不得不接受这种欺骗及与这种欺骗相联系的侮辱和压迫。如果他接受这种欺骗及与这种欺骗相联系的侮辱和压迫，也就是他对欺骗他的对方存在有人身依附关系，即他没有人身自由，不能自主地选择自己的组织归属行为，或者存在有重大的利益依存关系，即他预期在此获得的价值需求满足在种类和数量上都是其他地方所不能提供的。如果是这样，对方对他的欺骗也就是多余的，因为他受依附或依存关系限制，无法摆脱与对方的联系。所以，对方也就没有必要担不诚信的骂名而挖空心思地设计骗局。之所以会设计骗局，是因为对对方存在一定依赖而又无法稳定其联系时才不得不出的一种下策。欺骗本身是以管理者对被管理者的主体地位的认知为前提的，是他预料到被管理者不会遵循他的指令行事，才用不实的花言巧语欺骗他。所以，要稳定延续管理交易关系，并通过这一关系的稳定延续而实现双方的最大利益，就必须诚实守信，尤其是管理者必须诚实守信。

一是管理者在这一关系中处于主导地位，管理交易关系能否缔结、维护和延续，首先取决于管理者的意愿。在管理交易关系中，尽管双方同时都是供方，也同时都是购方，但管理者掌控的他人价值需求满足机会和条件，却是如同货币一样，具有一般价值物的特性，是所有人都会寻求的等价物，少有例外。而被管理者的交易物——行为努力却更多的具有特殊价值物的特性。知识结构、专业技能、时段空间都是具体的，不能通用，就像衣服如果不能转卖，只有遮体保暖的功用，面包如果不能转卖，就只有充饥的功用一样。如果管理者不认为与特定被管理者缔结、维护和延续管理交易关系有意义，他就绝不会作如此的努力。因此单有被管理者的努力是毫无意义的。

二是被管理者在这一交易过程所承担的风险要大于管理者，欺骗就是自寻损失。管理交易的交易物易手是被管理者将其行为努力先交付与管理者支配，由管理者验货——确认达成做好工作的管理目的之后再支付等价物，管理者在此有机会验货和拒收。尽管被管理者一进入交易就占用了构成管理者事业发展一定部分的机会和资源，管理交易失败也会给管理者造成巨大损失，但一般情况下，被管理者不会有给对方制造损失的主观故意动机。所以，交易风险就其绝对值而言管理者要大得多，但就相对值而言，被管理者却大得多。被管理者损失的尽管只是其精力和时间，但这却是他的全部。所以诚信约束定理可表述为：管理者对被管理者越是诚实守信，就越是有助于管理交易关系的稳定和延续，越是有助于提升和改进管理效果。根据管理交易公理，管理不是通过指令支配下属，而是在平等互利基础上，用被管理者所寻求的价值需求满足或条件换取他们为做好工作而努力的交易。而要保证管理目的的达成，稳定延续管理交易关系，标的真实、交易公平、交易等价、利益共享、损失分摊、惯性积累六个限制是不可超越的约束。在保障管理目的的达成的六个限制中，标的真实、交易公平、交易等价三个管理交易关系的保健限制，也直接是诚实守信的最基本要求，而且就管理交易关系的三个保健限制分析也可发现，管理者不诚实守信的机会和可能也远比被管理者多。利益共享、损失分摊两个管理交易关系的激励限制也直接是诚实守信的体现。诚实守信，结成了情感联系，利益共享、损失分摊也就是自然而然的行为选择。惯性积累更直接是诚实守信的结果，并又倒过来强化诚实守信的行为选择。

这一定理包括三个要点：

(1) 在管理者与被管理者的交易中，任何形式的欺骗都会中断这种交易关系。管理者与被管理者之间交易的特殊性决定了彼此之间只能诚实守信，而不能阴谋欺骗。根据管理交易的标的真实定律的分析，在管理交易中，双方所持交易物必须货真价实，否则，不仅会恶化双方的关系，甚至还会导致对抗，使管理交易关系演化为敌对关系。所以，管理交易物的质量、数量，越是方便于事先和即时检验，管理交易过程中的摩擦就越少，就越有助于稳定延续管理交易关系。交易标的不真实就是欺骗，而不便于事先和即时检验，也就使欺骗成为可能。根据管理交易的交易等价定律，在管理交易过程中，越是向对方释放善意，着力让对方形成爱的情感，就越是能在这种交易中得到优惠。没有阴谋欺骗的诚实守信行为，也就是向对方释放善意。根据管理交易的公平限制定律分析，相对于特别优惠的管理交易，正常的管理交易就是苛刻，就会让对方认定为歧视。而任何形式的歧视都难免造成对方的不满，甚至是仇恨。所以，在管理交易的过程中，越是保证对所有被管理者一视同仁，在任何层面上的相互攀比也不失却公平，就越能保证管理交易的稳定和长久。而阴谋欺骗本身就是对欺骗对象的歧视，而且不仅仅是歧视，还包含有对对方人格的贬低和侮辱。欺骗是以看低对方的智商为前提的。任何一种欺骗如果不假定对方智商有限不会识破欺骗，欺骗行为也就是自行寻辱。所以，在管理者与被管理者的交易中，任何形式的欺骗都可能导致这种交易关系的中断。

(2) 管理者越是诚实守信，就越是有助于这一关系的稳定和延续。管理者诚实守信，也就包含着对被管理者的尊重和信任，所以爱的情感也就包含在其中。爱的情感又是相互的，因而管理交易存续时间越长，也就会积累更多的相互之间的爱的情感，所以就越是有助于管理交易关系的稳定和延续。而且也只有爱的情感的形成才能稳定延续这种交易关系。根据管理交易的利益共享定律分析，管理活动双方只有把活动的超额获利拿出来与对方分享，才能保证对方不发生心理失衡，否则他会认为这超额获利中他的一份贡献被埋没了。所以，在管理关系延续阶段，越是把管理实施所获得的超额获利与对方分享，就越是有助于管理关系的巩固和延续。而把活动的超额获利拿出来与对方分享也是诚信的一种体现。承认对方的贡献，不埋没对方的贡献，也保证对方贡献所对应的利益的实现，只有如此才是诚信。所以，管理者越是诚实守信，就越是有助于这一关系的稳定和延续。

(3) 管理者越是诚实守信，就越是有助于管理效果的提升和改进。管理者诚实守信，不仅是保证管理交易的标的真实、交易公平、交易等价三个保健性限制作用的发挥，而且直接是利益共享、损失分摊这两个激励性限制作用的发挥，即积累相互之间的爱的情感。也只有诚实守信才能积累相互之间爱的情感。爱是以理解为前提的，根据情境构筑的注入情感定律分析，被管理者作为主体性存在，其行为选择往往难免被其情感左右，忘记自身的最大、最根本利益而受爱恨情感主导，作不趋利、不避害的行为选择。所以，管理的实施越是尊重、信任、关怀被管理者，向被管理者注入爱的情感，就越是会使之为爱我所爱而努力，就越是能保证管理目的的达成。而诚实守信也就包含有给予被管理者尊重、信任和关怀。阴谋欺骗就是不尊重人、不信任人，更是不关怀人。关怀对方还会让对方蒙受被欺骗的屈辱和损失？所以，管理者越是诚实守信，就越是有助于管理效果的提升和改进。

管理学第八公理

权力积聚公理

一、权力积聚公理的内涵

权力作为让人不得不顺从其意志的力量，其使用既可能消耗权力，也可能积聚权力。如果没有积聚，再大再多的权力也会消耗丧失。所以越是遵循权力运用的认同限制和尊严限制，以及权力积聚的依据依赖和使用依赖四个要求，就越是能保证权力常在和权力积聚。

管理就是交易，但管理者作为交易的一方，能向另一方提供的交易物就是对方价值需求的满足或满足条件，即由一定资源构成的他人有、能、善价值需求满足的机会。但这种机会中包含有管理者所掌控资源的运用，既可以用以构成他人有、能、善价值需求满足的机会，也可能用以剥夺这些人有、能、善价值需求满足的机会。前者是正向提供，后者是负向提供。这就是权力。权力不仅是用以设计构筑管理情境的管理工具，而且它本身就是一个管理情境。顺我者昌，逆我者亡，这就是由权力构筑的情境。但顺我者昌的昌和逆我者亡的亡本身都不是管理目的，权力仅仅是达成管理目的的工具手段。但它作为管理工具或手段，一个显著的特征就是其强制性。尽管任何管理者都无法直接把自己的意志强加于被管理者，被管理者在任何情况下都没有被逼得仅仅剩下一个选项，但被管理者是否接受挥舞权力大棒的管理者的意志要求，就决定于权力大棒与其最看重的价值需求满足机会之间的关系。权力大棒的挥舞直接影响到其最看重的价值需求满足机会的得失，被管理者就只能屈从于权力大棒的淫威，委曲求全。

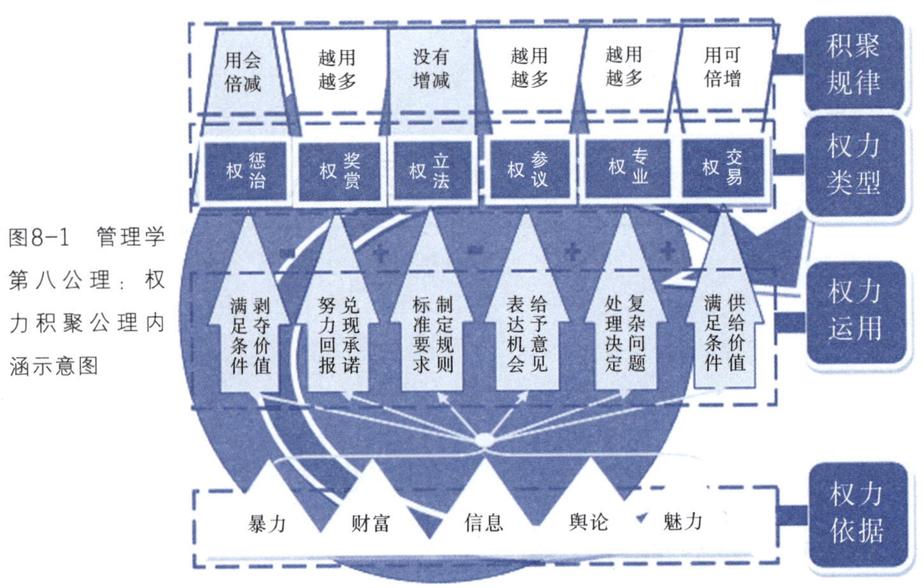

图8-1 管理学第八公理：权力积聚公理内涵示意图

权力作为一种管理工具又是以其权力依据的存在为基础的。权力，就其本质而言，也就是让人不得不顺从其意志的一种力量，顺我者昌，逆我者亡。如果顺我者昌，逆我者也昌，对方就不一定顺了。逆我者亡，顺我者也亡，对方也不一定顺。所谓权力依据，也就是支撑权力存在的力量，其构成内容就是经济资源和社会资源。顺我者昌，则必须有能使之昌的力量，逆我者亡也必须有能使之亡的力量。但这种力量既不是引力，也不是磁力，而是由一定资源支撑的强制作用力。这种作用力的载体就是权力依据，是权力主体之所以拥有权力的依据。没有经济资源和社会资源作为权力依据，也就不存在顺我者昌和逆我者亡的权力。而权力的大小却不完全与所占有的经济资源和社会资源的多少相关，而是与其让人不得不顺从的范围大小正相关，与顺从所付出的代价大小正相关。让人不得不顺从的范围大就是其权力大，反之则是小，让人不得不顺从所付出的代价就是其权力大，反之则是小。这里的顺从范围包括两个方面的内容，一是意志的内容范围，也就是其意志要求的项目多少；二是社会的范围，即让人不得不顺从其意志的人数的多少。让人不得不顺从所付出的代价大，就是其权力大，反之则是小。这里的顺从所付出的代价，也就是顺从权力主体的意志而做出的对自己不利的行为选择导致的价值需求满足减少，包括身体伤害、财产损失和价值观念屈从。这二者的增加都需要权力主体所拥有的权力依据的增加。

但是，权力依据相对于权力主体而言，仅仅依靠资源转移获得往往很难持久，因为作为权力依据的经济资源和社会资源本身不是权力，只有它们被用以让人屈从其意志时，才成为权力。人人都有一双能拿枪和刀的手，但只有当他拿枪或刀杀人时，才是杀人凶手。但没有能拿枪和刀杀人的手，也就不可能成为用枪或刀杀人的凶手。而资源如果不能再生，就总有消耗完的一天。所以，只有自我能不断积累权力依据，才能保证权力的稳固和增长。

权力的依据主要有五个：一是暴力，这就是借助武力威胁对方的身体健康和财物安全的力量。二是财富，这就是其所掌控的社会稀缺的物质资源。三是舆论，这就是代表社会对他人的行为进行品评的力量。四是信息，这就是仅为其所掌握而又关系到社会他人的存在和发展的知识。五是魅力，这就是为一些社会公众所认同的独特个人能力和特征。

权力依据运用以让他人顺从其意志的方式不同，也就形成了不同的权力：如果用以剥夺对方的价值需求满足的条件，这就是惩治权，即不顺从其意志就剥夺其财物和身体健康，乃至生命。如果用以兑现承诺给予对方努力的回报，这就是奖赏权，即顺从了其意志就给予有、能、善价值需求的满足或满足条件。如果用以为对方的行为选择制定规则和标准要求，这就是立法权，即通过对方认同的程序，把自己的意志确立为对方的行为要求。如果用以构成表达其意见的机会，这就是参议权，即对方被给予参与问题讨论的意见表达机会。如果被对方邀请给予其疑难复杂问题的解决处理办法，这就是专业权，即把自己所具有的独特知识信息提供给对方，以为对方避免危机或抓住机会服务。如果把自己所拥有的资源事先贷给对方，以使之对方形成知恩图报的心理约束，这就是恩报权，即无条件地给予对方以一定所需，尤其是急需的价值满足，使之为感恩而贡献他所拥有的资源。

六种权力，尽管都具有让人顺从其意志的作用，但就其对权力依据的消耗情况分析却各不相同。惩治权的运用是以权力依据的消耗为代价的，一旦运用就不再了。这就像为羞辱对方而向对方摔鸡蛋一样，摔烂一个鸡蛋就是损失一个鸡蛋，并且能否让对方最终顺从往往很不确定。奖赏权的运用并不发生资源的消耗，而仅仅是资源存在形式的转换。奖赏是对应于对方的努力和贡献实施的，所以其运用不仅不会消耗资源，而且还可能积累资源。立法权的运用仅仅是依程序把自己的意志加给对方，所以不会发生资源的消耗，相反可获得让对方顺从而获利的资源积累。参议权的运用是在不付出代价的情况下，把自己的意志意见表达出来，所以尽管不一定能积累资源，但一定不会消耗其资源。专业权与参议权一样，其运用都只是一种信息的传递，所以不仅不会发生资源的消耗，而且只要所传递信息真正让对方受益了，就会从对方获得一定利益回报，所以是有助于权力依据的增值积累。恩报权是先把所掌控的资源贷给对方，往往它可能会像贷款一样带来利息，从而使权力依据得以增值和积累。

从权力积聚的角度分析，即不仅避免权力的丧失和缩减，而且达成其积聚的目的，也就必须遵循权力运用的认同限制和尊严限制，以及权力积聚的依据依赖和运用依赖的规律。

所谓权力运用的认同限制，也就是权力的运用只能以权力客体对其权力的认同为前提。如果权力客体不认同权力主体的权力，权力主体的权力也就不存在，尽管它可以用于危害对方的生命健康及财产安全，但与管理目的的达成无补，也就没有管理学上的权力存在。所谓权力运用的尊严限制，也就是权力的运用不能伤害到权力客体的尊严。否则，权力的运用造成权力主体和客体之间的对立对抗，权力也就不再具有管理工具的作用。在此，权力客体的尊严就直接构成权力运用的一个不可突破的限制。违背这两个规律，权力也就起不到管理工具的作用。也只有当权力能起到权力工具的作用，权力积聚才能实现。所谓权力积聚的依据依赖，也就是权力的积聚增长依赖于权力依据的积累增加，没有权力依据的积累增加，也就没有权力的积聚和稳固。所谓权力积聚的运用依赖，则是对权力自我积聚途径的限定，也就是说，如果权力依据不是通过转移获得，而是自我积累增加，也就必须通过权力的运用而积累权力依据。

所以，越是遵循权力运用的认同限制和尊严限制，以及权力积聚的依据依赖和运用依赖四个规律，就越是能保证权力常在和权力积聚。

二、权力运用的尊严限制定律

权力的管理工具作用是体现在让他人做好工作上。在权力运用过程中，违背“五不”限制，其工具作用轻者降低，重者造成对立对抗，使之不仅丧失其工具作用，而且会摧毁其所寻求的事业。所以，越是严守“五不”的尊严限制要求，就越是能积累权力依据，积聚权力。

相对于权力客体，权力的本质就是一种让人不得不顺从的力量，尽管它不能为权力客体的行为选择设定唯一的选项，但其作用却直接是剥夺权力客体行为选择的可能性，使之只能在权力主体设定的选项中做出选择。所谓权力客体，也就是权力作用加诸的对象，即权力运用的客体。所谓权力主体，既是权力依据的拥有者，也是行使权力，挥舞权力大棒的行为主体。相对于权力主体，权力的运用则直接是强化其主体性，扩大其主体作用的范围。相对于权力客体，则相反，权力的运用则可能贬低其主体性，限制其主体作用的范围。所谓权力运用，也就是对权力客体的意志意愿进行限制，目的是使之接受权力主体的意志。权力主体运用权力的过程主要是由以下八个环节构成的。

(1) 有向性地强化权力客体的客体意识。这就是通过向权力客体展示其权力依据的存在，使之明白权力主体的意志不可违，威胁权力客体，迫使权力客体在意识上把自己降为客体。

(2) 缩减权力客体行为选择的选项内容。这就是通过向权力客体提出行为选择的方向和方式要求，设计确定其所可能的选项，把权力客体的可能选择控制在权力作用范围之内的几个有限的选项上。

(3) 设定权力客体的行为选择方向和方式。这就是明确地告知权力客体行为选择的方向和方式的具体要求，使之明白遵循所要求的方向和方式进行选择，才能使其价值需求满足最大化，即达成其意识范围内的最合目的性。

(4) 针对有违行为对权力客体实施惩罚。这就是当权力客体的行为选择与权力主体的意志相违时，通过剥夺权力客体的价值需求满足或满足条件，使之蒙受损失，给予打击，使之体验到超越权力主体意志的行为选择的后果是对自己不利的。

(5) 权力客体在客体地位实现其主体性。即权力客体明白，相对于权力主体，自己仅仅是权力主体被对象化的客体存在，服从更能维护和实现自己的价值需求满足，因而选择服从以实现其主体性。

(6) 权力客体遵循权力主体意志行事。这就是权力客体直接选择按照权力主体的意志选择其行为方向和方式，并从服从权力主体的意志中最大限度地达成其主体性的维护和发展。

(7) 权力客体被工具化而不失其主体性。这就是权力客体接受权力主体的意志，把权力主体的意志指向直接或间接地选作自己的意志指向，使自己作为权力主体的意志实现的工具发挥作用的同时，也实现权力客体自己的主体性。

（8）权力主体的主体性得以扩张实现。这就是权力主体通过让他人服从其意志而使其主体性得以越来越广泛地实现，让更多的存在物成为被其对象化的客体存在。

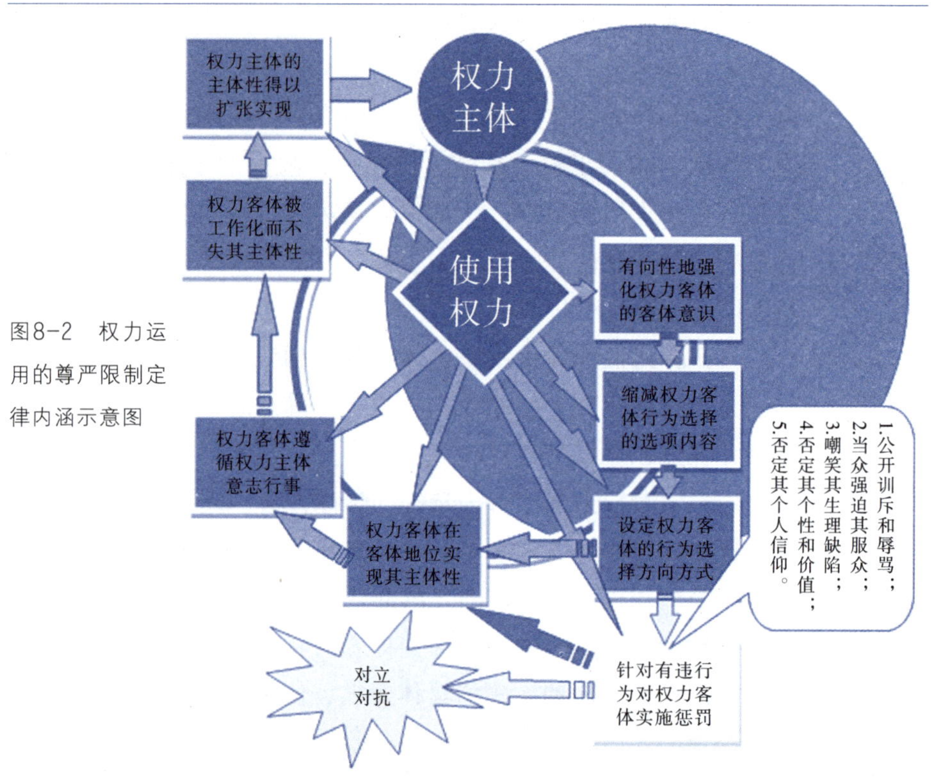

图8-2 权力运用的尊严限制定律内涵示意图

从权力运用发挥作用这八个环节的过程中，可以看出，权力作为管理工具是有条件的，即权力客体选择按照权力主体的意志行事，通过服从权力主体的意志而达成自身的主体性实现和发展。如果权力的运用不能从第三个环节跳过第四个环节，而是进入第四个环节，权力的管理工具作用就至少是大幅度降低，甚至是全部丧失。如果在第四个环节上，没有造成管理者与被管理者的对立对抗，被管理接受教训修正了自己的行为选择方向和方式，仅仅是暂时地造成了管理目的未达成的损失，权力的管理工具作用仍然得以保留，即惩前毖后而使被管理者调整行为选择以实现权力主体的意志。如果造成了管理者与被管理者的对立和对抗，被管理选择直接与管理者的意志要求相对立的行为方向和方式，与管理者针锋相对，这就不仅是权力的管理工具的完全丧失，而且还会直接损害管理者努力寻求的事业，甚至直接毁掉其所努力寻求的事业。

而权力运用之所以会由第三个环节进入第四个环节，首先是因为权力运用的尊严限制的存在。被管理者作为一个主体性存在，对于不加掩饰地被对象化而降为他人客体工具的行为很难容忍，即使对他的物质经济利益不仅没有丝毫损害，而且还有所助益，也不行。嗟来之食，吃下去肚子会痛，心更会痛。因为这意味着尊严的丧失。人作为一个社会性存在，其尊严就是其在社会中立足的根本。尊严的丧失，从社会性存在的角度看，也就是自我的不存在，而仅仅和猪一样，是只知饥饱冷暖的经济动物。而人作为意识化的存在，又不能容忍这一点，因而往往会把尊严看得比生命还重要。所以任何有损其尊严的权力运用，也就隐含了在其心理上造成与权力客体对立，甚至是对抗的风险和危机。所以，不能伤害对方的尊严，也就成了权力运用的一个限制。要不违这一限制，其底线有五个：对于被管理者一是不能公开训斥，二是不能当众强迫其服从，三是不能嘲笑其生理缺陷，四是不能否定其个性和个人价值，五是不能否定其个人信仰。这“五不”的任何违背，都可能导致被管理者与管理者的对立和对抗，因为这五者都直接是对他人尊严的损害。

而无论管理者有多大的权力，如果超过了这“五不”的限制，轻者造成被管理者的对立情绪，使之没有心思在做好工作上努力，消极怠工，以软拖的形式进行对抗。重者则是在内心产生逆反心理，通过对抗寻求报复和反抗，以摧毁管理者的事业。相对前者而言，这都是权力工具作用的降低，相对于后者则不仅仅是权力的丧失和权力依据的浪费，而且是让自己陷入敌对的危机之中，让自己的事业受损，让自己的主体性受损。由此可得到权力运用的尊严限制定律：越是严守“五不”的尊严限制要求，就越是能积累权力依据，积聚权力。

三、权力运用失败的原因

尽管越是能剥夺权力客体的行为选择的可能性，就越是可能对他拥有权力。但也仅仅是一种可能。权力的本质是让人不得不顺从其意志的力量，如果没有让人顺从其意志，这或者是权还没有形成力，而仅仅是一种作为权力依据存在的资源，或者是权力运用的失败，权力客体对于权力主体的反抗，否定了权力主体的地位。而权力运用之所以会失败，主要是权力运用方式不当所致。

权力的运用方式可分为刚性运用和柔性运用两种。所谓权力的刚性运用，就是把权力作用的强制性力量发挥到最大，仅仅留给权力客体两个选项：要么服从权力主体的意志，保全生命健康和财物安全；要么违背权力主体的意志，牺牲生命健康和财物安全。所谓权力的柔性运用，则是隐藏权力作用的强制性，把更多的选项留给权力客体，由其自主选择，尽管其所能选的选项仍然受到权力主体的意志限制。而权力越是刚性地运用，往往就越会损害权力客体的尊严，就越是会激起权力客体的反抗而致使权力主体寻求的管理目的落空。而权力运用的失败也都是失败在刚性运用上，柔性运用即使不能让权力客体顺从其意志，也不会导致与对方的对立和对抗，最多是达不成管理目的，但不会给权力主体的事业造成障碍和损害。权力的刚性运用，直接表现是漠视被管理者的意愿，毫无顾忌被管理者的尊严，粗暴地把被管理者对象化，否定被管理者的意志，扼杀被管理者的主体性，把被管理者当作牛马使唤，其结果也就是被管理者与管理者之间形成对立而使管理者的管理努力失败。这种走向失败的过程往往是由七个步骤构成的。

(1) 被管理者的主体性觉醒。一当被管理者被置于服从权力主体的意志与牺牲生命健康和财物安全的选择之中时，就会使其主体意识立刻觉醒，明确地意识到自己被对象化为任人宰割的客体的处境。

(2) 被管理者逆反心理泛起。被管理者在主体意识的指引下，谋求摆脱被对象化的办法，根本不思考服从权力主体的意志是否会有保全生命健康和财物安全之外的利益实现，而直接从不服从权力主体的意志这一选项中谋求保全生命健康和财物安全的办法，即表面服从，内心反抗。

(3) 激起被管理者情绪行为。被管理者在表面服从的过程中感到主体性被剥夺的屈辱和内心的痛苦，屈辱和痛苦直接演化为不满对抗情绪。如果没有沟通疏导，不满对抗情绪就难免逐渐积累。

(4) 管理活动双方对立冲突。被管理者的不满对抗情绪的显现直接招来权力作用的强制性降临，对其进行惩罚，剥夺其生命健康和财物安全。被管理者为维护自己的生命健康和财物安全，与权力主体的对立公开化，冲突由以形成。

(5) 被管理者反权力主体意志而动。被管理者对于权力主体的权力刚性运用的表面服从也不存在了，选择直接与权力主体的意志相对立的选项而又作维护自己的生命健康和财物安全的努力。

(6) 管理者寻求的目标落空。被管理者被推向权力主体的对立面，权力失去了管理作用，甚至使管理活动的双方形成暴力对抗，被管理者的生命健康和财物安全受到威胁，权力主体所掌控的权力依据被无益地消耗掉。

(7) 管理者的事业目标达成受阻。权力主体被被管理者抛弃，事业失去了众人的支持努力，其目标达成成了遥遥无期的未来时。

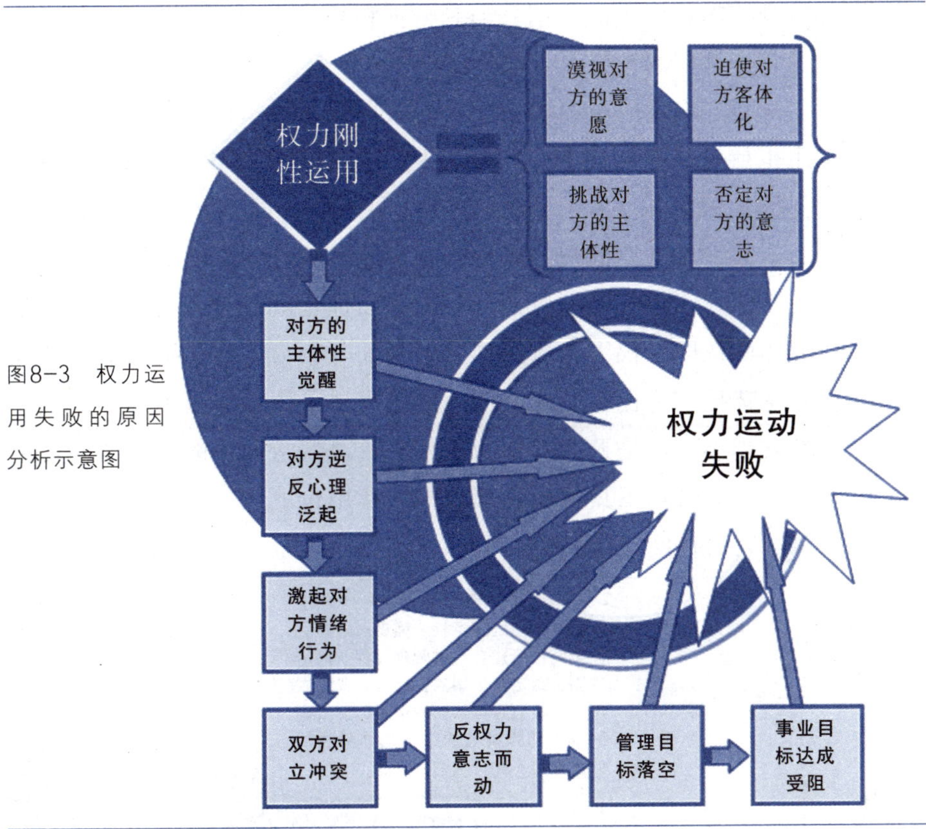

图8-3 权力运用失败的原因分析示意图

所以，要保证权力运用的效果，就必须避免损害被管理尊严的权力刚性运用。

四、权力运用的认同限制定律

权力作用的本质是限定权力客体的行为选择选项，但是权力客体是否依权力主体所希望的选项选择，却要受到权力客体认同与否的限制。所以，权力在运用过程中，越是能得到权力客体的认同，权力也就越是具有管理工具的作用。

权力依据的运用所形成的权力包括惩治权、立法权、奖赏权、专业权、恩报权、参议权六种，其管理作用不仅其大小不同，而且其作用方式在性质上也存在有明显的差别，相互之间可互补，但不可替代。也正是权力形式的多样化，为管理者多样化地设计管理情境提供了方便。但权力在管理实施过程中的作用，与其依据积累的多少不一定成比例，而却与被权力客体认同的程度一定成正比。

一定形式的权力直接是由对权力依据的运用而形成的，权力依据的运用也就是权力的运用，不同的权力运用方式，也就形成不同形式的权力。不同形式的权力由不同权力依据的运用支撑，并且相对于特定形式的权力，其运用支撑的权力依据往往可能不只是一个。而权力的形式不同，其独断性大小也不同。所谓权力的独断性也就是其权力的作用不依赖于权力客体的认同，权力主体把其意志强加于权力客体，不给对方以任何形式的自主选择。这也就是说，权力的作用越是依赖于权力客体的认同，其独断性就越小。但是权力的独断性越小，对权力客体的约束作用就越小，保证权力作为管理工具达成管理目的的作用也就越小。在此，权力作为管理工具，它的行使与目的就成了一对矛盾。

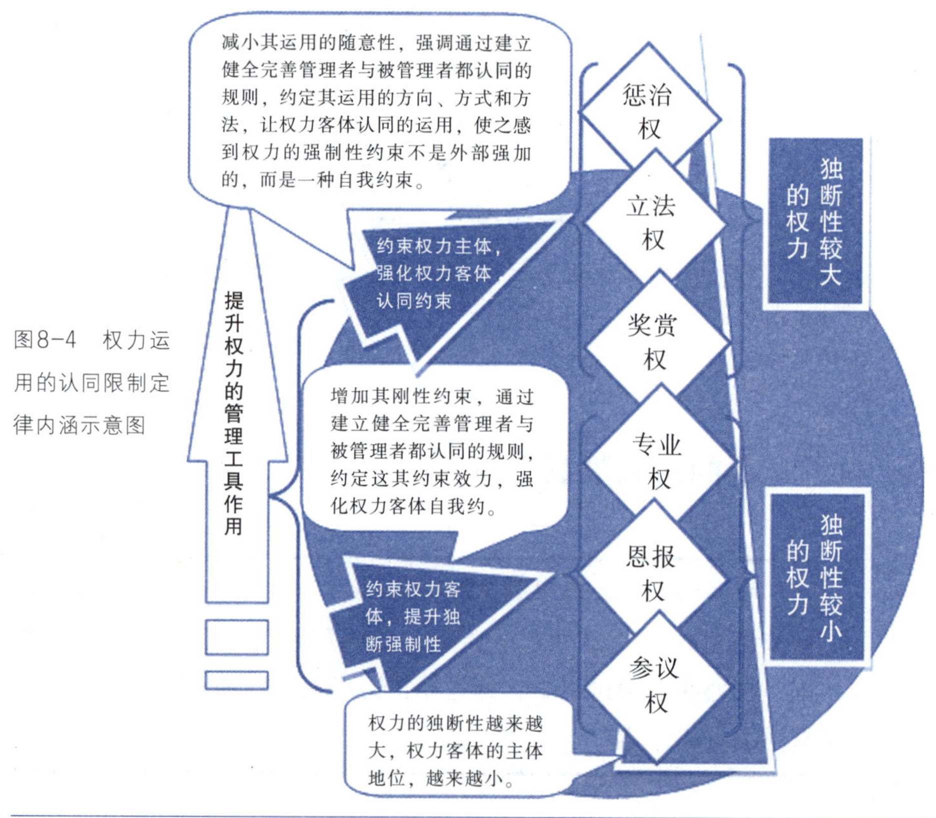

图8-4　权力运用的认同限制定律内涵示意图

(1) 惩治权。它是名副其实地把意志强加于人的强制，留给权力客体的只有服从权力主体的意志与放弃生命健康和财物安全的两个选项。所以是独断性最大的一种权力。支撑它的权力依据包括暴力、舆论、信息。暴力是打在身上的棍子，它直接造成生命健康和财物安全的损失；舆论是加在头上的谴责，它让人蒙羞受辱；信息是避免陷阱的路标，没有就可能是陷入困境的危机。权力客体不顺从权力主体的意志，就直接是棍子打在身上的疼痛、谴责加至头上的羞愧和误入陷阱的灾难。所以它对于权力客体的约束作用最大。

(2) 立法权。它的独断性，尽管比惩治权小，但仍很大。承认了权力主体的合法性，认同了其意志要求形成程序的合理性，也就必须接受他定规立矩的权力以及在这种权力运用过程中所体现的意志。支撑它的权力依据包括财富、舆论、信息、魅力。财富是经济力量的存在，是其所掌控的稀缺资源。欲从对方获得稀缺资源，就得给予他以立法权。舆论是社会道义的存在，它代表了社会共同的价值判断，它既可给予美誉称道，也可加以挞伐批判。欲从对方获得美誉称道，减少被挞伐批判，就得给予他以立法权。信息是专业技术的力量，代表的是事物发展规律，认同与否，石头落在头上都会让脑袋开花而自己为自己开路。为了避免来自事物发展规律的惩罚，就得给予他以立法权。魅力是个人个性的力量，站在他背后的有大量的粉丝和追随者，认同其个性就是借其粉丝追随者的力量为我所用，不认同其个性难免遭到粉丝追随者的围攻。

(3) 奖赏权。它的独断性较低。奖赏只是胡萝卜，也只有需要这个胡萝卜的人，胡萝卜才有引诱他使之调整其行为选择的作用。支撑它的权力依据包括财富、舆论和信息三种依据。财富是经济基础，谁也不会嫌钱多。希望得到其金钱奖赏的人就会遵循其意志而调整自己的行为选择。舆论可赋予美誉，谁也不会嫌美誉多。希望得到其美誉奖赏的人就会遵循其意志而调整自己的行为选择。信息包含有机会，谁也不会嫌未来机会多。所以，希望得到其信息所承载的机会的人就会遵循其意志而调整自己的行为选择。但是，对方不看重财富，钱财就是粪土；对方不认同其美誉，恭维的好话也就完全是噪音；对方不需要其信息，这种信息免费提供也难入耳入眼。

(4) 专业权。它的独断性仍然存在。因为拥有特别知识信息的专家的意见代表的是一种客观规律的要求，反映的是事物发展的必然性，因而没有人敢忽视。支撑它的权力依据纯粹是信息。因为凡是涉及这一专业的事务决策缺少对应的信息，就难免是失误和碰壁，这就构成了专家的权威。但这种权威仅仅对其所掌握的知识信息有需求的人才存在。

(5) 恩报权。所谓恩报权，也就是先施恩于对方后使对方知恩图报而不得不考虑施恩人的意志要求形成的行为选择约束。吃人的嘴短，拿人的手软，讲的就是这个道理。它的独断性较小，但远不是无。人情大如天，欠债可以讨价，但欠情却不能讨价。知恩图报作为一种道义约束着每一个人，因而使恩报权拥有了一定的独断性。支撑它的权力依据也包括财富、舆论、信息三个方面，只要能给对方带来恩惠的资源，都可成为其权力依据。接受他们财物，滴水之恩，以涌泉相报；得到他人褒奖和赏识，士为知己者死；授人以渔，大过授人以鱼。但是，如果对方没有在自己意识中形成知恩图报的心理约束，恩报权也就没有作用。所以它高度依赖于对方的认同。

(6) 参议权。所谓参议权也就是在社会组织和他人的事务决策制定过程中参与其意见的权力，它往往体现的是对于权力主体的一种尊重，同时也是为避免决策偏颇而兼听的一种关系的平衡。暴力、财富、舆论、信息和魅力五个权力依据都可成为它的支撑。因为它们都体现为一种力量，对于其拥有者必须给予尊重，听听其意见，能容纳兼顾尽可能容纳兼顾，则可减少暴力、财富、舆论、信息和魅力五个权力依据拥有者的对抗和阻碍，减少决策不当的偏颇。它的独断性虽是最小，权力客体尊重权力主体，权力主体的权力就存在，不尊重权力主体，其权力就不存在。但也不完全没有独断性，权力主体所拥有的暴力、财富、舆论、信息和魅力五个权力依据，会让人感到漠视的风险。

惩治权、立法权、奖赏权、专业权、恩报权、参议权六种形式的权力，就其对被管理者的认同的依赖度分析，是依次递增的。它们发挥作用的过程，对被管理者的主体性的剥夺也依次越来越小，因而造成与被管理者的对立和冲突的可能也是依次越来越小，至止为零。但是，其对于权力客体的约束作用也是越来越小。而约束作用越小，其管理工具的作用也就越来越小。为强化其管理工具的作用，又避免造成与被管理者的对立和冲突，强化独断性权力的认同约束，提升认同依赖度高的权力的独断性和强制性，则是其途径。

其具体办法是通过规则强化独断性较大的三种权力——惩治权、立法权、奖赏权的权力客体认同限制，强化独断性较小的三种权力——专业权、恩报权、参议权的权力客体的约束限制。前者是通过规则约束权力主体，把权力客体对权力的认同作为运用权力的前提，以使之形成自我约束，淡化其独断性，减小其强制性，以减少造成与被管理者的对立和冲突的可能性，提升和保证权力的管理工具作用。其实施就是减小惩治权、立法权、奖赏权三种权力运用的随意性，强调通过建立健全完善管理者与被管理者都认同的规则，通过都认同的规则约定这三种权力运用的方向和方式，让权力客体感到权力的强制性约束不是外部强加的，而是一种自我约束。后者是通过规则约束权力客体，赋予缺少独断性和强制性的权力以一定独断性和强制性，以使权力客体不能忽视这种权力的存在，以增加对权力客体的约束的强制性，进而提升和保证权力的管理工具作用。其实施是增加专业权、恩报权、参议权三种权力的刚性约束，强调通过建立健全完善管理者与被管理者都认同的规则，约定这三种权力运用的程序方法，以强化其约束作用，让权力客体自我约束以接受权力的作用。

就其保证管理工具的作用而言，后者的必要性就要小得多。既然权力本身是以认同为前提的，权力客体认同其权力，权力才存在，权力客体就会自我约束以自主地接受这种权力的约束。而前者则不同，它要约束的是权力主体，只有权力主体接受规则的约束，减少和消除权力运用的随意性，按规则行使权力，才能保证权力的管理工具作用。

由此可得到权力运用的认同限制定律：权力在运用过程中，越是能得到权力客体的认同，权力也就越是具有管理工具的作用。

五、保证管理效果的权力运用方式

权力的运用可以起到强化管理者的主体地位的作用，但不一定能提升其主体性。管理者的主体性的提升得靠管理目的的达成来实现。而权力运用的管理工具作用效果的好坏又与权力独断性的大小相关，即越是让被管理者感觉不到权力强制作用的存在，就越是能得到其认同，就越是对其行为选择的调整具有影响作用。因此，为保证管理工具作用效果的权力运用必须减少刚性运用。尽管权力的运用往往不仅仅是为了达成管理目的，但为达成管理目的的运用就必须对权力运用的形式进行规划设计，对应被管理者的实际，有针对地选择权力运用的形式，以保证管理目的达成的确定性。就其贯彻思路分析，其要点有四个：

(1) 承认被管理者的主体性。这就是承认被管理者也是主体性存在，剥夺其主体性不仅于管理目的的达成无用，而且有害。所以，在权力运用上只能重点选择专业权、参议权两个独断性较低的权力，做被管理者的朋友、教练、导师，从对方价值需求满足最大化的角度给对方提出行为选择建议，由被管理者为了自身的利益最大化，在其意识范围内作最合目的性的行为选择。专业权是基于信息依据的权力，没有强制。参议权是严格基于对方认同的权力，不认同其影响力，参议权也就不存在。给予对方参议权，也就是认同对方意志意见的价值。

（2）维护被管理者的主体性。这就是孔子强调的推己及人。一方面“己所不欲。勿施于人”，自己不希望被剥夺其主体性，也就必须尽可能不剥夺被管理者的主体性。另一方面，“己欲立，立人，己欲达，达人”，自己希望主体性得到保全，也就必须尽可能保全被管理者的主体性。这也就是对于独断性较大的惩治权和立法权，事先让被管理认同其运用的方向和方式，把行为选择的要求和与要求相违选择的不利后果之间的联系由被管理者自我设定确立，由被动接受约束，变为自我立法约束，其重点在于避免单边地把意志强加于被管理者。

（3）提升被管理者的主体性。这就是为被管理者的主体性的发展发挥创造机会，通过授权，在使之明确目标的前提下，自主运用所授权运用的资源——管理者所掌控的权力依据——自主安排自己的具体行为方式方法。管理者除了通过规则确立的跟踪监督之外，不能对对方多加干涉，尤其要避免掣肘式的检查监督导致的被管理者行为活动程序打乱。在大的目标上管控住，在具体细节上把充分多的自主权留给被管理者，使之由单一的权力客体转化为权力客体和权力主体双重身份的存在。

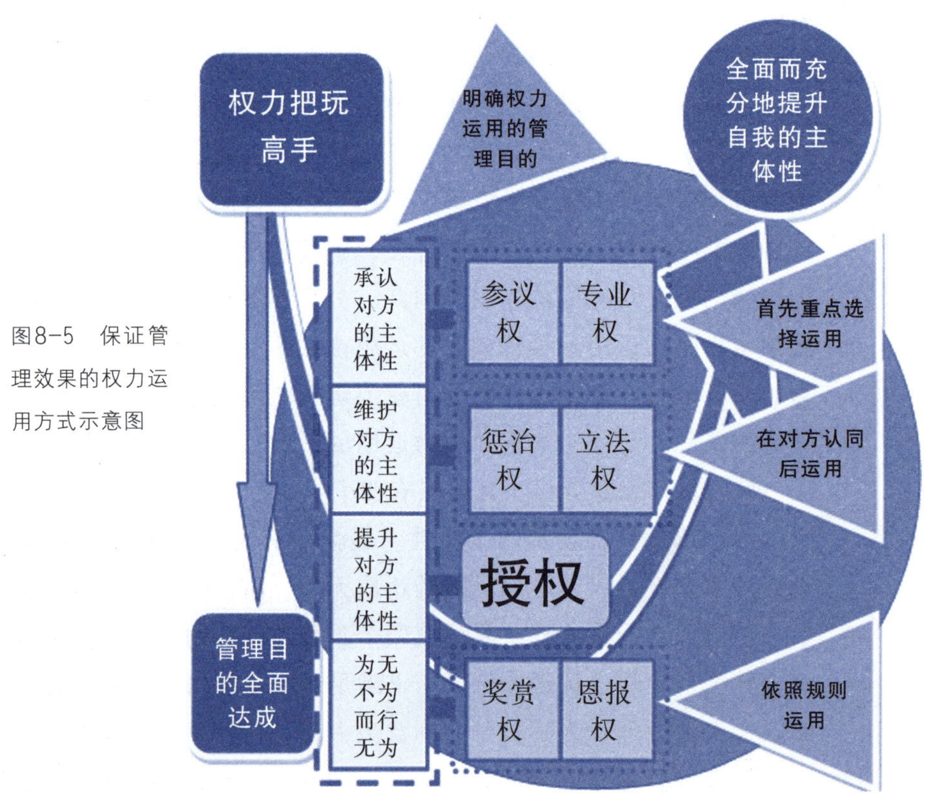

图8-5 保证管理效果的权力运用方式示意图

（4）为无不为而行无为。老子曾说：“道常无为而无不为。侯王若能守之，万物将自化。”（《道德经》第三十七章）即为求无不为而选择无为的策略，贯彻了这个策略，其无不为的目标不用努力就自然达成了。相对于管理者，这就是为发展提升其主体性而心甘情愿地自主暂时接受被管理者对象化，作为被管理者的客体存在，最终通过管理目的的达成而全面充分地提升自我的主体性。即如老子所言："圣人后其身而身先，外其身而身存。"（《道德经》第七章）在权力运用上重点选择恩报权和奖赏权虽然存在一定独断性，但权力客体具有很大选择空间的权力。恩报权是先施恩于人，让人报恩于后，何时报恩、如何报恩、报到何种程度，完全由对方自己决定。在此权力主体没有办法把自己的意志强加于对方。奖赏权是承诺在先，兑现在后，对方是否为其所悬奖赏所动，完全由其自主决定，权力主体最多能补充运用参议权和专业权以引导对方选择。

依上述四个要点运用权力，也就成了权力把玩高手。管理者不仅可保证管理目的的全面达成，而且也可使自己的主体性得到最大程度的提升。因为只有依照这四个要点运用权力，才能全面避免造成权力主客体之间的对立和对抗，而权力主客体之间的对立和对抗以任何形式、在任何程度上发生，也都是对权力主客体双方的主体性损害。多一个需要防范的对象，自己的行为选择也就多一份强制性的外部约束。

六、权力积聚的依据依赖定律

权力客体所企求的资源构成权力主体的权力依据。权力形式种种，都以其权力依据的存在为前提。没有权力依据的积累，也就不可能有权力本身。而作为权力依据的资源积累得越多，并且越为权力客体所企求，其所积聚的权力就越大。

权力运用的基础是权力依据的存在，即其所拥有的让权力客体企求的资源，没有为权力客体所企求的资源的积累，也就不可能有任何形式的权力。任何一个人都不会无条件地放弃其行为选择的自主权力，除非得到其价值需求满足的补偿。所以，五个权力依据的积累就直接是权力的积聚。

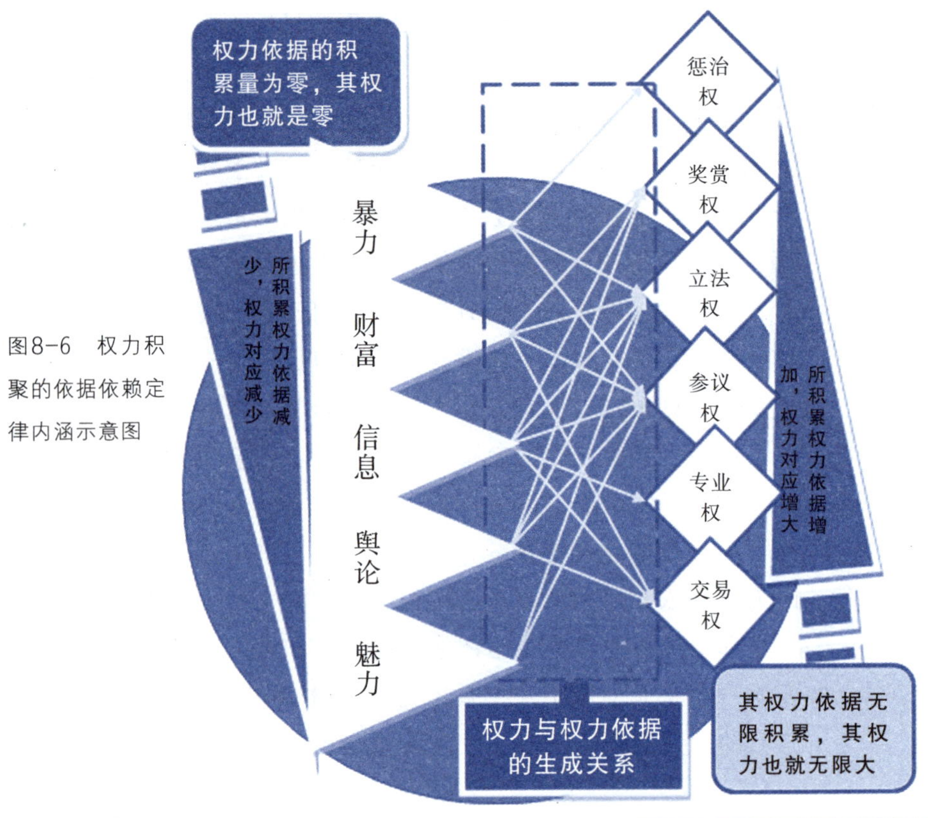

图8-6 权力积聚的依据依赖定律内涵示意图

(1) 暴力是支撑惩治权的权力依据。就像奴隶主对待奴隶那样，不接受被强加的意志，就会有皮鞭和棍棒落在身上。它是强者打在不驯从的弱者身上的拳头、棍棒和子弹。尽管在当代社会其适用范围越来越小，但远不是无。没有哪一个国家解散了军队，关闭了监狱，任何性质的国家对于不驯服的学生、工人和市民动武都是司空见惯的，这更不用说对付影响扰乱社会稳定的罪犯了。它也直接是支撑立法权、参议权的权力依据。暴力作为一种强制性的力量，本身就可用以为他人定规立矩，凡是涉及它的利益决策制定，不听取它的意见，任何形式的决策也都可能是未决定。它的不认同就是暴力对抗，用暴力否定其所不认同的决策。

(2) 财富是支撑奖赏权的权力依据。最具普遍激励作用的奖赏就直接是给予物质经济利益。奖赏只能用己之所有的东西去实施奖赏。如果没有财富做后盾，物质奖励就成了空话。它也是立法权、参议权和恩报权的权力依据。由财富依据转化为立法权是一种普遍的现实。业主在业主企业中的立法权，大股东在股份公司的立法权就直接是由财富依据转化来的。在社会事务的决策过程中，即使最民主的国家也要考虑富人的意志，这就是财富对参议权的支撑。不附加条件的救助，也就是其对恩报权的支撑。

(3) 舆论是支撑奖赏权的重要权力依据。人作为一种主体性存在，是不能脱离社会而存在的，社会在舆论引导下，认同其价值，给予其美誉，这本身就是它的“能”和“善”的需求的满足。舆论奖赏就直接是承认其价值，给予它更多的尊重和信任。它对立法权的支撑则直接表现为对于已有制度法规的品评议论，如果它对某一制度法规做出否定性评价，这一制度法规的合法性就会被质疑，进而降低其约束力。它对参议权的支撑是任何社会事物的决策，都必须听取舆论主导人的意见，否则难免被舆论否定后陷于无法贯彻的困境。它作为恩报权的权力依据，其支撑力度也不可忽略。通过舆论提升人，尤其当这个人的社会地位还未确定之前，这就是授人以知遇之恩。相对于“有”的价值需求满足已比较充分的人，知遇之恩的价值会远远大于钱物的施舍。但用舆论提升人形成的知遇之恩所转换的权力的运用，则要受到受知遇者的意志目标的制约。只有当受知遇者的意志目标与知遇者的意志目标存在同一性，至少二者的差异只是有限的，这种差异是受知遇者能容忍的时候，受知遇者才能接受知遇者的意志要求。

(4) 信息是支撑专业权的权力依据。当一个人在某个专业上拥有高于所有人的知识信息，成为这一专业的绝对权威时，凡是涉及这一专业的事务决策就不得不听取他的意见。它同时也是立法权和参议权的权力依据。一个人在某个专业成了权威，凡是与这一专业相关的定规立矩和事务决策，就不能绕过他，绕过他就意味着偏颇不当。另外它还是奖赏权和恩报权的权力依据。信息作为一种稀缺资源，有条件地给予就是奖赏，无条件地给予就是施恩，但最终都会有对方的回报包含在其中。

(5) 魅力虽然难以独立地作为权力依据支撑特定形式的权力的行使，但它对取得立法权的作用却是不可否认的。几乎人们都承认里根的个人魅力，并且他的魅力在他的政治生涯中帮了他很大的忙。没有个人魅力这一特有的权力依据，他由一个三流演员走上世界超级大国的总统宝座，简直是不可思议的。影星、歌星、体育明星之所以会在社会事务决策过程中拥有更多的参议权，就是因为他们所独有的个人魅力。

由上述分析可知，权力的凝聚也就是权力依据的积累，权力依据的积累也就是为对方所企求的资源的积累。没有权力依据的积累，也就不可能有权力积聚。但体现为权力依据的资源不能为对方所企求，它也就仅仅是资源，而不是权力依据。权力依据能成为迫使他人不得不顺从其意志的一种力量的前提，是对方企求获得其所掌控的资源，或者避免其可能施加的暴力。视“钱财如粪土，仁义值千金”之人，钱财就无法转化为让他顺从他人意志的力量。“民不畏死，奈何以死惧之”，也是这一道理。但如果没有权力依据的增加，却一定不会有权力的增加，这却是无疑的。所以，没有权力依据的积累，也就不可能有权力本身。而作为权力依据的资源积累得越多，并且越为权力客体所企求，其所积聚的权力就越大。这就是权力凝聚的权力依据定律。

七、权力依据的生成关联关系

不仅任何形式的权力都必须有一定权力依据支撑，而且权力依据本身还可相互转化，由一种权力依据转化为另一种权力依据。这就为管理者进行权力依据的积累提供了更多的方便和自由。

在五种权力依据中，依其相互转化的潜力可分为强势权力依据和弱势权力依据两大类。所谓强势权力依据，包括两个方面的内涵，一是它可转化为多种形式的权力，二是它可方便地转化为其他权力依据。强势权力依据包括财富、信息和舆论三类。所谓弱势权力依据，就是仅仅只能转化为一种或两种形式的权力和权力依据。它包括暴力和魅力。下面略作分析。

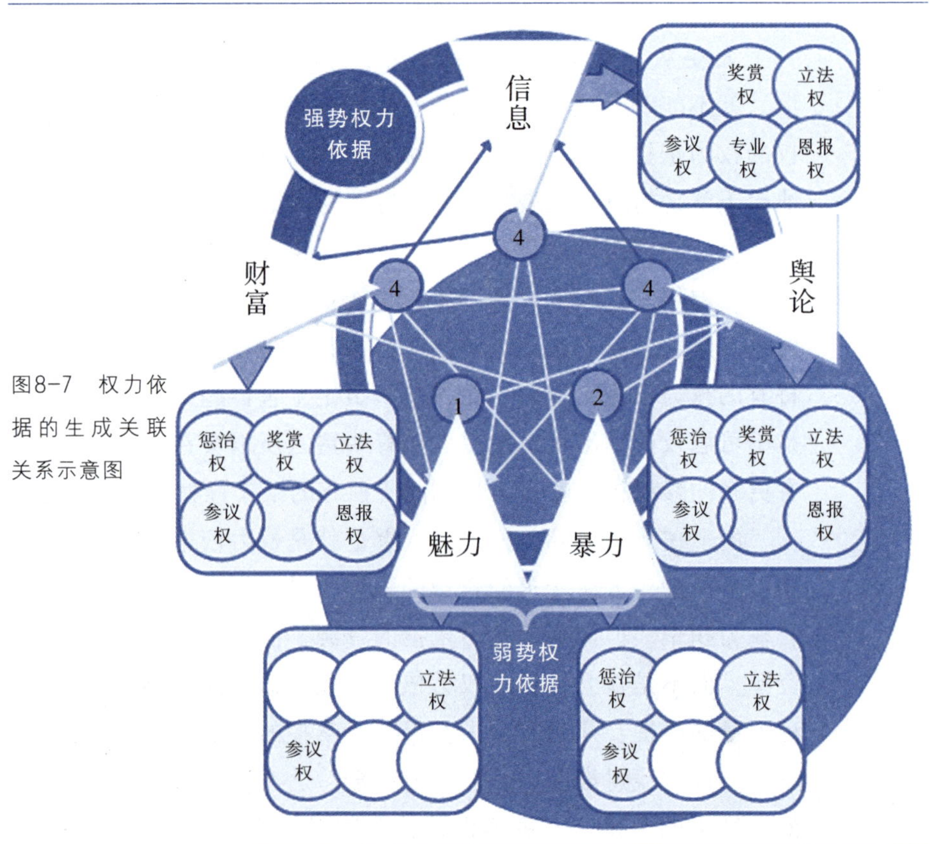

图8-7 权力依据的生成关联关系示意图

(1) 财富。从转化的权力形式看，它可转化为除专业权之外的所有形式的权力。就其可转化的权力依据分析，它可以通过交换转化为信息、舆论、暴力和魅力等四种权力依据。前三者通过买卖就可直接实现其转化。不仅信息和舆论都可用钱买得，而且暴力也是如此，买凶杀人就是典型。而魅力本身就是一种社会心理评价，所以有钱就有地位，也就有魅力。即使还不够，虽然不能直接转化，也可花线让人追捧，秀出魅力来。

(2) 信息。从转化的权力形式看，它可转化为除惩罚权之外的所有形式的权力。就其可转化的权力依据分析，它也可方便地转化为财富、舆论、暴力和魅力等四种权力依据。信息作为稀缺资源本身就有交换价值，转化为财富没有障碍；舆论往往必须借助具有专门知识信息的人口说话以赋予舆论以权威的影响力，信息向舆论的转化也就在这一过程中实现了。一个人之所以有某种强烈的情感和情绪，就是由其所接受的信息激发的。所以，当一定信息所激发的强烈情感情绪的人充分多，也就是向暴力转化的实现。往往和平示威之所以会转化为暴力冲突，就是因为有人运用信息进行煽动。信息与魅力之间更是直接存在着关联关系，有知识的人，本身就会表现出独特的魅力。最有说服力的是霍金，尽管身残80%，但仍以其知识才华成为魅力四射的明星。

(3) 舆论。从转化的权力形式看，它可转化为除专业权之外的所有形式的权力。就其可转化的权力依据分析，它也能转化为财富、信息、暴力和魅力等四种权力依据。媒体大佬会成为富翁，就是媒体的舆论往往可用以与财富交换。谎言通过媒体反复灌输往往也会被人当成真理，这就是舆论向信息的转化。而群体性暴力事件一般都是由舆论主导的，是特定的舆论煽动激起了众人的愤慨所致。而舆论的主导人仅仅因为对于社会事件的品评能引起共鸣而聚集众多的粉丝，这就是由舆论向魅力的转化。

(4) 暴力。从转化的权力形式看，它只能转化为惩罚、立法和参议三种形式的权力。就其可转化的权力依据分析，它只能转化为财富和舆论等两种权力依据，一是通过强取而积聚财富，二是以暴力威胁而左右舆论。

(5) 魅力。从转化的权力形式看，它只能转化为立法和参议两种形式的权力。就其可转化的权力依据分析，它只能转化为舆论一种权力依据。有魅力的人总会有众多的粉丝。这些粉丝会直接成为其言论的狂热追捧者，甚至不问是非、善恶，这也就是魅力向舆论这一权力依据的转化。

因此，管理者要积聚其权力，无须刻意着力于某一特定权力依据的积累努力，完全可以根据自己所拥有的独特资源和优势，选择一个强势权力依据作为着力点，通过规划设计，在保证其积聚效率的基础上达成权力依据快速积累的目的。

八、权力积聚的运用依赖定律

通过权力运用积聚权力，是稳定权力的最重要途径。如果不能有效地通过权力运用积累权力依据，不免因运用消耗而丧失权力。而越是注重专业权、恩报权和奖赏权三种权力的运用，就越是可能积累更多的权力依据，其权力也就越长久越稳固。

权力积聚必须有权力依据的积累，但权力依据却不可能仅仅依靠被授权或继承等转移方式获得，而是在获得一定权力使自己成为权力主体之后，不断通过权力运用以积累权力依据，扩展积聚自己的权力，才是保证权力长久稳固的有效途径。否则其权力往往可能不稳定，被授予的权力依据，可能被剥夺，继承的权力依据，没有积累增补，就总有消耗尽的时候。而权力依据的消耗则直接是权力的削减。而在六种形式的权力中，除了惩治权没有积累权力依据的作用之外，其余都有积累权力依据的作用。

首先，惩治权的运用的实质是剥夺对方的价值需求满足条件，它的运用只会导致对立，加剧矛盾，所以不具有积累权力依据的作用。

其次，立法权的运用的实质是为权力客体制定行为规则标准。它的运用可积累财富这种权力依据。对他人定规立矩以汇集财富作为目标，也就是通过立法权积聚财富的过程。制度法规本身也可能存在行业、地域、社群的倾向性，从而使之或者有助于发展，或者限制其发展，这就伴随有财富的形成和权钱交易的财富积聚。

再次，参议权的运用的实质是表达自己的意志意见。它的运用可积累财富和舆论两种权力依据。参议权的意志表达就可起到保证自身财富积聚的作用。同时它又是在决策制定过程中造舆论，所以具有积累舆论这一权力依据的作用。

又次，专业权的运用的实质是对复杂问题的解决提出处理意见。它的运用可积累除暴力之外的所有权力依据。专业权可依靠其所掌握信息的权威性交换获得财富；它本身是以信息这一权力依据为支撑的，所以它可通过信息的互换而获得更多的信息；具有权威性的信息本身又可形成舆论的力量；拥有专业权的学者专家以其知识信息而受到追捧后形成其魅力在当代社会很普遍。

复次，恩报权的运用的实质是贷出价值满足条件后让对方感恩回报。它的运用可积累除魅力之外的所有权力依据。把对方所需的资源贷给具有暴力倾向的人，这就会在他需要暴力提供支持时提供暴力；贷给从事经营的人，这就会在他需要财富时返还财富；贷给拥有特别知识信息的人，这就会在他需要其信息时提供信息咨询；贷给主导舆论的媒体负责人，这就会在他需要舆论支持时提供舆论支持。

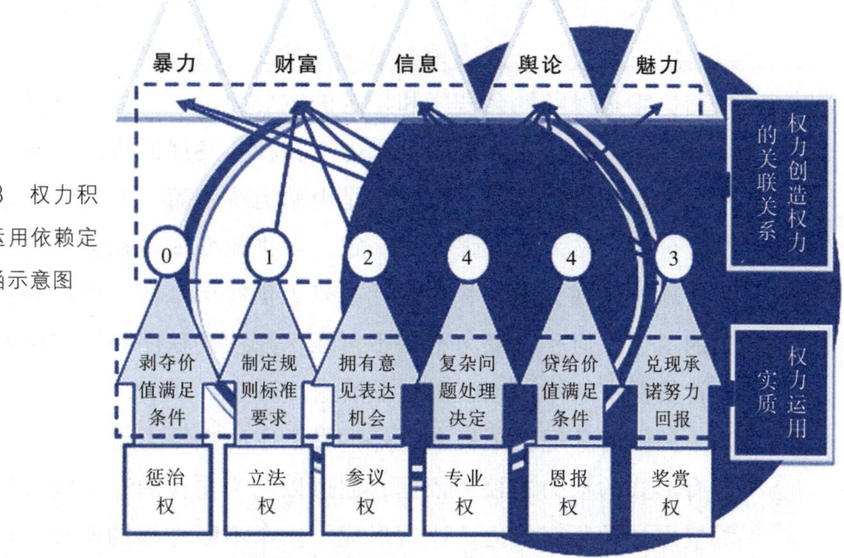

图8-8　权力积聚的运用依赖定律内涵示意图

最后，奖赏权的运用的实质是兑现承诺的努力回报。它的运用可积累除魅力和财富之外的所有权力依据。它以暴力为悬赏对象，就可获得暴力的支持，重赏之下必有勇夫；以信息知识为悬赏对象，就可获得信息知识本身；以舆论为悬赏对象，就可掌控舆论的导向。

由上述分析可见，权力运用的权力依据的积累作用与不同权力依据的转化关系存在关联，因为权力依据就像公因子一样成为不同形式的权力的支撑力量。并且也不难发现，专业权、恩报权和奖赏权是最具权力依据的积累作用的三种权力。所以，拥有了这三种权力也就可以获得所有内容的权力依据。所以，要保证自己权力的稳定和发展，也就必须在专业权、恩报权和奖赏权这三种形式的权力的积聚上着力。把所拥有的权力依据更多地转化为这三种权力，也就会积累更多的权力依据，进而积聚更多的权力。所以，越是注重专业权、恩报权的奖赏权这三种权力的运用，就越是可能积累更多的权力依据，其权力也就越长久越稳固。这就是权力积聚的运用依赖定律。

九、权力积聚的发展趋势

权力是管理实施必备的工具，同是又是保障社会秩序和稳定的力量。所以，只要人类社会存在一天，权力就会存在一天。只不过权力的形式和作为其支撑力量的权力依据会在其结构上发生改变。这种改变的趋势已经显现出来，主要有五个：

(1) 暴力这一权力依据越来越丧失其主导地位。在人类社会的早期、中期，它是保障社会秩序和稳定的主要力量，就像动物世界的大型动物争夺交配权一样，主要靠的是暴力。在社会发展低级阶段和动乱时代，人类社会也和动物世界一样，主要是由暴力统治着，并且私人暴力和社会暴力没有分别。私人暴力强大到一定程度也就变成了社会暴力。进入21世纪之后，尽管体现为国家暴力的社会暴力仍在保障社会秩序和稳定中占据相当大的地位，但私人暴力不仅不再在保障社会秩序和稳定中发挥作用，而且其自我保护的作用也已明显在消退。

(2) 信息现在是将来更是世界秩序的主导力量。它是除惩治权之外的所有形式的权力的权力依据，通过以它为主体的专业权又可不断积聚除惩治权之外的所有权力。这就形成了一个不断加强的循环。这个循环时代越久，就越会促使保障人类社会秩序和稳定的权力向信息这一权力依据集中。这与信息社会的来临和发展是相对应的。在信息社会，最大的社会力量来自于信息本身。同时这也体现了人的主体性发展和完善，信息是人的主体性形成和完善的主导力量。构成意识的全部是信息。一个人大脑里所汇集的信息越多，其自我意识和自我意志就越强大，其主体性就越能得到提升和完善。

(3) 财富这一权力依据，在保障社会秩序和稳定的作用上开始下降，但其重要地位不会动摇。尽管随着社会的进步，生产力的发展，开始突破稀缺的限制，但人类社会的发展不得不以物质财富的丰富为前提，并且人类社会进入任何发展阶段也必须以它为基础。所以它可能把保障社会秩序和稳定的主导地位让位于信息，但绝对不会降为无足轻重的力量。

(4) 舆论这一权力依据在保障社会秩序和稳定的作用上已明显开始上升，甚至大有超越财富的作用的趋势。人不仅是动物性存在、社会性存在，也是意识化存在。对于自我和周围世界不可避免地会有自己的判断。这就为舆论的作用提供了广阔的空间。任何一个人的价值判断，除了自己的经历和知识的作用外，也就是体现为一定社会共同价值观念的舆论。所以它是支撑除专业权之外的所有权力的权力依据。由此可见其作用力的强大。

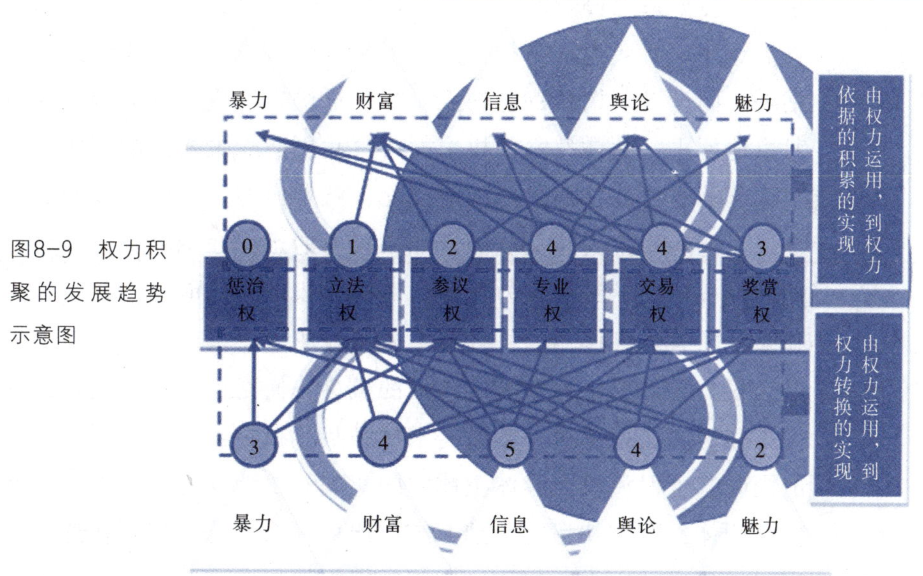

图8-9 权力积聚的发展趋势示意图

（5）魅力这一权力依据尽管不可能上升为维护世界秩序的主导力量和重要力量，但其作用也在明显提升，这是不争的事实。拥有众多粉丝的明星甚至可以颠倒黑白，就是这一趋势的体现。随着社会发展和科学技术进步，有的价值需求满足得到保障后，人对能和善的价值需求的满足会更加看重，更愿意为之付出更多的努力。所以人的个性化的展示需要会得到进一步提升，因而使魅力的作用力也对应提升。

十、权力效能定理

权力的运用越是有助于权力客体主体性的实现和发展，就越是能有效地达成管理目的，也就越是能达成权力积聚的目的。

这里讨论的权力效能，不是从政治学的角度定义的，而是从管理学的角度定义的。从管理学的角度定义的权力效能，是与管理目的的达成，即通过他人做好工作联系在一起的。不能服务于通过他人做好工作这个管理目的的达成，这种权力效能从管理学角度定义就是零。权力作为一种让人不得不顺从其意志的力量，可以用以剥夺他人的行为选择可能，但剥夺他人的行为选择可能，并不等于一定能使之做好工作。这二者是完全不同的两个概念。从管理学的角度分析，讨论权力效能还必须与权力积聚联系起来。权力如果是一个既定的量，每运用一点就少一点，那权力作为管理工具的作用，就会大打折扣。只有当权力能自我创造和积聚，权力才会永不枯竭。而世界上权倾一世的人，往往很快丧失权力，变得极为可怜，甚至悲惨地死去，就是忽略了权力能否自我创造积聚权力的问题。春秋时第一个称霸的齐桓公，最后孤独地饿死，就是典型。而权力效能的大小，又是与权力的运用方式相关联的，如果权力的运用在剥夺权力客体行为选择可能的过程中，导致与权力客体的对抗，权力的效能就不存在了。剑只有悬在头上才有威慑作用，一旦落下来，就成了碍事的垃圾。如果权力的运用是为权力客体提供价值需求满足的机会，使之形成行为选择预期，在为做好工作努力之后获得其价值需求的满足，权力客体在实现权力主体的意志的同时，也保障权力客体主体性的实现和发展。这样二者之间就会形成利益共同体，即在共赢的基础上结成伙伴关系，这也就是在达成管理目的的同时，达成了权力的积聚。这就是权力效能定理要明确的关联关系。其具体内容可表述为：权力的运用越是有助于权力客体主体性的实现和发展，就越是能有效地达成管理目的，也就越是能达成权力积聚的目的。根据权力积聚公理，权力作为让人不得顺从其意志的力量，其运用既可能消耗权力，也可能积聚权力。如果没有积聚，再大再多的权力也会消耗丧失。所以越是遵循权力运用的认同限制和尊严限制，及权力积聚的依据依赖和运用依赖四个规律，就越是能保证权力常在和权力积聚。所以，权力的运用必须关注它对于权力的消耗和积聚的不同作用。而又只有有助于权力客体的主体性实现和发展才能具有积聚作用，因为损害权力客体的主体性，难免造成权力客体与权力主体之间的对立和冲突。所以权力的运用必须保证有助于权力客体的主体性的实现和发展。而保证权力运用有助于对方主体性实现和发展的途径有两个：一是减少和避免对权力客体的意志剥夺，这就是遵循权力运用的认同限制规律；二是维护权力客体的人格和个性，这就是遵循权力运用的尊严限制规律。而要构筑管理情境以使被管理者调整其行为选择以为做好工作努力，又必须有权力这一管理工具。而又只有遵循权力积聚的依据依赖和运用依赖两个规律，才能积聚其所需的权力。要积聚所需的权力，通过权力的运用让他人做好工作才是保证长久和稳固的必由之路。管理目的的达成与权力积聚的实现，二者互为因果，形成封闭循环。在这个循环中，也只有遵循权力运用的认同限制和尊严限制及权力积聚的依据依赖和运用依赖四个规律，才能保证循环的正向增力作用，进而实现权力主体的主体性扩张和发展。

其内涵可归纳为三个要点：

(1) 权力被用于剥夺对方的主体性，难免造成对抗，致使让其做好工作的可能消失。权力作为一种让人不得不顺从其意志的力量，既可引导对方的价值需求满足的实现，作用于对方的主体性的实现和发展，也可用于剥夺对方的价值需求满足，剥夺和损害对方的主体性。而只有前者才能和谐双方关系，后者难免造成双方之间的对立对抗。如果管理者与被管理者之间的关系一旦演化为对抗关系，双方都欲置对方于死地，这不仅不能达成管理目的，相反还会造成大范围的资源被人际对抗所消耗，即把其可用于其事业理想的实现——其主体性实现和发展的资源，调转用于消弭对立对抗的努力上。而权力被用以剥夺对方的主体性，又难免造成对立对抗。根据权力运用的尊严限制定律分析，权力的管理工具作用是体现在让他人做好工作上。在权力运用过程中，违背“五不”限制，其工具作用轻者降低，重者造成对立对抗，使之不仅丧失其工具作用，而且会摧毁其所寻求的事业。所以，这一要点成立。

(2) 把权力用于实现对方的主体性，才能起到引导对方在做好工作上努力的作用。把权力用于实现对方的主体性，也就是为对方的价值需求满足创造条件，提供实现其满足的支持。但它不是直接给予对方其所寻求的价值需求满足，而仅仅是为其达成特定价值需求满足提供外部资源支持。这也就是为其行为选择的可能选项进行设计，使之在被提供的外部资源支持基础上，形成新的最优行为选择的预期。而主体我的行为选择又主要是由其预期主导的，所以以此运用权力，才能起到引导对方在做好工作上努力的作用。根据权力运用的认同限制定律，权力作用的本质是限定权力客体的行为选择选项，但是权力客体是否依权力主体所希望的选项选择，却要受到权力客体认同与否的限制。所以，权力在运用过程中，越是能得到权力客体的认同，权力也就越是具有管理工具的作用。而在权力运用过程中，把权力用于实现对方的主体性，为对方的价值需求满足创造条件，这无须任何说教就可让权力客体全面完整地认同权力。相反，把权力用于损害对方的主体性，剥夺对方的价值需求满足条件，任何形式的说教都难以让权力客体全面认同其权力。用谎言欺骗也只能有一时之功，谎言揭穿之时，认同没有了，与权力客体之间的对立对抗也就不可避免了。

(3) 把权力用于实现对方的主体性，在达成管理目的的同时，也可实现权力的积聚。通过为对方确立预期，引导对方在做好工作上努力，也就是达成双方的共赢。管理者所赢的就是做好工作的管理目的的达成，从而也就是事业理想的实现，这也就是权力依据的积累，进而也就是权力积聚的实现。根据权力积聚的运用依赖定律分析，通过权力运用积聚权力，是稳定权力的最重要途径。如果不能有效地通过权力运用积累权力依据，不免因运用消耗而丧失权力。而越是注重专业权、恩报权和奖赏权三种权力的运用，就越是可能积累更多的权力依据，其权力也就越长久越稳固。专业权、恩报权和奖赏权这三种权力不仅不会剥夺权力客体的主体性，而且直接是有效地保证达成双方共赢的权力形式，在保证做好工作的管理目的达成同时，保证权力客体的主体性得以充分实现。而达成管理目的本身也就是权力积聚的实现。根据权力积聚的依据依赖定律，权力客体所企求的资源构成权力主体的权力依据。权力形式种种，都以其权力依据的存在为前提。没有权力依据的积累，也就不可能有权力本身。而作为权力依据的资源积累得越多，并且越为权力客体所企求，其所积聚的权力就越大。而达成通过他人做好工作的管理目的本身也就是权力依据积累的过程，一方面管理通过他人做好工作，也就是把他人的脑力、体力整合到管理者的意志目标达成上来，而他人的脑力和体力本身就是资源；另一方面是管理意志目标所体现的事业理想通过管理的实施，让人看到了事业理想达成的曙光，就会吸引更多拥有资源的人为分享这一事业理想的光荣而贡献其资源以服务这一事业理想的实现。并且，如果不能整合他人的资源，并积累资源，管理也就失去了意义。

管理学第九公理

组织凝聚公理

一、组织凝聚公理的内涵

组织作为管理工具，其作用除了界定成员相互关系外，更重要的是通过目标认同整合、舞台事业吸引、依附归属承载、人际情感融合、义务职责约束和利益关联诱导凝聚组织成员，整合组织内、外部资源。这六个作用发挥得越充分，其组织的管理工具作用就越大，管理实施就越有效。

组织是管理实施的第二大工具，组织健全完善，它本身就可完整地起到管理作用，直接把其成员的行为选择引导到做好工作的努力上来。所谓组织，也就是成员联系相对稳定，资源和信息在成员之间流动有序的社会群体。其特征有五个：一是它是由多个个人构成的社会群体整体，一个人既无社也无会，更不成其为组织；二是其成员相互之间的联系相对稳定，既不是随见随散的乌合之众，也不是终身厮守、永聚不散的生命有机整体；三是有明确的共同目标统领成员的行为活动，并且其成员个人都能从这个目标的达成中直接或间接地获得其价值需求满足，否则各奔东西，组织也就不存在了；四是它是以一定资源的拥有和汇集为前提的，没有资源的拥有和汇集，组织运行不可能，同时也就没有凝聚其成员的纽带；五是资源和信息在内部的流动是有序的，或者说成员之间的相互关系是有序的，否则内部的混乱和无序会摧毁组织本身。

正是因为组织具有这样五个特征，它才具有管理工具的作用。组织作为管理工具，其作用不仅仅在于界定成员相互间的关系，使之有序上。更重要的是它可通过目标认同凝聚、舞台事业吸引、依附归属承载、人际情感融合、职责义务约束和利益关联诱导等六个作用的发挥，凝聚组织成员，整合组织内、外部资源，以放大个人能量，成就组织领导者的事业，实现组织成员的多方面、多重价值的需求满足。

除了诸如国家、民族、家庭等难以由成员自由选择加入的组织之外，一个人是否加入组织或留在组织内，都与组织的六个作用相关。组织的这六个作用强大，组织的凝聚力也就强大，组织也就会因为凝聚力强大而变得强大。反之相反。一个人加入组织并留在组织内，是由成员个人所寻求的价值需求满足决定的，不能给成员个人带来价值需求满足，成员个人也就不会加入组织，把自己的自由让渡给它，接受它的约束。就已有组织而言，能否为成员个人提供充分多的价值需求满足，是其成员进行留与走的选择的依据。如果他认定没有哪种现有组织能为他提供最希望达成的价值需求的满足，只要有可能，他就会倡导发起创建一个新的组织。在所倡导发起创建的组织中，他是以组织领导人的身份存在的，组织运行所需资源就由他负责汇集和整合。

但组织发展到一定规模之后，资源信息流动的有序性要求会自然而然地把组织成员分为不同的层次。一般而言，达到一定规模的组织都可分为三个层次：一是居于核心层的高层成员，他们是组织的领导者，组织的资源主要由他们汇集，组织的目标由他们倡导，组织的规则也主要是由他们提出思路、拟订草案后由组织成员认同确定。同时他们还要对组织的存在和发展负责，包括筹集组织运行所需的资源。二是属于联系高层和基层的过渡层，即中层，他们大都直接负责一个部门或单位的事务工作，是组织目标的达成和规则的执行的具体操盘者，对组织发展策略和计划的落实负责。三是基层，即承担具体事务工作的成员，在组织中是人数规模最大的成员，其责任是承担对组织发展策略和计划贯彻落实的具体事务工作。

相对于不同层次的成员，组织的六个作用的重点会有所不同。目标认同凝聚和舞台事业吸引两个作用的对象主要是高层，但也对中层成员具有一定作用。依附归属承载和人际情感融合两个作用的对象主要是中层，但也对基层成员具有作用。职责义务约束和利益关联诱导两个作用的对象主要是基层，但也对高、中层成员具有作用。

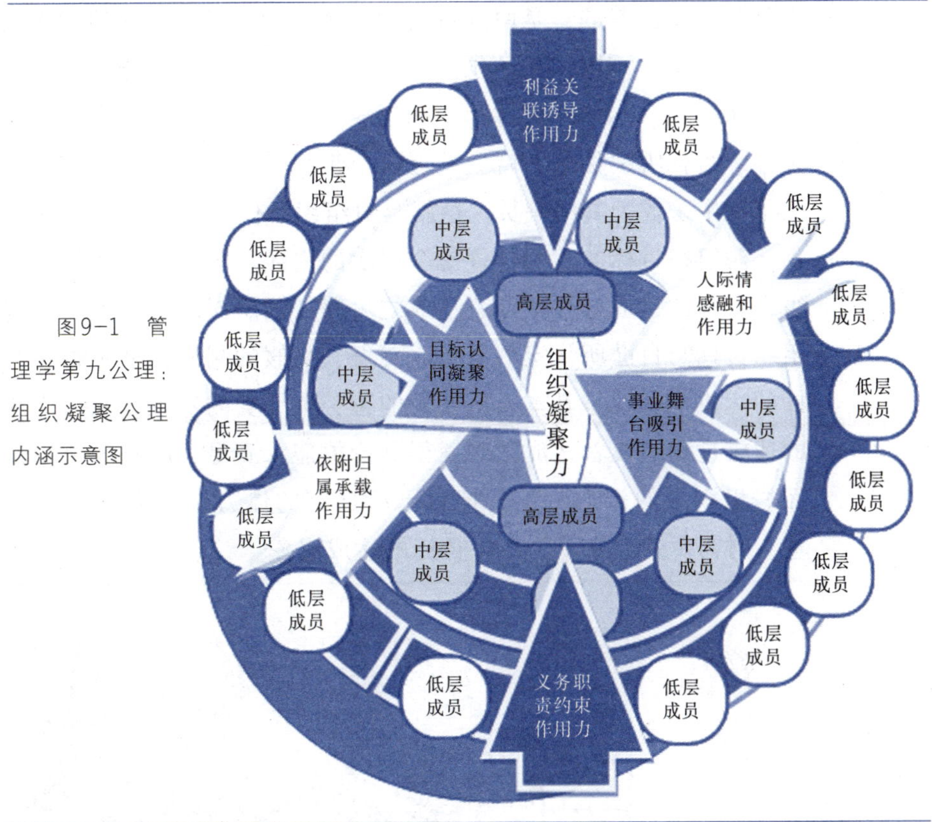

图9-1 管理学第九公理：组织凝聚公理内涵示意图

要保障各个层次的成员都各取所需，从组织的稳定和发展中获得其所寻求的价值需求满足，就必须强化组织的这六个作用。这六个作用发挥得越充分，就越能保证组织的稳定和发展，组织的管理工具作用就越大。

二、组织凝聚的目标认同凝聚定律

组织目标的实现能给其成员带来价值需求满足，同时也不违其价值判断，并且使之愿意贡献其所有，是其目标认同凝聚作用充分发挥的三个重要条件。所以，组织目标的实现越是能给其成员带来价值需求满足，越是不违其价值判断，就越是能使成员贡献其所有，其凝聚作用就越大。

组织的存在，首先是组织目标的存在。相对于任何性质的组织，其目标都是一面旗帜，它亮出来的不是它的颜色、形状、图案，而是组织所寻求的目标本身。正是其目标把认同这种目标，能从这种目标的达成过程中或者达成之后获得个人价值需求满足的人吸引到其目标的达成过程中来。

人是为希望活着的，是由其行为预期驱使的。组织目标的达成能为其成员个人带来价值需求满足的预期，是它对于其成员整合作用的基础。当他预期能从组织目标的达成过程中和达成之后获得其价值需求满足时，他也就被组织目标吸引住了，就会接近这个组织，并在确认其预期后，加入到这个组织中来成为其中一员。这就是对组织目标的认同。

对组织目标的认同包含三个层次的内涵：一是主体我加入之后，能从组织目标的达成过程中或者达成之后获得其所寻求的价值需求满足。二是组织目标与自己所认定的善恶、美丑、真假的判断标准不相违背，组织目标的达成本身就是其本人所认定的善、美、真的实现。三是为从组织目标的达成过程中或者达成之后获得其价值需求满足，愿意为组织目标的达成而付出个人的努力，包括把自己所拥有的体力、脑力、知识、信息、智慧、财物贡献出来以为组织目标的达成服务。

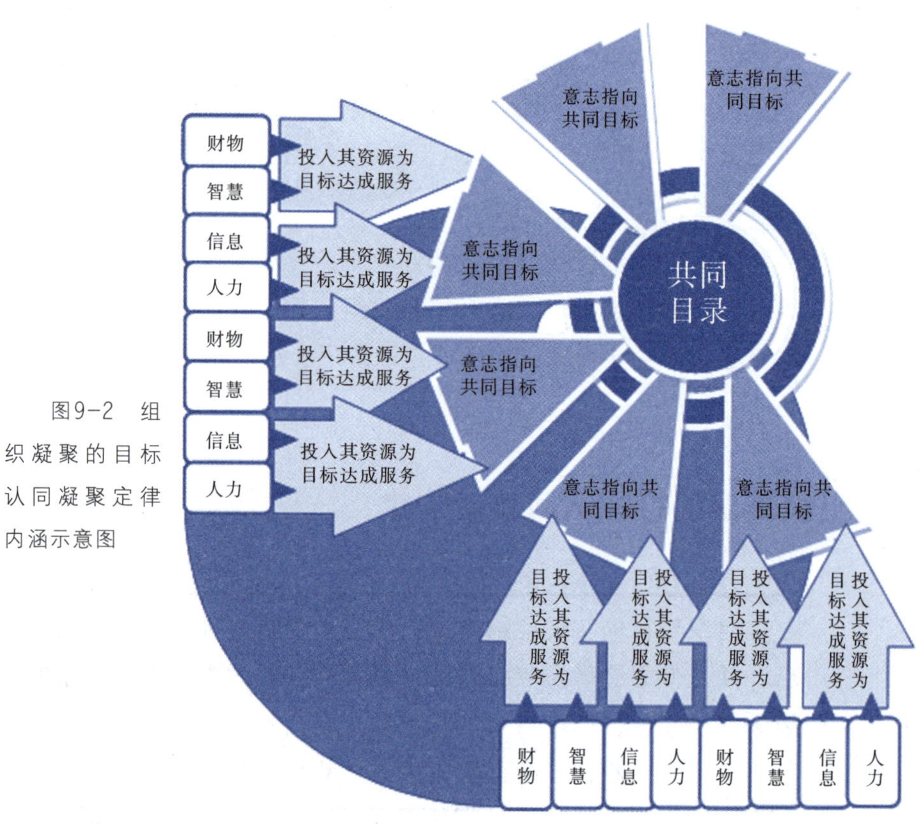

图9-2 组织凝聚的目标认同凝聚定律内涵示意图

尽管成员认同的三个内容不是不可分割的整体，但认同的三个内容，缺少任何一个方面，都会造成成员个人的人格分裂。没有第一个内容的认同，成员个人的主体性也就丧失了。仅仅有行为而没有行为所寻求的目的，其行为也就不再是其意志主导的行为。意志不对其行为选择起作用，也就无所谓主体与客体的区分，主体也就不存在了。即成了无所寻求，也不知所求的精神病人，丧失意志能力的疯子。没有第二个内容的认同，直接是成员个人主体性的丧失。一个人没有善恶、美丑、真假的判断标准，就成了浑浑噩噩、不知所终的爬虫，也就不再具有主体性，而仅仅是被他人对象化的客体。尽管人们往往可能因为有的价值需求满足的限制，不得不违心地做一些与自己所认定的善、美、真相对立的事，但只要有的价值需求满足的危机一缓解，他也就会拒绝再作如此的行为选择。没有第三个内容的认同，成员个人的主体性也会退化。只想获得利益，不愿付出代价，也就成了被大多数组织成员所不齿的盗贼。不仅任何性质的组织都不能容忍这种成员的存在，而且自身的人格也难免退化和分裂，变成一个被供养的客体，不再具有主体性。这就是对自身主体性的否定。

作为主体性存在的个人，有了对于组织目标三个层次的认同，组织目标也就成了其成员个人的意志指向之所在，组织目标也就直接成为组织成员的共同目标。尽管它可能不是其唯一的目标，但至少是构成其意志目标的一个内容。这也就至少会使之把其所有的体力、脑力、知识、信息、智慧、财物分出一定比例用于其达成的努力上。不能让人为之付出努力的意志目标，仍然不成其意志目标。意志本身就是努力，意志目标本身就是被主体我设定为值得付出努力以达成的愿望。

因此，组织也就因为其目标的被认同而仅当被认同时，才能形成对于其成员的凝聚作用。就组织的凝聚力分析，组织成员对组织目标的认同越充分、越完整，其凝聚作用就越大。所谓充分，也就是相对其内容而言没有任何疑义。所谓完整，就是相对目标的各个重要细项而言没有任何遗漏的地方。因此有组织凝聚公理的目标认同凝聚定律：组织目标的实现越是能给其成员带来价值需求满足，越是不违其价值判断，就越是能使成员贡献其所有，其凝聚作用就越大。

三、目标认同凝聚作用形成的条件

一定主体我是否认同特定组织的目标，使之相对于他形成凝聚作用，不在于这特定主体我个人，而重点在于组织目标及其达成本身是否能为其成员带来五重意义上的满足：

(1) 组织目标及其达成能否为他带来有的价值需求满足。能，则意味着它能为其成员提供生命存在的依托，生命所需的物质条件可通过为组织目标的达成努力而获得。不能，则意味着它不能为其成员提供生命存在的依托。他是否加入并长久地留存于组织之中，除了组织目标的吸引力，就取决于他能否从组织之外的他处获得生命所需的物质条件。志趣、爱好是以生命的存在为前提的，没有生命所需的物质条件的满足，也就不会有任何形式的志趣、爱好的形成和实现。仓廪实而知礼义，衣食足而知荣辱。

(2) 组织目标及其达成能否为他带来能的价值需求满足。能，则意味着它能为其成员提供社会价值需求满足的条件，使其独有的个性有机会得以实现。人在其生命所需的物质条件得到基本满足之后，就会转向寻求其个性特质的展现，让自己从芸芸众生突显出来，能他人之所不能。不能，则意味着它不能为其成员提供社会价值需求满足的条件，他也就只能被埋没在芸芸众生之中，仅仅作为一个不为人知没有意义的数字符号存在，有则不多，无则不少。他也就难免因为其能无法展现而一歌、二歌、三歌"长铗归来"而最终归去，使组织对他失去凝聚作用。

(3) 组织目标及其达成能否为他带来善的价值需求满足。能，则意味着它能为其成员提供意识价值需求满足的条件，即善恶、美丑、真假判断表达的机会和价值判断得以实践的机会。人进化为人之后，自我意识中的善恶、美丑、真假标准一经形成，就总想得以表达，并且一旦形成其所独有的价值判断，就总想得到众人的认同和遵从。不能，则意味着它不能为其成员提供善恶、美丑、真假判断表达的机会和价值判断得以实践的机会。那么，他也就难免感到压抑，甚至是被压迫。如果组织使之感到压抑，他也就不免逃离，长久的压抑会造成心理疾病的抑郁症形成，这直接会造成成员主体我的损害。感到被压迫则难免使之不满和反抗，这则是组织本身的被摧毁。

(4) 组织目标及其达成能否让他由以寄存其志。能，则意味着它能为其成员提供价值选择实现的平台。任何一个人，其人生都有其志，比如在孔子的学生中，子路有志于治理千乘之国，冉求有志于富足乡里，公西华则有志于主持宗庙之会，曾皙则是逍遥于山水之间……众人异趣，但不会没有。不能，则意味着它不能为其成员提供价值选择实现的平台。他的人生存在不能升华到志趣的享有，人生就是灰暗的。如果不能容忍其人生的灰暗，他就会另外寻求。

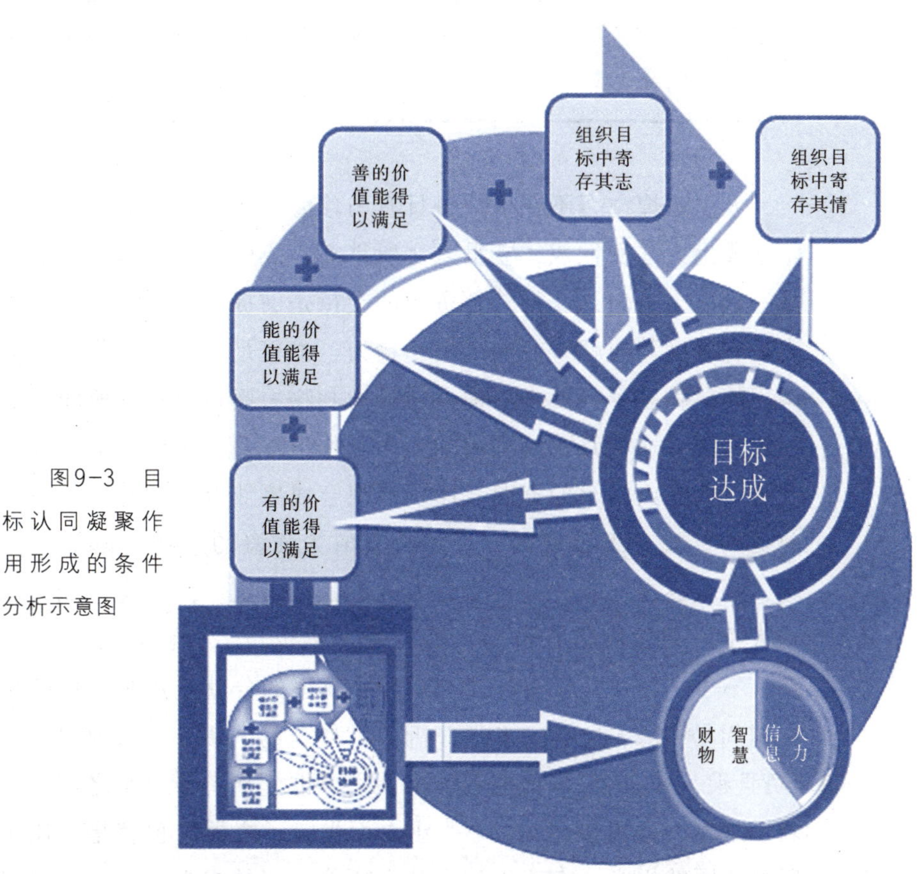

图9-3 目标认同凝聚作用形成的条件分析示意图

(5) 组织目标及其达成能否让他由以寄存其情。能，则意味着它能为其成员提供情感交流和实现的社会环境，保证能爱其所爱，恨其所恨，喜怒哀乐情绪能适时发泄。不能，则意味着它不能为其成员提供情感交流和实现的社会环境。任何一个人，只要没有变成圣人或猪，爱憎情感，喜怒哀乐情绪就难免是其生命过程中的一个不可缺少的部分。情起而无法表达，抑郁不可避免，逃离其所在的组织也就不可避免。

所以，要保证组织目标对其成员具有目标认同整合作用，对于其成员的五重意义上的满足，即使不能全部实现，也必须保证他能从中获得一两个方面的满足。

四、组织凝聚的事业舞台吸引定律

事业舞台是通过规则整合形成的资源集合体，其稀缺度极高。一旦形成，它也就会对众多主体我形成强大的凝聚作用。而留住其人和心的，既是资源，更是规则。所以，组织规则越是健全完善，组织也就越是具有事业舞台吸引作用。

人生辉煌与否不在于他每日有山珍海味入口，有绸缎裘皮裹身，而在于他成世人之所欲成，立世人之所欲立，成就世人称道的事业。而这却不是一人之力可为，获得外部资源的支持是前提。这外部资源包括人力和物力，有了助其成就事业的人力、物力，也就是供他驱使的人手多了，供他调用的财物多了，使之借他人之人力和物力而达成自己所向往的事业目标成为可能。这供其驱使调用的人力和物力本身还不能构成事业舞台，而仅仅是一些让人渴求的资源。而资源组合成事业舞台却是以其组合的规则为前提的。没有组合规则，资源只会成为强盗的猎物。慎子云："今一兔走，百人逐之，非一兔足为百人分也，由未定。由未定，尧且屈力，而况众人乎？积兔满市，行者不顾，非不欲兔也，分已定矣。分已定，人虽鄙，不争。"（《吕氏春秋·慎势篇》）这里的分就是规则约束的结果。孔子在《周易·系辞上传》如此分析："作《易》者，其知盗乎？《易》曰：'负且乘，致寇至。'负也者，小人之事也。乘者，君子之器也。小人而乘君子之器，盗思夺之矣。""小人而乘君子之器"也就是有违于社会公众所能认同的规则，有违于社会公众所能认同的规则而获取的利得，任何人都会来分享，分享不成就是强夺。所以，只有人力和物力的汇集、调用、分配、使用都有规则，才能成为成就事业的舞台。一个人继承和自我积累而形成的可供驱使调用的人力和物力总是有限的。而成规模的组织本身就是通过规则汇集了大量人力和物力的一个机构，进入这一机构并获得一定人力和物力的调用驱使权力，这就是这个机构为他提供了成就事业的舞台。任何一个主体我只有当有一个组织为之提供事业舞台时，才可能演绎出辉煌的人生，事业舞台有多大，才可能演绎出多大辉煌的人生。武则天如果不能让李治坠入爱河，并言听计从，而独守青灯一盏，也就只能作为小尼姑而终其一生。没有施展拳脚的事业舞台，主体我就只能孤芳自赏，草木一生。

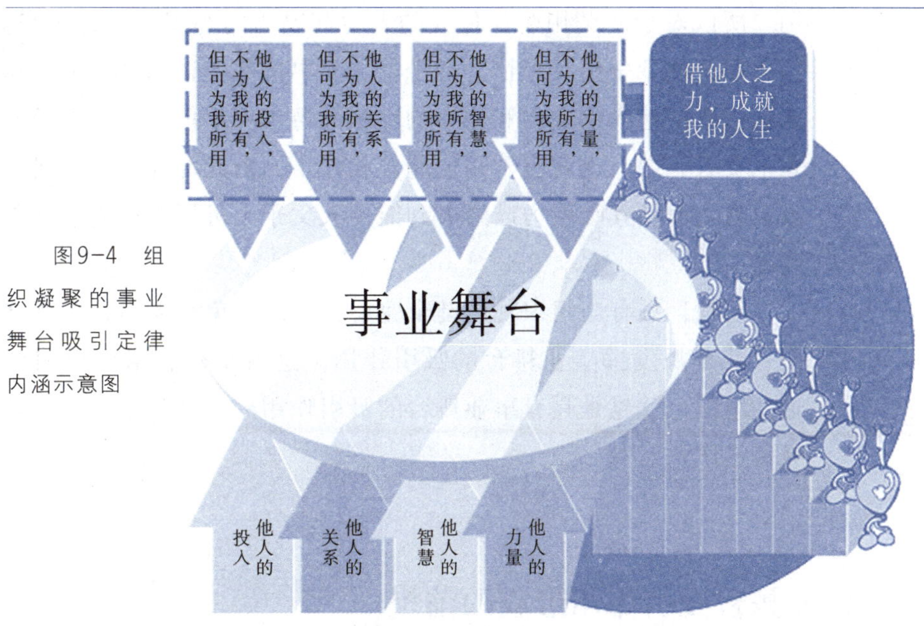

图9-4 组织凝聚的事业舞台吸引定律内涵示意图

希望成就事业的人多，可供人成就事业的舞台却非常有限，因而它就成了一种高度稀缺的资源。这一资源一旦形成，它也就会对众多主体我形成强大的凝聚作用，把他们召唤吸引进来，并用期望留住其人和心。人人都有能的价值需求满足的愿望，所以对于事业舞台的渴望也是人皆有之。这个事业舞台会持续为其所有，或者在未来某一时刻会为其所有，这种预期越明朗，就越会对他形成吸引作用。海尔在新的千禧年开启之前，之所以能以相对很低的薪酬而凝聚一大批年轻有为的精英人才，其原因就在于他们对于自我发展的事业舞台的渴望和预期。海尔公司强调“是一只猴子，就给它一棵树抱上”，并且在公司每年以50%的速度发展时，也能为他们提供一棵树抱上。

构成事业舞台的资源简单地说就是人力和物力，细分，应该说包括他人的力量，即超越于自己身体健康范围的体力；他人的智慧，即超越于自己聪明才智范围的脑力；他人的关系，即超越于自己社会联系范围的社会关系；他人的投入，即超越于自己风险承担范围的财力。也正是这四种资源构成了事业舞台的基础。登上了以这四种资源为基础构成的事业舞台，主体我就可让不为我所有的他人的力量，为我所使用；让不为我所有的他人的智慧，为我解疑除难；让不为我所有的他人的关系，为我事业之所需牵线搭桥以整合广泛的资源；让不为我所有的他人的财力，提供支持，为我事业之所需的经济资源进行背书，承担风险。

这种事业舞台直接是借他人之力，成就我的人生。所以，人类社会越是进化突破生命所需物质稀缺的限制，它也就越是对人具有广泛的吸引作用。所以对于能调用驱使他人的人力和物力的组织高位，历来竞争惨烈，甚至在这种竞争中父子情、母子情、兄弟情都变得暗淡无光。所以有人为能调用驱使他人的人力和物力的组织高位不择手段，弑父戮兄者有之，屠儿杀女者有之。这就更不用说朋友相残了。由此可知，事业舞台不仅具有吸引力，而且其吸引力已经大到能使人父子、母子、夫妻、兄弟、朋友相残了。

但是，只有当组织规则健全完善，才能避免一兔走百人逐之的混乱局面，使资源发挥事业舞台的吸引作用。这就是说，组织规则越是健全完善，组织也就越是具有事业舞台的吸引作用。这就是组织凝聚的事业舞台吸引定律。

五、事业舞台吸引作用形成的前提

支撑事业舞台的是他人的力量、他人的智慧、他人的关系和他人的投入。没有这几项，事业舞台也就不成其为事业舞台。但这四者仅仅是事业舞台的构成基础，并不是其本身。而维系这事业舞台，使之具有事业舞台作用的却是四个方面的规则构成的体系。这四个方面的规则也直接是使组织具有舞台吸引作用的前提。

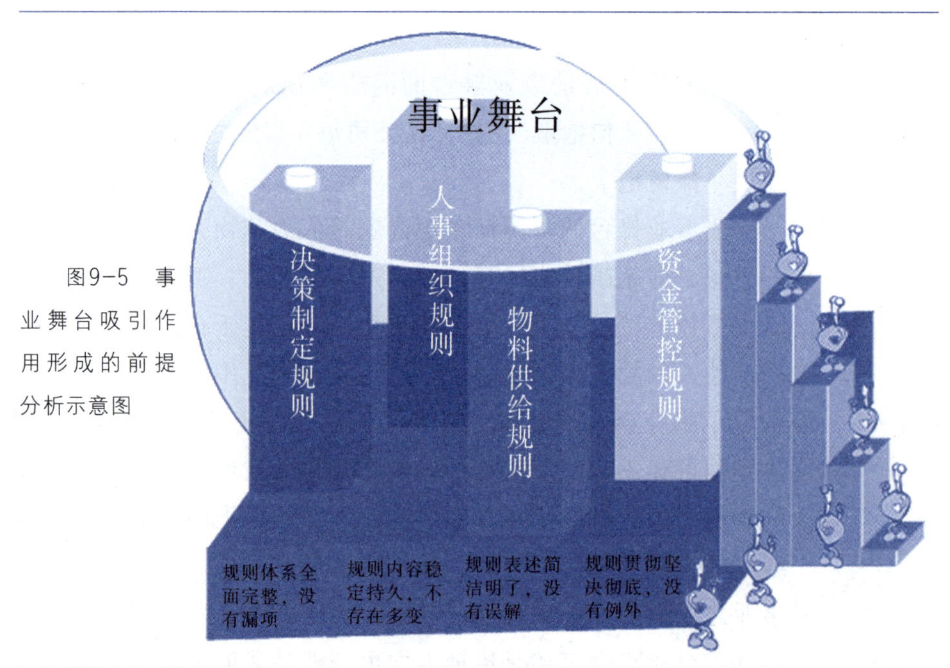

图9-5 事业舞台吸引作用形成的前提分析示意图

(1) 决策制定规则。这是对事业舞台上所有资源的处置方式方法的限制设定。如果一个人进入一定组织获得了能供其调用驱使的物力和人力，他对这些能供其调用驱使的物力和人力的使用方向和方式没有自我约束，随心所欲，化公为私，致使作为组织资源构成部分的他人的力量、他人的智慧、他人的关系和他人的投入的运用背离这些资源提供人的意愿，也就难免被从这个舞台上轰下去。同时如果这些资源提供人不给予登上舞台进行人生演绎的人以目标方向稳定基础上的灵活性，这舞台对于他的吸引力也会下降，他在此仅仅是一个傀儡。所以如何调用驱使构成舞台的人力物力，也就必须规则体系全面完整，没有漏项，使规则能约束双方，一方面保证其资源使用方向不改变，同时又给予其使用方式上的灵活性。

(2) 人事组织规则。构成事业舞台的核心资源是人力，物质资源是由人创造出来的。其内容包括选择谁进入构成组织的不同层次的舞台来演绎人生，如何监督使之在拥有其资源调用的灵活性的同时，不违背最有效地达成组织目标这一方向。否则，其得之无序，其用之也就不可能有序。容忍为获得事业舞台的竞争不择手段，必然因为滥用而减少用于组织目标达成上努力的投入。与组织目标的背离甚至逆向而行也就在所难免。在此强调的是获得事业舞台的竞争规则内容稳定持久，不存在多变。否则就难以形成获得的预期，事业舞台的吸引作用就会丧失，至少是降低。家族所有、家庭运营的企业往往吸引不到优秀的人才，其原因也就在此。

(3) 物料供给规则。达成任何目标都必须有物质条件支撑，而构成物质条件的资源又总是稀缺的。要保证其使用效率和效益，就必须避免不同层次的舞台主角背离高效地达成组织目标方向的滥用和挥霍。物料供给规则不仅是对不同层次上的舞台主角滥用和挥霍资源行为进行节制的上下左右相互制衡式的管控机制，而且是对各个层次的舞台主角对于物质资源运用投入的方向方式的约定，目的是保证组织所拥有的物质资源仅仅服务于组织目标的达成。有了这种节制约定，成就事业舞台的构筑成本才能最低，才能在所汇集的资源一定的情况下，成就更大的事业。

(4) 资金管控规则。物料供给是以实物的形式提供给各个层次舞台主角的物质条件，资金则是物料的价值形态的存在。所以资金管控规则是对组织高层的舞台主角所掌控的经济资源的使用方式方法的约定。因为资金的使用更具全局性，并且它又可方便地转换为任何形式的物料和其他所需资源，如果没有规则约束，其浪费和被侵占就难以避免，进而使有限的资源所成就的事业大打折扣。所以只有当这一规则健全完整，并且贯彻坚决彻底，没有例外时，才能杜绝滥用和盗用，以保证有限的物质资源能成就更大的事业。

上述四个方面的规则之所以是构成事业舞台的软件基础，是因为没有这个软件发挥作用，硬件就难免成为破铜烂铁，使事业舞台不成其为事业舞台而毁却事业舞台，使之无以为继而演变成为资源的让渡。所以，组织规则越健全完善，组织就越是具有事业舞台吸引作用。

六、组织凝聚的人际情感融合定律

组织作为相互联系稳定的社群，能通过相互依存关系为成员提供情感寄托的居所和关系融合的纽带，为之消除孤独和寂寞。所以，组织成员越是能结成相互依存关系，相互消除孤独和寂寞，就越是能增强组织对于成员的人际情感融合作用。

任何一个人，他既是理性的存在物，也是情感的存在物。情感不同于情绪，它是一种稳定的心理价值取向，其内容，只有爱和恨两种取向。而融合人际关系的是爱这一价值取向的情感。人是不能没有爱的存在物，缺少爱和被爱都会让人因孤独而感到恐惧和压抑。只有爱才能使其生活变得充实有意义，从中体验到自身存在的价值。只有被爱才能让人感到自身的强大和力量，在面对困境和苦难时才会不退缩。尽管基督教和中国古代墨家都强调博爱、普爱，超越于人际关系本身而爱，甚至要求爱你的敌人，但这仅仅是不切实际的思想家的奢想。孟子所言的仁之端——恻隐之心——也不是真正的爱。爱必须以频繁而近距离的接触为前提。所以俗话说，亲是“不走亲也疏”。而频繁且近距离的接触仅仅是形成爱的情感的一个前提条件，真正形成爱的情感，必须以相互关怀、相互信任、相互尊重为具体体现。或者倒过来说，没有相互关怀、相互信任、相互尊重也就没有爱的情感的形成。恨刚好相反，则是相互伤害、相互猜忌、相互贬低。相对于人的身心健康而言，爱是正向作用力量，让人充满希望和力量；恨是负向作用力量，让人感到紧张和恐惧。所以，人所寻求的只是爱的情感的获得和恨的情感的避免。而组织作为提供人际频繁且近距离的接触的社会群体，能直接为作为组织成员的主体我提供情感寄托的居所和关系融合的纽带，进而让成员个人消除孤独和寂寞。而让这一可能成为现实，却是成由八个环节构成的一个循环过程：

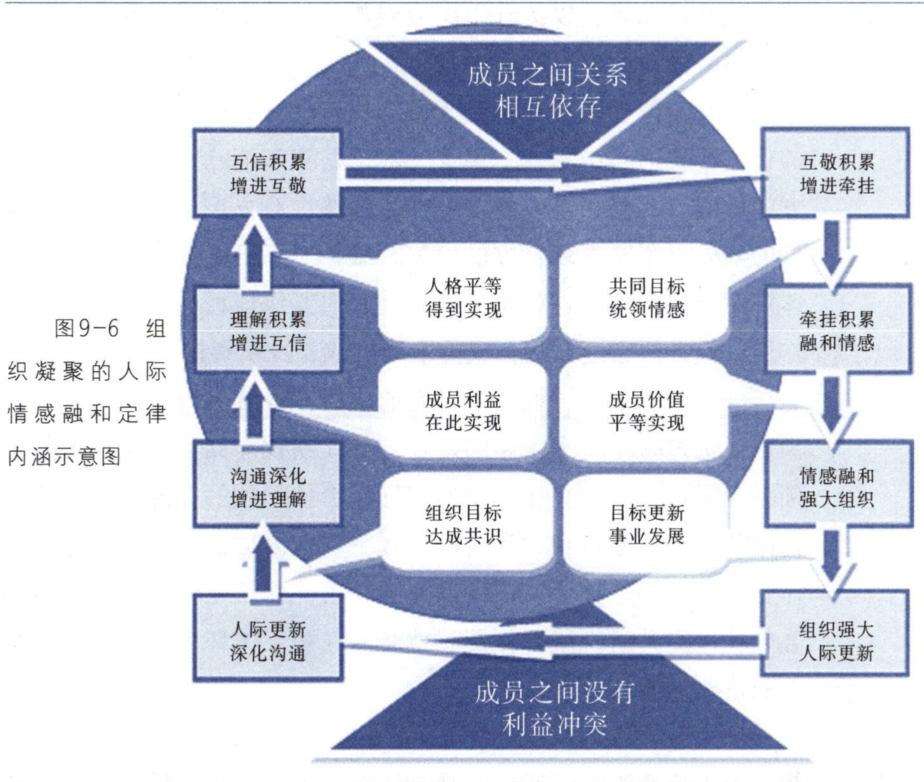

图9-6 组织凝聚的人际情感融和定律内涵示意图

(1) 深化沟通。沟通是人际情感融合作用发挥的起点。在两个陌生人之间，是不可能存在严格意义上的爱的情感。充分沟通才能让陌生成为过去。而仅仅点头问候的沟通也达不到消除陌生的作用，因而必须深化沟通，即通过反复多次的频繁交流，对对方的过去、现在都有比较全面的了解，达成相互认知。这就是增进理解。但要保证增进理解，以提升组织凝聚作用，就必须通过沟通在组织目标上达成共识。

(2) 增进理解。相互认知仅仅能消除陌生，只有当对于对方的过去和现在的处境、行为有所理解，才能从对方的角度思考判断，达成相互认同。所以，沟通本身不是目的，沟通仅仅是为达成相互认同服务的一个过程。因此，要增进理解实施的沟通就不能对对方进行假设，就不能把自己的意志强加于对方，就必须从对方的实际出发，站在对方的立场上进行思考。这就是增进互信。但要保证增进互信，以提升组织凝聚作用，就必须通过理解以保证成员个人利益在此得以实现。

(3) 增进互信。达成了相互认同，也就达成了相互信任。在此强调为确保这种信任不仅不减退而且不断增加积累，这就必须在达成一定相互认同的基础上，逐渐把相互认同的内容和范围拓展开来，形成更广泛的观念共鸣，更广泛的价值认同，以最终减少和消除分歧。这就是增进互敬。但要保证增进互敬，以提升组织凝聚作用，就必须通过互信以保证成员个人的人格平等在此得以实现。

(4) 增进互敬。敬就是尊重，就是对对方的价值的认同，就是让对方的价值在我的心中实现。很少，甚至是直接消除了分歧，才能全面看到对方的价值，看到了对方的价值，才能尊重对方。这里强调在减少和消除分歧的基础上不断发现对方的价值，维护对方的价值，在人际交往过程充分体现对方的价值。这就是增进牵挂。但要保证增进牵挂，以提升组织凝聚作用，就必须通过互敬在成员之间形成相互依存的关系。

(5) 增进牵挂。认定了对方的价值，也就是对方成了自己人生旅途中须借以走过崎岖不平山路的拐杖。要让拐杖能助力于山间的行走，也就必须保障拐杖完好。关注拐杖的完好，牵挂拐杖的完好，也就必然。增进牵挂就是在不损害自身的利益的前提下顺应对方。只要牵挂对象不与牵挂主体有违，这种牵挂会以惯性的方式积累。这就是融合情感。但要保证情感融合，以提升组织凝聚作用，就必须在相互关怀中用组织共同目标来统领爱的情感。

(6) 融合情感。在牵挂达到一定高度之后，往往借助拐杖的人会扛起拐杖走出崎岖不平。所以，越是顺应对方，就越是增进对方的牵挂。不断增进的牵挂本身就是情感的融合，牵挂就是对对方的关怀，就是巩固对方在自己人生旅途中的地位和作用。所以，越是牵挂对方，关怀对方，就越是会努力保护对方，以减少和消除对方可能遇到的伤害。这就需要壮大组织。但要保证壮大组织，以通过壮大组织来为成员提供保护，就必须保证组织成员的价值需求满足对应其贡献和努力。

(7) 壮大组织。在一个人际频繁且近距离接触的组织中，其成员个人相互之间，成员个人与组织整体之间，越是相互牵挂，相互关怀，相互保护，这个组织也就必然因这种特有的凝聚作用而变得越来越强大。俗语所说的“人心齐，泰山移”，就是这个道理。而融合情感不是和稀泥，而是在明确目标、统一意志的基础上实现组织人员的扩张更新，组织成员人越多，组织就越强大。这就是人际更新。但要保证人际更新，也就必须保证组织人员规模扩张之后的人际关系更新有序，避免大的振荡。

(8) 人际更新。这是组织强大之后的必然结果。组织强大之后，一方面人员规模会增加，人员规模的增加必然伴随新的人际关系形成，结交更多的新伙伴新朋友；另一方面原有的组织角色会随着规模的增加而发生转换不得不去面对新的同事、上司、下属。这二者都是人际关系的更新改变。这就又回到了深化沟通的起点。但要保证深化沟通的实现，就必须保证组织成员之间没有利益冲突。利益冲突只会撕碎组织成员间的情感，任何道德君子也无法对伤害他的生命健康，抢劫他的衣食财物的人形成爱的情感。

在这八个环节构成的情感发展演化的循环中，最关键的是相互依存关系的形成。没有相互依存关系这一基础，爱是不可能的，至少是不可能长久的。成员之间结成了相互依存关系，才能相互尊重、相互信任、相互关怀，以相互消除对方的孤独和寂寞。而与相互依存关系相对的是没有利益冲突。利益冲突是对相互依存关系的否定，它只会造成人际关系的紧张和仇恨。所以，组织成员越是能结成相互依存关系，相互消除孤独和寂寞，就越是能增强组织对于成员的人际情感融合作用。这就是组织凝聚的人际情感融合定律。

七、保障人际情感融合作用的关键

人际情感融合作用能否发挥和增强，其关键在于组织成员相互之间是否存在有利益冲突。爱的情感与利益关系是联系在一起的，尽管爱会不计得失地向对方输送利益，甚至把能为所爱的对象作点贡献当作一种价值需求满足。但这只能在爱的情感已经形成之后，而其形成则是以在利益上的相互依存关系的存在为起点的，没有利益上的一致性，就不会有相互依存关系的形成，也就不会有爱的情感的萌发。并且超越爱的范围的利益冲突，直接会排斥爱的情感，毁灭爱的情感。即使时时相聚的频繁近距离接触也不能改变这一点，相反还会因为频繁近距离接触而使利益冲突的双方在情感上走向敌对，形成相互仇恨的情感。其演化逻辑关系如下：

(1) 密切接触导致争吵。利益冲突的组织成员相互频繁而近距离的接触，只会导致争吵。利益冲突的双方不见面还可能静下心来思考，一见面则难免剑拔弩张。

(2) 争吵导致冲突显化。即争吵致使隐含的利益冲突公开化，把本来可能用时间冲淡的矛盾推到谁也无法相让的狭路相逢境地。

(3) 冲突显化加深对立。每一次公开化的冲突，让双方更是从对立的角度看顾对方，结果是相互对立的进一步加深。

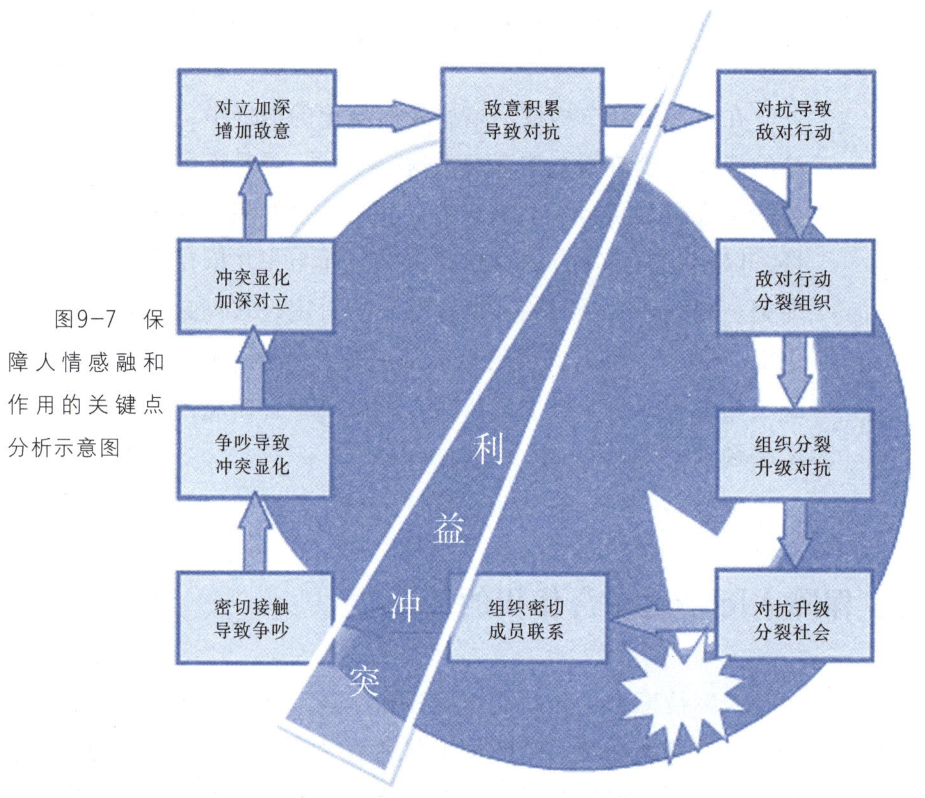

图9-7 保障人情感融和作用的关键点分析示意图

(4) 对立加深增加敌意。这就是由一般性利益矛盾冲突上升为你辱我荣、你死我活的不可调和的相互敌对关系，都只是从怎样削弱和消灭对方的角度进行思考判断。

(5) 敌意积累导致对抗。敌意积累到一定程度，就必然是面对面的对抗，即通过对抗进行力量对比基础上的抗衡，在防止被对方削弱和消灭的同时，积蓄力量削弱消灭对方。

(6) 对抗导致敌对行动。对抗一旦形成，就都会把对方视之为必须消灭的敌方，最后在此形成双方之间的力量比拼。

(7) 敌对行动分裂组织。如果在组织内部成员之间发生了敌对的力量比拼行动，组织的整体统一也就彻底毁灭了，组织也就必然分裂为相互对立的部分而削弱。

(8) 组织分裂升级对抗。分裂一经形成，对抗就会由偶然的行动变成经常化的行为，成为组织与组织之间的对抗，并把削弱和消灭对方作为全部行为选择的目标。

(9) 对抗升级分裂社会。对抗再发展，不仅组织的整体统一性不存在了，而且还会迁延到所存在于其中的社会，让全社会也卷入进来造成分裂。两个有影响的组织对抗，必然会让这两个相互对抗的组织之外的人和组织作站队选择。

但在任何一个组织之中，任何两个成员之间也都不可能在利益关系上达成完全的一致，所能达成的一致仅仅是特定事件或特定时间中的特定事件。任何一个人都是一个独立的个体，不可能与他人利益完全一致起来，存在利益上的矛盾是不可避免。所以，如果认为利益矛盾就是利益冲突是不当的。否则这一定律是不可能成立的，所以必须跳出一益一损的中和模式的利益对立，寻求共同的利益，并在共同利益的分享上按照为保证最大限度地达成共同利益的目标选择确定分配的比例。这是避免和消除利益冲突的唯一有效途径。这也就是强调通过深化沟通，在利益矛盾的事实上达成理解，并通过理解而认同差距存在的必然性和必要性，避免让利益矛盾演化成利益冲突。

八、组织凝聚的依附归属承载定律

个人依附归属一定组织，是因为它能为其成员提供有、能、善三类价值需求的满足，成员个人依附归属就意味着得到一种依靠，获得一种保障。所以，组织能为其成员提供的有、能、善三类价值需求满足越全面、越充分，组织相对于其成员的依附归属承载作用就越大。

任何一个个人在浩瀚无际的世界中，不仅仅显得渺小，而且会因世界的多变和不确知而感到恐惧不安，不得不寻求归附于一个由众多的人紧密联系在一起的组织，以通过归附获得组织的庇护而消除恐惧不安，增加安全感。所以，组织越是能为其成员提供安全保护，消除恐惧，就越是具有依附归属承载的作用。而个人归附一定组织，从中获得人身安全的保障，仅仅是最基本的归附价值之所在，组织相对于个人的价值需求而言，甚至可以提供其价值需求中大部分内容的满足。或者说组织相对于其成员，可作为其大部分价值需求满足机会的载体。其内容细分如下：

（1）获得有的价值中的生活保障。即组织能为其成员提供所需的基本生活需求满足条件，保证不为饥寒所困。

（2）获得有的价值中的安全保护。即组织能为其成员提供所需的人身安全、财产安全，保证不为危机侵扰。

(3) 获得有的价值中的心理平静。即组织能为其成员提供所需的交流沟通，疏导发泄情绪的机会，以保证不受压抑、孤独带来的心理疾病侵扰。

(4) 获得能的价值中的能力展现机会。即组织能为其成员提供其能力展现的舞台，使之有机会展现其所拥有的种种技能和特长。

(5) 获得能的价值中的智慧展现机会。即组织能为其成员提供其智慧展现的舞台，使之有机会展现其所拥有的聪明才智，激发其聪明才智的积累和发展，发掘其潜能。

(6) 获得能的价值中的个性展现机会。即组织能为其成员提供展现其个性的机会，使之能作为一个具体、真实的、具有很多与人不同的个体存在，而不仅仅是作为构成统计数据的一个没有意义的点存在。

(7) 实现去假存真的价值需求满足。即组织能为其成员提供表达去假存真的意志的机会，使之能把他自己所认定的假去掉，仅仅留真，或者能使之重新认定真假。

(8) 实现扬善除恶善的价值需求满足。即组织能为其成员提供表达扬善除恶的意志的机会，使之能把他自己所认定的恶除掉，把他自己所认定的善发扬光大。

(9) 实现展美匡丑的价值需求满足。即组织能为其成员提供表达展美匡丑的意志的机会，使之能把他自己所认定的丑匡正，把他自己所认定的美展现于世。

但并不是说组织能为其成员提供上述价值需求满足的支持，就一定能对其成员形成依附归属的承载作用，这是有前提的。归纳起来就是一条，这特定组织能提供的其他组织不能提供，或者提供的量没有这特定组织所提供的多。相对于成员的三个有的价值需求内容，必须是在组织之外难以稳定获得的、难以充分获得的和获得困难较大的；相对于成员的三个能的价值内容，必须是在组织之外没有充分大的舞台、没有充分多的机会、没有充分容忍的文化；相对于成员的三个善的价值内容，必须是在组织之外难有充分实现的机会。否则，组织本身可能被成员抛弃，即背离原有组织而另投其他组织。

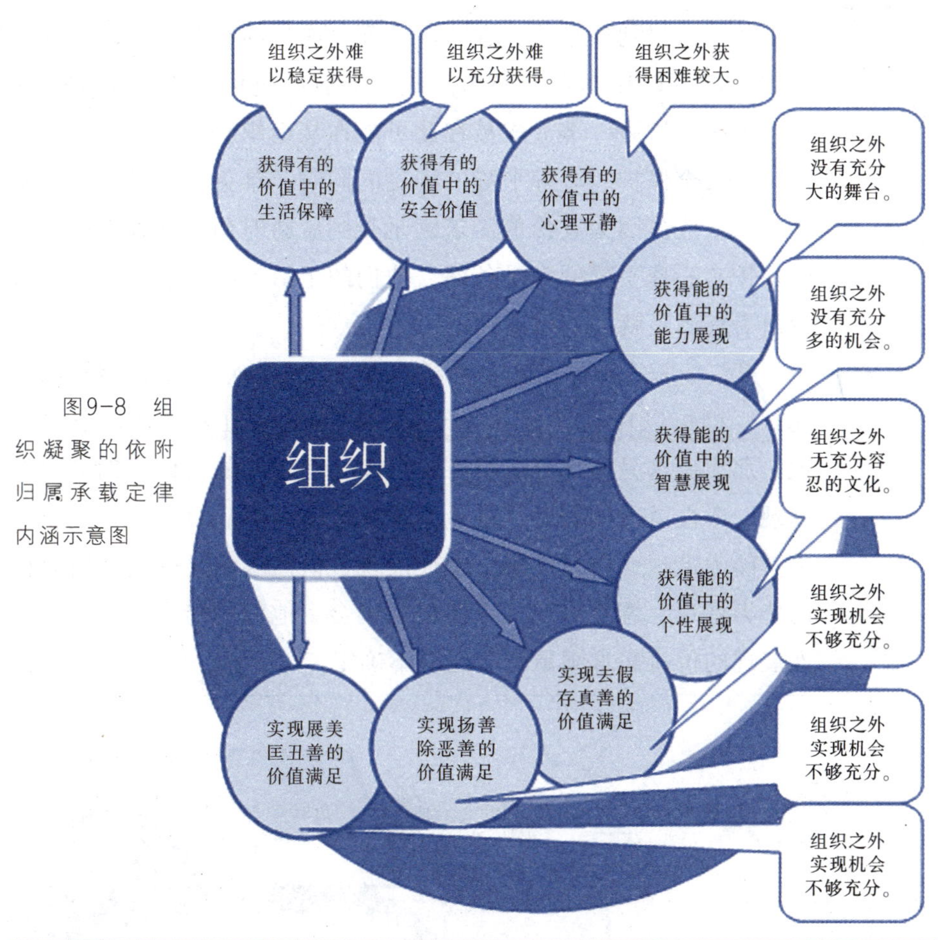

图9-8 组织凝聚的依附归属承载定律内涵示意图

由上述分析，可得到组织凝聚的依附归属承载定律：组织能为其成员提供的有、能、善三类价值需求满足越全面、越充分，组织相对于其成员的依附归属承载作用就越大。反之相反。

九、保障依附归属承载作用的关键

前面的分析，给出了组织依附归属承载作用发挥的条件，但要满足这些条件，其关键在于在组织内部确立成员的权利平等地位。所谓权利平等，不是权力均等，而是保证组织成员相对于组织存在和发展的贡献大小，对应对等地享有价值需求满足的权力。否则，一部分人把自己的价值需求满足建立在对另外一部分人应该有的价值需求满足的被剥夺基础上，破坏了权利平等的这一基础，其附归属承载作用就会大打折扣，甚至完全丧失。

其一，权利不平等，意味着一部分成员的有的价值需求的满足具有优先权，即可以在剥夺另一部分成员的有的价值需求满足条件的基础上实现。那么，这另一部分成员在此可能在从组织获得有的价值需求中的生活保障、安全保护、心理平静的满足的同时，难免会被其价值需求满足具有优先权的成员因为其价值需求满足受到威胁时而剥夺他们的生活保障、安全保护、心理平静的满足条件。他们的生活保障、安全保护、心理平静的价值需求满足就会变得不确定。

其二，权利不平等，意味着一部分成员的能的价值需求的满足具有优先权，即可以在剥夺另一部分成员的能的价值需求满足条件的基础上实现。那么，这另一部分成员在此可能在获得能的价值中的能力展现、智慧展现、个性展现的同时，难免会被其价值需求满足具有优先权的成员会因为其能力展现、智慧展现、个性展现价值需求满足受到威胁时而剥夺他们的能力展现、智慧展现、个性展现机会。他们的能力展现、智慧展现、个性展现的价值需求满足就会变得不确定。

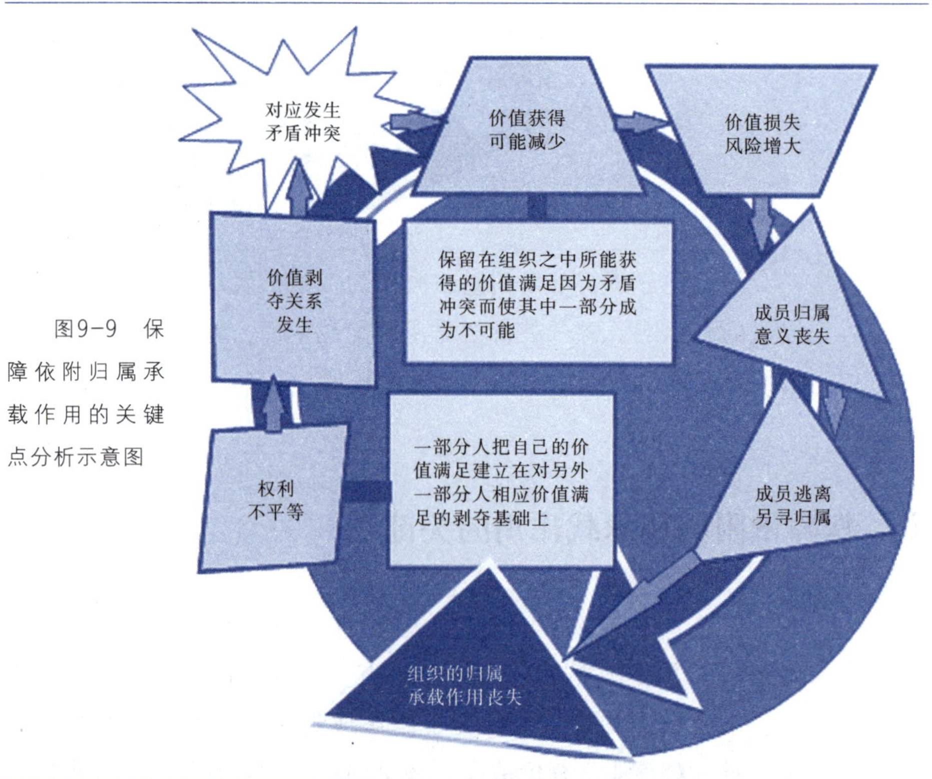

图9-9 保障依附归属承载作用的关键点分析示意图

其三，权利不平等，意味着一部分成员的善的价值需求的满足具有优先权，即可以剥夺另一部分成员的善的价值需求满足条件的基础上实现。那么，这另一部分成员在此可能在获得善的价值中的去假存真善、扬善除恶、展美匡丑等善的价值需求满足的同时，又难免会被其价值需求满足具有优先权的成员会把自己的去假存真、扬善除恶、展美匡丑等意志选择强加于人，尤其当另一部分成员的假存真善、扬善除恶、展美匡丑意志与之不同时，他们去假存真、扬善除恶、展美匡丑的意志也就难免被剥夺。他们的能力展现、智慧展现、个性展现的价值需求满足就会变得不确定。

而在一定组织内部，价值剥夺关系一旦发生，组织成员之间的冲突也就难免了，往往被剥夺其价值需求满足条件的成员，不免会对是否继续保留在组织之中的行为选择重新进行审视。如果所能获得的价值需求满足因为矛盾冲突而使其中一部分成为不可能，原有的条件也就不存在了，直接是他们的价值需求满足的可能性减少，价值损失风险增大，成员归属的意愿的减弱，乃至丧失。其结果就是成员归属意义丧失，成员逃离另寻归属，这也就是组织的归属承载作用的丧失。即使被剥夺还没有发生，而仅仅是一种不确定的可能性，这种可能性也会让人对是否继续保留在组织之中的行为选择重新进行审视，进而降低组织的归属承载作用。

所以，尽管成员个人会在其价值需求满足上通过大小比较而决定其是否留在组织之中，但要直接影响这一选择，以提升组织的依附归属承载作用，就必须最大限度地在组织成员之间的权利关系上保证平等。越是能保证这种权利关系的平等，就越是能提升其依附归属承载作用。

十、组织凝聚的利益关联诱导定律

任何个人加入特定组织都是有所求，而当他无法从他处获得其所求时，他也就被这组织的利益关联诱导作用锁住了。所以，越是明确组织成员的价值需求满足与组织的持续存在、目标达成、发展壮大、成员关系的关联关系，并对应给予安排，就越是对成员个人具有利益关联诱导作用。

任何一个个人，之所以选择加入一定组织，都是因为对这个组织有所求，即它能给他带来其所求的价值需求满足。所以，如果一个组织能给予其成员所寻求的价值需求满足，尤其当他无法从这个组织之外获得时，这个组织就会对他形成强大的利益关联诱导作用，使其无法选择背离行为。这里强调的是一种可能，只要存在为其成员提供所寻求的价值需求满足的可能性，它就会对其游离在其周围的人员产生诱导作用，已经是其成员的则会选择留下，不是其成员的则会选择加入而成为其成员。而其成员从组织获得价值需求满足的方式与组织的持续存在、目标达成、规模发展、成员关系关联着，或者说其成员是通过组织的这四个方面达成其价值需求满足的。

(1) 其成员从组织获得价值需求满足的内容和数量仅仅与组织的持续存在关联。这就是只要组织没有解散消失，组织成员就可从组织的存在中获得其所寻求的价值需求满足，无论组织目标是否达成、组织规模是否发展壮大、组织成员关系是否更新变化都没有关系。即只要组织存在，成员就能从中获得价值需求满足。就像清末的皇室贵族一样，只要清王朝不倒台，他们就可整天斗鸡玩牌，没有饥寒之忧。清王朝就与他们的年奉收益同在。在这一关联关系中，组织成员与组织本身就结成了不可分割的利益关系，是存亡与共。

(2) 其成员从组织获得价值需求满足的内容和数量仅仅与组织的目标达成关联。这就是说只有当组织目标达成后，其成员才能从这种目标达成的结果中获得其所寻求的价值需求满足，组织存在本身不能给予其成员带来价值需求满足保障。这就像小股东与股份公司一样，公司赢利目标不实现，小股东的利益就落空了。在这一关联关系中，组织成员与组织目标达成结成不可分割的利益关系，是兴衰与共。

(3) 其成员从组织获得价值需求满足的内容和数量仅仅与组织的规模发展关联。这就是说无论组织目标是否实现，没有其规模的扩张，其成员所寻求的价值需求满足就不可能实现，其成员仅仅从其规模的扩张中获得其所寻求的利益。这就像经营权与所有权分离的现代企业中的非投资人高管与企业规模发展之间的关系一样，企业规模发展壮大了，非投资人高管的发展空间就会对应增长，演绎人生的舞台大小也会随着增大。在这一关联关系中，组织成员与规模的发展壮大结成了不可分割的利益关系，是荣辱与共。

(4) 其成员从组织获得价值需求满足的内容和数量仅仅与组织成员关系关联。这就是说无论组织目标是否实现，规模是否实现扩张，都与其成员所寻求的价值需求满足的内容和数量没有关系，而仅仅当其成员相互之间关系友善，能够相互关爱、相互帮助、相互辅衬时，组织成员才能从友善的组织成员关系中获得其所寻求的价值需求满足。这就像组织的健身娱乐玩伴之间的关系一样，成员之间越是相互关爱、相互帮助、相互辅衬，也就越是对其成员具有吸引力。在这一关联关系中，组织成员与人际友谊结成了不可分割的利益关系，是和谐与共。

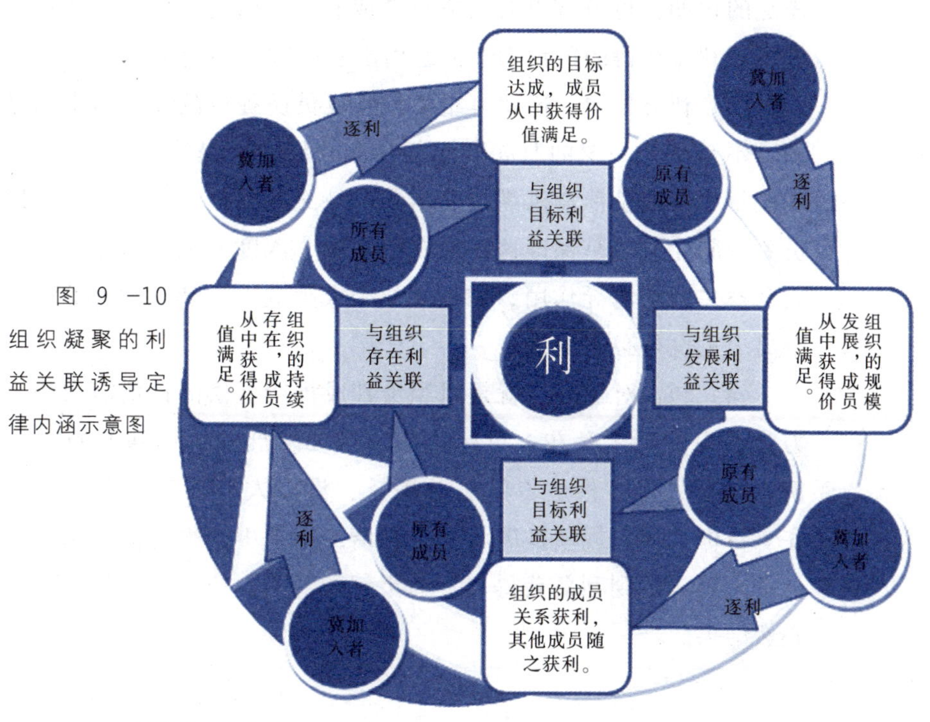

图 9-10 组织凝聚的利益关联诱导定律内涵示意图

所以，越是明确组织成员的价值需求满足与组织的持续存在、目标达成、发展壮大、成员关系的关联关系，并对应给予安排，就越是对成员个人具有利益关联诱导作用。这就是组织凝聚的利益关联诱导定律。

十一、保障利益关联诱导作用的关键

利益关联诱导作用发挥的关键可归纳为四个方面：

(1) 利益真实。这就是组织给其成员所提供的价值需求满足是成员个人自己能感觉到的，能考量评估的，能具体界定的。否则，其利益就是虚无缥缈的空话。不能感觉到的、不能考量评估的、不能具体界定的利益往往与皇帝的新衣一样可能具有一时的欺骗作用，但总会被无邪的小孩说破。成员个人更多的是无邪的小孩，如果感觉不到利益的真实性，游离出去也就是必然结果。

(2) 利益可期。这就是组织给其成员所提供的价值需求满足，虽然不能无条件地给予，但成员个人用自己的努力满足其所设定的条件之后，一定能是如数兑现，不会打折扣。否则，其利益在内容、数量、兑现条件约定、交付形式等等方面不确定，就难以形成其成员对其所寻求的价值需求满足的预期，也就难以对其成员形成利益关联诱导作用。如果成员个人感觉不到利益获得的可预期性，游离出去也就是必然结果。

(3) 利益长久。这就是组织给其成员所提供的价值需求满足，是长久的，不是一朝一夕的肌肤刺激的片刻快感，而是能稳定持久地带来满足，让成员个人的价值需求满足与组织的持续存在、目标达成、规模发展和成员关系同在，越是保证这种同在的广度、深度，也就越是能维护对成员个人利益关联的诱导作用。如果成员个人感觉不到利益获得的稳定性，早晚游离出去也是必然结果。

(4) 利益对等。这就是组织给其成员所提供的价值需求满足，与其努力为组织的持续存在、目标达成、规模发展和关系和谐的贡献对应成比例，没有人侵占他应得的利益满足，没有人超越其努力贡献而从组织存在、目标达成、规模发展和关系和谐的结果中获得价值需求满足。如果成员个人感觉不到利益获得与努力贡献的对等对应关系，早晚游离出去也是必然结果。

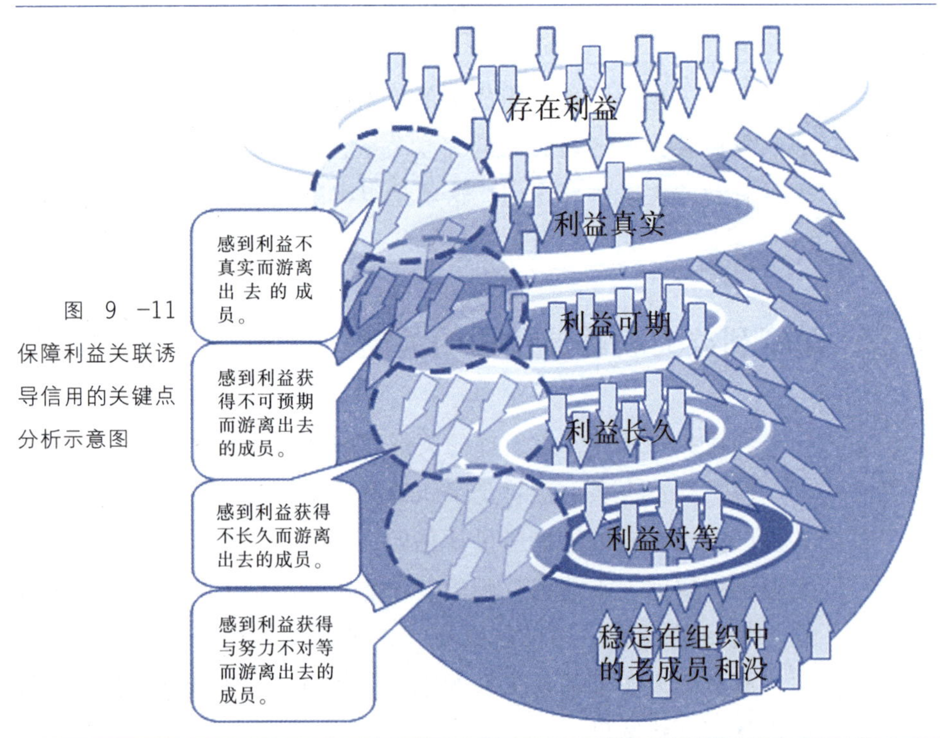

图 9-11 保障利益关联诱导信用的关键点分析示意图

利益关联诱导作用发挥的过程，就像一个过滤网，让成员感到利益不真实就会游离出去一部分，让成员感到利益不可期就又会游离出去一部分，让成员感到利益不长久就又会游离出去一部分，让成员感到利益不对等就又会游离出去一部分，剩下的就是稳定在组织中的老成员。他们或者是因为感觉到了其利益的真实、可期、长久和对等，或者是他们就是没有感觉的傻瓜。所以，要保证组织的利益关联诱导作用得到发挥，也就必须努力让其成员感觉到其利益的真实、可期、长久和对等。希望没有感觉的傻瓜来壮大其组织规模，这种组织就只能是傻瓜俱乐部，这里也就没有利益关联诱导作用的存在。

十二、组织凝聚的职责义务约束定律

加入一定组织，享有成员的权力，是以认同和履行为组织的存在和发展努力做贡献的义务为前提的。而组织整体与成员个人越是能在权力、地位、职责、义务四个转换构成的完整循环过程中，保证其转换关系呈增进变化，组织就越是发展壮大，就越是具有义务职责约束作用。

作为主体性存在的个人之所以加入组织，是因为组织的存在和发展能给他带来所寻求的价值需求满足。但从组织中获得的任何价值需求满足，也都是由组织成员共同努力或其他成员努力的结果。因此，加入组织，成为其中一分子，也就包含有为组织的存在和发展努力做贡献的义务。是否履行了义务，往往不仅有组织及其成员监督形成的外在约束，同时也有成员个人自我对义务认同基础上的内在约束。

正是从这个意义上讲，组织整体与成员个人之间的关系，也就是一种价值需求满足与努力贡献之间的对等交换关系。尽管这种交换难以保证绝对的等价，但二者之间都必须以对方要求的实现为前提，并把对方的要求直接转换成为自己所求权利的约束。否则，二者之间的关系就难以长久维系。因为成员个人之所以加入组织成为其中的一员，是因为他预期能从组织的持续存在、目标达成、规模发展和关系和谐中获得实现其价值需求满足的权利，在组织成员中形成与其努力和贡献相对应的地位。组织整体之所以吸纳成员个人加入组织，是因为它预期能通过成员个人加入后的努力和贡献保障组织的持续存在、目标达成、规模发展和关系和谐，即成员个人会对组织的持续存在、目标达成、规模发展和关系和谐的保障承担职责，履行义务。在此权利和地位是成员个人加入其组织成为其中一员所应该享有的价值需求满足，职责和义务则是成员个人加入其组织成为其中一员所应该做出的努力和贡献。

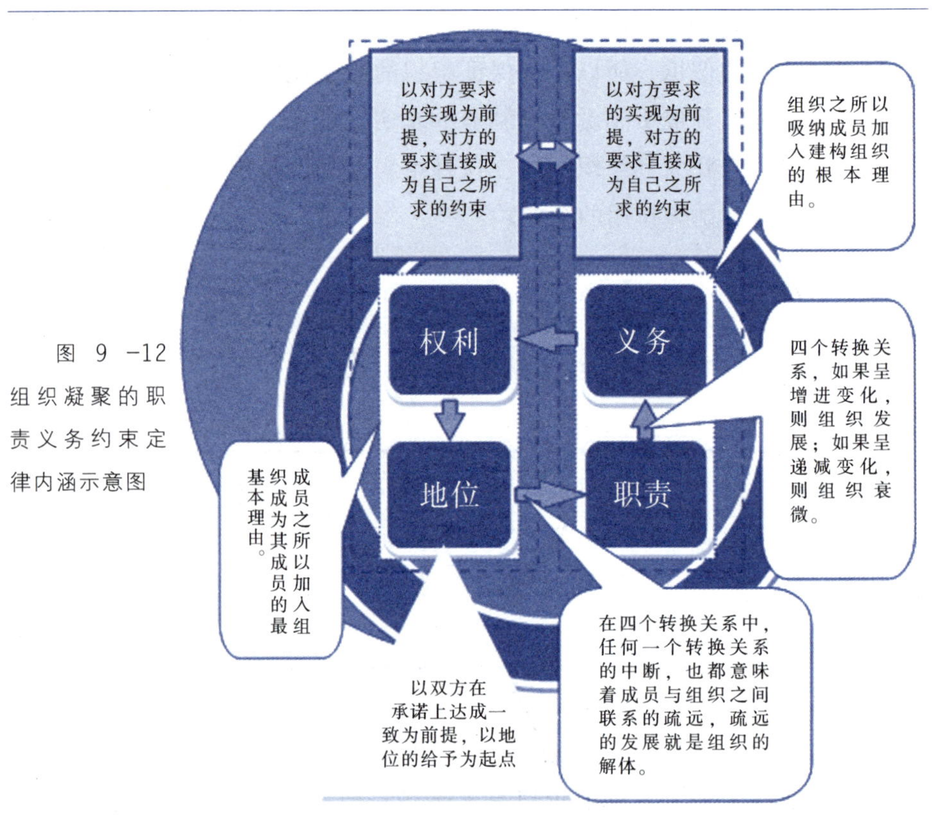

图 9 -12 组织凝聚的职责义务约束定律内涵示意图

组织整体和成员个人之间的关系的结成，是以双方在承诺上达成一致为前提的，是以其特定地位的给予为起点的。如果没有强迫，组织整体与成员个人之间的关系只能由这一起点开始。并且地位、职责、义务、权力四者直接构成一个完整的不断转换的循环，地位转换成职责、职责转换成义务、义务转换成权力、权力转换成地位。在四个转换构成的循环关系中，在任何一个转换上发生中断，都意味着成员个人与组织整体之间联系的中断，其积累和发展最终也就是组织的解体和消亡。因为如果某个组织成员在某个转换环节上停留下来，无论是停留在权力、地位、职责、义务四者哪个点上，都是组织整体和成员个人之间联系的权力、地位、职责、义务四个转换循环过程的终止，也都是组织的持续存在、目标达成、规模发展和关系和谐的受损。

在权力、地位、职责、义务四个转换构成的完整循环过程中，其转换关系如果呈增进变化，即相对于组织整体，成员个人对于组织整体所已承担的职责、已履行的义务大于其所给予的权利和地位，相对于成员个人，组织整体所给予的权利和地位大于其所已承担的职责、已履行的义务，顺向地在量上发生增溢变化，则是组织发展的实现；如果呈滑减变化，即相对于组织整体，成员个人对于组织整体所已承担的职责、已履行的义务小于其所给予的权利和地位，相对于成员个人，组织整体所给予的权利和地位小于其所已承担的职责、已履行的义务，顺向地在量上发生减损变化，则是组织的衰微。

所以，组织整体与成员个人越是能在权力、地位、职责、义务四个转换构成的完整循环过程中，保证其转换关系呈增进变化，组织就越是发展壮大，就越是具有职责义务约束作用。这就是组织凝聚的职责义务约束定律。

十三、保障职责义务约束作用的关键

保障职责义务约束作用的关键是，保证在组织整体和成员个人之间的权力、地位、职责、义务四个转换构成的循环平衡不间断地进行，不中断，不波动。而要保证这个循环过程不中断、不波动，必须达成四个方面的要求：

(1) 权力、地位、职责、义务四者横向比较上对应等价，保证公平。其要求一是权力、地位与职责、义务对应等价，即成员个人与组织整体的交换是建立在等价的基础上。这种等价也是一种心理评价，这首先是在预期上的等价，同时在结果上也能等价。预期不等价，成员个人不会加入，或者组织整体也不会接纳。结果上不等价，就是一方对于另一方存在有欺骗，让对方基于承诺的预期落空了。二是由地位转换到职责，职责转换到义务，义务转换到权力，权力转换到地位的顺向循环中的每一个转换都必须对应等价。地位对应于贡献，地位等于权利，权利等于义务，义务等于职责，职责等于地位，这就是组织内部关系和谐的达成。

(2) 权力、地位、职责、义务四者的内容得到管理者与被管理者双方的认同并进行明确承诺，相互认定。这就是无论是组织整体，还是成员个人都不能把单方面的意志强加于对方，组织整体不能以组织的名义剥夺成员个人的应得权益，成员个人也不得把自己的个人意志凌驾于组织整体之上。二者之间只能平等协商，通过沟通在相互理解的基础上达成共识。

(3) 多种形式地跟踪稽考，组织成员之间相互监督确保四者在对等的基础上实施。在此强调的是不能容许有任何成员个人凌驾于组织整体或成员他人之上，不对应地位对等地履行职责，和不对应权利对等地占有地位，任何一个成员个人都有权斥责和要求更正。不能容许有任何居于组织高位的成员个人随心所欲、暗箱操作、逃避监督的行为存在。

(4) 在组织运行上设立奖长罚欠的机制，以维护权力、地位、职责、义务四者间的对应等价关系。奖长就是在地位对应于贡献的基础上，鼓励地位大于权利、权利大于义务、义务大于职责、职责大于地位的溢增式非平衡的努力，并以奖的方式恢复平衡。这里的奖不仅仅是组织整体对成员个人超越其权力和地位所承担的职责和履行的义务给予奖励，也包括成员个人对于组织整体超越其职责和义务授予地位、给予权力的感恩回报努力。罚欠则刚好相反。

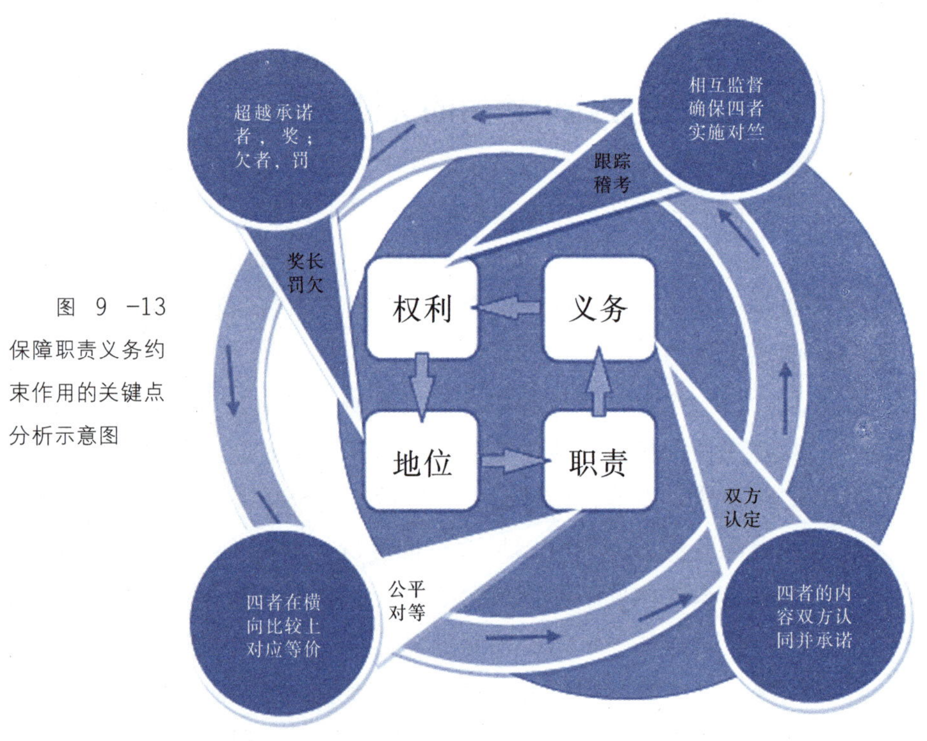

图 9 -13 保障职责义务约束作用的关键点分析示意图

任何一个组织都希望自己组织拥有强大的职责义务约束作用，但仅仅希望没有用，必须对应上述四个方面努力。尤其要明白，这种约束作用不是单向的，而是双向对等的。组织整体单向地对成员个人施加的任何形式的约束，都是对成员个人的压迫，其结果只有一个，最终被成员个人唾弃而衰微和解散。成员个人单向地对组织整体施加的任何形式的约束，也都是专制独裁行为，其结果也只有一个，最终被组织整体赶走。

十四、组织效能定理

越能保证其成员从组织存在和发展中所获得的价值需求满足与其为组

织存在和发展的努力和贡献对等，就越是能保证组织对其成员的凝聚作用，就越能有效地达成管理目的。

尽管人作为社会性存在，必须依存于一个特定的紧密联系在一起的社会群体，即组织，无法独立独行，超越于组织存在，像鲁宾孙流落荒岛独自一个人还维持长久的存在是不可想象的。但是，相对于主体我，组织也是被对象化的客体存在，其本身不是目的，而仅仅是主体我达成其特定目的的工具。只有当它具有一定效能，才能起到工具的作用。而组织的最重要效能就是凝聚人员，整合资源，达成管理目的。这是本章前文已讨论过的，在此要讨论的是它的效能发挥的限制，即在何种情况下，它才能最好地发挥其效能的问题，这就是组织效能定理。其内容可概括为：越能保证其成员从组织存在和发展中所获得的价值需求满足与其为组织存在和发展的努力和贡献对等，就越是能保证组织对其成员的凝聚作用，就越能有效地达成管理目的。这一定理很容易从管理交易公理的分析中得到。管理不是通过指令支配下属，而是在平等互利的基础上，用被管理者所寻求的价值需求满足或条件换取他们为做好工作而努力的交易。而在组织整体和成员个人之间的这一交易中，其标的一方是做好工作的努力和贡献，一方是其价值需求满足。也只有交易标的在心理评价上对等，才能保证组织对其成员的凝聚作用，进而才能有效地达成管理目的。根据组织凝聚公理，组织作为管理工具，其作用除了界定成员相互关系之外，更重要的是通过目标认同整合、舞台事业吸引、依附归属承载、人际情感融合、利益关联诱导和职责义务约束凝聚组织成员，整合组织内、外部资源。这六个作用发挥得越充分，其组织的管理工具作用就越大，管理实施就越有效。目标认同整合、舞台事业吸引、依附归属承载、人际情感融合、利益关联诱导直接是组织整体向成员个人提供价值需求满足的过程。而成员个人相对于组织整体又总是处于弱势，一般成员尤其如此，其成员从组织存在和发展中所获得的价值需求满足与其为组织存在和发展的努力和贡献对等与否，首先是组织整体或者是代表组织整体的组织领导人意识到这种对等关系相对于组织存在和发展的重大意义，并努力实现和维护这种对等关系。而职责义务约束则是对这一对等关系的具体界定。所以，这六个作用发挥得越充分，也就是其成员从组织存在和发展中所获得的价值需求满足与其为组织存在和发展的努力和贡献对等。组织的管理工具作用，也就是组织对其成员的凝聚作用，管理实施有效，也就是管理实施达成管理目的的努力，就时间分析是有效率，就投入分析是有效益。

这一定理包括三个要点：

(1) 只有当成员个人能从组织存在和发展中获得其所看重的价值需求满足时，才会为组织的存在和发展作出努力和贡献。相对于组织成员个人，组织作为一种特殊的对象化存在，其意义仍在于实现其成员的价值需求满足的工具作用。这也就是说，如果组织不能为其成员提供其所看重的价值需求满足，它对于其成员也就不过是敝帚，不会有人自珍，更不会有人愿意为其存在和发展作出努力和贡献。而每一个成员又都是主体性存在，所以组织能为其带来多大的价值需求满足，他也就只会对应为其存在和发展作多大的努力和贡献，这就像不会有人愿意掏一百元人民币买一根普通牙签一样。根据唯我利己的自我肯定定律的分析，任何一个人的行为目的都只是寻求自我肯定，超越于自我肯定的利人行为是不存在的。利人只不过是个人为达成能和善的价值需求满足而产生的一种客观效果。而其预期越是能达成其自我肯定的目的，主体我就越会选择这一行为。所以，只有当成员个人能从组织存在和发展中获得其所看重的价值需求满足时，才会为组织的存在和发展作出努力和贡献。反之亦然。如果成员个人不能为组织的存在和发展作出努力和贡献，组织也就不会接纳他并为其提供价值需求满足。因为构成组织整体的成员作为一个集体也会从其利益的实现上考虑，所接纳的成员不能为组织的存在和发展作出努力和贡献，接纳使之成为一个成员，也就仅仅是增加组织的负担。

(2) 组织对其成员的凝聚作用的大小，与其成员从组织存在和发展中所获得的价值需求满足与其为组织存在和发展的努力和贡献对等与否直接相关。组织的管理工具作用的核心是凝聚人心，整合资源。在组织整体与成员个人之间也是一种交易关系，只不过是构成组织的众人作为一个整体与单个成员个人的交易。不对等价的交易是无法延续的，吃亏的一方只要有其他选择，就会出走而寻求能达成等价交易的组织与成员关系。根据意志指向定理，任何一个人，只要身心健康，他的任何一个行为，其意志目标都只是指向最大限度地保证自我肯定目的的达成和主体性受损风险的避免。而最大限度地保证自我肯定目的的达成，也只有当成员个人能从组织存在和发展中所获得的价值需求满足与他为组织的存在和发展做出的努力和贡献对等才可能。相对于成员个人，如果不对等则是其努力和贡献没有获得应该有的回报，这样他就不会持续努力和贡献。相对于组织整体，如果不对等则是其所提供的价值需求满足大于成员个人的努力和贡献，构成组织整体的成员作为一个集体也会从其利益的实现上考虑，保留对方的成员资格是否有意义的问题，没有意义，也就不会保留他的成员资格。尽管成员流动性相对较差的组织，比如国家和家庭，往往会从道义和情感上考虑而超越这一点，但从总体上看仍然无法超越这一点，否则，组织的削弱和衰微也就不可避免。

(3) 只有组织成员从组织存在和发展中所获得的价值需求满足与其为组织存在和发展的努力和贡献对等，组织才具有凝聚作用，组织的管理工具作用才能实现。成员个人从组织存在和发展中所获得的价值需求满足与其为组织存在和发展的努力和贡献不对等，也就是成员个人从组织存在和发展中所获得的价值需求满足小于其为组织存在和发展的努力和贡献。如果这样成员个人早晚都会背离出走，这也就是组织的凝聚作用的消失。成员都出走了，组织也就不存在了，用以发挥管理作用，让他人做好工作的管理目的也就落空了。根据组织凝聚的职责义务约束定律，组织整体与成员个人越是能在权力、地位、职责、义务四个转换构成的完整循环过程中，保证其转换关系呈增进变化，组织就越是发展壮大，就越是具有义务职责约束作用。而组织整体与成员个人在权力、地位、职责、义务四个转换构成的完整循环过程中，其转换关系呈增进变化，只有在交易等价的情况下才有可能，即成员个人从组织存在和发展中所获得价值需求满足与其为组织的存在和发展所作努力和贡献对等。而组织发展壮大也就是组织对其成员凝聚作用的结果。而职责义务约束作用，却又直接是组织对其成员凝聚作用的体现，也直接是组织发挥管理工具作用的过程。

管理学第十公理

文化诱导公理

一、文化诱导公理的内涵

文化是由相互关联的信息束构成的集合，根据其关联关系，这个集合除了可分解为价值观念、思维方式和行事习惯三个子集之外，还可分为四个层次，九个要素的子集。作为管理工具，其作用是通过观念灌输、理论征服、规则约束、习惯顺从、伦理认同、艺术感染六条途径实现的。这六条途径越畅通，文化的诱导作用就越大。

文化就其发展形成的过程分析，可分为两大类，一是社会文化，二是组织文化。所谓社会文化就是成员关系相对疏松的社会组织，包括国家、民族等，其成员在长期生活过程中相互交流沉淀，并一代一代传承积淀形成的相对稳定的共同价值观念、共同思维方式和共同行事习惯的总和。所谓组织文化则是成员关系相对紧密的社会群体，由其领导者自觉或不自觉地倡导和示范形成，并且可自主进行构建和改造的成员大多数人共有的价值观念、思维方式和行事习惯的总和。二者的共同点，也就是文化的本质，其内涵都是由共同的价值观念、共同的思维方式和共同的行事习惯构成的。二者的不同点有三个：一是在形成的过程上不同，社会文化主要是由历史自然沉淀形成的，而组织文化则可通过自主规划设计后建设形成；二是其稳定性不同，社会文化很难在短期内发生大的改变，而组织文化则可通过有计划有组织的建设实施，在相对较短时间内，比如在两至三年的时间里实现质的改变；三是可选择性大小不同，体现为共同的价值观念、共同的思维方式和共同的行事习惯的社会文化，相对于其成员只能接受，无法逃避，而组织文化却可通过用脚投票进行选择，不能容忍和接受特定组织文化完全可以通过退出的方式进行选择。

管理就是交易，但因为管理行为主体往往相对于行为作用对象，具有明显的优势，他手中握有某种权力，组织也直接是他操控的工具。所以，这一交易在价值上是难以达成对等的，甚至只有到了其管理行为作用对象对不公平交易已忍无可忍，管理交易关系面临破裂时，才发现公平的不在。所以，如果没有形成以互利共赢、平等友好为核心价值观念的文化，管理交易很难在等价基础上实现。但文化作为管理工具，本身主要不是用于约束管理实施中的不等价行为的，而是由它独立地对管理行为作用对象发挥作用。否则它就不可能具有管理工具的作用。

就其本质而言，文化就是信息，尽管信息不等于文化，但文化必须是信息本身。因为无论什么样的文也都只是信息的存在。只不过它不是单一孤立的信息，或者一个信息束，而是由众多相互关联的信息束构成的集合。这就是说文化的构成细胞直接是信息束。所谓信息束，就是有相对边界的信息本身，是能从其他信息中分离出来、独立存在、独立传播的信息。它可以是一条信息构成的，也可以是多条不具有独立存在和传播功能的信息构成的。没有这一本质的认知，文化也就难免被神化为不可捉摸的神物。

在文化的信息束集合中，就其信息束相互之间的关系而言，它又可分解为核心层的价值观念，理论层的科学技术、伦理哲学，实体层的流程标准、管控制度、伦理道德、风俗习惯，以及表象层的语言艺术和形象艺术九个构成要素等不同的信息束子集。它使构成文化的信息束在内在结构上呈扩散型分布，构成人的行为事物判断标准的价值观念处于核心的地位，其他要素对应逐渐具体化展开。最外层的是表象层，即是由可视、可听、可触摸的具体存在构成的要素。并且构成文化的信息束如果不能以这样的形式展开，其化的作用也就难以落实。对他人的价值观念、思维方式和行事习惯的改变调整，只能是和风细雨的潜移默化，暴风骤雨的强迫压制，相反只会导致成员个体的逆反心理而弱化原已形成的共识。

工具是使用者的创造物，所以，对于文化的细胞构成、“三共同”和层次结构等三个特性的把握运用得越完整，就越能自主地构建所需的文化，进而发挥其管理工具作用。而文化作为管理工具，其作用却是通过六条途径实现的：

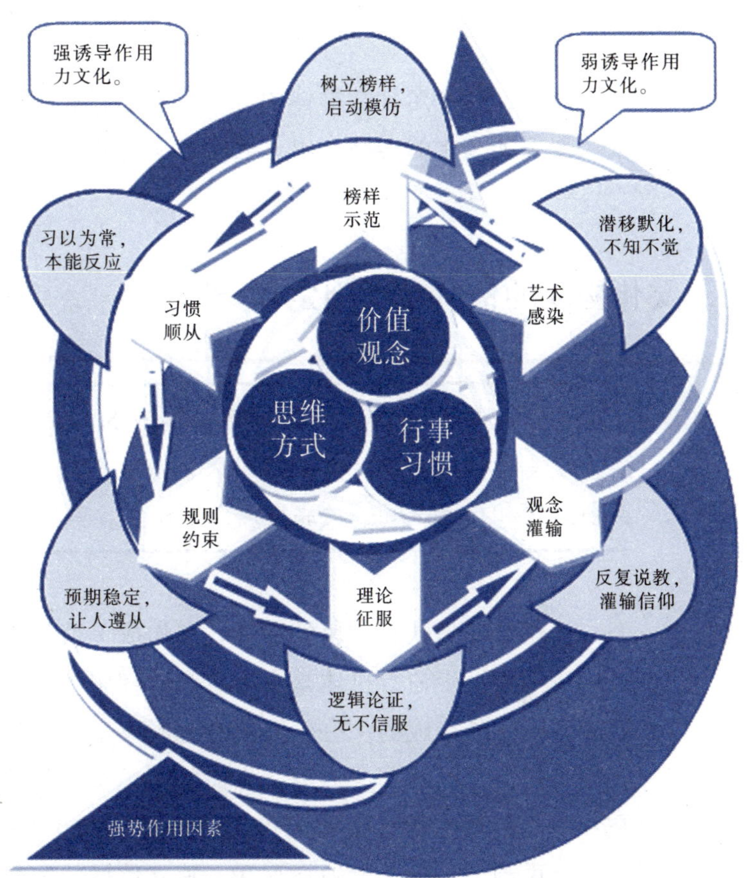

图 10 -1 管理学第十公理：文化诱导公理内涵示意图

(1) 观念灌输。这就是通过反复说教，把希望对方应该有的理念信仰和价值观念灌输给对方，使之认同接受，并在对事物行为的选择判断过程中遵从。

(2) 理论征服。这就是通过构建一套经得起批判检验的理论体系，让对方无法否认拒绝，直接用逻辑的力量征服对方。

(3) 规则约束。这就是通过双方交流沟通，确立约束对等的行为规则后，相互监督遵照执行，并通过让人把规则作为预期的根据，稳定行为主体的预期。

(4) 习惯顺从。这就是先通过强制性约束，使之形成所需的行为模式，并把这种模式化的行为变成习以为常的习惯，形成近乎本能反应的超越当场意识的行为。

(5) 榜样示范。这就是运用人所共有的行为模仿的心理机能，通过强化有目的、有计划地塑造榜样，用榜样引导带动，以改变其行为选择。

(6) 艺术感染。这就是通过具有震撼力和强大共鸣作用的典型人物、典型事件、典型语言、典型行为、典型背景，对人的心理形成冲击，并耳濡目染、潜移默化地持久作用于被管理者，使之不知不觉地改变调整自己的行为选择。

所以，在一定社会群体中，这六条途径越畅通，文化的诱导作用就越大。要保证文化的诱导作用，也就必须保证这六条途径畅通。

二、文化构成的信息束细胞定律

文化直接是由相关联的信息束构成的集合，信息束是构成文化的细胞。没有可独立复制传播的信息束，也就没有文化。构成文化的信息束的数量规模和相互之间的关联程度二者越大，其文化诱导作用就越大。

文化绝不是铁板一块的物质，在构成上就像生命有机体由细胞分裂生长构成一样。生命有机体是由有生命的细胞生长构成的，而细胞又是由没有生命的元子构成的。有生命的细胞脱离生命有机体，它的生命一般很难长期维持，死后又还原为没有生命的元子。文化的构成细胞就是可独立存在和独立传播的信息束，文化也直接是由相互关联的信息束构成的集合。而信息束却又是由不能独立存在、独立传播的信息和信息片断构成的，能独立存在和独立传播的信息本身就是由单一信息构成的信息束。共同构成信息束的多个信息，就像生命有机体的构成元子一样，没有生命，脱离其存在的特定背景就无法理解、无法传播复制。

生命有机体的消亡最后一定是细胞的消亡，但细胞的消亡却不是生命有机体的消亡，细胞的生死代谢每时每刻都在生命有机体内发生。生命有机体的成长、壮大是细胞在有机体内分裂生长的结果，生命有机体的衰微、消亡，也是细胞在有机体内衰弱和消亡的结果。文化也是如此。其发展、壮大则是信息束通过复制传播在集合内更新和汇集、增长的结果，其衰微、消亡则是信息束失去复制传播能力而从集合中隐退、消失的结果。

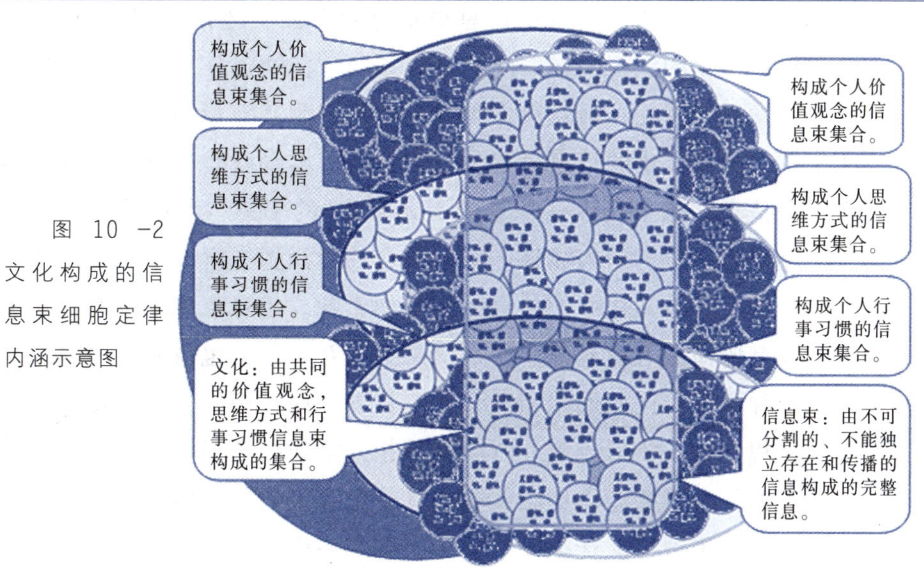

图 10 -2 文化构成的信息束细胞定律内涵示意图

信息束的复制传播能力的消失分为两种情况，一是在文化所覆盖的社会内部消失，也就是它被这个社会抛弃、忘记。二是对外复制传播能力的消失，也就是它不为外部社会认知、认同，封闭在小社会之内。在任何一种文化的内部，在任何时候都有一定信息束处于组合演变和进入隐退的过程中。一定文化的消亡，也就是这一文化所汇集的信息束的消失，一定信息束的组合演变和进入隐退的发生仅仅体现为文化的发展变化而不是这特定文化的消亡。

构成生命有机体的细胞在其体内的存在和分裂、增长的运动也都是有序的，骨骼细胞和骨骼细胞按确定规则聚积在一起，按一定规则分裂、增长，肌肉、神经、肾、肝、脾等不同类细胞也都是按确定规则聚积在一起，按一定规则分裂、增长，否则就是有机体的构成畸变和消亡，让人谈之色变的恶性肿瘤也不过是不按规则分裂、增长的结果。构成文化的信息束在其集合内也有其特定的顺序结构规则。这种顺序结构规则可归纳为四个方面：一是作为个人真善美与假恶丑的认定判断标准的信息束构成一个相对独立的子集，即个人价值观念子集。二是作为个人思维判断的逻辑线索和立场方法的信息束构成一个相对独立的子集，即思维方式子集。三是作为个人行为中超越当场意识约束的行为指令信息束构成一个相对独立的子集，即行事习惯子集。四是社会或组织成员个人相同的个人真善美与假恶丑的认定判断标准的信息束、思维判断的逻辑线索和立场方法的信息束和行为中超越当场意识约束的行为指令信息束构成一个相对独立的综合子集，即共同的价值观念、共同的思维方式、共同的行事习惯，这就是文化。

正是因为所有这些信息束都可相对独立地存在和复制、传播，所以，构成文化的“三共同”的信息束集合才能通过信息束的更新转换实现演化和发展。因此，信息束作为文化构成细胞其数量规模越大，其内容就越丰富。构成文化的信息束数量规模越大，本身就是信息内容的丰富完备，同一信息在量上是无法积累的。元素为0的子集，就是没有意义的集合。细胞越多，集合的内涵越丰富。集合的内涵越丰富，就越是能从细节方面对生活在这一文化中的社会成员施加影响。信息束相互关联关系越紧密，其复制传播能力就越强。所谓信息束相互关联，也就是在内容或形式上存在种种联系，比如形式相似、时空相继、存在相依，就会让人从一个信息束联想到另一个信息束。所以这种相他之间的联系紧密，就意味着一则信息束的复制传播能带动相关联的其他信息束的复制传播。这就像女士买腰带一定会想到搭配什么样的裙子、裤子一样。集合中信息束的复制传播能力越强，就越是能对生活在这一文化中的社会成员施加影响。因为信息束的复制、传播是以信息内容的被接受为前提的。所以，构成文化的信息束的数量规模和相互之间的关联程度二者越大，其文化诱导作用就越大。这就是文化构成的信息束细胞定律。

三、文化的发展演进过程分析

文化是由相互关联的信息束构成的集合，所以可直接称之为文化的信息束集合。但这个集合中的元素不是固定不变的，有新信息束的不断形成和进入，也有原有信息束的退隐和消亡。所谓新信息束的形成，则是其社会内部通过对不同信息束之间的关联关系的认知，创新形成了新的信息，或者是通过对不同信息束的不同构成部分与其他信息束的不同构成部分重新组合编排，创构形成了新的信息。所谓新信息束的进入，则是从原有文化所覆盖的社会之外传入的新信息束。所谓原有信息束的退隐消亡，也就是原有文化中的一些信息束因为不再有人关注而渐渐被遗忘而从人们的意识中消失。这一过程就是文化的发展演变。其过程可通过对社会成员与特定信息束之间的六种关系的界定清晰地描绘出来：

(1) 认同充分关系。这也就是对于某些信息束，社会组织成员的大多数，甚至是全部都认同接受了。这类信息束是构成文化的主体，没有它，也就没有文化可言。文化集合就像一个储水池，信息束就是池中的水。因为这类信息束是被社会成员广泛认同的，所以都会高度关注其内涵、意义，并且遵循其所包含的指令要求行事。这类信息束的复制能力处于旺盛期，所以直接是构成文化“三共同”的信息束。水溢则水池变大，水减则水池变小，水枯则水池消失。这类信息束的增长，也就是文化的强盛发展期。这类信息束的消减，也就是文化的衰微消亡期。

(2) 部分认同关系。这也就是对于某些信息束，仅仅有部分社会组织的成员认同接受了，而大部分成员没有认同接受。这类信息束直接是文化发展变化的源泉，没有它，也就没有文化发展可言。相对于文化集合这个储水池，这类信息束就是不断注入池中的水。尽管这类信息束仅仅被部分社会成员关注和认同、遵循，但因为已经有了部分人的认同和遵循，所以其复制能力是处于上升时期，是正在进入文化“三共同”集合的信息束。水溢、水减、水枯都直接取决于它。这类信息束的增长，也就是文化的快速演变发展期。

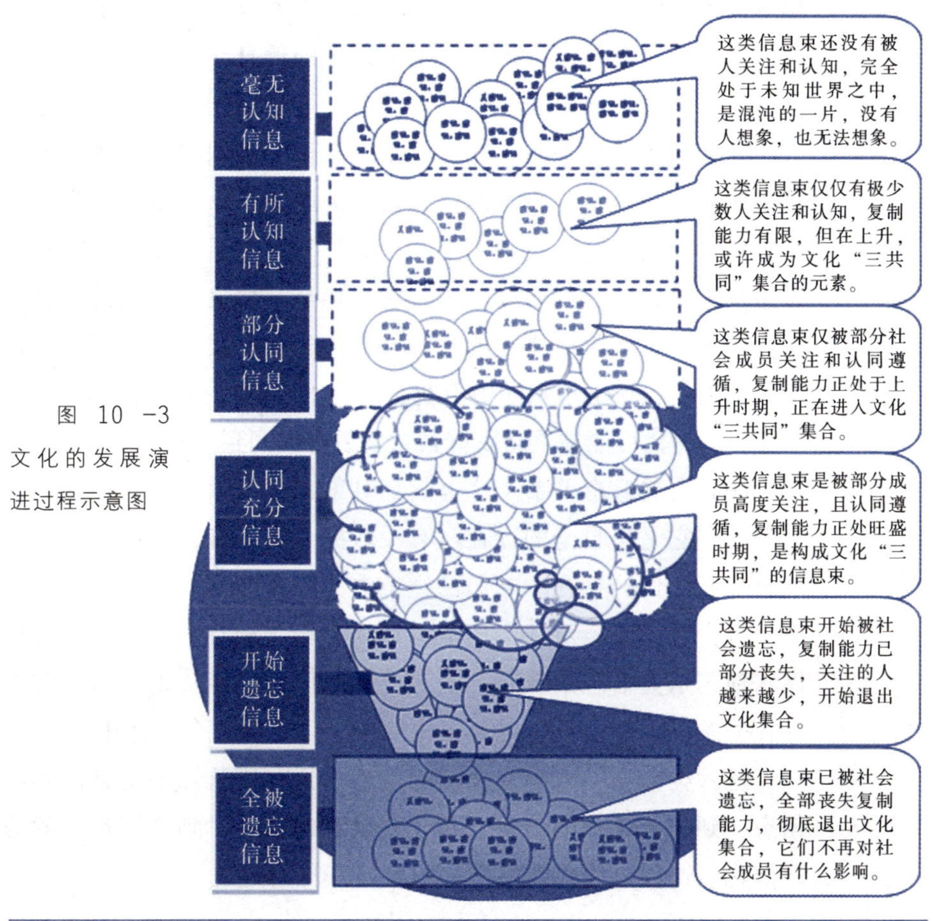

图 10 -3 文化的发展演进过程示意图

(3) 有所认知关系。这也就是对于某些信息束，仅仅有少数社会成员，甚至是个别人认同接受，绝大多数成员没有认同接受。任何一个社会的发展进步，也都是先觉觉后觉，先知海后知的过程。认同接受这些信息的人可能就是先知先觉者。它直接是文化发展变化源泉的水脉，没有它，文化发展变化的源泉也就干枯了。久旱泉细、泉干就是这个道理。相对于文化的信息束集合这个储水池，这类信息束就是不断注入池中的水的本源。尽管这类信息束仅有极少数人关注和认知，复制能力也有限，但它或许会成为文化“三共同”集合的构成元素。水溢、水减、水枯都间接取决于它。这类信息的增长，也就是文化的演变发展的酝酿期。滚滚长江也是由涓涓细流汇集而成的。

(4) 毫无认知关系。这就是超越于人的感知和理解范围的现象，没有人认知它，甚至没有人关注它。这类信息完全处于未知世界之中，是混沌的一片，没有人想象，也无法想象。这类信息与文化的信息束集合的关系就像大海与水源的关系一样。地球陆地上的水都与大海相关，或者是地脉相通而形成的地下水，或者蒸发由云到雨通过空气输送形成的地面水。没有大海也就没有陆地上的水。毫无认知的信息，就是大海，所有被认知信息都是始于对它的关注和探索。

(5) 开始遗忘关系。这也就是现有社会组织的大多数成员认定某些信息束所对应的存在与自身的存在没有关联关系，或者不真实，所以不再关注和传播复制它。一定信息束，如果没有人传播复制它，它对社会成员的思想行为的影响作用就终止了。它直接是文化发展变化的吐故，不吐故就无以纳新，也就没有文化的发展可言。相对于文化的信息束集合这个储水池，这类信息就是正从池中不断漏出的水，但不排除被回收再利用的可能，即在新的时代可能被重新发掘其意义后再次回到文化的信息束集合中来。

(6) 全被遗忘关系。这也就是对于特定信息，现有社会组织的全部成员都认定它是与自身的存在没有关联关系的谎言，日长年久，也就没有人能再记起它们的存在。它们已经丧失了复制能力，彻底退出了文化的信息束集合，它们不再对社会成员有什么影响。相对于文化的信息束集合这个储水池，这类信息束就是已从池中漏出而且已经流走的水，它不再与水池存在关系，也永远不会回到文化的信息束集合这个水池中来了。

这六类信息，由毫无认知的信息，到有所认知的信息，到部分认知的信息，到充分认知的信息，到开始遗忘的信息，到全被遗忘的信息，是顺序演化。这种演化也就是文化的发展变化的过程。

四、文化本质的“三共同”集合定律

没有共同的价值观念、共同的思维方式和共同的行事习惯三个信息束集合的形成，也就没有文化。而谁的价值观念、思维方式和行事习惯会为众人认同接纳，成为共同的价值观念，又取决于其功利作用的大小。相对于一定社会组织，其价值观念、思维方式和行事习惯的功利作用越大，就越是能成为共同的价值观念、共同的思维方式和共同的行事习惯。

任何一种文化从本质上分析，都是包含有共同的价值观念、共同的思维方式和共同的行事习惯三个信息束的集合，舍弃这三个信息束集合，也就没有文化可言。文化的诱导作用也仅仅是通过这“三共同”对生活于这一文化之中的主体我的意识和行为进行塑造实现的。或者说，文化作为一个大的信息束集合，这些信息束，根据其内容之间的关系分析，可分解为共同的价值观念、共同的思维方式和共同的行事习惯三个不同的信息束子集。所谓价值观念，就是自我意识的存在，就是主体我对他大脑里的规律信息、现境信息和前景信息的归纳整理形成的事物行为评价标准；所谓思维方式，就是意识逻辑的存在，就是主体我对其大脑里的规律信息、现境信息和前景信息进行归纳整理所遵循的逻辑；所谓行事习惯，就是超意识行为的存在，就是主体我在面对现实时不通过意识反应的行为，是模式化行为的固化。反过来说，如果由众多信息束构成的一定集合，没有界定人的价值观念、思维方式和行事习惯的信息束，这个集合无论信息束的规模有多大，内容多么丰富，也都不能称作文化。文化的核心是以文而化，形式是文，作用是化。文是其实体，化是其功能。所谓化也就是同化改变接触这一文化的人的思想行为。如果没有体现为怎么进行判断的价值观念、怎么进行思考的思维方式、怎么进行活动的行事习惯的信息，也就不可能有化的作用。

而且，只有当一定价值观念、思维方式和行事习惯的信息束为社会组织全面认同和广泛遵循时，它才能实现化的作用。这就是在拥有共同的价值观念、共同的思维方式和共同的行事习惯的这一社会组织内部，由它对各个成员个体的价值观念、思维方式和行事习惯施加影响，进行重塑，改变调整成员个人与之不相同的价值观念、思维方式和行事习惯。如果在价值观念上没有共识，持有不同价值观念的成员个人与其他成员之间难免因真善美的判断标准不同而发生矛盾和冲突。不同宗教之间的冲突往往就是由此造成的。如果在思维方式上不相统一，拥有不同思维方式的成员个人与其他成员之间难免在思维判断的立场方法上发生矛盾和冲突。党内不同派别之间的分歧往往就是由此造成的。如果在行事习惯上不相一致，带有不同行事习惯的成员个人与其他成员之间难免在人格认同上发生冲突。新婚夫妇之间的矛盾往往就是由此造成的。

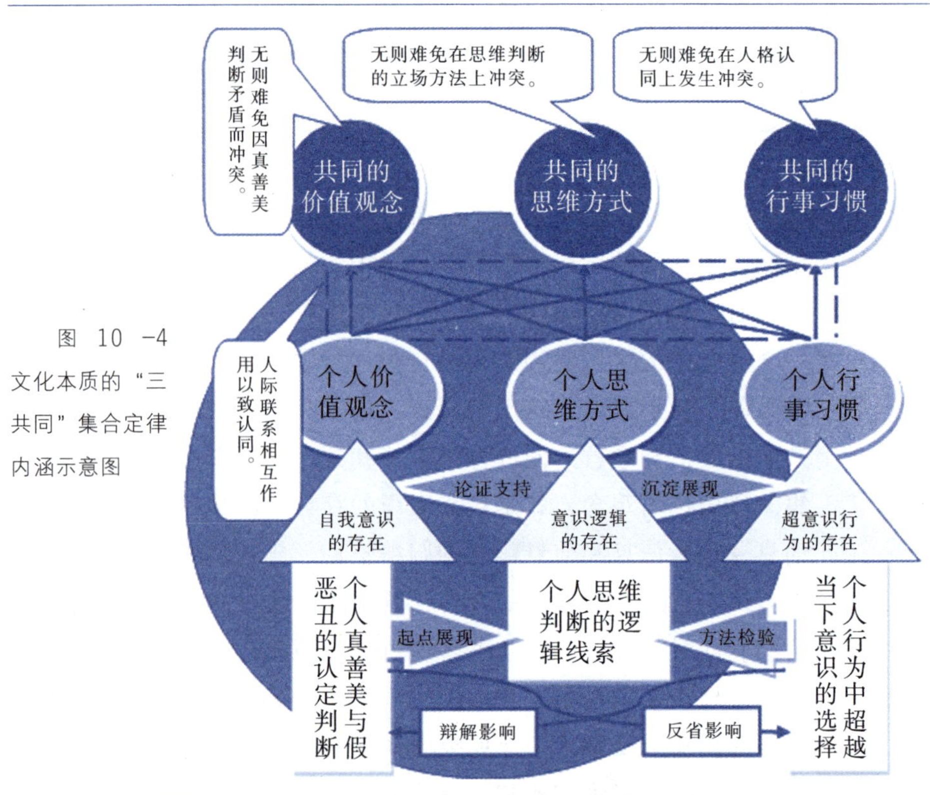

图 10-4 文化本质的“三共同”集合定律内涵示意图

在不同的个人之间，共同的价值观念、共同的思维方式和共同的行事习惯往往是通过人际联系的相互作用——矛盾与磨合、冲突与协调、对立与和解的反复而达成的。在这种不同的价值观念、思维方式和行事习惯之间的矛盾与磨合、冲突与协调、对立与和解的过程中，不一定是谁战胜了对方而把自己的价值观念、思维方式和行事习惯强加于对方形成的，而是由其所显示的功利作用决定的。被反复证明有助于共同的利益，当然也有助于每一个成员的利益的实现和发展的价值观念、思维方式和行事习惯，就一定会得到越来越多的成员个人和更广泛的社会认同、接受和遵循，并最终发展成为共同的价值观念、共同的思维方式和共同的行事习惯。根据意志指向定理，任何一个人，只要身心健康，他的任何一个行为，其意志目标都只是指向最大限度地保证自我肯定目的的达成和主体性受损风险的避免。人们在认同何种价值观念，遵循何种思维方式，因袭何种行事习惯的选择判断上，所依的标准就是能否最大限度地保证自我肯定目的的达成和主体性受损风险的避免。相对于任何一个主体我，其功利的内容都可归结为自我肯定目的的达成和主体性受损风险的避免。尽管在不同的社会群体之间，共同的价值观念、共同的思维方式和共同的行事习惯往往是通过对立双方力量对比的压迫和被压迫，一方把自己的价值观念、思维方式和行事习惯强加于另一方实现的。不同国家、民族的武力征服带来的文化统一就是如此。但是，在功利作用上具有优势的价值观念、思维方式和行事习惯，最终会以被征服者的文化同化外来征服者的文化的形式达成统一。汉文化对于蒙古文化和金文化的同化作用就是如此。在同一社会内部也是如此。不同的社会成员个人之间，其价值观念、思维方式和行事习惯往往也可能通过对立双方力量对比悬殊形成的压迫和被压迫实现，即一方把自己的价值观念、思维方式和行事习惯强加于另一方。但这种压迫仅仅只能起一时的作用，就长期而言，最终取得主导地位的仍然是具有更大功利作用的价值观念、思维方式和行事习惯。

所以，相对于一定社会组织，其价值观念、思维方式和行事习惯的功利作用越大，就越是能成为共同的价值观念、共同的思维方式和共同的行事习惯。这就是文化本质的“三共同”集合定律。

五、“三共同”之间的关联关系

价值观念、思维方式和行事习惯三者之间并不是独立的，而是相互关联、相互作用、相互制约的一个整体。

首先，价值观念设定思维方式。作为个人真善美与假恶丑的认定判断标准的价值观念，不限制思维判断的逻辑线索，但会对思维判断的立场和角度进行设定，如果已经认定对方为假恶丑，就只会从批判的立场以假恶丑的角度去认知，所能看到的也就都是假恶丑。这就像戴着有色眼镜看世界，所看到的世界都会涂有与眼镜相同的颜色。这不是世界本身具有这种颜色，而是这种颜色被涂向了世界。是人都有自己的价值观念，这种价值观念也就会给所面对的世界涂上与这种价值观念相同的真善美与假恶丑，这也就是人性本质公理中所讲的自我设限的限制。人们常说思路决定出路，还应该加上一句，观念决定思路。

其次，思维方式沉淀为行事习惯。行事习惯也不是与生俱来的，思维判断的逻辑线索和立场方法固化，行为选择一再重复，就导致行为模式化，形成超越当场意识的非意识行为。当主体我在反复面对某一相同相似的情境时，自然会想到原有的有效应对方式方法，并依之采取行为。当这种反复积累到一定次数时，它也就变成了应对这特定情境的行为方式的固定模式。一发现是相同相似情境，就会不由自主地做出模式化反应。骑车和开车的随机应对行为就是如此。它一经形成，就让人不再作有别于已有有效应对方式方法的思考探索，而直接沿用曾经被证实为有效的应对方式方法。而且这种模式化的应对方式方法，还不仅仅依赖于主体我反复重复过的经验，如果刺激强烈，往往一次性的经验就会形成模式化应对方式方法。一朝被蛇咬，十年怕井绳，就是这种模式化的应对行为的典型。

再次，文过饰非修正价值观念。作为个人行为中超越当场意识的选择的行事习惯会反制于作为个人思维判断的逻辑线索和立场方法的思维方式。屁股决定大脑，对已有的行为方式不加深思地进行辩解，越是辩解已有的并且习惯的行为，就越是否定与这一行为相对立的价值观念，让已有的价值判断标准服从已有行为本身。这就是人性弱点的文过饰非，让人为了为已有行为进行辩解而暗自修改调整已有真善美与假恶丑的认定判断标准。刚愎自用的人也会认为不耻下问是美德，当他粗暴而习惯性地否定他人的意见而遭受质询时，他则会反驳说对方的修养层次有限，不会提出有价值的意见。不耻下问是美德的观念一下就改变成向圣贤求问才是美德。

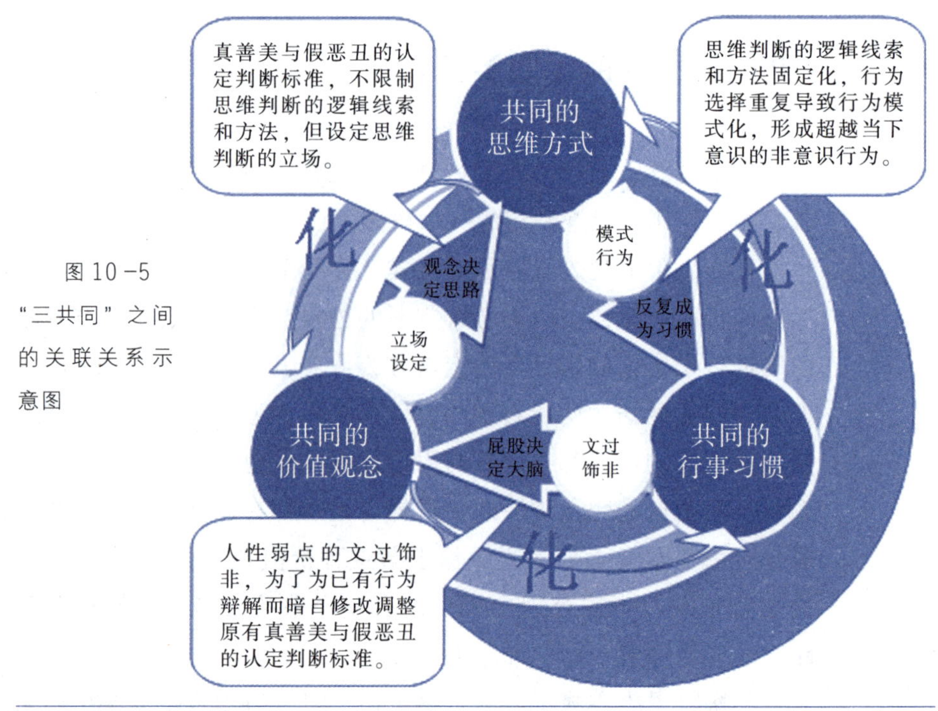

图 10 -5 “三共同”之间的关联关系示意图

同时，它们又会逆向发挥作用。价值观念会修正改变被自己认定为不良行为的行事习惯，当一个人得知当众抠鼻子是不雅习惯，他就会逐渐改掉。行事习惯中模式化行为会束缚思维方式，而仅仅依行事习惯的现实进行思维。抽烟有瘾的人总会找到所谓的益处，坏处反倒都被忽视掉了。思维方式会修正与由其思维方式思维得到的不同价值观念，即由已有思维方式证实为错误的价值观念，他也就会放弃或改变。

个人的价值观念、思维方式和行事习惯三者之间的这种联系，在共同的价值观念、共同的思维方式和共同的行事习惯三者之中也同样存在。所不同的是顺向作用的关系，因为从众无居的人性弱点会更加强化，而逆向的作用则较弱。即共同的价值观念决定共同的思维方式，共同的思维方式决定共同的行事习惯的作用，要远大于共同的行事习惯反作用于共同的思维方式，共同的思维方式反作用于共同的价值观念的力度。从众无居的人性弱点直接使共同的价值观念、共同的思维方式和共同的行事习惯三者成为有向的线形传递关系，从众的特征就是放弃反思。而没有反思也就没有共同的行事习惯对于共同的思维方式，共同的思维方式对于共同的价值观念的反作用。

六、文化结构的层次要素定律

在功能结构上，文化是由价值观念的核心层渐次展开的四个层次九个要素子集构成的一个整体，而任何一个要素的内容缺失都会降低文化的诱导作用。所以，核心层的价值观念，理论层的科学技术、伦理哲学，实体层的流程标准、责任制度、伦理道德、风俗习惯和表象层的语言艺术、形象艺术子集的构成元素越是丰富多彩，其诱导作用就越大。

作为文化构成细胞的不同信息束之间存在有不同的关联关系，使文化的信息束集合，不仅可分解为共同的价值观念、共同的思维方式、共同的行事习惯三个子集。而且从功能结构上分析，还可分解为由核心层的价值观念，理论层的科学技术和伦理哲学，实体层的流程标准、管控制度、伦理道德、风俗习惯及表象层的语言艺术和形象艺术等九个子集构成的一个结构层次清晰的整体。在这里的层次则是从功能结构上进行的定义，而要素则是从信息束的作用方式上进行的归类。通过这种归类，可清晰地界定各构成要素诱导作用的发挥方式。

(1) 价值观念子集。汇入这个子集的都是有关事物和行为评价判断标准的信息束。它是基于人们大脑中已有的规律信息、现境信息和前景信息所形成的什么是有价值的，什么是无价值的，什么才有更大的价值，什么是必须注重的判断，是文化所覆盖社会的成员进行行为选择的重要依据。其内容包括三个层次：一是真善美与假恶丑的分辨判断标准，它回答的是应该与否的问题；二是更为真、更为善、更为美的比较判断标准，回答的是取舍与否的问题；三是在情感上执着于何种真善美的判断标准，它回答的是坚持与否的问题。这个子集的信息束在内容上是高度概括的，其数量规模相对较小。社会成员都认同并遵循行事，它也就成了文化所覆盖社会的成员进行行为选择的总则。

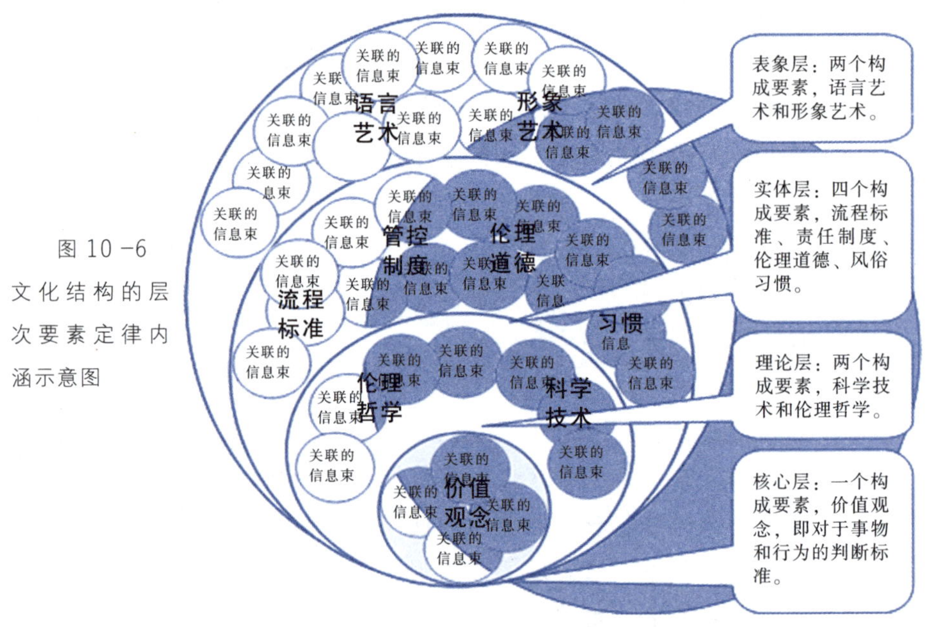

图 10-6 文化结构的层次要素定律内涵示意图

(2) 科学技术子集。汇入这个子集的都是有关人物关系的信息束，所体现的是人们大脑中所有有关事物发展规律的信息束，以及由这些信息束所形成的思维判断的逻辑规则和立场方法。其作用是对价值观念子集中有关人物关系的内容进行论证检验说明，通过对价值观念中人物关系的性质进行分析，发现矛盾，修正完善。其内容可分为两个部分：一是事物发展规律本身，这是超越主体我的意志而对于事物之间的普遍必然联系的归纳；二是基于事物发展规律而形成的对于世界进行思维判断的逻辑规则和立场方法。

(3) 伦理哲学子集。汇入这个子集的都是有关人际关系的信息束，所体现的是人们大脑中所有有关社会发展规律的信息束，以及由这些信息束所形成的思维判断的逻辑规则和立场方法。其作用是对价值观念子集中有关人际关系的内容进行论证检验说明，通过对价值观念中的人际关系内容进行分析，发现矛盾，修正完善。其内容有两个：一是社会发展规律本身，这是超越主体我的意志而对于人类社会的各类存在之间的普遍必然联系的归纳；二是基于社会发展规律而形成的对于人类社会的各类存在进行思维判断的逻辑规则和立场方法。

(4) 流程标准子集。它也就是广义上的行为规范。汇入这个子集的都是有关人物之间和人际关系的行为活动要求的信息束，所体现的是价值观念的真善美价值判断要求和事物发展规律及社会发展规律的要求在其行为上的具体化。其内容有两个：一是在人物关系上的行为选择标准，这是在人对物的能动作用过程中主观与客观统一的具体行为要求；二是在人际关系上的行为选择标准，这是在人与人的交往过程中主观与客观统一的具体行为要求。它在企业等组织的管理过程中，是对组织运行过程中的成员行为方式的界定，包括参与组织运行过程并承担职责和义务的行为方式的界定。

(5) 管控制度子集。汇入这个子集的都是有关成员个人遵循共同价值观念的要求和严守行为规范与否的奖励和惩处约定信息束，所体现的是对遵循共同价值观念的要求和严守行为规范的认同、倡导、鼓励，以及对相违行为的警告、劝阻和惩戒。其内容有两个：一是对应于行为规范的流程标准，明确违与非违的界限，以及对于严格遵守者的奖励和对违背行为的惩罚，这是针对有具体明确标准的行为的奖罚诱导。二是对应于共同价值观念的要求，明确违与非违的界限，以及对于严格遵循者的奖励和对违背行为的惩罚，这是针对只有价值理念上的原则性规定，没有具体明确标准的行为的奖罚诱导。它在企业等组织的管理中就是对违规行为的问责管控制度，它在社会管理中也就是法律法规。

(6) 伦理道德子集。汇入这个子集的都是有关引导成员个人遵循维护社会和谐关系的信息束，所体现的是为维护社会和谐关系，对保证和促进社会和谐关系全面达成的行为的倡导、鼓励，以及对相违的阻碍行为的劝阻和声讨。其内容有两个：一是对应于理想社会的行为要求，明确的是美与丑的行为界限，以及对于高尚美德的倡导和鼓励。二是对应于和谐的社会关系应该有的道德规范，明确的是道德与不道德的界限，以及对于不道德行为的劝阻和声讨。

(7) 风俗习惯子集。汇入这个子集的都是有关社会组织共有行为和仪式程序约定的信息束，所体现的是社会组织共有的模式化行为，以及对顺从的倡导、鼓励和对违背的质询和否定。其内容有两个：一是对应于公共福利积累的共有行为和仪式程序，明确的是成员个人对社会组织应该承担的超职责义务，以及对于不承担超职责义务行为的改变引导；二是对应于稳定强化社会联系的共有行为和仪式程序，明确的是成员个人对社会组织应该有的超职责义务行为，以及对于不选择超职责义务行为的改变引导。

(8) 形象艺术子集。汇入这个子集的都是可综合感知的具体形象信息束，并且这些信息束都能从不同的角度体现其文化前三个层次的构成要素的内容要求，它是文化前三个层次的构成要素的内容要求在形象艺术上的具体化和典型化，所体现的是其内容要求的顺违报应启发及由此带来的情感共鸣。其内容有两个：一是对应于文化前三个层次的构成要素的正面要求，以艺术美的形式再现的社会组织倡导的思想行为；二是对应于文化前三个层次的构成要素的反面批判，以艺术丑的形式再现的社会组织唾弃鞭挞的思想行为。

(9) 语言艺术子集。汇入这个子集的都是有关文化前三个层次的构成要素的内容要求铺演形成的语言艺术信息束，是文化前三个层次的构成要素的内容要求在语言艺术上的具体化和典型化，所体现的也是其内容要求的顺违报应启发及由此带来的情感共鸣。其内容有两个：一是对应于文化前三个层次的构成要素的正面要求，以语言艺术的形式塑造的典型以再现其美，向社会显示应倡导的思想行为；二是对应于文化前三个层次的构成要素的反面批判，以语言艺术的形式塑造的典型以再现其丑，向社会召示应唾弃鞭挞的思想行为。

很显然，文化的每一个构成要素子集的构成元素越是丰富多彩，其诱导作用就越大。这就是文化构成的层次要素定律。因为构成元素越是丰富多彩，渗透人心的触点就越多，就越能对其成员个人形成耳濡目染的潜移默化作用。

七、文化构成层次要素之间的关系

文化构成的九个要素，分为四个层次，它们是严格按照由抽象到具体的顺序展开的。价值观念是高度抽象的信条和理念，一般以判断句或者简略的判断句的形式表现。每一个判断就是一个信息束，同时也是一个信条和理念。它构成文化的核心，而且文化的核心构成层也仅仅由它构成。

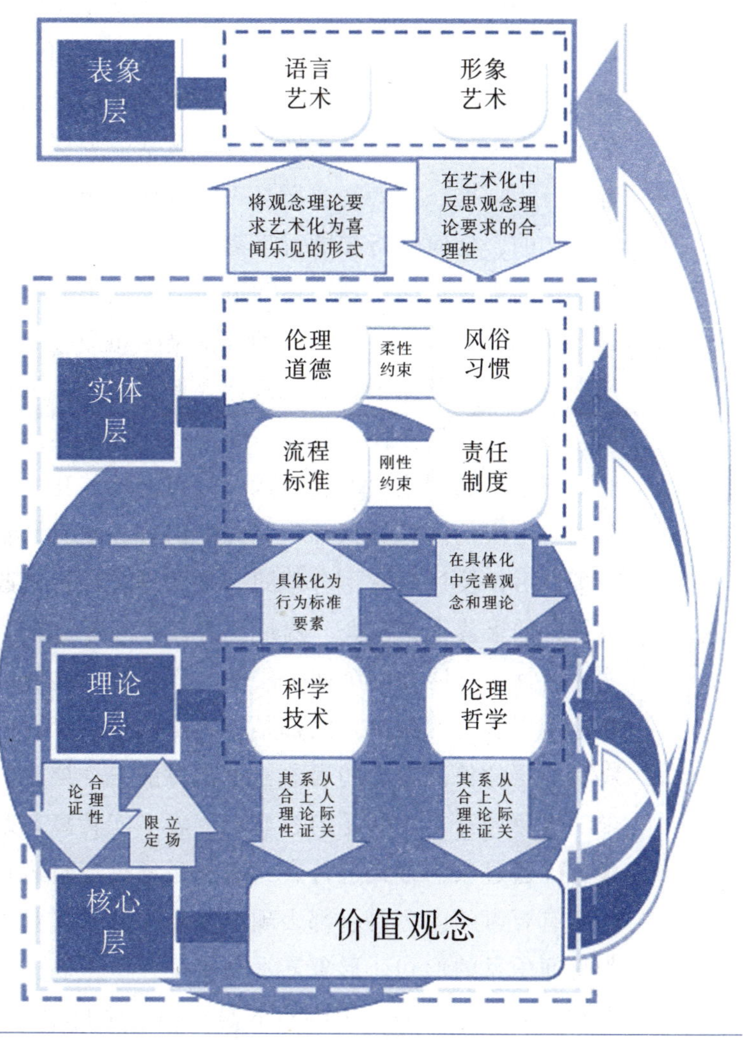

图 10－7 文化构成层次要素之间的关系示意图

由核心层展开的第二个层次是理论层。理论层的两个构成要素与核心层的价值观念在逻辑上没有展开关系，但从内容的具体化程度分析，却存在有展开关系。科学技术是从人物关系上对价值观念的合理性的论证，但这种论证是以价值观念为之设置分析论证的立场和角度为前提的。而且其论证是把价值观念的信条和理念内容具体化了，是在说理论证的过程中具体化，使其表述就不再仅仅是一句判断，而是由判断展开所揭示的人的世界与物质世界的关系。伦理哲学与科学技术对价值观念的具体化展开方式是一样的，所不同的仅仅是，它是从人与人之间的关系上对价值观念的合理性的论证，揭示的是人与人之间的关系的性质，包括由多人构成的组织之间的关系的性质。

由核心层展开的第三个层次是实体层。之所以叫实体层，其原因也仅仅在于它是文化作为管理工具直接起作用的一个层次。而且其展开不仅仅是对核心层的价值观念的展开，也是对理论层的科学技术和伦理哲学的展开。因为实体层的四个构成要素，所具体化的不仅仅是核心层的价值观念，也包括理论层的科学技术和伦理哲学的要求。实体层的四个构成要素又可分为两组，一组是刚性约束，包括流程标准和管控制度两个要素，前者是行为标准，后者是遵循与否的责任判定和兑现。其贯彻落实是不允许打折扣的，任何打折扣的行为都会有对应的现实惩罚降临到头上。另一组是柔性约束，包括伦理道德和风俗习惯两个要素。即其要求的贯彻落实没有严明的具体规定，即使完全不遵循，也不会有即刻的惩罚降临到头上。伦理道德是倡导，不遵循只是让人低看而已。风俗习惯只是一些仪式性约定，不遵循仅仅会让人觉得另类而已。而且实体层的四个要素也不是简单地对核心层和理论层的三要素的内容的具体化，在具体化的过程中也有对前两个层次的内容进行细化完善的内容，从具体化中发现其可能存在的不合理性后，反过来对不合理的信条和理念进行修改完善。理念也好，信条也好，如果落不到实处，就是其内容本身有缺陷。

由核心层展开的第四个层次是表象层。之所以叫表象层，是因为文化在这个层次上的两个要素都是以艺术的形式存在的，而且其内容不仅仅是对核心层的价值观念的表象，也是对前三个层次的七个要素所约定内容要求的表象展开。表的是内容要求，表不能背离和改变被表的内容；象是方式，即通过象的方式进行表，而不是通过逻辑进行表。它会把前三个层次的所有要素的内容要求都表现出来。这就是将观念、理论、要求都艺术化为喜闻乐见的形式。形象艺术直接是在象上表，语言艺术则是在语言这一人类特有的象上表。表的目的是让前三个层次的内容要求能广泛而完整、深入地为人所认知、认同和遵循。无论是怎么强调知行合一，但知总是在先，是知后再行，并不是王阳明所说的知就是行。所以喜闻乐见是表的要求，也就是象本身。艺术化的过程也就是把枯燥乏味的内容要求转化为象的过程。而且表象层的两个要素也不是简单地铺演前三个层次七个要素的内容要求，而是有一个反思的过程，即在艺术化的过程中反思观念、理论、要求的合理性，并通过这一反思完善前三个层次的内容，提升其合理性，使之更加系统化。

理清了文化构九个成要素之间的关系，也就为自主地进行目标文化设计、构建提供了思路。也只有这样才能使文化真正起到管理工具的作用。否则视之为不可分割、不可思议的存在，也就无法充分地发挥它的工具作用。

八、文化诱导的观念灌输定律

人的意识会集中表现为特定观念。尽管观念与行为在时间上不是同步的，但观念不同，其行为选择最终一定会不同。所以，把新的观念灌输给他人，既是改变其意识，也是间接地改变其行为选择。所以，艺术渗透、反思讨论、师长教诲、榜样示范、逻辑征服六条观念灌输途径，越是全面确立并打通，就越是能保证文化的观念灌输作用的发挥。

人的意识尽管包括其大脑里所汇集的所有信息，但这些信息却不是分散地作用于人的行为选择，而是不自主地抽象为特定观念后发挥作用的。或者说，人的意识会集中地体现为他的观念。所以人的意识中的观念是影响人的行为选择的最直接因素，人的行为都是其观念主导的。在没有外在强迫的情况下，都不会选择与其观念相违背的行为。所以要改变一个人的行为，首先得从改变其观念入手，即通过灌输新的观念以丰富其观念的内容，校正其观念的偏颇，甚至改变其原有的观念。新观念的接受和形成，也就是行为选择的方向的改变和调整。

作为构成文化的核心要素的共同价值观念，是文化的信息束集合中最具复制力的信息束子集，是其文化所覆盖的社会群体成员之间身口相传，并作为其相互认同的根据存在的。所以文化的首要作用就是观念灌输，即把共同的价值观念灌输给新生和新进的成员，以及观念偏离的成员。

观念灌输有两种情况：一是相对于新进的成员的灌输。二是相对于已有成员的灌输。

对于新进的成员的观念灌输，相对比较简单，它是这一社会群体的成员集体向新进成员的灌输，是由原有社会成员把其独特文化的理念灌输给他，也用不着特意地灌输实施。因为新进的成员要融入这一社会，只有一条途径可以选择，即按照该文化所特有的观念调整自己的观念，修正与之不相适应，尤其是有冲突的观念，改变自己以适应所进入的社会。否则，要么逃离，寻找与自己价值观念相同的社会群体居处，要么忍受他人不理解的白眼歧视和被排斥的孤独。而且他人的白眼和异样眼光也会杀人，让人发疯，要忍受是很难的。这种灌输实际上也就变成了新进人员的被动接受已有文化观念的过程。即使是一个能改造某一文化的圣人，他也只有先适应这种文化，让原有文化的社会接纳并赋予他一定地位之后，才有改造可言，而且改造的过程也只能循序渐进。

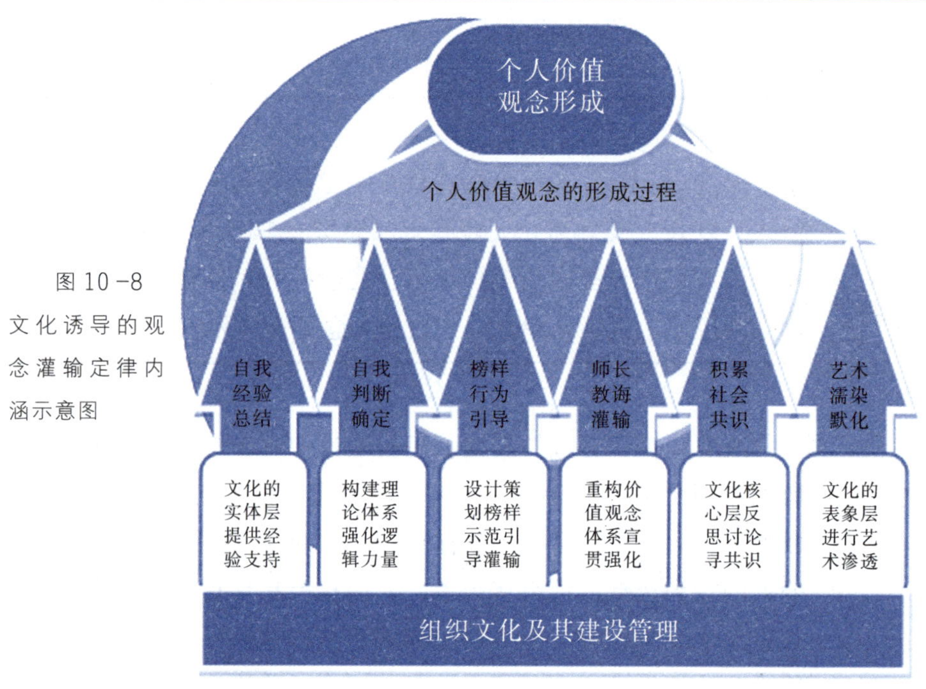

图 10-8
文化诱导的观念灌输定律内涵示意图

对于已有人员的观念灌输则复杂得多，它是这一社会群体中的主导者，发现存在于其中的社会组织已经陷于停滞、衰退的境地，甚至面临解体和灭亡，必须引入新的观念改造已有的文化观念，增添血液，注入活力。这就是由少数具有新的观念的人向不具有这种新观念的多数人进行的灌输。这种灌输，尽管通过反复说教，也能取得一定效果的，但见效慢，作用小。所以，只有通过文化的重构来灌输。这就把是灌输的途径由单一的师长教诲灌输，拓展到包括师长教诲灌输在内的六条途径。

(1) 通过文化的表象层进行艺术渗透，由艺术濡染达成潜移默化地改造已有共同价值观念的目的。这就是把需要改变的观念和需要确立的观念，通过艺术表象的渗透濡染进行挞伐或倡导，让众人逐步调整改变原有观念，接受新的观念。

(2) 通过文化核心层反思讨论寻求共识，一点一点地积累社会共识，以最终达成新观念的灌输的目的。这就是从对原有共同价值观念的不当分析入手，打开口子，引导争论，把新观念引入，以逐步在社会全体成员中达成共识。

(3) 通过重构价值观念体系进行宣贯，由师长教诲灌输。这就是直接对其共同的价值观念进行设计，并确立系统完备的体系后，由上而下地反复说教进行强化宣贯，以实现众人价值观念体系的转换。

(4) 通过设计策划榜样示范灌输，由榜样行为引导。这就是在该社会组织的成员中寻求典型，并通过策划把新的价值观念的核心要求集中体现到他身上，由他的思想行为展现新的观念，并确立为效法遵循的榜样。

(5) 通过构建理论体系强化逻辑征服力量，由自我推断确立。这就是通过对新的价值观念进行分析，构建论证价值观念的理论体系，由形成价值观念的理论逻辑力量征服他人，引导自我分析判断，使之形成抗拒就是背理的自我意识。

(6) 通过文化的实体层提供经验体验，由自我经验总结达成转变。这就是把所要灌输的价值观念要求具体化为行为活动的标准，给予严格遵循者以奖励，给予违背者以惩罚，让成员个人从趋利避害的经验总结中达成观念的转变。

由上述分析不难得出结论，艺术渗透、反思讨论、师长教诲、榜样示范、逻辑征服、经验体验六条观念灌输途径，如果不确立和打通，也就不可能有文化的观念灌输作用。所以，艺术渗透、反思讨论、师长教诲、榜样示范、逻辑征服、经验体验六条观念灌输途径，越是全面确立打通，就越是能保证文化的观念灌输作用的发挥。这就是文化诱导的观念灌输定律。

九、保障观念灌输作用形成的关键

由前述分析可知，观念灌输途径六条——艺术渗透、反思讨论、师长教诲、榜样示范、逻辑征服、经验体验的确立和打通，也就是全面地实施组织文化建设。价值观念灌输作用是文化的管理工具作用的主要内容，没有这一作用的发挥，严格地说，文化这一管理工具的作用就无法形成。完善的组织文化建设管理，主要包括四个内容：

(1) 设计规划。其工作内容主要有三个：一是选择确定文化建设的目标模式，这就是对所要建设的文化是什么样的文化，其总体特征和总体要求是什么，必须具备哪些功能，其重点功能定位在何处的问题进行分析解答；二是描绘文化建设工程蓝图，这就是对所选择确定的文化目标模式的建设过程进行规划，明确要完成的工作及每项工作的重点、难点和管控办法，避免不预则废的后果发生；三是确定文化发展方向管控，这就是在文化建设工作完成之后，为避免自动演化导致的作用蜕化而对发展方向的设定和保证不偏离方向的管控措施设定。因为文化生成过程中没有自我优化选择的机制，自然形成的文化难以起到管理工具作用。这就必须通过规划设计，保证组织文化与组织目标实际、组织架构实际、组织成员实际、组织环境实际相适应，进而保证它能对组织的高效运行和发展起推动和促进作用。

(2) 要素构建。其工作主要是对应文化的四个层次九个要素，进行信息束选择整理，并归类集合。内容包括四个方面：一是按照文化建设的目标模式汇集价值观念信息束，以构建核心层的价值观念子集；二是从人物关系和人际关系两个方面，运用自然科学和社会科学的已有发展成果对价值观念子集的内容进行论证，建立自圆其说的能支撑价值观念体系的理论体系，并反过来增补删减所汇集的价值观念信息束；三是分为流程标准、管控制度、伦理道德和风俗习惯四个方面的内容，对应确立和汇集与经由理论论证确定的价值观念相吻合的具体行为标准和规范；四是对应前三个层次的构成要素子集中的信息束所包含的要求，选择确定艺术化演绎的方式并广泛创作和收集形象艺术和语言艺术两个子集的信息束。这四个方面的工作不做扎实，文化建设就是空话。仅仅有响亮的标语口号和漂亮的形象标志，是无法让文化起到观念灌输作用的。

(3) 融合浇筑。组织文化不能脱离组织存在，脱离特定组织运行过程的文化，就不是这特定组织的文化。所以能否达成二者之间的融合就成了文化建设管理的重点工程。其工作就是把要素构筑所集合的信息束所承载的指令要求，与组织运行过程统一起来。这就是分析组织目标实际、组织架构实际、组织成员实际、组织环境实际，严格地依照基于实际而又不拘于实际的原则，以明确需要改变的实际，认定必须适应的实际，并在此基础上进行各个子集的信息束内容清理，清除与必须维护的组织目标实际、组织架构实际、组织成员实际、组织环境实际，以及组织存在和发展要求相违的信息束，补充与之相符的及对组织的存在和发展有稳定推动作用的信息束。在此既不能过分强调要与原有实际相符合，因为不谋求改变实际，文化建设工作就毫无意义。但谋求的改变又不能过分超越实际，因为超前于现实的文化会遭到抵制，丧失诱导作用。这就是说文化建设必须与现实保持一定的超前性，而又不能过分超前，因此文化只能渐进地完善优化，不能革命式地突进，否则可能带来组织发展的振荡，甚至毁灭组织本身。在人类社会发展史中，所谓的革命不仅都是残酷的，灾难性的，而且达成的改变总会因为这种过程的振荡而留下后遗症，久久难以愈合。

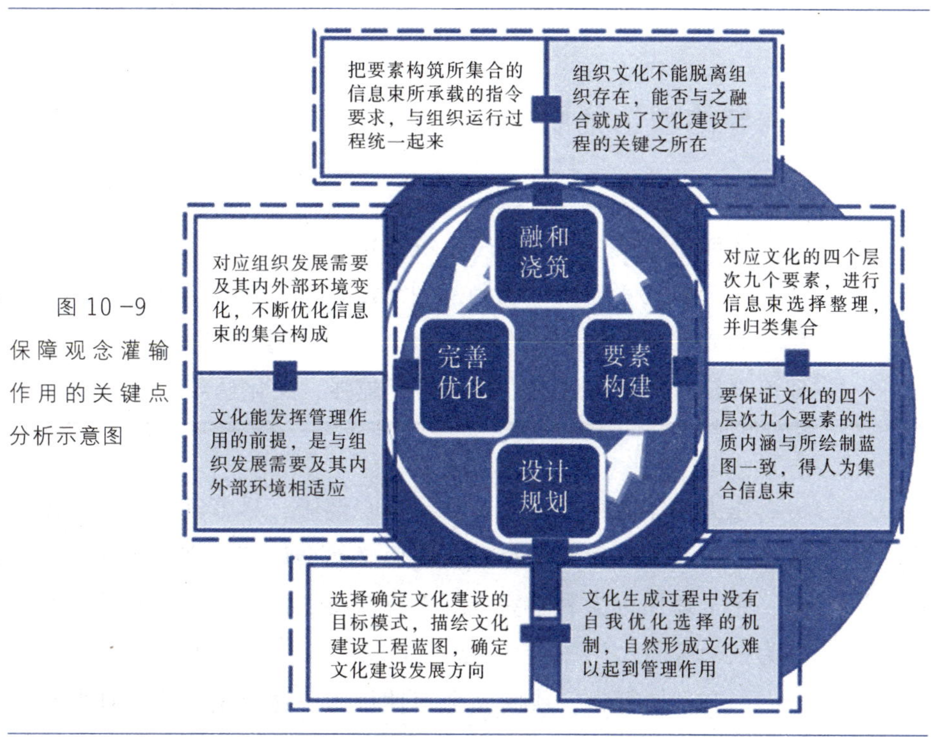

图 10 -9 保障观念灌输作用的关键点分析示意图

(4) 完善优化。其工作就是对应组织发展需要及其内外部环境变化，不断优化信息束的集合构成。文化能发挥管理工具作用的前提，是与组织发展目标达成需要及其内外部环境相适应。其工作也就是紧盯组织目标，分析探索对组织存在和发展有推动促进作用的文化构成要素内容，对应每一个构成要素输入或创作信息束，以立促破，清除和替换原有的对组织目标的达成有阻碍作用的信息束。这种完善优化的过程，也就是组织文化吐故纳新的过程。输入或创作对组织目标的达成有推动促进作用的信息束，是纳新；清除和替换对组织目标的达成有阻碍作用的信息束，则是吐故。吐故与纳新互为条件。不纳新就不能吐故，洪水能导不能堵，人的思想观念如洪水一样。不吐故就不能纳新，不破不立，对组织目标的达成有阻碍妨害作用的信息束与对组织目标的达成有推动促进作用的信息束之间是对立矛盾关系，不可能都真，所以不可能在同一个人或组织成员的意识中同时存在。如果同时被判定为真，相对于组织是思想混乱，相对于个人，则会让人心理紧张，甚至造成人格分裂。

十、文化诱导的理论征服定律

构成特定文化的理论层，讲的是其文化所覆盖社会群体共有的理，使任何一个新进入的成员都会感到无法抗拒。而任何无理的抗拒也都会让他自己感到羞愧。所以，构成文化的九个要素，越是能在理论上达成统一，理论逻辑越严密，理论征服作用就越强，文化诱导作用就越大。

作为主体性存在的人，只要身心健康，尽管其行为选择不可能完全理性，但仍不失为理性的存在，因而必然会认理、辩理、服理。在人的行为中，完全理性行为和不完全理性行为要占绝对优势，加上非理性行为，可分为三个区间：

(1) 理性行为，或叫完全理性行为。这就是行为主体完全基于他大脑里规律信息、现境信息和前景信息的判断，做出的最合目的性选择，即最有助于自我价值需求满足的行为选择。其行为的过程是认真规划过的，其行为结果是可预期并且可控的。规划体现的是他的信息综合运用能力，预期体现的是他的判断能力，可控体现的是他的自制能力。在这种行为选择中，没有情绪冲动的作用，是心理平静状态的选择。也没有本能冲动的作用，本能在此仅仅是他所设定的全部价值需求中的一个内容，并且占多大比重也是规划过的。其特征有三个：一是体现自我意志，按趋利避害原则进行选择；二是体现主客体关系，以所获得信息为基础进行的选择；三是体现价值需求满足最优目标，寻求利益最大化，保证损失最小化。

(2) 不完全理性行为。这就是行为主体没有脱离对他大脑里的规律信息、现境信息和前景信息进行综合基础上的判断，所作的行为选择也是谋求最有助于自身价值需求满足。但行为的过程不是认真规划过的，其行为结果也不是严格可预期和可控的。在这种行为选择中，主体我往往受到他自我设限的限制，没有把他大脑里规律信息、现境信息和前景信息全部调入大脑内存。其表现是其行为中包含有他情感黏附和情绪冲动的作用和本能冲动的作用，或者直接是习惯性行为。在当场他大脑里的规律信息、现境信息和前景信息没有全部参与判断，主要是由经验和直觉判断主导的行为。其特征有三个：一是体现自我意志，是按趋利避害原则进行的选择，这与理性行为完全相同，所以仍为理性行为；二是主客体关系未充分体现，是忽略了很多已有信息的价值，仅仅依据大脑里的信息进行的直觉判断；三是价值最优目标未充分体现，无利益最大化的核定和计算。不完全理性行为的最大特点是，这一行为是在当场的意识——调入大脑内存的信息——所及范围内的最合目的性选择。

(3) 非理性行为。它不是不理性行为，而是与理性不相关的行为，是纯粹的本能冲动行为或情绪冲动行为。这一行为不再有价值需求满足的概念，仅仅是受冲动支配的行为，主体我在此成了冲动的俘虏，此时主体我所寻求的目标就是冲动所指向的对象，他不是不思考后果，而是根本没有意识的加入，不存在后果的概念。其特征对应有两个：一是丧失自我意志，超越于利害目标，仅受制于冲动，所以与理性无关；二是倒退到与客体同一的地位，超越于意识而受制于冲动引发的对象本身。

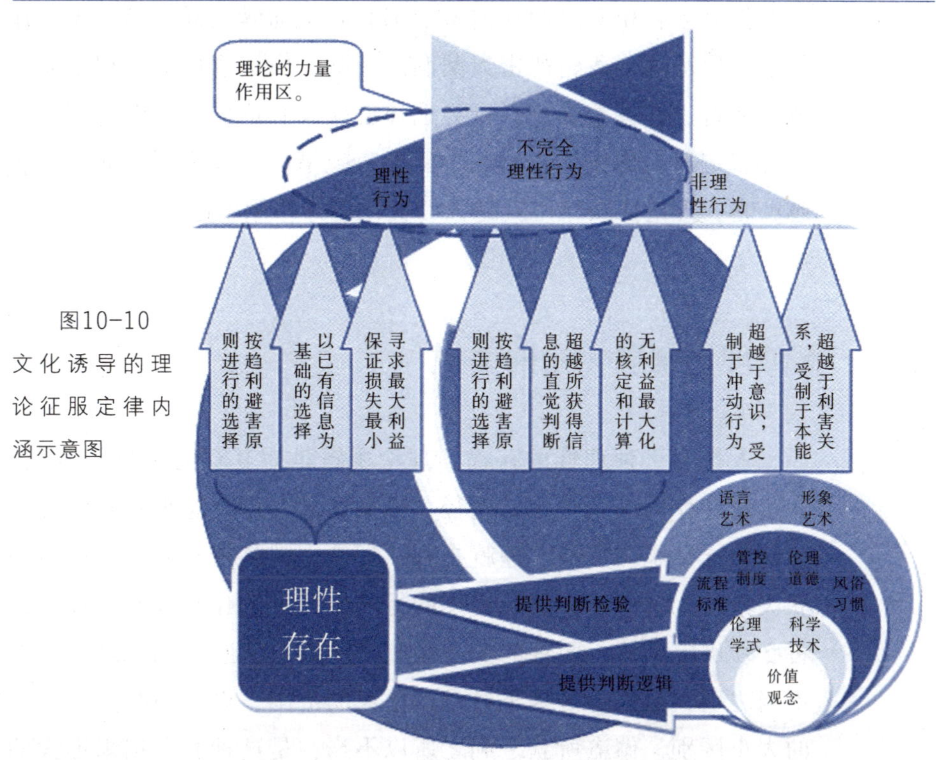

图10-10 文化诱导的理论征服定律内涵示意图

在人的这三类行为中，占主导的是不完全理性行为，完全理性行为和非理性行为二者加总也只占行为总量的少部分。而且不完全理性行为也要受理性引导，是过去经验中的理性沉淀而形成的简化选择。这就是不在行为选择的当场进行在规律信息、现境信息和前景信息的收集、整理基础上进行最合目的性的选择判断，而是选择习惯顺从，即重复自己经验和他人经验基础上的模式化行为，把在规律信息、现境信息和前景信息的收集、整理基础上进行最合目的性的选择判断，简化为仅仅重复过去已有的相同、相似、相近情境下的有效行为方式。所以，相对于绝大多数人而言，其行为选择必然会直接受制于文化中所有的公理和逻辑。文化核心层的价值观念提供不加论证的信仰和观念，直接为文化所覆盖范围内的社会成员提供行为选择的信仰、观念判断逻辑。理论层则提供具有严密逻辑的公理逻辑，直接为文化所覆盖范围内的社会成员提供行为选择的公理判断逻辑。文化实体层的流程标准、管控制度、伦理道德和风俗习惯，是可由自己的经验检验的利害关系逻辑。文化表象层的形象艺术和语言艺术提供超越自我经验检验的利害关系预期。四者都会直接提供简化选择的依据——自己的经验和他人的经验及经验重复形成的模式化行为选择。

理就是利，在文明社会中的理，就是不违背公理的利。而理又是一个统一体，有公理就无婆理。这就是说，构成文化的四个层次、九个要素的所有信息束，相互之间在内容上都必须全面满足同一律、矛盾律、排中律要求，保证理论逻辑严密无漏洞。否则，模棱两可、自相矛盾，行为结果或利或害，利害不确定，行为选择也就没有依据了。由此有文化诱导的理论征服定律：构成文化的九个要素，越是能在理论上达成统一，理论逻辑越严密，理论征服作用就越强，文化诱导作用就越大。

十一、保障理论征服作用的关键

人作为一种理性的存在，理论逻辑是对其行为选择影响最大的因素。文化诱导作用的一个重要途径，就是通过其理论逻辑对其所覆盖社会的成员行为选择施加影响。理就是利，理论也就是依利而论。逻辑则是利害关联关系的一致性。在引导选择的行为中就不能让对方既得利，又受害，利害必须确定不移。而理的核心是利，所以不能脱离利说理。利尽管有当与不当之别，但这种区别不过是从更大的范围，更长的时间中思考判断的利的大小区别。偷盗所获之利之所以不当，是这种利会招来更大的不利。相对于社会而言，认同偷盗所获之利的合理性，任由社会成员相互偷盗，不仅没有社会总福利的增加，而且会加剧社会的混乱和冲突。这直接是摧毁社会本身。社会本身不存在了，偷盗者的利益和被偷盗者的利益也就都没有了。相对于偷盗者个人而言，认同偷盗所获之利的合理性，也就是承认偷盗行为的合理性。如此，偷盗者所获之利也就没有了保障，承认偷盗行为的合理性，并不能否认保护自己财产不被偷盗的合理性。这样抗击和惩处偷盗者的行为也就合理了，偷盗者就面临双重损失的风险，一是盗取之物又可能被他人盗取；二是在行盗过程中和偷盗之后可能被抓住而蒙受惩处。但拾取普通野鸟蛋却没有什么不当，就其行为而言，都是占有不属于自我创造之物的偷盗行为，但拾取普通野鸟蛋的盗取行为不会带来更大的不利。所以，能征服人的理论，不是在哲学家的书斋里，而是在欲征服对象的心里。因此，保障理论征服作用的关键不是向对方讲一大套哲学和逻辑道理，而是从对方的利益出发，顺着如何才能让对方利益最大化的方向引导对方思考判断。其内容可分为四个方面：

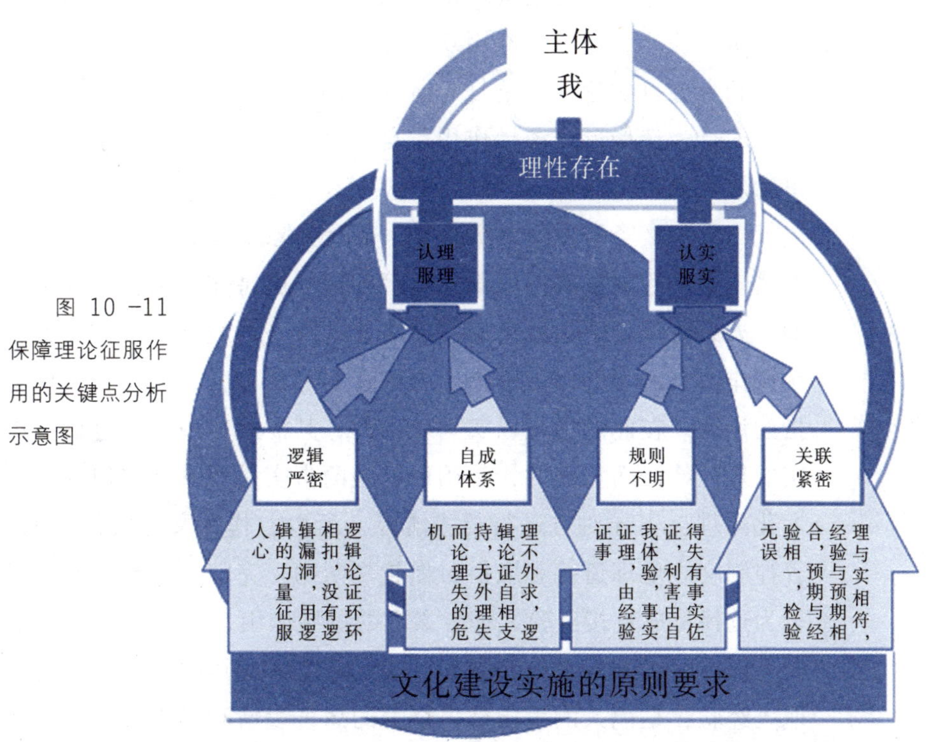

图 10-11 保障理论征服作用的关键点分析示意图

(1) 共同价值观念之理的服人。共同价值观念是社会普遍认同和遵循的理念信仰，它直接构成这个社会中的绝大多数成员的行为选择根据和标准。而人又难免因为从众心理作用而认定大多数人的观念、想法，众人一致的观念、想法总不会错。在此构成理的核心是众人思维判断的一致性，所有的合理性也都在这种一致性中。不从众而另行一套则包含有不确定的风险。众人的理念信仰，是众人的智慧和经验的结晶，与之相异的选择就意味着挫折。而且作与之相异的选择，受挫的仅仅是自己一人，相对于他价值需求满足的相对值而言，则是恶化，直接是加重人有我无的不如人状况。况且另行一套，还可能被这个社会当作异类孤立起来，甚至抛弃。这就是多倍的不利。所以，作为文化核心层的价值观念，越是为其文化所覆盖的社会成员广泛认同和遵循，就越是能对其成员个人的行为选择形成诱导作用。

(2) 事物发展规律之理的服人。事物发展规律体现的是事物之间的稳定必然联系，并且这种联系是不以人的意志为转移的。《荀子·天论》说：“天行有常，不为尧存，不为桀亡。应之以治则吉，应之以乱则凶。”对于事物发展规律，就是顺者得利，违者遭殃。用事物发展规律说理，没有人不服这个理。在这个理中的利，是没办法说情打折的，没有人会违抗，也没有人敢违抗。因为违抗就是自我碰壁，自寻灾殃。沉在水里会淹死，掉下高崖会摔死，违者只能用死来证实。所以，作为文化理论层的自然科学论证和人文科学论证，越是与所确认的科学进步相符合，就越是能对成员个人的行为选择形成诱导作用。自然科学论证和人文科学论证体现的就是事物发展规律，就是天行有常的常。

(3) 直接经验之理的服人。人的行为除了非理性的之外，其选择都会严格地遵循趋利避害的原则。直接的趋利避害体验也就构成了他的经验预期。火只要烧着手指就会痛。形成了这样一种经验预期，他就会依照这种预期作趋利避害的行为选择。否则就是远利就害，毫无意义地忍受火烧手指的疼痛。在此的理是以实为基础的，其征服作用是通过诉诸人认实、服实的理性特征而实现的，是用可检验的事实说明其利在何处，如何才是最大化的理，引导对方进行行为选择。所以，作为文化实体层的流程标准、管控制度、伦理道德和风俗习惯越是明确、完整，就越是能对成员个人的行为选择形成直接经验之理意义上的诱导作用。

(4) 间接经验之理的服人。这就是主体我耳闻目睹得到的自身之外的他人经验，是他人的手指被火烧着的痛苦表情和感受诉说，让他间接地得知了火烧着手指会痛的经验。它可为人的行为选择提供一个参照系：他人曾经在何种情况下，得其所愿，获得其价值需求；他人曾经在何种情况下，遇其所害，导致个人利益的损失和发展挫折。尽管可能有人会挑战这种间接经验，但大多数人会把它作为重要参照予以考虑，依此作趋利避害的行为选择。所以，作为文化表象层的形象艺术和语言艺术所提供的典型越是符合生活的真实和艺术的真实，就越是能对成员个人的行为选择形成诱导作用。生活的真实是现实生活中的真实情况，是纯客观的，是现实中实实在在存在过的。而艺术的真实并非是对生活真实的歪曲，而是以生活真实为基础，并且经过对生活真实的加工改造的生活真实，是超越了生活真实中的偶然的真实。所以，它更加鲜明，更加生动，也更加能服人。

十二、文化诱导的规则约束定律

规则是多方沟通达成共识，并相互承诺遵循的约束约定，正是沟通和承诺强化了约定的内在约束和外部约束的作用。所以，构成文化的“三共同”越是具体化为明确的行为要求，越是在这种行为要求上广泛地沟通达成共识，就越是能强化其规则约束作用。

文化诱导作用发挥的重点在于通过观念灌输以改变其价值观念后，改变其行为选择的方向和方式，但文化诱导作用的生效则始于规则约束作用的形成。不与其利益直接关联的观念和理论，是难以对他的行为选择直接形成调整作用的。而价值观念改变的过程又耗时漫长，是水滴石穿的过程。而作为管理工具的文化，如果仅仅由此种方式发挥作用，管理实施主体等得头发白胡子长了也难见其作用效果，所以大都不可能有这种耐心。这正是文化这一管理工具倡导得多，切实创制并运用得少的一个重要原因。所以要保证文化这一管理工具能起到诱导作用，也就必须强化其规则约束作用。

而构成文化的三大内容——共同的价值观念、共同的思维方式和共同的行事习惯本身就具有规则约束作用。因为共同的价值观念、共同的思维方式和共同的行事习惯本身会以其所固有的外在约束和内在约束而形成规则约束。

共同的价值观念、共同的思维方式和共同的行事习惯的外在约束是由四个环节推进实现的：一是价值方向设定。由共同的价值观念、共同的思维方式和共同的行事习惯体现的文化直接会使该文化所覆盖的社会群体成员明白做什么努力，获得什么结果，才能体现自己的价值，达成自己的有、能、善的价值需求满足。比如，在官本位观念占主导的社会，仅仅有钱而富不行，还得当官以贵，并且首先是当官以贵。二是价值目标设定。该文化所覆盖的社会群体成员，不可能在内容项及其质上、量上都同等地达成其价值需求满足，每一个成员都会自主地根据自己的实际，在不同的价值方向上设定不同的目标，设定不同的精力投入，作程度不同的努力，以保证自我价值需求满足达成最大化。三是他人行为企盼。特定个人在特定社会中存在，他人基于共同的价值观念、共同的思维方式和共同的行事习惯就会对他的行为选择形成一个企盼，即对方应该如何行为而不应如何行为，甚至直接是预期，即做出只会如何行为而不应如何行为的设定。四是形成规则约束。每一个人都基于共同的价值观念、共同的思维方式和共同的行事习惯进行价值方向设定、价值目标设定，提出对他人行为的企盼，这种企盼具体化后也就成了规则。如果其行为超越他人的企盼，这就会让他人失望，甚至是愤懑，他也就必然受到孤立、歧视等多种形式的无形惩罚和有形惩罚。为避免这种惩罚，他就只能选择他人企盼的行为，规则约束也就由这种企盼形成了。

共同的价值观念、共同的思维方式和共同的行事习惯的内在约束是通过自我意识的设定而实现的。体现为共同的价值观念、共同的思维方式和共同的行事习惯的文化，直接构成一个具有保证沟而能通的对话基础。没有共同的价值观念、共同的思维方式和共同的行事习惯做基础，理不在一个道上论，话不在一个理上说，往往对话沟通过程本身就只有争执和冲突。有“三共同”做基础，也就是从共同的事物判断标准出发，由一个统一的理进行讨论。而且只有以这“三共同”为基础，这种沟通也才有必要。道不同不相为谋，话不投机半句多。而这种道和理又直接为尊道循理的人的行为设定约束，道是其所认定的道，理是其所接纳的理，其行为也就必须在这种道理之中。而由这种道和理具体化形成的行为要求就直接构成一种自觉接受的规则约束。有违于这种规则，也就是有违于他自我认定的道和理，因而他会由衷地感到惭愧和不安，甚至造成人格分裂引发精神疾病。由这种道和理具体化形成的行为要求，也就是基于内在约束的规则约束。

但是，仅仅由“三共同”自主演化而成的规则约束，即没有相互沟通，明确具体界定其内容的规则约束，往往难免存在三个局限性：一是各人按各自的理解和实际演化，其要求内容必然尺度分寸不一，甚至悬殊。这是规则约束量度定义模糊的局限。二是不便于分辨遵循的诚意和程度，只要大方向没有违背，都可以说是遵循“三共同”行事的，因而在量度上无法比较判断。这是规则约束贯彻比较无据的局限。三是存在理解和把握上的弹性，往往难免公理婆理难辨。这是规则约束量质分界难清的局限。在“三共同”具体化形成的行为要求上，充分沟通，共识完整，又具有反过来强化“三共同”的外在约束和内在约束的作用，使文化这一管理工具充分地起到管理工具的作用。是自我认定的、量度明确的行为要求，自我违背的人格分裂会让自己不安。这是内在约束的强化。自己认定的行为要求，自己不遵循，他人也更有理由提出批评指责。这是外在约束的强化。所以，一定的社会文化必然体现在其法度、礼节的行为要求上，而这些法度、礼节也就是规则约束。而且这些法度、礼节，越是通过社会公众的讨论沟通，得到了社会公众的广泛认同，就越是能起到规则约束作用。否则，上有政策，下有对策也就不可避免，进而规则也就失去了约束作用，而不再是规则，仅仅成为谁都可以找到例外不遵守的法律制度。

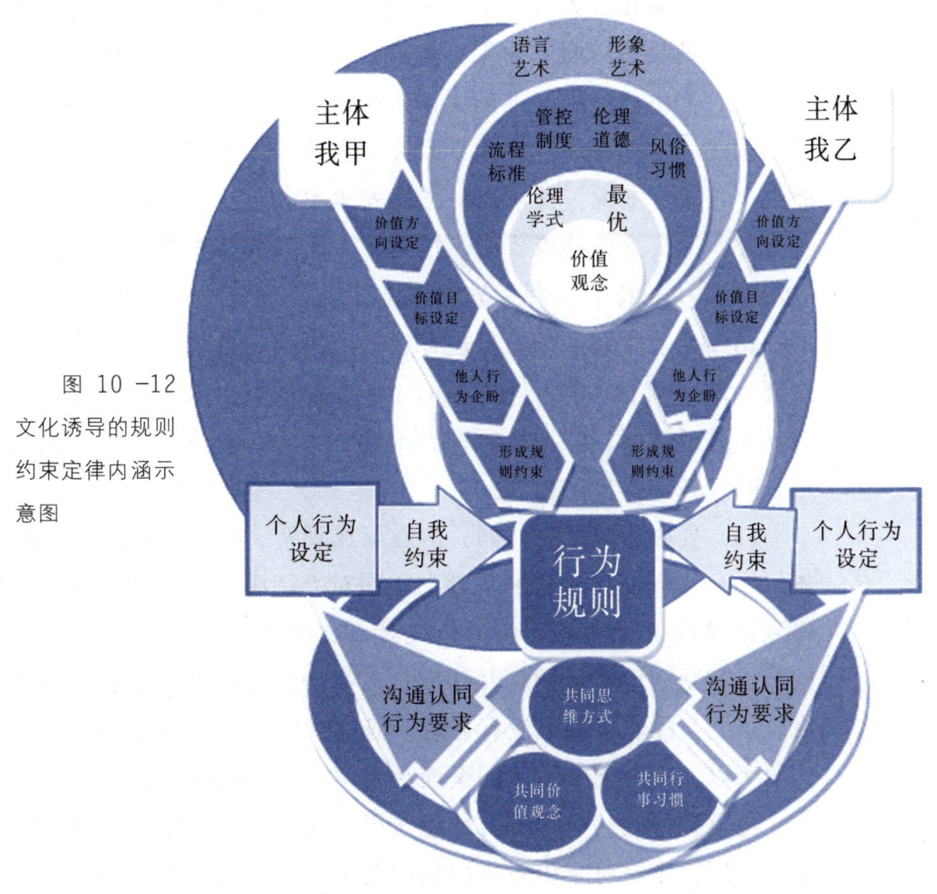

图 10－12 文化诱导的规则约束定律内涵示意图

由上述分析，可得到文化诱导的规则约束定律：构成文化的“三共同”越是具体化为明确的行为要求，越是在这种行为要求上广泛地沟通达成共识，就越是能强化其规则约束作用。

十三、保证规则约束作用的关键

文化诱导的规则约束作用的形成和发挥，其前提是有规则。而有了规则，其约束作用则是自然而然的。因为规则不是一方强加于另一方的强制要求，而是被约束的双方达成共识基础上的外在约束和内在约束的统一。

所以形成严格意义上的规则就成了这一作用发挥的关键。而规则形成的全过程可归纳为沟通认同。其过程可分解为三个环节：

(1) 沟通表达自我意志。任何一个人都有其价值需求待满足，这种待满足的价值需求，也就直接构成他意志的内容。他有什么样的价值需求待满足，他希望在多大程度上达成满足，希望通过何种方式达成满足，这都是他意志的具体内容。如果不沟通，尽管通过推己及人的猜测也可能八九不离十，但不可能保证准确无误。所以，只有在平等友好的气氛中，由他自己表述，才能保证准确无误且完整无漏。而又只有气氛平等友好，他才敢说，直说，细说，其自我意志的表达才会充分、完整。

(2) 冲突意见达成妥协。任何一个个人都是主体性存在，具有自己独立的利益和独特的实际。在其意志上与他人完全一致几乎是绝对不可能的，相反，矛盾冲突却是普遍存在的。因此，也就必须在让双方把意志表达充分的基础上，把可能存在的矛盾冲突都亮出来后，再通过沟通达成理解，并通过理解，就冲突意见做出调整，为对方待满足的价值需求留出一定空间，各让一步，达成妥协。

(3) 妥协达成相互认同。沟通形成理解，让步形成妥协。但妥协是双方的，必须双方在让步的基础上认同对方待满足价值需求的合理性、必须得到满足的优先性和让步提供支持的必要性。对于这“三性”的相互确认，也就是妥协达成的相互认同。没有让步，就没有妥协。没有妥协也就没有认同，除非本身就没有分歧，但这在现实中是不可能的。

所以，沟通充分，认同全面是妥协达成相互认同的基础。所谓沟通充分，也就是规则约束的双方的意志得到充分表达，没有压制和屈从。所谓全面认同，则是对于由对方提出的要求，给予理解和赞许。否则，任何形式的要求都不可能成为具有内外双重约束作用的规则，最多算是一种单向要求的制度规定，由处于强势的一方——管理者把自己对于下属员工的要求，以必须执行的指令强加于对方，否则就剥夺对方的价值需求满足或满足条件。

有了在沟通充分及认同全面基础上的妥协达成和相互认同，规则的形成也就在情理之中了。其过程可分为三个环节，对应自我与他人两条线路。

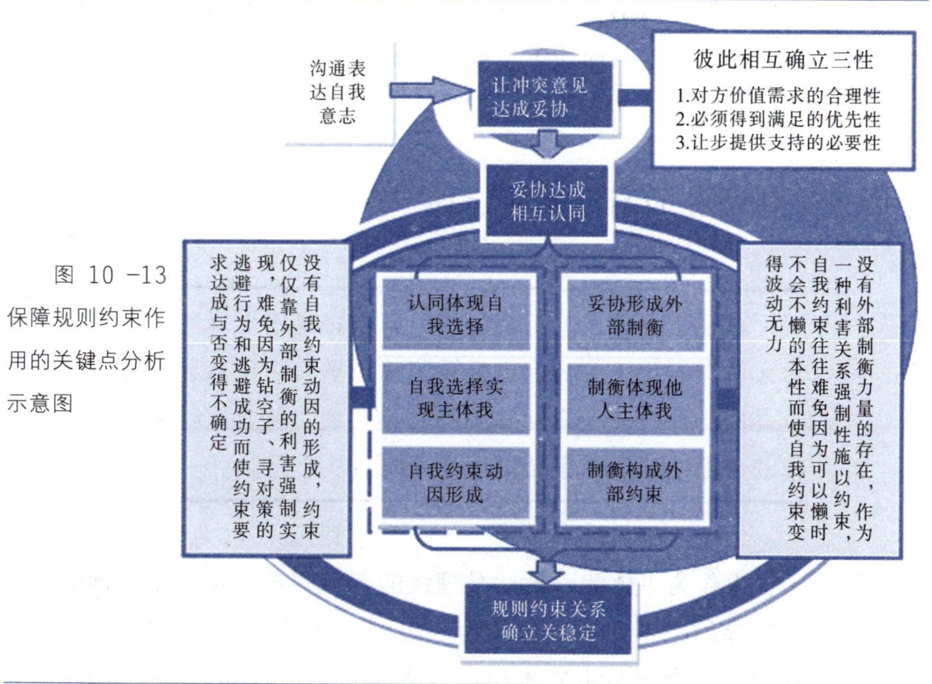

图 10－13 保障规则约束作用的关键点分析示意图

(1) 相对于自我，认同体现自我选择。对于对方的理解也就是对于对方满足价值需求的合理性、必须得到满足的优先性和让步提供支持的必要性的确立。是否确立形成这“三性”，是他个人的自我选择，他人无法强加。相对于他人，则是妥协形成外部制衡。贯彻落实所确立的“三性”，不仅意味着自己放弃部分价值需求满足而保障对方的价值需求满足，而且在认同的承诺上形成了约束，对方会以这种承诺作为依据要求兑现，这就形成了外部制衡。

(2) 相对于自我，自我选择实现主体我。确立“三性”的自我选择是由主体我完成的，其选择本身是主体我的意志的实现，所以它也就是主体我的实现。相对于他人，则是制衡体现他人主体我。制衡是他把他的意志体现在对方的选择过程中，使对方在选择中不能忽视其意志的存在。

(3) 相对于自我，内在约束动因形成。自我选择体现的是放弃所有的未选择，而文过饰非的人性弱点会拒绝重新选择一个未选择而放弃已有的选择，其结果就是通过内在约束维护已有选择。相对于他人，则是制衡构成外在约束。没有人能无条件地容忍对于他的承诺的否定，所以对于其无端的否定则会对应采取反制措施，这就是外在约束的实现。

而且，这两种约束是相互支撑的。如果没有内在约束动因的形成，约束仅仅靠外部制衡的利害关系强制实现，这就难免因为钻空子、寻对策的逃避行为和逃避成功而使约束要求达成变得不确定。如果没有外部制衡力量的存在，作为一种利害关系强制性地施以约束，内在约束往往难免因为人的可以懒时不会不懒的本性而使内在约束变得波动无力。所以，只有完善并稳定了这两种约束，规则约束关系才能确立并稳定下来。

十四、文化诱导的习惯顺从定律

超越大多数人的行事习惯进行选择是需要勇气的，超越以往有效地应对大体相同情境的行为选择更是需要勇气。所以，文化所覆盖的社会成员越是广泛而长久地重复共同的行事习惯，就越是让成员个人不敢否定其选择的合理性，就越是会强化其习惯顺从作用。

人作为主体我，虽然是理性的存在，却不是完全理性的，在其行为中占主导的是不完全理性行为。所以人又可以说是一个非完全理性的存在。这种非完全理性主要体现在主体我不是每时每刻都在当场进行规律信息、现境信息和前景信息的收集、整理基础上进行综合分析，作最合目的性的行为选择，而是在对所面对的情境进行类比的基础上进行的简化选择。其内在的心理行为形成过程可大体归纳为三个环节：

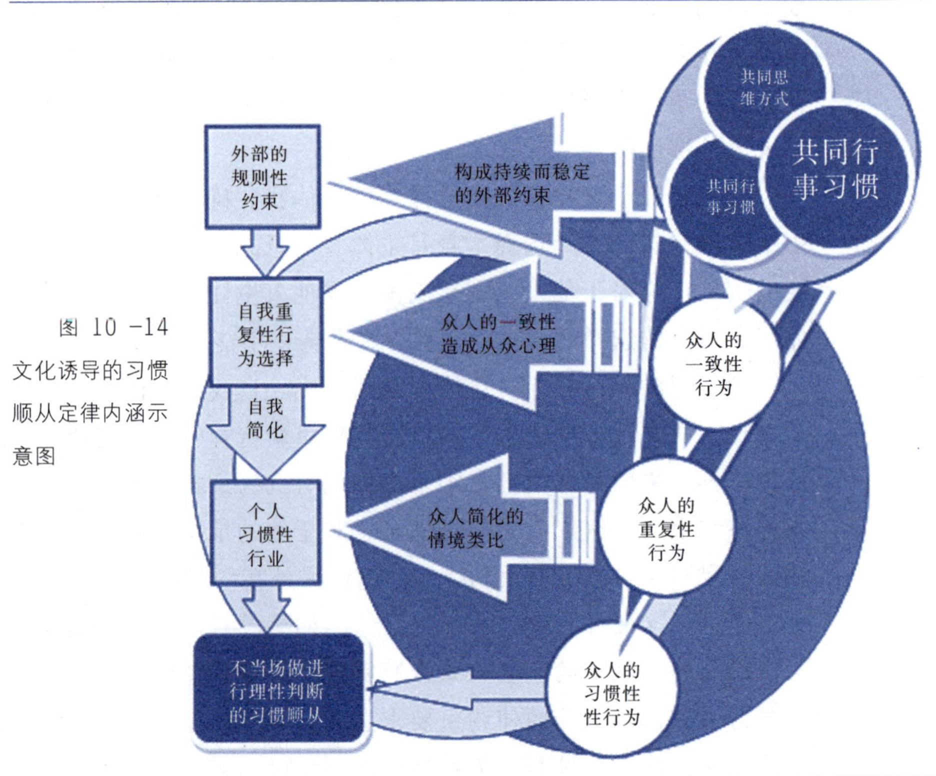

图 10 -14 文化诱导的习惯顺从定律内涵示意图

(1) 文化作为一个整体，其信息束中所包括的规则要求，构成持续而稳定的外在约束，使主体我在行为选择上难以抗拒。抗拒就是背离这个文化所覆盖的社会群体，就会被抛弃和孤立。这是只要不是不得已，任何成员个人都不会选择的行为。这里没有发生简化选择，但已经为简化选择奠定了基础。共同价值观念使之必须把它作为自己行为选择的判断标准，共同思维方式使之无法超越其所设定的立场进行思考，共同行事习惯直接提供其行为模式。存在于这一文化所覆盖社会的主体我在面对同类情境时，即意味着所受到的外在约束相同，所以其行为选择也就必然相同。但是，在他把共同价值观念、共同思维方式、共同行事习惯内化为自己的价值观念、思维方式、行事习惯之前，可能不是这个共同价值观念、共同思维方式、共同行事习惯让他选择了相同的行为，而是出于功利的思考，担心与之相违的选择会被这个社会抛弃和孤立的损失预期而作了一致性选择。众人的一致性行为选择会造成强大的从众心理压力，让成员个人难以作其外的选择。

(2) 与众人一致性行为选择相同的行为选择的重复，使自我简化的情境类比式行为选择开始形成。自我重复性的行为选择，使之形成个人习惯性行为，即在面对相同相似的情境时，不在现场进行规律信息、现境信息和前景信息的收集、整理和分析、判断，而仅仅按照已往多次重复并证实有效的应对方式进行选择。同时，在共同的价值观念、共同的思维方式、共同的行事习惯主导的众人的重复性行为，通过众人在面对相同相似的情境时，都不在现场进行规律信息、现境信息和前景信息的收集、整理和分析、判断，而仅仅按照已往重复并证实有效的应对方式进行选择。简化的情境类比就会强化主体我的习惯性行为。我以往是如此应对的，众人也都是如此应对的，肯定没有错。如果另寻应对方式而发生了意外和失误，反而无法向他人说明另作行为选择的原因和动机，这就只会自讨苦吃。

(3) 个人的习惯性行为和众人的习惯性性行为都直接体现为不当场进行规律信息、现境信息和前景信息的收集、整理和分析、判断的习惯顺从。这种顺从一是自我顺从，即对自己以往的习惯行为的重复，只要面对的情境相同、相似，就套用自己已往的证实为有效的行为模式应对。二是外部顺从，即众人的重复性行为自然而然地会演化为众人的习惯性行为。在从众心理的压力下，这种众人的习惯性行为，会让主体我选择从众而不当场进行规律信息、现境信息和前景信息的收集、整理和分析、判断的习惯顺从。

所以，文化所覆盖的社会成员越是广泛而长久地重复共同的行事习惯，就越会强化其成员的习惯顺从。而超越大多数人的行事习惯进行选择，是需要勇气的。因为这意味着对大多数人的行为选择的合理性的否定，没有充分的理由，这就是自己孤立自己。超越自己以往有效地应对大体相同相似情境的行为选择，更是需要勇气。因为这意味着对自己已往行为选择的合理性的否定，没有充分的理由自己也会觉得不可思议。而众人广泛地重复共同的行事习惯，则会让人感到从众压力的加大。越是众多的人行为选择一致，就越是会让人感到众人选择的合理性，就越是让人不敢轻易否定其合理性。而长久地重复共同的行事习惯，则是习惯性行为的稳定性的加大。所以，文化所覆盖的社会成员越是广泛而长久地重复共同的行事习惯，就越是让成员个人不敢否定其选择的合理性，就越是会强化其习惯顺从作用。这就是文化诱导的习惯顺从定律。

十五、保障习惯顺从作用的关键

文化诱导的习惯顺从作用的大小是直接与不遵循共同的行事习惯的异类的多少成反比的，即异类越少，文化习惯顺从作用就越大。反之相反。因此，保证文化诱导的习惯顺从作用的关键就是保证与共同行事习惯相异的行为选择的异类充分少。其逻辑如下：

首先，当主体我的周围他人，全部按照由共同的行事习惯行事，没有例外，共同的行事习惯也就是每一个主体我的行为选择方向和方式。如果主体我选择与之不同的行为方向和方式，就必然会被视作异类而被孤立出去，这是作为社会性存在的主体我所不愿意发生的事。为逃避孤立，主体我的行为只有顺从一条途径可选择。此时习惯顺从作用最大，在此没有给主体我的自主选择留下余地，它直接推动主体我顺从共同的行为方式行事的习惯性行为的形成。

其次，当主体我的周围他人，大部人都有共同行事习惯，只有少数人例外，大部人的共同行事习惯也就成为主体我的行为选择必须考虑的方向和方式。如果主体我选择与之不同的行为方向和方式，就必然会感到作相异选择的同志少而感觉存在有被边缘化和少数化的危机，这也是作为社会性存在的主体我所不愿意发生的事。为避免被边缘化和少数化的危机，主体我的行为选择也会顺从大多数人的共同行事习惯行事。此时习惯顺从作用弱化了，但仍然存在，不过在此给主体我的自主选择留下了余地，它仍能间接地推动主体我顺从大多数人的共同行为方式行事的习惯性行为的形成。他会思考判断少数人的另类行为选择的合理性，进而思考是否有更加合理的行为选择。

再次，当主体我的周围他人，少数人形成有共同行事习惯，而大多数人例外，少数人所拥有的共同行事习惯也就难以成为主体我的行为选择必须考虑的方向和方式，最多作为可参考的一个信息束。因为主体我选择与之不同的行为方向和方式，不再会感到作相异选择的同志少而存在被边缘化和少数化的危机。相反，大多数人未作与之相同的行为选择，也就成了主体我不作这一选择的理由。此时习惯顺从作用就不存在了，主体我在此有充分多的自主选择余地，这就是他无法进行简化选择，而必须进行规律信息、现境信息和前景信息的收集、整理和分析、判断，以寻求最有助于其价值需求满足最大化的行为方向和方式。

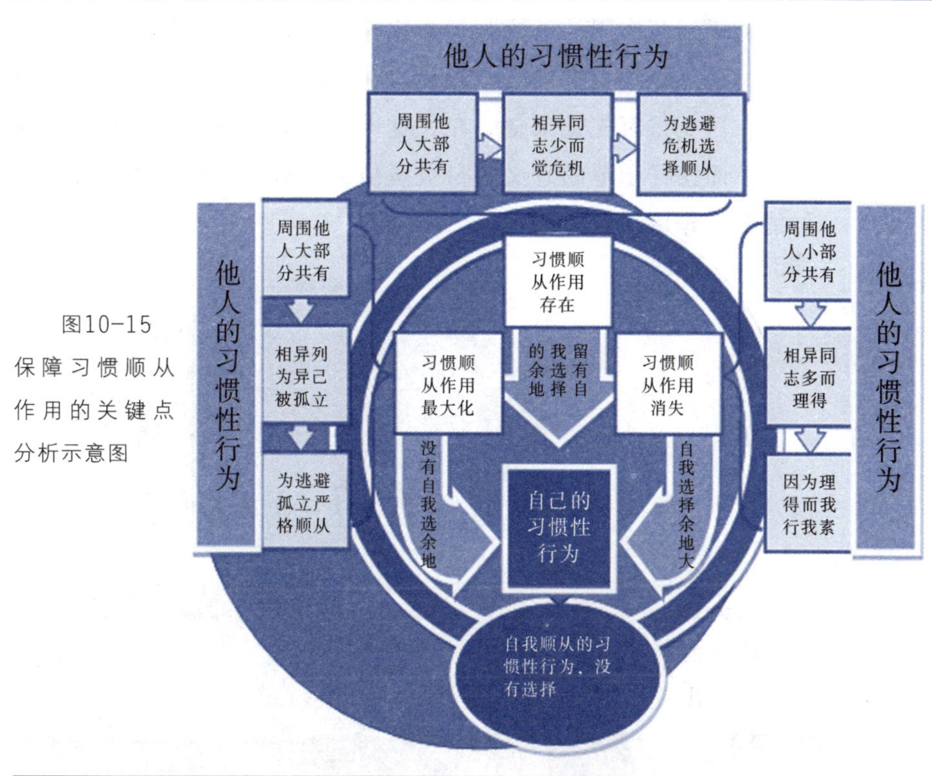

图10-15 保障习惯顺从作用的关键点分析示意图

这是从外部顺从的角度进行的分析。但自我顺从又是以外部顺从为基础的。任何一个个人都不可能不直接或间接地借鉴他人的经历、经验，包括榜样示范的、身口相传的、文献记录的、艺术作品传播的种种，如果没有这些借鉴，人永远也无法进化为当代的文明人，更不会有科学技术的发展以及与科学技术的发展相适应的社会发展。所以由外部顺从形成的主体我的习惯性行为必然演化为自我顺从的习惯性行为，在此没有选择，只有由外而内的习惯顺从。

十六、文化诱导的榜样示范定律

为获得敬仰而模仿被敬仰者的行为，为获得赞许而模仿被赞许者的行为，为获得地位而模仿身居高位者的行为，为保证时髦而模仿公众人物的行为，是一种普遍的行为学习机制。所以，被敬仰者、被赞许者、居高位者和公众人物的行为越是充分体现组织文化的价值观念、思维方式和行事习惯的要求，文化的榜样示范作用就越大。

榜样示范作用的发挥既是文化建设过程中的一个重要工作，同时也是文化的诱导作用发挥的一个途径。在任何时候，对于事物的认知都有一个先后，后觉得有先觉来觉。在先觉觉后觉的过程中最重要的途径就是榜样示范。而榜样示范的意义则是被模仿，没有他人的模仿，榜样示范也就不可能产生作用。

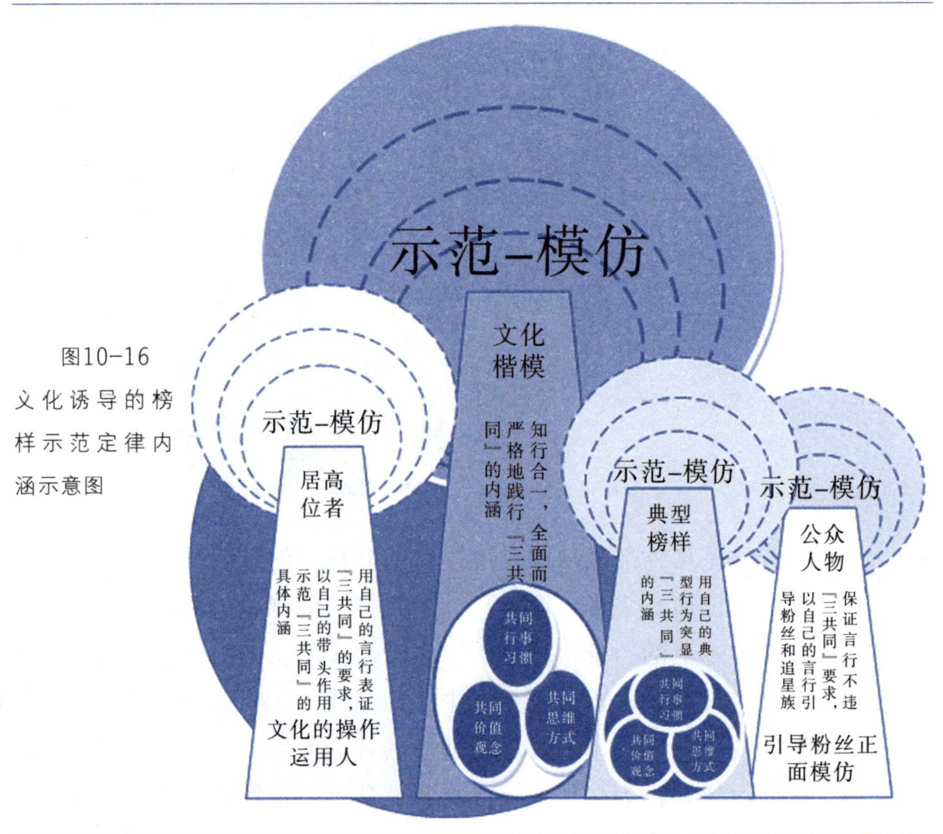

图10-16 文化诱导的榜样示范定律内涵示意图

模仿是很多动物都有的一种本能行为，相对于人而言，虽然不能说是一种本能，但它却也是人的一种重要的行为选择模式。但人的模仿是有目的的，是功利性的，或者是为演练技能而模仿，或者是为达成特定价值需求满足而模仿。尽管模仿都是以示范为前提的，但有示范不一定会有模仿。只有为获得敬仰而模仿被敬仰者的行为，为获得赞许而模仿被赞许者的行为，为获得地位而模仿身居高位者的行为，为保证时髦而模仿公众人物的行为。因而只有示范者具有特别的地位，才能形成模仿。所以榜样示范作用的发挥也就不仅仅是一个对榜样行为的设计策划和提炼归纳的问题，更重要的是如何促使模仿的问题。所谓促使模仿也就是让模仿者认定模仿的价值，能从模仿中获得其价值需求的满足。但这并不是要给模仿者提供什么外部激励，而是让模仿者能形成内在的自我激励。这也就是让榜样示范者居于特定的地位，拥有特定的身份。细分可概括为四类：

(1) 文化楷模。这就是在文化所覆盖的社会中，以知行合一著称，全面而严格地践行了文化“三共同”的内涵，严于律己，宽以待人。其言行举止，找不到一点有违文化“三共同”的要求的瑕疵，成了所有成员心目中的文化化身，享有极高的威望，能让所有成员崇敬和爱戴，是他们诚心向往的长者和导师。

(2) 居高位者。他们是“三共同”的倡导者和实践者，其言行是严格规划设计过的，能完整、准确地表证“三共同”的要求。并且其言行在带头践行“三共同”的要求上是有重点的，他们强调的是要保证自己带头示范作用的效果，既要借此明确其要求的内涵和重点，又要高效地推动模仿以广泛模仿效法。因为他们的高位决定了他们的示范主要只是为了表证，其目的在于达成管理作用的领和导。

(3) 典型榜样。他们不一定全面严格地践行“三共同”的要求，但他们的某一特定行为具有调度的典型性，能透彻地诠释“三共同”某个特定要求的内容，并且是用他自己的典型行为突显了“三共同”的这一要求的内涵。他也因此而受到赞许，甚至被抽象拔高为典型人物而被推崇。

(4) 公众人物。他们是拥有大量追随者和粉丝的明星，他们的言行会自动地被其追随者和粉丝模仿效法，所以他们是不是榜样的榜样人物。对于这类人物必须从人格和品行上提出更高的要求，尽管并不是一定要让他们都做道德君子，但不能允许存在明显违背“三共同”要求的言行，以使之能从正面引导其粉丝、追星族众的行为选择。

所以，要保证文化的榜样示范作用，也就必须保证上述四类人物的言行只能正面传递“三共同”的信息，至少不能有违。因而，被敬仰者、被赞许者、居高位者和公众人物的行为越是充分体现组织文化的价值观念、思维方式和行事习惯的要求，文化的榜样示范作用就越大。这就是文化诱导的榜样示范定律。

十七、保证榜样示范作用的关键

榜样示范作用的发挥是以示范和模仿两个方面的行为主体的相互呼应为前提的。没有榜样示范者的示范，就不会有模仿关系的形成，但没有模仿者对于榜样示范者的全面认同，也不会有模仿。除了喜剧的滑稽表演之外，谁会整日模仿跛子、瞎子的行为。榜样示范可以是以获得广泛模仿为目的的自主行为，也可能是没有被模仿目的的自然行为，也不以模仿人的存在为前提。但模仿却一定是有目的的，不仅必须以示范人的存在为前提，而且还必须有对被模仿者人格的崇敬和行为的认同为前提。所以，要保证文化榜样示范作用的发挥，就必须对应作以下四个方面的努力：

(1) 对于率先全面遵从"三共同"行事，没有任何相违行为的人，给予特别的尊重，在社会组织中全面确立其尊者地位。目的是让社会组织中的每一个成员都对他形成发自内心的崇敬、仰慕、爱戴，自觉地奉之为先知先觉的文化教主，进而自发地认定为应该模仿效法的典范。这也就是把他确立为组织文化楷模。但文化楷模不是由哪个人或机构加封的，而是自然形成的，是由其行为表现得到组织成员广泛认同之后，由社会组织高层领导人带头给予崇敬、仰慕、爱戴后让众人感知其价值而确立起来的。

(2) 让社会组织高层领导人把自己定位为"三共同"的火种传播者，有重点地带头遵从"三共同"行事，并保证不发生任何明显的相违行为。目的是让所属成员认定社会组织高层领导人正是因为这些行为才升入高层、身居高位的。如果让所属成员感到是作秀，也就难以从内心形成模仿的冲动——为得位而模仿——这也就失去了榜样示范作用。因此，对于不践行"三共同"的要求，且已居高位的贵者，必须从高位上驱逐下去，剥夺其贵者身份和地位。否则哪怕让所属成员稍稍有点只准州官放火，不让百姓点灯的感觉，榜样示范作用就全部消失了。

(3) 作为突显了"三共同"中的某个或某些内容，即用自己的超常努力践行了"三共同"中某个特定的内容要求，并且又正好是众人都未做到，而在"三共同"的其他要求上又没有明显相违行为的人，通过大张旗鼓地宣传表彰，给予荣誉，以使之成为"三共同"中这特定内涵上的典型人物。这就是让他人为获得同样的荣誉而模仿。

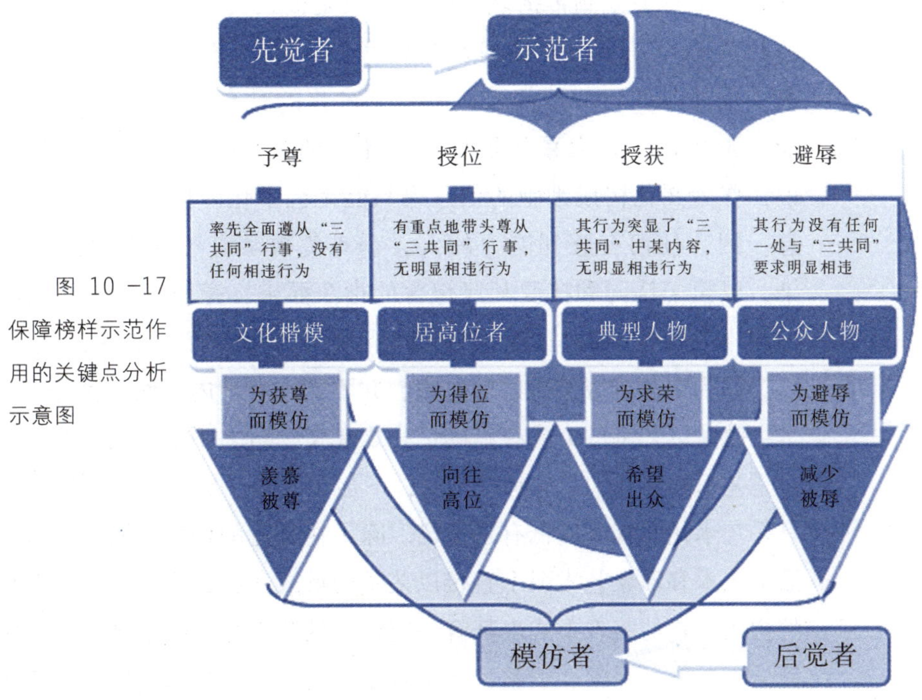

图 10-17 保障榜样示范作用的关键点分析示意图

(4) 对于已经成为能影响社会公众的公众人物，包括各行各业的明星，提出高于社会一般公众的行为标准要求。追星族和粉丝会不自主地模仿其行为，必须保证他们的行为中没有一处与“三共同”要求明显相违。否则，给予超越常人的惩处，以羞辱之，以避免社会组织成员效法他们的有违行为，让社会公众为避免受辱而仅仅从正面模仿其行为。

十八、文化诱导的艺术感染定律

任何有感知能力的人，都难免被富有感染力的艺术化的信息感染，以至于认同和接受其所包含的指令要求，遵循行事。所以，越是能把共同的价值观念、共同的思维方式和共同的行事习惯的要求内化为潜在意识，转化为趋利避害关系，其文化就越是具有艺术感染力。

文化之所以能诱导被管理者改变其行为选择方向和方式以做好工作，其根本原因在于构成文化的信息束集合中的信息具有强大的复制能力和传播能力，能通过复制传播让人接受所复制传播信息的指令要求，并遵循行事。反过来说，只有具备一定复制传播能力的信息束才能成为文化的构成细胞，不具备复制传播能力的信息束是被人类社会遗忘了的过去，对他人的行为选择是不会有任何影响作用的。所以，文化的构成细胞——信息束，不能是僵死的遗闻，只能是艺术化的具有强大复制能力和传播能力，能一十相传，人人喜闻乐见的具体化的艺术语言和艺术形象。这也就是说，作为文化构成细胞的信息束只能是艺术化的信息，是富有感染力的信息。因为任何有感知能力的人，都难免被富有感染力的艺术化的信息感染，以至于认同和接受其所包含的指令要求，遵循行事。文化的诱导作用在相当大的程度上是借助于其信息存在形式所固有的艺术感染力实现的。

作为文化构成细胞的信息束，并不是先有其内容然后再艺术化，而是它本身就是以艺术的方式存在的，言之无文，行之不远。文化既是信息的存在也是艺术的存在，二者是统一的，不存在一部分是信息，另一个部分是艺术。只是艺术化的程度高低有别而已。除了在文化的构成表象层中有相对独立的语言艺术和形象艺术两个直接以艺术的形式存在的要素之外，其他三个层次的构成要素的表现形式也都有一定程度的艺术化。价值观念的归纳表述必须简洁、通俗、形象、工整，这本身就是艺术化的要求，即使在流程标准等程式化的文件中也包含有一定艺术化。怎么表述才准确，才让人容易理解和接受，甚至包括格式怎么排列才美观，这都包含有艺术化的内容。所以，当人们已感知到这一信息的存在时，就已经是艺术化的信息存在了。

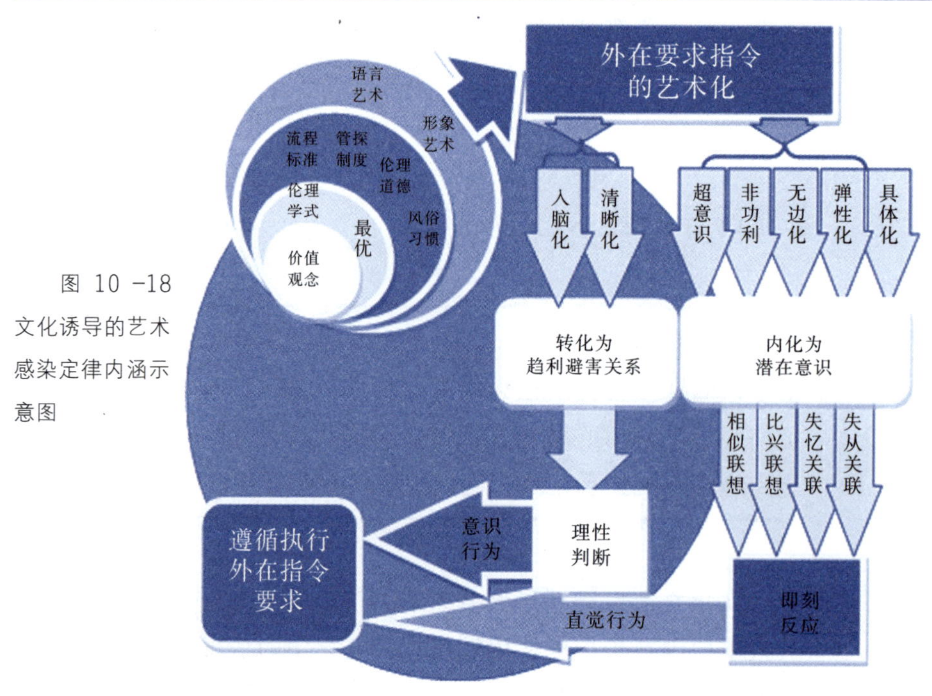

图 10-18 文化诱导的艺术感染定律内涵示意图

文化的艺术感染作用的核心是对外在要求指令的艺术化。要让他人改变其行为选择方向和方式，作用他的是信息所包含的要求指令。但同一要求指令，如果其存在形式不同，即存在艺术化的程度不同，对他人的行为选择影响作用也就会完全不同。让人喜闻乐见的要求指令会因为其喜闻乐见而接受其指令要求，并遵循行事，反之相反。艺术化也就是提升外在要求指令信息自身的复制传播能力，不仅让忠言不逆耳，而且让人自动寻求忠言。

提升外在要求指令信息的复制传播能力的途径，就是通过对外在要求指令的艺术化，把作为文化构成细胞的信息束所包含的指令要求内化为潜在意识、转化为趋利避害意识两条途径发挥其感染作用。

把作为文化构成细胞的信息束所包含的指令要求内化为潜在意识的实现方式有五个：一是具体化，即通过艺术化处理把信息束中所包含的指令要求具体到具体的人物、具体的事件、具体的地点、具体的时间和具体的背景下进行陈述，把它演绎成故事、史诗。二是弹性化，即通过艺术化处理把信息束中所包含的指令要求以非强制而让人乐于接受的方式进行陈述，让人感到是一种发人深省和循循善诱的教诲和关怀。三是无边化，即通过艺术化处理把信息束中所包含的指令要求以非对象化的方式进行陈述，让人感到不是仅仅针对特定对象的，而是面向所有人提出的要求，以通过淡化和减少针对性而造成的压迫和逆反心理以达成引导接受的目的。四是非功利，即通过艺术化处理把对信息束中所包含的指令要求的遵循和违背与直接利害关系分离开来，使之感受不到功利主义的压迫。《铡美案》中铡的是数百年之前的负义汉陈世美，《打金枝》中打的是一千多年前不守礼教的升平公主。五是超意识，即以音乐、舞蹈、绘画、雕塑等艺术形式，在信息束中所包含的指令要求中注入情感和审美体验，进而通过情感注入和审美体验把信息束中所包含的指令要求导入对方的潜在意识。

通过这五个方式使被这艺术感染的对象把信息束中所包含的指令要求以四种直觉形式存储到大脑中，以在其行为选择时通过直觉判断，以形成遵循信息束中所包含的指令要求的直觉行为。一是通过失从关联，即没有根据地突发灵感，由无法一一对应的关联联想而形成其认定为最为恰当的行为选择。二是失忆关联，即通过似曾相识但又没有清晰记忆的直觉判断，由记忆中不明确的经历和经验但又似乎是实实在在地有过的经历经验演绎出最为恰当的行为选择；三是比兴联想，即通过把本不相关但其发展变化形式存在一定相似性的事物关联起来进行判断，由发展变化形式的相似性做出最为恰当的行为选择；四是相似联想，即把具有一定相似性的事物通过类比进行判断，由存在形式的相似性、内在结构的相似性、发展方式的相似性，做出最为恰当的行为选择。

把作为文化构成细胞的信息束转化为趋利避害意识的实现途径有两个：一是利害关系清晰化，即通过把信息束中所包含的指令要求进行比喻、反复等艺术化处理，以使之清晰地明确其中所包含的利害关系。二是利害关系入脑化，即通过把信息束中所包含的指令要求通过典型人物、典型情节、典型语言、典型环境进行形象化的陈述，以通过典型把其中所包含的利害关系烙入大脑，强化记忆使之不能忽视。通过这两个方式使被这艺术感染的对象在面对与之相同、相似情境的行为选择时，为达成自身价值需求满足的最大化目的而把信息束中所包含的指令要求作为约束条件加进来进行分析判断，以为了趋势利避害而形成遵循信息束中所包含的指令要求行事的意识行为。

这两条途径的分析仅仅是理论上的，事实是不可分割地混在一起并交叉发挥作用的。不过有一点是明确的，越是能把共同的价值观念、共同的思维方式和共同的行事习惯的要求内化为潜在意识，转化为趋利避害关系，其文化就越是具有艺术感染力。这就是文化诱导的艺术感染定律。

十九、保证艺术感染作用的关键

文化的艺术感染作用与作为文化构成细胞的信息束存在形式的艺术化程度相关，但更与这些信息束在汇集和艺术化的过程中社会成员参与的广泛性和达成的雅俗共享效果相关。作为管理工具的文化所包含的艺术，不仅仅是供审美鉴赏的对象，更重要的是能用以影响受众的思想观念和行为选择。所以其影响的大小不仅与艺术性相关，更与艺术所表达的内容相关。文以载道，文仅仅是一个工具，道才是所要传递的实体。所以，作为文化构成细胞的信息束，无论就其内容汇集，还是就其艺术化的努力，都必须以社会成员参与的广泛性和雅俗共享效果的达成为条件。所以，要保证文化的艺术感染作用力稳定，也就必须保证社会成员参与的广泛性和雅俗共享效果的达成。

首先，作为文化构成细胞的信息束，其内容汇集和表现艺术化，社会成员参与广泛，这就意味艺术创造人员广泛，艺术形式多样化，艺术活动受众广泛，艺术创造者和艺术活动受众能实现互动。这也就直接是雅俗共享效果的达成。曲高和寡，过雅则和者寡；下里巴人，过俗则为人所不耻，雅俗共赏才能雅俗相和。而又只有尚雅和尚俗的人都参与到艺术的创造过程中来，并又都同时作为受众进行鉴赏，创造者和鉴赏者、尚雅者和尚俗者相互切磋、相互影响、相互包容、相互适应，才能达成目的。

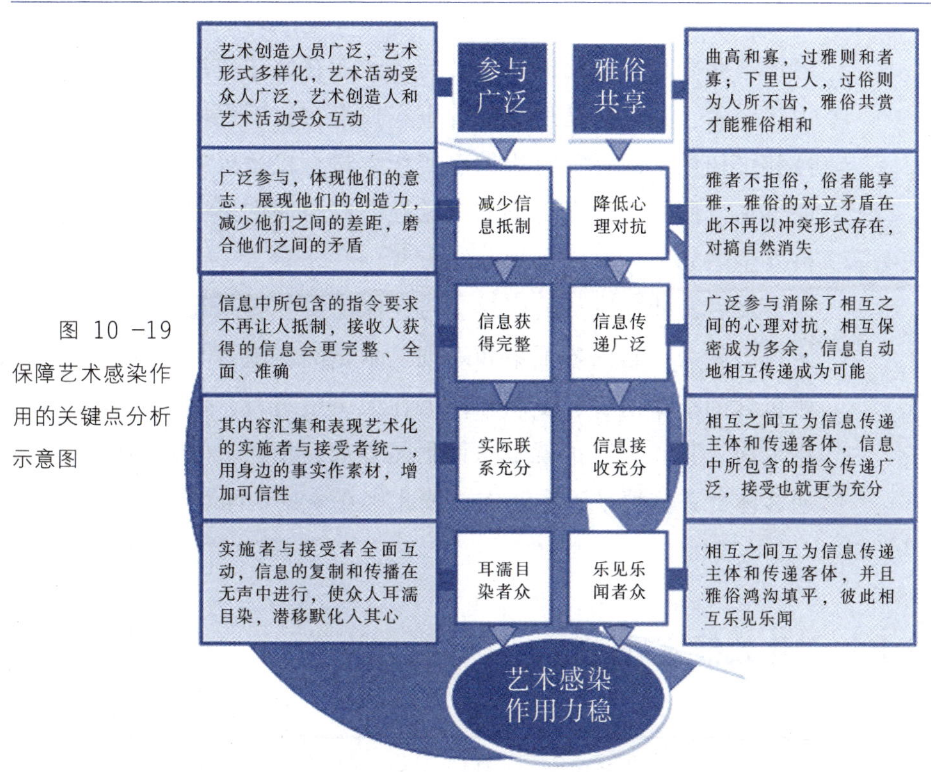

图 10-19 保障艺术感染作用的关键点分析示意图

其次，社会成员参与广泛的最大意义在于减少对信息束中所包含指令要求的抵制。这不仅仅是把组织运行的规则要求用艺术包裹起来后，其所具有的强制性，可在被艺术化的表达抹淡后减少抵制情绪的形成。更为重要的是作为文化构成细胞的信息束，其内容汇集和表现艺术化过程中社会成员的广泛参与，可让他们的意志得到体现，让他们的创造力得到展现，让他们之间固有的差距在创造的过程得以缩减，让他们之间固有的矛盾在创造的过程得以磨合，从而使文化的信息束集合本身成为合作的结晶。其成员的广泛参与不仅可抹平在意志上的分歧，直接降低相互之间的心理对抗，而且从艺术上看也可达成雅者不拒俗，俗者能享雅的效果，因为对于共同参与创造的作品都，任何参与者个人都不会自我贬低，从而使雅俗的对立矛盾不再以冲突的形式存在。

再次，社会成员的广泛参与直接保证了信息获得的完整性。社会成员所得到的信息不是由谁传达的，而是共同创造的，所以信息中所包含的指令要求就不再会有人抵制和歪曲，接收人获得的信息也就会更加完整、全面、准确，并且也可由此保证信息传递的广泛。社会成员的广泛参与消除了相互之间的心理对抗，相互封闭保密没有必要了，信息中所包含的指令要求也就会自动地相互传递。

又次，社会成员的广泛参与直接保证了联系实际的充分性。因为其内容汇集和表现艺术化的实施者与接受者在此达成统一，互为创造者，也互为接受者，并且都是用身边的事实作素材，不仅增添了所传递信息的真实性和可信性，而且用身边的事实作素材直接是提升联系实际的充分性，进而增加按照信息指令行事的自觉性。因为颠倒黑白地否定事实难免让其人格发生的分裂，造成自我心理伤害。

最后，社会成员的广泛参与在保证实际联系充分的同时，也保证了耳濡目染者众。其内容汇集和表现艺术化的实施者与接受者的互动，信息中所包含的指令内容，复制和传播在无声中进行，使众人耳濡目染、潜移默化地深入其心。这也就是乐见乐闻者众，相互之间互为信息传递主体和传递客体，并且填平雅俗鸿沟，彼此相互乐见乐闻。

二十、文化效能定理

共同的价值观念、共同的思维方式和共同的行事习惯三个子集的信息束在内容上越是系统全面、关联紧密，在创构上参与者越是广泛，参与越是深入，就越是能提升和保证文化的诱导作用。

文化作为管理工具，其作用就是诱导文化所覆盖社会成员的行为选择。而诱导作用的大小却直接与其共同的价值观念、共同的思维方式和共同的行事习惯的三个子集的信息束，在内容上系统全面和关联紧密的程度相关。所谓系统全面，也就是其信息束所涉及的内容覆盖了这个社会组织运行的全部活动内容；所谓关联紧密，也就是信息束相互之间关联关系严密，在逻辑上一环扣一环，没有断裂的漏洞。同时其作用还与信息束的形成过程相关。构成共同的价值观念、共同的思维方式和共同的行事习惯的三个子集的信息束，如果它们是由其成员广泛参与而创构形成的，其内容就会更加贴近社会活动的实际和社会发展的需要，更能把成员个人的意志倾注于所创构的信息束之中。所以，文化效能定理可概括为：共同的价值观念、共同的思维方式和共同的行事习惯三个子集的信息束在内容上越是系统全面、关联紧密，在创构上参与者越是广泛，参与越是深入，就越是能提升和保证文化的诱导作用。根据文化诱导公理，文化是由相互关联的信息束构成的集合，根据关联关系，除了可分为价值观念、思维方式和行事习惯三个子集之外，还可分为四个层次，九个要素的子集。作为管理工具，文化的诱导作用是通过观念灌输、理论征服、规则约束、习惯顺从、伦理认同、艺术感染六个途径实现的。这六条途径越畅通，文化的诱导作用就越充分。而共同的价值观念、共同的思维方式和共同的行事习惯三个子集的信息束作为一个整体，就是文化本身。在内容上系统全面不仅是四个层次、九个要素的子集的分析概括合理的要求，而且直接是强化理论征服作用的要求。如果其内容支离破碎，存在漏洞，也就不可能让人信服，其文化也就不可能有理论征服力。在内容上关联紧密则直接是规则约束作用的要求。如果不同信息束的内容相互独立，文化所覆盖社会成员就难以在自我意识中形成知其然也知其所以然的知行统一的行为逻辑；如果不同信息束的内容相互排斥，其成员也就不知所从，这种文化也就失去了文化应该有的诱导作用。在创构上参与者广泛，参与深入，则直接是观念灌输、习惯顺从、伦理认同、艺术感染四个作用发挥的要求。成员广泛、深入地参与到文化的创构形成过程中来，才能保证其观念是其个人的观念，顺从是对自我意识的实现，伦理是自我意识的要求，感染是不同个体自我意志的相互作用。

其内涵有三个要点：

(1) 文化的共同价值观念、共同思维方式和共同行事习惯三个子集的信息束越系统全面，其诱导作用就越大。文化就是由共同价值观念、共同思维方式和共同行事习惯三个子集的信息束构成的一个信息束总集。根据文化结构的层次要素定律，核心层的价值观念，理论层的科学技术、伦理哲学，实体层的流程标准、责任制度、伦理道德、风俗习惯和表象层的语言艺术、形象艺术子集的构成元素越是丰富多彩，其诱导作用就越大。而构成元素的丰富多彩，也就是共同价值观念、共同思维方式和共同行事习惯三个子集的信息束系统全面。根据文化本质的“三共同”集合定律，在一定社会或组织中，其价值观念、思维方式和行事习惯的功利作用越大，就越可能成为共同的价值观念、共同的思维方式和共同的行事习惯。功利作用的衡量标准，是对进入信息束集合的元素进行整合的内在依据，这一方面保证了共同价值观念、共同思维方式和共同行事习惯三个子集的信息束在内容上的统一，维护了其整体性和相互之间的关联关系；另一方面又据此确定了其选择的先后顺序，即越是有助于社会组织整体和各个成员利益的实现，就越会占据重要地位而在取舍上越是居于优先地位。而元素内容的统一和先后顺序的严整，也就是共同价值观念、共同思维方式和共同行事习惯三个子集的信息束系统全面本身。所以，这一要点成立。

(2) 构成共同的价值观念、共同的思维方式和共同的行事习惯三个子集的信息束相互之间关联关系越紧密，其诱导作用就越大。根据文化构成的信息束细胞定律的分析，文化直接是由相关联的信息束构成的集合，信息束是构成文化的细胞。没有可独立复制传播的信息束，也就没有文化。构成文化的信息束的数量规模和相互之间的关联程度二者越大，其文化诱导作用就越大。数量规模的大是指共同价值观念、共同思维方式和共同行事习惯三个子集的信息束在数量上的积累，相互之间的关联程度的大，直接是信息束相互之间关联关系越紧密。根据文化诱导的理论征服定律，构成文化的九个要素，越是能在理论上达成统一，理论逻辑越严密，理论征服作用就越强，文化诱导作用就越大。构成文化的九个要素，在理论上达成统一，理论逻辑严密，这就是构成共同的价值观念、共同的思维方式和共同的行事习惯三个子集的信息束相互之间关联关系紧密的具体体现。所以，这一要点成立。

(3) 作为文化构成细胞的信息束，其创构参与者越是广泛，就越是能提升和保证文化的诱导作用。根据文化诱导的规则约束定律，构成文化的“三共同”越是具体化为明确的行为要求，越是在这种行为要求上广泛地沟通达成共识，就越是能强化其规则约束作用。而直接参与到作为文化构成细胞的信息束的创构过程中来，这是最深层的沟通，也是最全面的沟通。根据文化诱导的艺术感染定律，越是能把共同的价值观念、共同的思维方式和共同的行事习惯的要求内化为潜在意识，转化为趋利避害关系，其文化就越是具有艺术感染力。而其成员越是广泛地参到这些信息束的汇集和艺术化过程中来，就越是能保证把共同的价值观念、共同的思维方式和共同的行事习惯的要求内化为潜在意识，转化为趋利避害关系。所以，这一要点成立。

参考书目

1. 马克思恩格斯全集，北京，人民出版社，1979年版，第2卷
2. 马克思恩格斯全集，北京，人民出版社，1979年版，第3卷
3. 马克思恩格斯全集，北京，人民出版社，1979年版，第42卷
4. 张立文：和境——易学与中国文化，北京，人民出版社，2005
5. 余敦康：周易现代解读，北京，华夏出版社，2006
6. 欧阳维诚：周易新解，北京，中国书店，2009
7. 牛实为：易经系统观，北京，金城出版社，2011
8. 钱穆：中国历代政治得失，南宁，广西师范大学出版社，2005
9. 高清海：哲学与主体自我意识，北京，中国人民大学出版社，2010
10. 季羡林：季羡林讲佛教，北京：中国社会出版社，2009
11. 黄炳新．[菲] 陈永栽：老子章句解读，上海，古籍出版社，2001
12. 张松如：老子说解，济南，齐鲁书社，1998
13. 南怀瑾：老子他说，上海，复旦大学出版社，2002
14. 张觉：荀子译注，上海，上海古籍出版社，1995
15. 孙希旦：礼记集解，北京，中华书局，1989
16. 钱穆：宋明理学概述，北京，九州出版社，2010
17. 漆侠：宋学的发展和演变，北京，人民出版社，2011
18. 熊十力：新唯识论，湖南，岳麓书出版社，2010
19. 朱熹、吕祖谦：近思录，呼和浩特，内蒙古人民出版社，2010
20. 冯友兰：新理学，江苏，江苏文艺出版社，2010
21. 葛兆光：道教与中国文化，上海，上海人民出版社，1987
22. 丹尼尔·丹尼特：意识的解释，北京，北京理工大学出版社，2008
23. 苏珊·布莱克摩尔：谜米机器，长春，吉林人民出版社，2001
24. 休斯顿·史密斯：人的宗教，海口，海南出版社，2006
25. James W.Kalat,Michelle N.Shiota：情绪，北京，中国轻工业出版社，2009
26. 身边的科学·人体的奥秘编委会：解密催眠术，北京，京华出版社，2010
27. Brian Luke Seaward：压力管理策略——健康和幸福之道，北京，中国

轻工业出版社，2008

28. 段智德：主体生成论——对“主体死亡论”之超越，北京，人民出版社，2008

29. 尚玉昌：动物行为学，北京，北京大学出版社，2010

30. 爱德华.O.威尔逊：社会生物学，北京，北京理工大学出版社，2008

31. 吉尔伯特·赖尔：心的概念，北京，商务印书馆，2010

32. 罗素：幸福之路，北京，中央编译出版社，2012

33. 伯特兰·罗素：心的分析，北京，商务印书馆，2010

34. 皮亚杰：结构主义，北京，商务印书馆，2010

35. 皮亚杰：发生认识论原理，北京，商务印书馆，1981

36. 威廉·哈维：心血运动论，南京，江苏人民出版社，2011

37. 佛朗索瓦·勒洛尔、克立斯托夫·安德烈：情绪的力量，北京，民主与建设出版社，2004

38. 戴维·迈尔斯：直觉——你所不知的潜力与危害，北京，中国人民大学出版社，2008

39. 雅奈兹·德尔诺夫舍克：生命与意识的省思，北京，中国长安出版社，2009

40. 稻盛和夫：人为什么活着，北京，中国人民大学出版社，2009

41. 罗伯特·斯宾雷、约翰·马丁：人格与行为：管理心理学基础，北京，机械工业出版社，2011

42. M.W.艾森克、M.T.基恩：认知心理学，上海，华东师范大学，2009

43. 陈心启、虞泓：动物的文化，上海，上海文化出版社，2009

44. 克里希那穆提：爱与寂寞，北京，九州出版社，2012

45. 克里希那穆提：静谧之心，北京，九州出版社，2011

46. 克里希那穆提：生而为人，北京，九州出版社，2011

47. 克里希那穆提：唤醒能量，北京，九州出版社，2011

48. 克里希那穆提：心灵自由之路，北京，九州出版社，2012

49. 康德：道德与人性，武汉，华中科技出版社，2012

50. 康德：纯粹理性批判，北京，商务印书馆，1960

51. 斯宾诺莎：伦理学，北京，商务印书馆，1983

52. 卢梭：社会契约论，北京，商务印书馆，1991

53. 孟德斯鸠：论法的精神，北京，商务印书馆，1994

54. 霍布斯：利维坦，北京，商务印书馆，1995

55. 霍尔巴赫：健全的思想，北京，商务印书馆，1996

56．费希特：全部知识学的基础，北京，商务印书馆，1986

57．费希特：论学者的使命，北京，商务印书馆，1980

58．费希特：人的使命，北京，商务印书馆，1982

59．谢林：先验唯心论体系，北京，商务印书馆，1976

60．黑格尔：精神现象学，北京，商务印书馆，1979

61．费尔巴哈：基督教的本质，北京，商务印书馆，1984

62．威廉·詹姆士：实用主义，北京，商务印书馆，1979

63．海德格尔：面向思的事情，北京，商务印书馆，1996

64．萨特：存在主义是一种人道主义，上海译文出版社，1988

65．让-保罗·萨特：存在与虚无，合肥，安徽文艺出版社，1998

66．海德格尔：存在与时间，北京，三联书店1987

67．胡塞尔：笛卡尔式的沉思，北京，中国城市出版社，2002

68．克尔凯郭尔：非此即彼：生活的一个片断，北京，中国工人出版社，1997

69．胡塞尔：现象学的观念，上海，上海译文出版社，1986

70．马丁·布伯：我与你，北京，三联书店，1986

71．列维-布留尔：原始思维，丁由译，北京，商务印书馆，1981

72．布洛赫：希望原理，见刘小枫主编：20世纪西方宗教哲学文选下卷，上海，上海三联书店，1996

73．笛卡尔：第一哲学沉思集，北京，商务印书馆，1996

74．彼得·毕尔格：主体的退隐，南京，南京大学出版社，2004

75．奥古斯丁：论自由意志，台南，闻道出版社，1974

76．托马斯·阿奎那：论存在者与本质（De ente et essentia），段德智译，世界哲学2007年第1期

77．叔本华：作为意志和表象的世界，北京，商务印书馆，1982

78．叔本华：充足理由的四重根，北京，商务印书馆，1996

79．叔本华：欲望与幸福，武汉，华中科技大学出版社，2013

80．尼采：权力意志，北京，商务印书馆，1991

81．尼采：查拉图斯特拉如是说，哈尔滨，北方文艺出版社，1988

82．尼采：强力意志：重估一切价值的尝试，北京，商务印书馆，1991

83．卡尔·波普尔：科学知识进化论，北京，三联书店出版社，1987

84．卡尔·波普尔：猜想与反驳，上海，译文出版社，1987

85．保罗·法伊尔阿苯德：反对方法，上海译文出版社，1982

86．拉卡托斯：科学研究纲领方法论，北京，商务印书馆，1992

87．莫伟民：主体的命运，上海三联书店，1996

88．米夏埃尔·兰德曼：哲学人类学，上海，上海译文出版社，1988

89．A.R.拉德克利夫—布朗：社会人类学方法，济南，山东人民出版社，1988

90．马斯洛：动机与人格，北京，华夏出版社，1987

91．马斯洛：科学心理学，昆明，云南人民出版社，1988

92．马斯洛：存在心理学探索，昆明，云南人民出版社，1987

93．弗洛姆：为自己的人，北京，三联书店出版社，1988

94．弗洛姆：恶的本性，北京，中国妇女出版社，1989

95．乔治·H·米德：心灵·自我与社会，上海译文出版社，1992

96．威廉·巴雷特：非理性的人，上海译文出版社，1992

97．马尔库塞：理性和革命，重庆出版社，1997

98．马尔库塞：爱欲与文明，上海译文出版社，1987

99．艾·阿德勒：理解人生，贵阳，贵州人民出版社，1991

100．罗洛·梅：人寻找自己，贵阳，贵州人民出版社，1991

101．里奇拉克：发现自由意志与个人责任，贵阳，贵州人民出版社，1994

102．彼德·布劳：社会生活中的交换与权力，北京，华夏出版社，1988

103．E.O.威尔逊：论人的天性，贵阳，贵州人民出版社，1987

104．苏埃法·德莫斯等：人格与心理潜影，上海人民出版社，1989

105．K.T.斯托罗：情绪心理学，沈阳，辽宁人民出版社，1986

106．约翰.P.霍斯顿：动机心理学，沈阳，辽宁人民出版社，1986

107．帕森斯：现代社会的结构与过程，北京，光明日报出版社，1988

108．詹姆斯·科尔曼：社会理论的基础，北京，社会科学文献出版社，1992

109．富水永健一：社会结构与社会变迁，昆明，云南人民出版社，1988

110．M.W.艾森克M.T.基恩：认知心理学，上海，华东师范大学出版社，2009

111．贝特·萨勒：行为背后的心理奥秘，北京，中国人民大学出版社，2008

112．特里·伯纳姆.杰伊·费伦：欲望之源，北京，中信出版社，2007

113．斯特凡·克莱因：幸福之源，北京，中信出版社，2007

114．福尔克·阿尔茨特、伊曼努尔·比尔梅林：动物有意识吗，北京，北京理工大学出版社，2004

115．肯特·戈尔茨坦：机体论，杭州，浙江教育出版社，2001

116．王鹏、潘光花、高峰强：经验的完形——格式塔心理学，济南，山东教育出版社，2009

117．L·A·怀特：文化的科学，济南，山东人民出版社，1988

118．菲利普·巴格比：文化：历史的投影，上海人民出版社，1987

119. 罗伯特·F·墨菲：文化与社会人类学引论，北京，商务印书出版社，1991

120. 露丝·本尼迪克特：文化模式，北京，三联出版社，1988

121. E.海能：企业文化，上海，知识出版社，1990

122. C.N·帕金森：帕金森定律，台北，中华企业管理发展中心，1987

123. A.哈耶克：个人主义与经济秩序，北京经济学院出版社，1989

124. 约·肯·加尔布雷思：经济学和公共目标，北京，商务印书馆，1980

125. 丹尼尔·A.雷恩：管理思想的演变，北京，中国社会科学出版社，1986

126. 丹尼尔·A.雷恩：管理思想史，北京，中国人民大学出版社，2009

127. LouisE Boone，DavidL Kurtz：*Management*，MCGraw Hill Inc，1992

128. Donnelly，Gilson，Ivancevich：*Management*，*RichardD* Irwin inc，1992

129. JerryKinard：*Management*，D C Heathand Company，1992

130. RossA Webber，MarilynA Morgan，Parlc Browne：Management—Basic Elementes of Monaging *organizations*，RichardD Irwin Inc 1985

131. 斯蒂芬·P·罗宾斯，玛丽·库尔特：管理学，北京，中国人民大学出版社，2004

132. 哈罗德·孔茨、海因茨·韦里克：管理学，北京，经济科学出版社，1993

133. 赫伯特·西蒙：管理行为，北京经济学院出版社，1988

134. 弗里蒙特·E·卡斯特、詹姆斯·E·罗森茨韦克：组织与管理，北京，中国社会科学出版社，1985

135. 舒化鲁：管理学新原理——卓越管理的理论和方法，中国经济出版社，1997

136. 舒化鲁：为企业文化建设正本，长春，吉林大学出版社，2010

137. 王光荣：文化的诠释——维果茨基学派心理学，济南，山东教育出版社，2009

138. 杰克琳·谢瑞顿、詹姆斯·L·斯特恩：企业文化：排除企业成功的潜在障碍，上海，上海人民出版社，1998

139. 应焕红：公司文化管理——永续经营的动力源泉，北京，中国经济出版社，2001

后记

任何一门学科，其基本原理的突破，都是这一学科发展史上的大事。也正是因为如此，任何一门学科要在其基本原理上有所发展、有所突破，往往甚是艰难。其难就难在这种发展突破面临着三个巨大的障碍：

一是基本原理都是经过本学科多代人的千锤百炼形成的，要突破必须有超越于这多代人共有的研究视角和研究方法。而一门学科一旦发展成熟，其研究视角和研究方法就形成了刚性，其研究者很难跳出已有框框的限制。

二是一门学科一旦发展成熟，研究者往往总是两眼向内看，仅仅在原有的逻辑框架中思维探索。原有的逻辑框架不仅作为一个先入为主的心理限制阻碍了创新探索，而且直接视超越已有逻辑框架的创新探索为奇谈怪论，不是不屑一顾，就是排斥诋毁。

三是人人都存在有佛教中所说的见惑，并且根深蒂固。原有的理论框架一旦进入其大脑中，也就成了他的见知内容，进而由此形成其见惑，使之为了维护其见知不受挑战，不被否定，就会不自主地用不是理由的理由，甚至杜撰理由以维护和捍卫已有的见知。

拙著的研究开始于20世纪90年代初，是想对管理学的基本原理有所发展和突破。作者曾于1997年出版过一本《管理学新原理》专著，汇集了早期研究探索的思路和体会。但最终被上述三大障碍困埋书斋，尽管没有惨烈到成书被送到纸厂化浆的地步，但其影响甚微。作者并没有气馁，而依其理论思路进入其现实运用的研究，并在此基础上深入管理实践，结合管理咨询的实际进行探索和创新。在为社会提供管理咨询服务的过程中探索，最终创构了一套体系严密完整，规模宏大，一套六本，篇幅长达275万字，且广受好评的《企业规范化管理系统实施方案》，于2012年出版面世。作者感到应该重新亮出其基本理论——管理学原理的发展突破了。在总结长达15年的运用研究发展过程中断断续续的原理研究基础上，又集中时间努力22个月，终于成就了拙著的研究。拙著的研究，原计划还包括有上百个推论，即从基本原理的十大公理推导形成的，直接对管理活动具有指导作用的命题。但考虑到篇幅限制，先把十个公理的最基本内容独立出来，形成了拙著。作者计划在三年内完成其推论的研究并出版面世，以使这一研究成果圆满。

拙著的研究与《企业规范化管理系统实施方案》的研究是紧密关联的，是对《企业规范化管理系统实施方案》研究所介绍思路和方法的所以然的解答。管理的实施为什么必须通过全面建立规则体系的规范化实现，拙著给出了严密而完整的解答。所以，透彻拙著的理论逻辑，管理实施的思路方法也就了然在胸了。

最后，拙著得以顺利出版，有北京语言大学管理学院副教授赵涛博士的贡献在其中。他不仅为其出版做了大量的工作，而且在其研究过程中，还提出了很多有见地的意见，在此特表谢意。另外还要感谢刘挥女士，她通过精细的编辑工作为拙著的质量提升做了大量的工作。同时也要感谢出版社的支持。

作者简介

舒化鲁先生，中南财经大学硕士研究生毕业，著名管理学家，企业规范化管理理论方法体系创建人，山东财经大学教授。

舒化鲁先生三十年如一日，专心从事管理学研究，公开发表论文100余篇，完成省部级以上课题6个，公开出版管理学专著16部。舒化鲁先生把源于西方的经济学、管理学、心理学、社会学、人类学、价值工程理论以及哲学、伦理学、政治学的最新研究成果与中国传统文化精髓相结合，创建了独树一帜的管理学理论。舒化鲁先生在企业管理咨询实践过程中研究管理学理论，在管理学理论研究过程中探索发展企业管理实施的技术方法，独创了一套系统完整且行之显效的企业规范化管理理论和技术方法体系。其所重构的管理学范式，超越当代占主导地位的管理学过程学派，开创了管理学公理体系研究的先河，为管理学由软科学发展为硬科学奠定了基础、确立了方向。

联系电话： 13911126299

电子信箱： harold.s@163.com

交流网站： www.hwaaaaa.com

读者反馈卡

尊敬的读者：

十分感谢您购买本书。为能继续提供更符合您要求的优质图书，烦请您抽出点滴时间填写以下调查表并寄回，您的建议与意见将是我们不断前进的动力。我们会定期从有效回执中抽取幸运读者，寄送最新出版图书或其它精美礼品。

通讯地址：北京市朝阳区小营路10号阳明广场南楼14A

邮政编码：100101

读者QQ群：292306095 （兴盛乐书友会）

电子邮件：xslzbs@163.com

公司网址：www.xslbook.net

1. 您了解本书是通过：

   □书店 □网络 □报刊宣传 □朋友推荐

2. 您购得本书的渠道是：

   □新华书店 □网上书城 □民营书店 □超市 □报刊亭 □其他

3. 您决定购买本书是因为：

   □书名吸引 □内容吸引 □喜欢作者 □偶然购买 □朋友推荐 □其他

4. 您觉得本书的优点有：

   □文笔好 □内容好 □封面漂亮 □排版舒服 □价格合理 □手感好 □其他

5. 您会向他人推荐或者谈论这本书吗？

   □会 □不会 □偶尔会 □看看再决定 □其他

6. 了解本书之后，您会关注或购买公司其他图书吗？

   □会 □不会 □偶尔会 □看看再决定 □其他

7. 您决定购买一本书的因素包括：

   □内容 □封面 □书名 □朋友推荐 □媒体推荐 □作者 □其他

8. 您比较喜欢的阅读类型有：

   □人文历史类 □财经类 □管理类 □励志类 □小说类 □纪实文学类 □传记类 □散文、随笔类 □女性、生活类 □亲子、育儿类 □科普类 □其他

9. 您觉得本书有何不足之处，您有何修改意见或建议？

____

____

10. 有没有您想读但市面上却没有的书？

____

____

您的姓名__________**性别**__________**年龄**__________**职业** __________

邮政地址____

邮政编码__________**手机**____________________________

E-MAIL____

QQ ______________**微博**____________________________